国际金融法论丛

经济监管域外实效论

利益、实力与博弈

包康赟 / 著

EXTRATERRITORIAL EFFICACY OF
ECONOMIC REGULATION

A GAME THEORY OF
INTERESTS AND POWER

图书在版编目(CIP)数据

经济监管域外实效论：利益、实力与博弈 / 包康赟著. -- 北京：北京大学出版社, 2025.3. -- (国际金融法论丛). -- ISBN 978-7-301-36106-1

Ⅰ. D922.295.4

中国国家版本馆 CIP 数据核字第 20254JG299 号

书　　　名	经济监管域外实效论：利益、实力与博弈 JINGJI JIANGUAN YUWAI SHIXIAOLUN：LIYI、SHILI YU BOYI
著作责任者	包康赟　著
责 任 编 辑	田　鹤
标 准 书 号	ISBN 978-7-301-36106-1
出 版 发 行	北京大学出版社
地　　　址	北京市海淀区成府路 205 号　100871
网　　　址	http://www.pup.cn　http://www.yandayuanzhao.com
电 子 邮 箱	编辑部 yandayuanzhao@pup.cn　总编室 zpup@pup.cn
新 浪 微 博	@北京大学出版社　@北大出版社燕大元照法律图书
电　　　话	邮购部 010-62752015　发行部 010-62750672 编辑部 010-62117788
印 　刷　 者	北京中科印刷有限公司
经 　销　 者	新华书店
	880 毫米×1230 毫米　A5　13.875 印张　432 千字 2025 年 3 月第 1 版　2025 年 3 月第 1 次印刷
定　　　价	79.00 元

未经许可，不得以任何方式复制或抄袭本书之部分或全部内容。
版权所有，侵权必究
举报电话：010-62752024　电子邮箱：fd@pup.cn
图书如有印装质量问题，请与出版部联系，电话：010-62756370

感谢北京大学金融法研究中心及中心主任彭冰教授对本书出版的大力支持!

本书系2023年度国家资助博士后研究人员计划（GZC20231223）的阶段性研究成果

作者简介

包康赟,清华大学法学院博士后、助理研究员。北京大学法学和经济学双学士、法学硕士、法学博士;美国耶鲁大学法学硕士、法律科学博士候选人。研究领域为国际经济法、金融法、法经济学和法律实证研究。已在《法学家》《清华法学》《财经法学》、International Review of Law and Economics 和 The China Review 等中英文学术期刊发表论文十余篇。

丛书序

一、法律方法与经济问题

本套专著有一个共同的特点,就是作者们不约而同地采用法律方法研究经济问题。过去我们在二十多年的时间内,多看到用经济学的方法分析法律问题。特别是国外法学界开展的轰轰烈烈的"法律的经济分析",已有若干部专著被翻译成为中文。而现在,在中国的大学和研究机构里,法律研究工作者开始进入经济学、公共管理学和工商管理学的领域,用法律的方法来研究这些领域的问题。

在社会科学几个相近的领域,例如经济学、公共管理学、工商管理学和社会学等领域,都有法律研究的论文和著作,这种跨学科的研究成果也越来越多。在中国政府将"依法治国"定为基本国策之后,采用法律的思维与方法分析目前的经济改革问题也非常有意义。其意义就在于,我们所说的"依法治国",不仅仅是表现在一个宏观的口号上,而是要将"依法治国"作为可以实际操作的、用来实际分析经济问题的、作为经济政策设计基础的法律方法。

原全国人大常委会委员和全国人大财经委员会委员、北京大学前校长吴树青老师曾经问我,依照《宪法》的规定,"债转股"是否应该提交全国人大财经委员会讨论?我说需要研究一下法律,才能回答。此后,国务院《减持国有股筹集社会保障资金管理暂行办法》出台,又有人问我,这么大的财政转移支付,是否应该经过全国人大财经委员会开会讨论？我回答说，需要研究法律。直到我在写这个序的时候，相关的法律研究工作还在进行。我希望从法律制度变迁的角度和我国财经法制程序演进的过程中找出符合法律的答案。

不断遇到类似问题，使我开始研究与思考经济学家们提出的问题："全国人大财经委员会的职权范围究竟是什么？""全国人大财经委员会对于国家重大财政转移支付是否有权审议？"从法律的角度来研究这些经济学问题，本身就构成了一个重要的法律制度程序化和司法化的法学课题。

二、经济学家敏感，法学家稳重

还记得有一次，一位金融业界人士对我说："改革十多年来，讨论经济改革的问题，几乎都是经济学者的声音，这不奇怪。目前，讨论《证券法》或公司治理的问题，也几乎都是经济学者的声音，这也不奇怪。奇怪的是，所有这些问题的讨论中，几乎听不到法学家的声音！"说到这里，这位朋友几乎用质问的口气对我说："你们法学家们关心什么？为什么听不到声音？你们都干什么去了？"

我一下子被他的语气盖住了！当时我想不出用什么简单办法向他来解释。尽管我不完全同意他的看法，因为这里可能有他个人信息渠道的问题，也可能有社会媒体关注的偏好问题，但还有可能有更深层的问题，例如，在改革过程中，许多法律制度和程序都尚未定型，如果采用法律的方法，可能会增加改革的成本，特别是时间方面的成本等。

本套专著的作者们都是研究法律的，他们也可以被称为年轻的"法学家"了，因为，他们已经发表了相当一批研究成果，从事法学专业研究的时间几乎都在十年以上。他们长期研究的成果，似乎可以部分地回答前面那位朋友的问题了。法学家可能没有经济学家那样敏感,但是,法学家多数比较稳重。法学家的发言将影响经济政策与制度的设计,也影响经济操作与运行。经济发展要考虑效率,但是不能仅仅考虑效率,还要考虑到多数人的公平与程序的正义。我们的政府和社会可能都需要一段时间接受和适应法学家的分析方法和论证方法。

三、研究成果的意义

邀我写序的这套专著的作者们,经过三年多时间的专门研究,又经过一段时间的修改,才拿出这样厚重的成果来。我看到这些成果时,就像看到美国联邦最高法院门前的铜铸灯柱基座的铜龟,它们给人以一种稳重、缓慢、深思熟虑的感觉。中国古代在比美国更早几千年的时候,政法合一的朝廷大殿上就有汉白玉雕刻的石龟。龟背上驮着记录历史的石碑,同样给人以庄严、持久、正义的印象。中外司法与法学研究在历史上流传至今,给人的形象方面的印象和感觉是非常类似的,这种感觉在今天还有。

在不太讲究政治经济学基本理念的时光中,又是在变动未定型的过渡时期,经济学家关于对策性的看法回应是敏捷和迅速的。许多回应充满了智慧的解决方案和温和的中庸选择。相比之下,法学领域的回应还显得少些,也慢一些。有一个可能的答案,也是从本套研究性专著中解读到的:经济学家谈论的是"物"(商品与交易),法学家谈论的是"人"(权利与义务)。

现实情况也是如此。市场中的"物",无论是动产,还是不动产,几乎都成为商品,早已流通。现在,更加上升了一个台阶,市场将作为商品的物,进化到了证券化的虚拟资产的形态。但是,法学这边的情况呢?《物权法》还在起草过程之中,能否在年内通过,目前还是一个未知数。但是,立法的稳重并不影响市场的发展,法学家们在实务性工作方面,特别在市场的交易契约设计方面,已经在研究具体的问题。在这方面的成果,也已相当可观。

经济学家对问题的讨论,观点可以是多元化的,也有争论。然而,总的方法还是建立在一个统一的理论框架下和一致的假设前提下的。但是,法律则不同。法律天生就是对抗性的,生来就有正方与反方。抗辩是法律运作的方式,法律的逻辑和理念就是在这种对抗之中发展的。对抗性的法学,本身也导致了它的成果在外界人士看起来充满矛盾性和冲突性。甚至让他们感到,这群人搞的不是科学,而是一种抗辩的技术。

四、国际与国内金融法的融合

如果有人要我用一句话来表达什么是国际金融法,我会说,它是一幅没有国界,只有金融中心与边缘关系的地图。如果说,国内金融法与国际金融法还有什么区别的话,那只是时间上的区别了,我国加入WTO后,区别将越来越缩小。

如果我们承认一美元在美国和在亚洲都等于一美元的话,国际金融的国界就越来越失去意义。而美元市场上中心与边缘的流通关系,就变得越来越有意义。任何国家国界之内的法律制度如果符合金融流通与发展规律的话,这个国家的经济与社会发展就会顺利,否则就会曲折。荷兰的人口约是俄罗斯人口的10%,但是,荷兰的金融规模超过俄罗斯的规模。英国人口约6000万,约是印度人口的6%,但是,伦敦金融市场的规模比印度的大若干倍。这就是金融中心与边缘之间的关系之一。所以,区别国内与国际金融市场,在法律规则方面已经不如以往那样重要,重要的是发展中国家中的大国,如何抵御西方金融中心的垄断,将以美元为基础的金融中心从一极化发展为多极化。

具体到我国,研究国际金融法与国内金融法是不可分的,而且这个领域范围之广袤,课题之宏大,数据之丰富,关系之复杂,都是非常吸引人的,特别是年轻人。这个天文般宏伟的领域,特别适合年轻人研究与学习。因为,在这个领域比其他法学领域出新成果的机会要更多,创新成果也相对较多。这套专著的出版,就是一个例证。

这套专著的作者们要我写个小序,他们的书稿引发了上面一些话语,我感到有些喧宾夺主了。我感谢作者们以加速折旧的生活方式,写出了这样多的研究成果。学者们的生活,分为两个阶段:在学习的时候,取之于社会;而做研究的时候,特别是出成果的时候,学者们应用之于社会和回馈于人民。

愿这些专业研究对金融业内人士有所帮助,对金融体制改革有所贡献。

吴志攀　谨志
2004 年 6 月 28 日

推荐序

包康赟博士后的这本书即将出版,嘱我写序。

他发来电子版书稿,我先睹为快。

写这本书的目的,作者是要回答一个问题:域内经济监管为何以及如何能够产生域外效果?他考察了全球范围内域内经济监管规则得以在域外有效实施的四个典型案例,这些案例有两个来自金融业,一个来自移动通信领域,还有一个与数字经济及人工智能产业有关。然后,他用法律和经济交叉研究的方法,将经济监管产生实效的博弈模式归纳为威慑、偶合、合作和协调四种。再阐述这四种模式与特定国家的法律实力和行业实力二者的关联。最后,他还为中国提供了一套实操方案。

我感觉这本书的出版,正逢其时。很明显,它与当今中国和世界的发展态势都高度关联。无论是服务于我国的涉外法治建设和制度型对外开放,还是理解并应对其他国家的法律举措,本书提供的观点和分析框架都具有启发性。比如说,再次担任美国总统的特朗普这两天刚签署了行政命令,要求美国司法部暂停执行《反海外腐败法》。这部美国法律自 1977 年通过以来,以打击跨国商业贿赂为名,对世界各国的企业产生了正反两方面影响。该法域外实效的形成与变化,正是一部关于国家利益和国际博弈的历史。目前新的执法指南正在酝酿中,我们可以边读这本书边拭目以待大洋彼岸美国法律的走向。

同样值得重视的是,以互联网为基础的人工智能已成为科技发展的奇点,正在对全球经济产生巨大影响。如果说资本可以实现跨境流动,因而会影响国内法的域外实施,那互联网的本质则是无疆界的,这便对任何国家的法律都提出域外效果上的挑战或要求。主要表现在两方面:一是互联网使国界虚化,而一国的法律原本是有适用范围的,因此有必要作出改变;二是如果一国对国际互联网及国际自由贸易作出限制,也会限制本国信息的对称性和本国的发展。因此,大多数国家对互联网和国际贸易采取开放态度,同时也要相应调整本国法律的域外效果。这样做符合科技、经济和社会发展的趋势,也有利于建立人类命运共同体。

当今世界,"你中有我,我中有你",各国法律也必须适应国际关系和人类命运共同体的发展需要,即本国法律应对自身的域外效果有所追求,外国法律适用也应考虑别国法律的规定。这也应了维特根斯坦的那句名言:"世界是事实的总和,而非事物的总和。"事实是人与人的关系组成的,而事物不是。

国与国的关系也离不开人与人的关系。从跨国公司,到中国企业出海;从跨境贸易,到国际融资;从出国留学,到国际旅游;从国际体育赛事,到跨国文化交流等都离不开人与人的互动。例如文化交流方面,李子柒乡村题材的短视频和今年中国春节档的票房冠军动漫《哪吒2》同样受海外观众喜爱。类似地,国内泡泡玛特盲盒中的玩偶,大多数是"舶来"洋娃娃。国内角色扮演大都是日系动漫人物。这些跨国文化交流,除有本国的版权、商标和专利法律保护外,还要受到国际社会和文化习俗相关法律的规范。所以说,法律的域外实效不仅是国际法问题,也与我们每个人的生活都有关。

当然,一国法律的域外效果也不能越过底线。例如,某些国家过度强调"本国利益优先",利用其强势地位对其他国家采取压榨、禁运和制裁措施。甚至发展到利用本国法律的域外效果扣押外国过境企业高管,打压外国企业技术发展和掠夺外国企业资产的地步。这种冠以法律名义的"拦路抢劫",让当今世界对该国"法律"的公正性产生质疑。一国推动其法律产生域外实效的行为要得到别国的认可,必须具有公正性。正如亚里士多德的观点:守法的公正不是德性的一部分,而是德性的总体。它的相反者,即不公正,也不是恶的一部分,而是恶的总体。

  我不多说了,读者还是读这本书吧。我相信一定会开卷有益的。

吴志攀

2025 年 2 月 11 日

自 序

　　文章合为时而著。本书能在 2025 年的春天面世,是它的幸运。六年前,中国第一次提出"要加快推进我国法域外适用的法律体系建设",后续几年各个部门法都迎来了构建域外效力条款和域外适用制度的研究热潮。就在 2024 年 7 月,关于加强涉外法治建设,中央文件首次在"完善涉外法律法规体系"之后加上了"法治实施体系"。官方表述的变化不仅昭示着我国将逐步从涉外规则的制定阶段过渡至规则的实施阶段,也意味着学术研究的重点要逐渐从涉外法律的文本设计转向规则在域外的实际效果,而后者正是本书的研究对象。然而,中国的涉外法治建设终究会进入下一个阶段,与本书有关的法律现象和研究成果也必然会推陈出新——且看今年年初美国收敛了海外反腐败的势头,而欧盟的规则正在动摇域外企业的"加班文化",这也意味着本书的内容和观点注定会过时。于是我就在思考:什么是蕴藏在这本小书中更具持久生命力的东西?或许有三点。

　　第一,融贯国际法和国内法的决心。本书的专业属性虽然定位为国际经济法,实则探讨的却是国内法律规则。这并不是跑题。只要国家与国家不是一座座隔绝的孤岛,国际法和国内法之间的界限就难以彻底划清。在国际经济法高歌猛进的岁月,我们时常看到国际规则在国内法上的回响甚至对照;而当相关领域的国际规则放缓脚步,国内规则将更多承担起涉外事务的处理工作。要知道国外法学院鲜有所谓的"国际经济法"专业,他们的国内法学者往往顺带着就将所行之处涉及的国际及涉外法律问题包揽了。在中国推进涉外法治的当下，我们也越来越多地看到我国民商法学者在讨论 CISG 和国际保理、经济法学者在探讨外商投资法和关税制度，金融法学者的国际涉猎就更不用说了。国内法研究者在积极向"外"开拓，国际法学的自留地似乎越来越小。我并不是要唤起领地保卫战，只是想分享一些观察，而这背后很可能隐含着关于知识结构的一般规律。有法理学者曾打趣道，"与国内法相比，国际法简直就是小儿科了"，因为人与人之间的合作与秩序是早于国与国之间的。这么说有一定道理。我相信未来国际经济法领域想要不断发掘有意义的研究命题，产出更有深度和广度的研究成果，向"内"包容或许是光明的出路。

第二，对行动中的法律的好奇。我们总说法学是应用型学科，然而在法律学术圈，我们总需要有人专门站出来不厌其烦地解释"法学为什么需要一点实证研究"。这一点对国内法而言无比重要，对国际法就更是如此，因为在国际社会中并不存在一个中央政府或暴力机关保证规则的有效实施。正是在这个意义上，涉外和国际规则在实践中的运行情况尤其值得关注和反思。本书的研究对象重在"实效"二字，提出的"经济监管域外实效论"试图解释涉外经济规则产生实际效果的原因。诚然，研讨行动中的法律要从规范出发，但不能仅仅停留于规范本身，更无法只依靠法学内部视角下的方法和理论，而是需要调动一点社会科学的资源。这是因为从学科的比较优势来看，经济学、政治学、社会学乃至历史学等社会科学相比于法学这一规范学科而言，更善于描摹现象和解释原因。无论是把法律作为自变量观察其影响，还是将法律作为因变量探讨其形成，都将深化我们对法律现象的认知，为规则的完善提供基础。

第三，探索普遍性道理的勇气。国际法学人对"提升话语权"的说法并不陌生。其实，在国际规则制定的议事厅和谈判桌之外，中国在学术研究方面话语权的提升也不容忽视。值得庆幸的是,学术圈的话语权并不总是以国家实力定声势高低,而是仍有机会以理服人,靠思想的力量不鼓自鸣。试想,如果我们的研究总是在重述外国法、总是致力于为本土问题提出地方性的方案,当这些研究被翻译成外文,是否能够吸引国际学友的驻足？能否让他们饶有兴致地听我们把话说完？我觉得希望渺茫。因为,他们似乎比我们更懂外国法,也大概率不会关心纯属中国的法律困境与应对。相反,如果我们的研究成果能尽力揭示一些(哪怕是我们自己认为的)普遍性的道理,和国际学界真正交流起来,让他们也有智识的收获,那结果就会大不相同。法律是地方性的专业知识,但这不应成为我们自我封闭、满足于狭隘关切和局部影响的借口。我期待不限语言,越过领域和地域之后,我们中国法律人的学术研究仍有听众。对于这个宏大的目标,这本书是一次我个人的小小尝试。

本书的出版只是一个开端,我希望和读者一起带着决心、好奇和勇气,大步向前迈。

2025 年 3 月
于北京知春路

前　言

不同于法律的域外"效力",法律的域外"实效"是一个实然概念,它是指一个国家的法律规则在本国的领土疆域之外产生的实际效果,这种效果客观上能够影响域外的行为主体、调整域外的社会关系、保护域外的国家利益。法律的域外实效攸关百年未有之大变局下中国统筹推进国内法治与涉外法治的战略布局;同时,也牵涉领土与管辖、利益与激励等理论难题。然而,徒法不足以自行——法律的域外实效为什么可以实现?相应地,如果一国想要促成本国法律的域外实效,国家应该怎么办?上述理论和现实问题是一枚硬币的两面。为了回答它们,本书基于法律与经济的交叉视角,采用博弈论的分析方法,聚焦经济监管领域,先从现象之中寻找规律,再用规律指导实践,最终形成了"经济监管域外实效论"。

基于国际法领域内博弈论分析的理论框架,域内经济监管产生域外实效的全球实践可以类型化为四种模式:威慑模式、偶合模式、合作模式和协调模式。每一种博弈模式都对应着国家之间不同的"主观心理"互动与"客观行为"互动。在威慑模式下,国家的主观心理互动是"追求—排斥",客观行为互动是"威逼—屈从"。在偶合模式下,国家的主观心理互动是"漠视—漠视"或"追求—追求",客观行为互动是"无为—无为"或"要求—配合"。在合作模式下,国家的主观心理互动是"追求—追求",客观行为互动是"互谅—互让"。在协调模式下,国家的主观心理互动是"追求—追求",客观行为互动是"竞争—

接受"。

四种博弈模式的成立与一国在特定领域的法律实力与行业实力这对内在条件高度关联。将国家在某一领域的法律实力作为横轴、行业实力作为纵轴,可以构建一张四象限图。每种博弈模式分别占据一个象限,可以显示一国在某一领域达成特定模式对于该领域法律实力和行业实力的依赖程度。简单来说,威慑模式的成立有必要同时依赖较强的法律实力和行业实力;偶合模式的成立主要依赖法律实力,不必要依赖行业实力;协调模式的成立主要依赖行业实力,不必要依赖法律实力;合作模式的成立对法律实力和行业实力的依赖都较弱,只需要国家之间的共识。基于各个博弈模式的达成与其内在必要条件的关联,随着国家在某一领域法律实力或行业实力的变化,上述四种模式之间可能形成互动和流变。

为清晰阐释上述博弈模式及其必要条件,本书在全球经济监管活动中筛选和剖析了以下四个成熟而稳定的域外实效案例:美国反洗钱监管、欧盟数据监管、美欧场外衍生品监管,以及中国通信技术监管。具体来说,在反洗钱监管领域,美国以美元支配地位(即行业实力)为基础,凭借立法、司法和执法相互配合的制度霸权(即法律实力),迫使世界各地的金融机构依据美国法进行反洗钱合规,通过威慑模式实现了监管的域外实效。在数据监管领域,欧盟的立法因具有立法时间早、法律内容严、立法技术精、法律理念优、监管能力强等优势(即法律实力),与跨国公司和主权国家形成激励相容、利益相合的制度安排,以偶合模式实现了监管的域外实效。在场外衍生品监管领域,美国和欧盟达成了进行域内监管、追求域外实效以及开展合作监管等三方面共识(即不依赖法律实力和行业实力),最终在互谅互让中使得彼此的监管规则在对方的域内生效,促成了监管域外实效的合作模式。在通信技术监管领域,中国的4G软法标准在国际组织的多边协调下,通过赢得技术竞争(即行业实力)成为国际标准,进而在世界范围内推广并产生域外实效,这是协调模式的体现。

域内经济监管规则产生域外实效的上述客观规律构成了"经济监管域外实效论",它可以指导中国在涉外法治背景下的相关实践。一方面,依据各个博弈模式的理论特征设计而成的决策流程,可以在比对客观条件、计算成本收益后,辅助中国在特定时期和特定领域合理地选择我国经济监管域外实效的生成路径和具体模式。另一方面,当不同博弈模式的特点与我国国情和现实需求相结合,可以具象化每种模式的潜在应用场景和实操方案。中国可以充分利用这些博弈模式及其组合,加快促成我国经济监管规则的域外实效。

最后,经济监管域外实效依托的四种博弈模式本质上反映了国家之间的竞争与合作关系,其底层逻辑是各国软实力(即法律实力)和硬实力(即行业实力)的水平较量与成果共享。因此,促成法律域外实效的过程不仅需要衡量利益、参与博弈,还需要提升实力。正是在这个意义上,中国应当在推进域内经济监管域外实效的过程中,加强涉外法治建设、推动全球经济治理,用自身的国家实力服务于人类命运共同体的构建以及和平与发展的时代主题。

目 录

导　论　徒法不足以自行　　　　　　　　　　　　　001
　第一节　背景与问题　　　　　　　　　　　　　　001
　　一、实践关切　　　　　　　　　　　　　　　　002
　　二、理论命题　　　　　　　　　　　　　　　　004
　第二节　方法与思路　　　　　　　　　　　　　　007
　　一、研究方法　　　　　　　　　　　　　　　　007
　　二、理论框架　　　　　　　　　　　　　　　　011
　　三、研究思路　　　　　　　　　　　　　　　　020
　第三节　结构与内容　　　　　　　　　　　　　　024
　　一、全书结构　　　　　　　　　　　　　　　　024
　　二、内容概要　　　　　　　　　　　　　　　　026
　第四节　贡献与不足　　　　　　　　　　　　　　039
　　一、预期目标　　　　　　　　　　　　　　　　039
　　二、创新之处　　　　　　　　　　　　　　　　041
　　三、不足之处　　　　　　　　　　　　　　　　042

第一章　概念：经济监管域外实效的溯源分析　　　　044
　引　言　　　　　　　　　　　　　　　　　　　　044
　第一节　经济监管域外实效的内涵澄清　　　　　　045
　　一、本领域学术概念的乱象　　　　　　　　　　045

二、"经济监管域外实效"的界定 049
第二节 法律域外实效的概念谱系 056
一、法律域外实效的理论基点 056
二、相邻学术概念的谱系建构 060
第三节 经济监管域外实效的利益驱动 066
一、要素跨域流动与内部利益驱动 068
二、全球问题涌现与外部利益驱动 070
三、中国追求经济监管域外实效的双重利益驱动 073
总 结 077

第二章 文献：经济监管域外效果研究的内外视角 079
引 言 079
第一节 法学研究的内部视角与外部视角 080
第二节 经济监管域外效果研究的内部视角：一个地理版图 083
一、立足国际 084
二、立足美国 092
三、立足欧盟 098
四、立足中国 104
第三节 经济监管域外效果研究的外部视角：一个思想谱系 112
一、经济思维 113
二、政治思维 119
三、社会思维 124
四、历史思维 127
第四节 内外视角的合作与本研究的定位 130
一、视角融合 130
二、本书定位 132

第三章　威慑模式：以美国反洗钱监管为例　　137
引　言　　137
第一节　沿　革　　138
一、肇始：1986 年　　139
二、扩展：2001 年　　140
三、激增：2008 年　　141
四、强化：2020 年　　142
第二节　实　证　　143
一、机制解析　　144
二、实践概览　　151
第三节　条　件　　160
一、法律实力：强（必要）　　160
二、行业实力：强（必要）　　171
第四节　影　响　　180
一、对国家自身的影响　　180
二、对国际关系的影响　　181
三、对国际社会的影响　　184
总　结　　188

第四章　偶合模式：以欧盟数据监管为例　　191
引　言　　191
第一节　沿　革　　192
一、肇始：1995 年　　194
二、扩张：2018 年　　195
三、稳固：2024 年　　196
第二节　实　证　　198

一、机制解析　198
　　二、实践概览　206
第三节　条　件　210
　　一、法律实力:强(必要)　211
　　二、行业实力:弱(不必要)　227
第四节　影　响　229
　　一、对国家自身的影响　229
　　二、对国际关系的影响　230
　　三、对国际社会的影响　231
总　结　232

第五章　合作模式:以美欧场外衍生品监管为例　236
引　言　236
第一节　沿　革　237
　　一、萌芽:2010年　238
　　二、发展:2012年　242
　　三、实现:2016年至2024年　248
第二节　实　证　249
　　一、机制解析　249
　　二、实践概览　260
第三节　条　件　262
　　一、法律实力:弱(不必要)　263
　　二、行业实力:弱(不必要)　274
第四节　影　响　275
　　一、对国家自身的影响　275
　　二、对国际关系的影响　276

三、对国际社会的影响　　278
　总　结　　280

第六章　协调模式：以中国通信技术监管为例　　283
　引　言　　283
　第一节　沿　革　　284
　　一、肇始：2001年　　286
　　二、扩张：2010年　　287
　　三、稳固：2024年　　289
　第二节　实　证　　290
　　一、机制解析　　290
　　二、实践概览　　300
　第三节　条　件　　302
　　一、法律实力：弱（不必要）　　302
　　二、行业实力：强（必要）　　307
　第四节　影　响　　314
　　一、对国家自身的影响　　314
　　二、对国际关系的影响　　315
　　三、对国际社会的影响　　316
　总　结　　317

第七章　理论：经济监管域外实效论的内涵阐释　　320
　引　言　　320
　第一节　经济监管域外实效模式的静态特征　　321
　　一、事实特征　　322
　　二、理论特征　　326

  三、案例的"典型性"声明　　336
 第二节　经济监管域外实效模式的动态规律　　340
  一、模式辨析　　340
  二、模式互动　　342
 总　结　　349

第八章　启示：经济监管域外实效论的中国应用　　351
 引　言　　351
 第一节　中国经济监管域外实效模式的决策流程　　352
  一、启动决策　　353
  二、初选决策　　354
  三、优选决策　　356
  四、最终决策　　358
 第二节　经济监管域外实效模式在中国的应用场景　　359
  一、威慑模式　　359
  二、偶合模式　　364
  三、合作模式　　367
  四、协调模式　　370
 第三节　中国经济监管域外实效生成的底层逻辑　　372

结　论　　376
参考文献　　379
主要缩略语对照表　　409
后　记　　411

导　论

徒法不足以自行

第一节　背景与问题

在一国[1]之内,法律制定以后我们尚且无法推定其必然能够得到有效实施;在国际社会中,一国域内的法律规则能否在域外产生实际效果更是无法确定的。那么,在徒法不足以自行的前提下,域内经济监管规则"为何"以及"如何"能够产生域外实效？这是本书致力于回答的问题。值得注意的是,贯穿全书的域外"实效"与域外"效力"不同,前者是一个实然概念,指一个国家的法律规则在本国的领土疆域之外产生实际效果,能够在客观上影响域外的行为主体、调整域外的社会关系、保护域外的国家利益。

域内法律在域外产生实际效果,并不是一个新的现象。[2] 正如北京大学法学院吴志攀教授总结的那样,"法律早已越出国界"——"各国的法律既是主权性的,也是跨国性的;既是独立的,也是交融的;既是民族的,也是世界的;既是本土的,也是全球的。"[3]关于各国国内法律域外实效的讨论持续发酵,在当下更是受到了空前的关

---

[1]　服务于研究目的和行文的简明流畅,除非特别说明,本书在开展博弈分析时将欧盟视为一个"国家"。相应地,欧盟法律(如数据领域的监管规则)在本书语境下被称为"国内法"或"域内法"。

[2]　屈文生:《从治外法权到域外规治——以管辖理论为视角》,载《中国社会科学》2021年第4期,第44—66页。

[3]　吴志攀:《立足本土　面向世界　联系实际　解决问题》,载《中国大学教学》2010年第11期,第5页。

注。究其原因,这类现象及其背后蕴含的法学和社会科学规律有着丰富的实践意义和理论价值。

一、实践关切

从实践上看,法律的域外实效是当下每个国家都关心的话题。各国可能需要应对来自其他国家的不当的法律域外影响,也可能希望促成本国法律的域外实效。放眼全球,美国已经在世界各地构筑起了自己的法律帝国。美国法在金融、科技创新和人权保护等各个领域产生域外实效的现象非常普遍。[1] 欧盟也在有条不紊地将自己打造成为一支全球监管力量。欧盟法在市场竞争与反垄断、隐私与数据、消费者权益保护和环境等诸多领域也形成了广泛的域外实效。[2] 需要强调的是,美国和欧盟在上述领域的监管规则不仅因设置了域外管辖或域外效力条款而在应然层面可以被域外适用,而且在实然层面产生了广泛的域外影响。

站在"全球化"与"逆全球化"的十字路口,世界正在经历百年未有之大变局,现行国际秩序也面临着前所未有的挑战。[3] 值此之际,中国近年来正在"坚持统筹推进国内法治和涉外法治"[4]的战略

---

[1] Grundman Rock, "The New Imperialism: The Extraterritorial Application of United States Law," 14 *International Lawyer* 257, 257-266 (1980); Kal Raustiala, "Empire and Extraterritoriality in Twentieth Century America," 40 *Southwestern Law Review* 605, 605-616 (2011);强世功:《帝国的司法长臂——美国经济霸权的法律支撑》,载《文化纵横》2019年第4期,第84—93页。

[2] Anu Bradford, "The Brussels Effect," 107 *Northwestern University Law Review* 1, 1-67 (2012); Marise Cremona and Joanne Scott (eds.), *EU Law Beyond EU Borders: The Extraterritorial Reach of EU Law*, Oxford University Press, 2019, pp. 1-20.

[3] 黄进:《百年大变局下的国际法与国际法治》,载《交大法学》2023年第1期,第6—19页。

[4] 习近平:《坚定不移走中国特色社会主义法治道路 为全面建设社会主义现代化国家提供有力法治保障》,载《人民日报》2020年11月18日,第4版。

下,以双重身份[1]"加快我国法域外适用的法律体系建设"[2],努力实现中国式现代化的国际法意涵。[3] 一方面,是作为"进取者"积极推进中国法律的域外适用,比如追求我国《证券法》和《个人信息保护法》等监管规则的域外实效;另一方面,是作为"防御者"消极对抗别国法律的域外滥用,比如追求我国《阻断外国法律与措施不当域外适用办法》和《反外国制裁法》的域外实效。

作为国家战略意图的法治保障[4],不管是哪种类型的法律域外适用及其配套规则,充分实现立法目的的前提都是法律确实可以发挥作用、产生效果。如果"包含在法律规定部分中的'应然'内容仍停留在纸上,而并不对人的行为产生影响,那么法律只是一种神话,而非现实"[5]。正如习近平总书记指出的那样:"如果有了法律而不实施、束之高阁,或者实施不力、做表面文章,那制定再多法律也无济于事。"[6]

然而,徒法不足以自行。在探讨法律规则的订立时,我们无法将法律可以产生效果视为理所当然的事情。在法理学上,将"法律不能实施"(non-enforcement of law)作为一个学术命题进行探讨的历史可以追溯到亚里士多德时代。[7] 这一问题在国内法上就值得

---

[1] Zhengxin Huo and Yip Man, "Extraterritoriality of Chinese Law: Myths, Realities and the Future," 9 *The Chinese Journal of Comparative Law* 328, 328-358 (2022).
[2] 习近平:《完善法治建设规划提高立法工作质量效率 为推进改革发展稳定工作营造良好法治环境》,载《光明日报》2019年2月26日,第1版。
[3] 廖凡:《中国式现代化的国际法意涵》,载《武大国际法评论》2023年第1期,第18—30页。
[4] 黄进:《论统筹推进国内法治和涉外法治》,载《中国社会科学》2022年第12期,第91—92页。
[5] [美]E.博登海默:《法理学:法律哲学与法律方法》,邓正来译,中国政法大学出版社2017年版,第255页。
[6] 习近平:《关于〈中共中央关于全面推进依法治国若干重大问题的决定〉的说明》,载《人民日报》2014年10月29日,第2版。
[7] Roscoe Pound, "Enforcement of Law," 20 *Green Bag* 401, 401-410 (1908).

重视[1],在国际法层面更应该保持警醒。因此,各领域涉外法治的研究不仅需要关心立法、司法层面的规则构建,还需要建立健全高效的涉外法治实施体系[2],让法律从纸面走向现实,从中国走向世界,这是涉外法治得以真正实现的"最后一公里路",也是本书重点关注的法律域外"实效"问题。

在上述背景下,我们必须思考和回答下列实践或政策问题:如何让中国的法律规则在本国的领土疆域之外真真切切地发挥作用、产生效果,进而调整域外的社会关系、影响域外的主体行为、捍卫我国的海外利益?为了实现这个目标,我们可以采用哪些模式?相应地,我们需要具备什么样的条件?做哪些准备?世界上其他国家已有的成熟实践可以给中国什么样的参考或启示?总之,这些现实追问的核心在于:中国应该如何在国际法治的框架下,以适合中国国情的方式促成我国法律规则的域外实效?

二、理论命题

从理论上看,"法律"与"疆域"的关系是法学与社会科学研究的经典命题。法国启蒙运动思想家孟德斯鸠就在《论法的精神》中指出:法律是特定地理条件(如一国的气候和土地面积等)和社会环境(如一国民众的生活方式和国家的政治体制等)的产物,"如果一个国家的法律竟能适合另外一个国家的话,那只是非常凑巧的事"[3]。然而,这种本国法律仅与本国疆域紧密联系的状态已经被打破,一国

---

[1] Gary Becker and George Stigler, "Law Enforcement, Malfeasance, and Compensation of Enforcers," 3 *The Journal of Legal Studies* 1, 1–18 (1974).

[2] 中国共产党第二十届中央委员会第三次全体会议:《中共中央关于进一步全面深化改革 推进中国式现代化的决定》,2024年7月18日。

[3] [法]孟德斯鸠:《论法的精神》(上册),张雁深译,商务印书馆1961年版,第6—7页。

法律在另一国的地域范围内产生实际效果、影响当地民众的行为、调整其社会关系的现象愈发普遍。

20世纪90年代,美国哈佛大学肯尼迪政府学院的约翰·罗杰(John Ruggie)教授提出了"超越属地主义"(territoriality and beyond)的概念,面对生产要素的全球流动和国际经贸的繁荣,法律不断在本国的地域范围之外生效。为此,他呼吁各国在全球化的背景下,重新思考国家的疆域、主权与秩序之间的联系。[1] 20多年后的今天,世界格局发生了变化,逆全球化潮流甚嚣尘上。[2] 欧洲学者格雷瓜尔·马拉德(Grégoire Mallard)揭示了法律域外实效与逆全球化进程之间的关系。[3] 可见,时代在变,全球局势也在变,而国内规则在域外的实际效果却从未远离学术中心。之所以如此,归根结底与一国法律实效牵动的国家利益有关。

在法律限于一国疆域的设定下,管辖权是纯粹的国内法问题。然而,当某个国家产生了扩张自身主权利益的愿望,并试图通过法律的形式管理那些不纯属于本国领土以内的事务,法律域外实效的国际法问题便随之产生。[4] 在域内要素跨国流动和全球问题频繁涌现的时代背景下,主权国家在利益驱动下努力促使法律规则产生域外实效已是必然。然而,当我们进一步考察国际法对国内法域外实效的态度,便可发现:国际社会处于无政府状态,没有一个中央政府可以强制一国的法律在另一国产生实际效果。作为调整国际社会运转的规

---

[1] John Ruggie, "Territoriality and Beyond: Problematizing Modernity in International Relations," 47 *International Organization* 139, 139-174 (1993).

[2] Martti Koskenniemi, "International Legislation Today: Limits and Possibilities," 23 *Wisconsin International Law Journal* 61, 69-78 (2005).

[3] Grégoire Mallard and Sun Jin, "Viral Governance: How Unilateral US Sanctions Changed the Rules of Financial Capitalism," 128 *American Journal of Sociology* 144, 144-188 (2022).

[4] Frederick Alexander Mann, "The Doctrine of Jurisdiction in International Law," in *Collected Courses of the Hague Academy of International Law (Volume 111)*, 1964, p. 9.

则,国际法对一国在其领土疆域内赋予其法律域外效力的举措(如国家行使立法和司法层面的域外管辖权)不加限制,而将国家在域外真正付诸实践强制本国法产生域外实效的行为(如国家行使执法层面的域外管辖权)视为禁忌,并留有大量的规则空白。[1] 即便如此,我们却可以实实在在地看到特定国家的法律或监管规则在本国疆域之外产生了实际效果。这一应然法律规则与实然法律现象的差异和对比产生了引人入胜的学理张力。

在这样的背景下,有下列理论问题值得思考:当今世界究竟存在哪些典型的"域内法律规则在域外产生实际效果"的情形或模式?在这些典型情形中,是什么样的机制在发挥作用,以至于在国家之间形成了"无需(国际)法律的秩序"[2],使得法律域外实效成为一种稳定而持久的现象?这些机制是否可以被类型化?又需要什么条件加以支撑?总之,这些理论追问的核心在于:基于国家成功促成法律域外实效的现实案例,我们能否总结出一些不随时间、空间和具体部门法而轻易变化的基本规律?

综上所述,法律域外实效有理论和实践两个层面的研究问题。它们可以高度概括为"为什么"和"怎么办"。第一,一国的法律规则为什么能够在本国的领土疆域之外产生实际效果?这是一个解释性的

---

[1] 贾兵兵:《国际公法:和平时期的解释与适用》,清华大学出版社 2015 年版,第 229 页;Malcolm De Evans, *International Law (Fourth Edition)*, Oxford University Press, 2014, p. 331。

[2] [美]罗伯特·埃里克森:《无需法律的秩序:相邻者如何解决纠纷?》,苏力译,中国政法大学出版社 2016 年版。"无需法律的秩序"一直是法律和社会科学领域的经典研究命题。举例而言,美国杜克大学法学院教授乔仕彤在中国小产权房、社区治理、金融发展等领域都开展过类似研究。See e.g., Shitong Qiao, "Small Property, Big Market: A Focal Point Explanation," 63 *The American Journal of Comparative Law* 197, 197-238 (2015); Shitong Qiao, "The Authoritarian Commons: Divergent Paths of Neighborhood Democratization in Three Chinese Megacities," 71 *American Journal of Comparative Law* 388, 388-443 (2023); Shitong Qiao, "Finance Without Law: The Case of China," 64 *Harvard International Law Journal* 431, 431-487 (2023).

问题,目的是探讨法律现象背后的本质和规律。第二,一国如果追求本国法律规则的域外实效,这个国家应该怎么办?这是一个对策性的问题,研究目标是提出具体且行之有效的政策建议。这两个问题联系紧密,因为我们一旦能够回答第一个问题,找到一国法律之所以能够产生域外实效的底层逻辑和客观规律,那么第二个问题也将迎刃而解——只需要将第一个问题中得到的规律因地制宜地运用到国家的具体实践中即可。

对此,本书聚焦经济监管领域,希望通过考察世界范围内经济监管产生域外实效的典型实践,归纳其模式,提炼其条件。通过总结理论规律,提出切实可行的实践方案,最终服务于中国的涉外经济法治建设。

第二节　方法与思路

一、研究方法

(一)法律的经济分析

本书主要采用法律的经济分析(economic analysis of law)作为研究方法。这种方法主要以经济学理论审视和分析法律世界,而后确认、质疑或试图改变法律现实。[1] 其中,经济学是分析工具,而法律是分析对象。因此,任意翻开一本主流法律经济学教材,都可以看到这样的编排体例:首先介绍经济学理论(比如微观经济学中的供求理论和博弈论等),而后将上述经济学理论运用到不同的法律部

---

[1] Guido Calabresi, *The Future of Law and Economics: Essays in Reform and Recollection*, Yale University Press, 2016, p. 2;张永健:《法经济分析:方法论20讲》,北京大学出版社2023年版,第16—17页。

门(比如财产法、侵权法、刑法等)之中。[1] 这一研究方法的代表人物是理查德·波斯纳(Richard Posner)。值得注意的是,"法律的经济分析"与"法和经济"是两种不同的研究路径。后者由耶鲁大学法学院的圭多·卡拉布雷西(Guido Calabresi)提出,主要强调法学和经济学作为两个平等的学科,可以双向互动和彼此促进——不仅可以用经济工具分析和改进法律,还可以用法学智慧修正甚至扩容经济学,就好像心理及认知科学对传统经济学所产生的影响那样。[2]

经济分析方法在法学领域的影响甚巨。早在上个世纪就有统计数据显示,美国主流法学期刊中使用经济分析方法的论文数量已经超过使用任何其他方法的论文。[3] 如今,法律的经济分析已经改变了法学研究的性质以及人们对法律规则和制度的一般性理解。[4] 面对经济分析方法的浩大声势,一个前提性的疑问是:为什么我们可以用经济学来分析法律?从理论上说,法律研究的主体("正常人")和经济研究的主体("经济人")具有很大的共性,并且法律和经济研究的主题大多属于或者可以转化为能够较为清晰定义的经济利益关系。[5] 研究主体和研究主题的相似性使得经济学家能够比较成功地将经济学所奉行的方法论和强有力的人类行为理论扩张到法律领域,用来阐释法律的形成、法律的框架和法律的运作,以及法律制度对社会经济活动产生的影响。

---

[1] See e.g., Robert Cooter and Thomas Ulen, *Law and Economics (Sixth Edition)*, Berkeley Law Books, 2016.

[2] Guido Calabresi, *The Future of Law and Economics: Essays in Reform and Recollection*, Yale University Press, 2016, pp. 2-5.

[3] William Landes and Richard Posner, "The Influence of Economics on Law: A Quantitative Study," 36 *The Journal of Law and Economics* 385, 385-424 (1993).

[4] Robert Cooter and Thomas Ulen, *Law and Economics (Sixth Edition)*, Berkeley Law Books, 2016, p. 2.

[5] [美]罗伯特·考特、托马斯·尤伦:《法和经济学(第六版)》,史晋川等译,格致出版社、上海三联书店、上海人民出版社2012年版,(译者序)第4页。

自20世纪60年代法律的经济分析方法诞生至今,经济工具对法律的介入日益加深和扩张。这一方面体现在用来进行分析的经济工具从传统的微观经济学拓展到行为经济学[1]、宏观经济学等经济分支[2],另一方面也体现为被分析的法律领域从最传统的反垄断法、税法等拓展到包括国际法在内的几乎所有法学门类。这也意味着"主权国家"这类主体也被看作"经济人"。[3] 当然,无论分析工具和分析对象如何拓展,在法学领域开展经济分析的主要目的无外乎三个:预测特定法律安排(即规则和制度等)的效果或影响,解释为什么特定法律安排会存在,决定何种法律安排应当存在。[4]

　　本书的主题是域内经济监管的域外实效。这个议题关涉管辖权、国际法律冲突、国内法和国际法的关系,以及全球治理等一系列法律问题。从研究方法上纵览本书,它是经济分析与国际法领域的一次交融。被关注的法律行为主体主要是国家,牵涉的社会关系主要是国与国之间的利益纠葛。本书的理论基石是经济学上的理性选择理论,其基本前提是"理性人假定"。本书借助博弈论分析将四个具体的案例抽象为支撑经济监管产生域外实效的四种博弈模式,而且利用若干经济学理论(如威慑模式中的"犯罪威慑理论"和偶合模式中的"激励相容"理论等)解析了各个模式成立的经济机制,并论证了法律实力和行业实力与四种模式的关系。此外,本书提出的政策建议(尤其是"经济监管域外实效模式的决策流程"部分)包含了"成本收益分析"

---

[1] Christine Jolls, Cass Sunstein, and Richard Thaler, "A Behavioral Approach to Law and Economics," 50 *Stanford Law Review* 1471, 1471-1550 (1998).

[2] Yair Listokin, "Law and Macroeconomics: The Law and Economics of Recessions," 34 *Yale Journal on Regulation* 791, 791-856 (2017).

[3] Ejan Mackaay, "History of Law and Economics," in Baudewijn Bouckaert and Gerrit De Geest (eds.), *Encyclopedia of Law and Economics*, Edward Elgar, 2000, p. 76.

[4] David Friedman, *What Economics Has to Do with Law and Why It Matters*, Princeton University Press, 2000, p. 15.

的经济分析思想。总的来看,法律的经济分析方法贯穿本书始终。

最后,围绕本书的议题,经济分析的方法也可以同时实现三项目的。第一,本书将基于理性选择理论和博弈论的分析框架,解释为什么在不同的法律领域中,各个国家之间会形成经济监管域外实效相关的模式;第二,总结规律以预测不同的经济监管域外实效模式可能产生的影响(即对国家自身、国际关系和国际社会等);第三,结合中国的现实情况探讨就特定的时期和领域而言,选择何种模式来促成经济监管的域外实效最为合适。

(二)法律的规范分析

本书以社会科学的思路探讨法律的域外实效问题,并且主要用到了经济分析的工具,但是本书从未脱离法学研究的主线,也大量依赖法律规范分析这一典型的法学研究方法[1],并围绕法学理论、法律制度和具体规则展开了精细的研讨。这主要体现在三个方面。

第一,核心概念的澄清与辨析。为了明确核心研究对象"经济监管域外实效",本书在一开始就深入考察了法理学上"法的效力"与"法的实效"概念,管辖权的基本理论,近年来产生的纷繁学术概念的内涵、功能及谱系等。通过这种规范研究的方式,确保本书对于概念的界定清晰准确,并能与既有研究合理衔接并顺畅对话。

第二,制度规则的比较分析。本书的主体部分包含四个详尽的案例分析,呈现了全球范围内国家推动经济监管域外实效的成功实践,归纳了不同实践所对应的博弈模式,还提炼了不同模式得以成立的关键条件。其中,法律实力是关键条件之一。因此,在每一个案例研究中,相关国家在特定领域(如美国反洗钱监管领域、欧盟数据监管领域等)与法律域外实效有关的制度构造、条款设计和规则适用都

---

[1] [德]卡尔·拉伦茨:《法学方法论》,黄家镇译,商务印书馆2020年版,第246—253页。

是重点的分析对象。上述规范分析将贯穿本书的始终,既兼顾规则体系的沿革、现状和发展,也会区分纸面上的规则文本和实践中的法律应用。

第三,制度规则的构建设计。本书的目标之一是为推动中国经济领域的涉外法治实施体系出谋划策,因此研究的最后将为中国的经济监管法律提供一套促成域外实效的模式决策流程,并阐释不同的模式如何在不同场景下为中国所用。其中,一个关键的问题是:如何选择经济监管域外实效的生成模式并构建相应的制度以保障规则在域外的实际效果。这部分分析并非凭空展开,而是基于中国现有的制度和规则框架。由此可见,本书离不开扎实的法律规范分析。

二、理论框架

(一)国际法中的理性选择理论

理性选择理论(rational choice theory)是对法律现象进行经济分析的基石[1],也是本书研究的理论基础。它能帮助我们理解和预测个体如何作出决策。用经济学术语来说,"理性"有两个特征:第一,深思熟虑(deliberative)和前后一致(consistent);第二,在外部约束(constraints)下,根据传递性偏好(transitive preference)最大化效用(utility)。[2] 通俗地讲,理性选择理论假设个体在作出选择或行动之前,会结合外部约束条件(比如有限的金钱或时间)进行预期成本和收益的计算。最终,总是以追求自身收益最大化(或自身成本最小

---

[1] David Friedman, *What Economics Has to Do with Law and Why It Matters*, Princeton University Press, 2000, p. 17.

[2] Thomas Ulen, "Rational Choice Theory in Law and Economics," in Baudewijn Bouckaert and Gerrit De Geest (eds.), *Encyclopedia of Law and Economics*, Edward Elgar, 2000, pp. 791–793.

化)的方式行事。[1] 理性选择理论是诸多经济学分支的基础假设,比如博弈论、交易成本理论、公共选择理论等。

理性选择理论最初仅被经济学家用于解释和预测市场行为(market behavior)。后来,其他学科的学者意识到,这一理论可能是社会科学中关于人类决策最完整和自洽的理论,而且已经在经济学领域取得了巨大成功。于是,理性选择理论被广泛运用于解释和预测非市场行为(non-market behavior)。[2] 法律决策就是一个典型例子——为什么可以用理性选择理论来研究法律决策?一个简明的回答是:法律规则为每种行为标明了价格,个体的法律决策是根据这套价格机制权衡得失后的结果。[3] 由此,法律决策本质上和市场决策一样,可以用理性选择理论作为基础展开分析。

20世纪80年代,美国西北大学法学院的肯尼思·艾伯特(Kenneth Abbott)首次将理性选择理论这一分析工具从国际关系领域引入国际法学界。[4] 此举不但沟通了国际法和国际关系这两个本应紧密联结、实则很少往来的学科(在国际关系领域,国际法被称作"国际机制"),而且也催生了后续一系列基于理性选择理论的国际法著述。比如,哈佛大学法学院的杰克·戈德史密斯(Jack Goldsmith)和芝加哥大学法学院的埃里克·波斯纳(Eric Posner)基于理性选择理论回

---

[1] Gary Becker, "Nobel Lecture: The Economic Way of Looking at Behaviour," 101 *Journal of Political Economy* 385, 386 (1993); Steven Shavell, *Foundations of Economic Analysis of Law*, Harvard University Press, 2004, p. 1; Richard Posner, *Economic Analysis of Law (Ninth Edition)*, Wolters Kluwer Law & Business, 2014, p. 9.

[2] Thomas Ulen, "Rational Choice Theory in Law and Economics," in Baudewijn Bouckaert and Gerrit De Geest (eds.), *Encyclopedia of Law and Economics*, Edward Elgar, 2000, p. 795.

[3] Ibid., p. 797.

[4] Kenneth Abbott, "Modern International Relations Theory: A Prospectus for International Lawyers," 14 *Yale Journal of International Law* 335, 335-411 (1989).

答了"国家为什么会遵守国际法"[1];南加州大学法学院的安德鲁·古兹曼(Andrew Guzman)借助这一理论工具研究了"国际法如何改变国家的行为"[2];埃里克·波斯纳和斯坦福大学法学院的艾伦·赛克斯(Alan Sykes)则撰写了第一本用理性选择理论系统分析国际法各个分支的教材。[3]

作为剖析国际法问题的理论框架,理性选择理论有两个前提假设。第一,国际社会是由"国家"(state)组成的系统,这套系统处于"无政府状态"(anarchic)。第二,国际社会中的"国家"具备三个特征:单一行动者(将国家看作一个整体)、自我主义者(国家是自利的)和理性人("理性"的内涵如前文所述)。[4] 诚然,上述假设可能过于简单,以至于有时与现实世界不符。但不可否认的是,正是因为理论框架的高度抽象和灵活,才使得它对各类国际法现象和国家的行为有极强的包容性、解释力和启发性。[5]

美国杜克大学政治系的罗伯特·基奥哈内(Robert Keohane)曾经总结了运用理性选择理论研究国际法问题的若干优势:理性选择理论可以帮助我们解释现象、寻找机制,并使得进一步提炼条件、分析因果关系成为可能;它还可以解决实际问题,为我们提供行动指南。基于理性选择理论的分析像一个靶子,可供质疑、可被证伪;而每一次"攻击"都提出了新的研究问题,不断加深我们对现实或理论中国际

---

[1] Jack Goldsmith and Eric Posner, *The Limits of International Law*, Oxford University Press, 2005.

[2] Andrew Guzman, *How International Law Works: A Rational Choice Theory*, Oxford University Press, 2008.

[3] Eric Posner and Alan Sykes, *Economic Foundations of International Law*, Harvard University Press, 2013.

[4] Kenneth Abbott, "Modern International Relations Theory: A Prospectus for International Lawyers," 14 *Yale Journal of International Law* 335, 346-351 (1989).

[5] Alexander Thompson, "Applying Rational Choice Theory to International Law: The Promise and Pitfalls," 31 *The Journal of Legal Studies* S285, S285-S306 (2002).

法运作方式的理解。[1] 这些都是本书将理性选择作为理论基础的原因——对于经济监管域外实效这一议题,我们既需要解释现象,提炼规律,也需要解决方案,更需要为未来的研究提供指引。

(二)国际法中的博弈论分析

理性选择理论是进行多种法律经济分析的共同基础,本书的展开主要依托其中的博弈理论(game theory)。博弈论分析主要研究在特定情境下,两个或多个理性主体如何选择其行动策略,并最终实现均衡结果(即"稳定状态")。任何一次博弈分析都要关注四个要素:行为主体,行动选项,不同选项组合带来的客观结果,主体对不同结果的主观赋值(或"回报")。

博弈分析天然地契合国际法研究,因为最终影响国际法运转的是国家和国家构成的系统。[2] 而博弈分析的对象恰恰是作为独立主体的国家依据其偏好做出特定行动后,对其自身、其他国家乃至整个国际社会的影响。在国际法领域,行为主体一般是国家,而行动选项最常见的例子就是"合作"或"不合作"(即"背叛")。于是,一个最简单的博弈模型就产生了。它可以表示为一张"2×2"的表格(共4个格子),每一个格子代表特定选项组合的一种客观结果,比如(合作,合作)。而格子中的数值则代表行为主体定义的主观回报。本书只涉及最简单的博弈分析和均衡情形,它包含四种博弈模型,每种模型只涉及两个国家主体和四个客观结果,都可以用"2×2"的表格展示。

既有的国际法研究已经对国家之间的博弈范式进行了广泛考察和类型归纳,也形成了一些经典的理论框架。如上所述,合作(coop-

---

[1] Robert Keohane, "Rational Choice Theory and International Law: Insights and Limitations," 31 *The Journal of Legal Studies* S307, S307-S319 (2002).

[2] Kenneth Waltz, *Man, the State, and War: A Theoretical Analysis*, Columbia University Press, 2001, p. 2.

erative)与不合作(non-cooperative)的"二分法"是最基本的范式。[1]举例而言,有学者指出国家在承认与执行外国法院判决的过程中会呈现"合作"和"非合作"两种博弈类型。"非合作"博弈又可以进一步区分为"智猪博弈"和"囚徒困境博弈"两种类型。前者意味着如果双方未来能达成"合作",就可以实现彼此利益的最大化;后者则预示着双方必定会陷入相互拒绝,也即"不合作"的困局。[2] 类似地,在国家安全的研究议题下,我国学者以博弈论中的"一美元牌拍卖陷阱"和"斗鸡博弈"等呈现了不同场景下国家之间进行对抗或达成合作的情形及原理。[3]

随着国际法研究的议题增多、认知深化,上述"二分法"无法解释现实世界的诸多情形。于是,有研究者尝试在"合作"与"不合作"之间加入第三种类型,即部分合作(partially cooperative)。举例而言,在美国证券法域外适用的问题上,"不合作"即用单边方式强硬推行本国法的域外适用;"合作"即通过双边或多边方式实现两个或多个国家之间法律的域外效果;"部分合作"即确立诸如"效果原则"等管辖依据,在特定情况下(往往是与国家利益最紧密相关的场景下)采取单边方式,其他情形则依赖国家间的合作。[4]

在"三分法"的基础上,又有学者提出了"四分法"。在研究美国与欧盟产生法律冲突后两者的互动时,有学者提出了博弈关系的"四分法"。其一,进行反制,强迫欧盟改变规则;其二,寻求合作,签

---

[1] Mark Chinen, "Game Theory and Customary International Law: A Response to Professors Goldsmith and Posner," 23 *Michigan Journal of International Law* 143, 143-147 (2001).

[2] 何其生、张霞光:《承认与执行外国法院判决的博弈分析》,载《武大国际法评论》2017年第1期,第34—52页。

[3] 沈伟:《国际经济法的安全困境——基于博弈论的视角》,载《当代法学》2023年第1期,第35—38页。

[4] Gunnar Schuster, "Extraterritoriality of Securities Laws: An Economic Analysis of Jurisdictional Conflicts," 26 *Law and Policy in International Business* 165, 165-202 (1994).

订双边协议或达成多边方案;其三,追求协调,促使本国的规则与欧盟规则趋于一致;其四,无为而治,默许欧盟规则的发展和影响。[1] 可以发现,"反制"即"不合作","寻求合作"和"追求协调"都是不同程度的"合作",而"默许"的情况是相较于之前研究的理论创新。

同样是"四分法",上文提到的哈佛大学法学院的杰克·戈德史密斯和芝加哥大学法学院的埃里克·波斯纳两位教授在研究国家之间为何缔结双边或多边条约、为何遵守或违反国际法等问题时进一步完善了现有的博弈框架。他们给出了威慑(coercion)、利益重合(coincidence of interest)、协作(cooperation)和协调(coordination)四种博弈类型。[2] 从本质上看,"威慑"就是"不合作";"利益重合"会形成"默许"的结果;"协作"和"协调"是不同程度的"合作"。"协作"和"协调"的差别在于,"协作"通常强调双边合作,适用于两个国家之间的双边协定;"协调"一般表示多边合作,适用于三个及以上国家之间的多边条约或协定。

国际法中的博弈分析框架还在不断发展中,各类博弈模型也在不同的场景及语境下持续进化。[3] 通过追溯理论发展的轨迹,可以得到两点启示。其一,国际法研究中博弈理论和博弈模型的发展除了取决于数学领域博弈论本身的进步之外,更大程度上与所分析的国际法问题、所观察的国家互动场景有关。其二,在国际法研究中运用博弈分析需要把握"简明性"和"解释力"两个关键点,争取在两者之间求

---

[1] Alasdair Young, "Political Transfer and 'Trading Up'? Transatlantic Trade in Genetically Modified Food and US Politics," 55 *World Politics* 457, 458–459 (2003).

[2] Jack Goldsmith and Eric Posner, *The Limits of International Law*, Oxford University Press, 2005, pp. 3–21.

[3] See e.g., Richard McAdams, "Beyond the Prisoners' Dilemma: Coordination, Game Theory, and Law," 82 *Southern California Law Review* 209, 209–258 (2008); Janaína Gomes Garcia de Moraes and Patricio Alvarado, "Game Theory and the Legitimacy of International Adjudicative Bodies," 16 *Brazilian Journal of International Law* 148, 148–164 (2019).

得平衡。具体而言,"合作"与"不合作"的"二分法"因为过于简单,可能无法圆满解释在特定问题上国家之间围绕国际法的复杂互动;而过于繁复的博弈模型及其罗列,又可能丧失理论构建应当拥有的简洁美感。因此,在"简明性"和"解释力"之间找到平衡点是此类研究不断深化的方向。

基于对国际法领域内博弈论分析的梳理和反思,本书将主要借鉴上述"四分法"的理论框架,尤其是运用和发展哈佛大学杰克·戈德史密斯和芝加哥大学埃里克·波斯纳提出的"四分法"(即威慑、利益重合、协作和协调)来描摹和解释在域内经济监管产生域外实效的过程中,国家之间呈现何种博弈关系。主要参考上述博弈理论,有三方面原因。

其一,问题意识的相似性。对于"国家为什么会遵守国际法"这个问题,在国际法教义层面已经形成了相对成熟的回答。比如,国际法对国家有一种规范意义上的强制力[1];又比如,国家遵守国际法是因为它们通过签署和批准条约的方式主动同意遵循它[2];还比如,国际法严肃和完整的制定过程(透明、公平、包容的流程和环境)使得国家觉得应当遵守它[3];再比如,国家遵守国际法是因为国际法已经成为国家内部价值追求的一部分等。[4] 虽然上述回答各有侧重,但都体现了一种将实在国际法奉为圭臬的思路。而这种思路背后有一个基本的假定:国家是因为非功能性的(non-instrumental)原

---

[1] Thomas Franck, *The Power of Legitimacy Among Nations*, Oxford University Press, 1990, pp. 24-25.

[2] James Brierly, "The Basis of Obligation in International Law," in Sir Hersch Lauterpacht and C. H. M. Waldock (eds.), *The Basis of Obligation in International Law*, Clarendon Press, 1958, pp. 51-54.

[3] Thomas Franck, *The Power of Legitimacy among Nations*, Oxford University Press, 1990, p. 24.

[4] Harold Hongju Koh, "Why Do Nations Obey International Law," 106 *Yale Law Journal* 2599, 2603 (1996).

因遵守国际法。从国际法教义学的视角看,这些假定集中体现在国际法的"法律确信"(opinio juris)和"条约必守"(pacta sunt servanda)这两个原则之中。前者是指国际法主体天然有一种"法律义务"要去遵守国际法,后者则要求国际法主体在行动上必须遵守条约。[1] 简单来说,遵守国际法是一种"道德正确"或"天然合法"的事情。

然而,前述答案无法经受如下追问:国际法这种与生俱来的约束力来自哪里?如何解释现实世界中很多国家或地区不遵守国际法的现象?比如,世界贸易组织(World Trade Organization,以下简称为"WTO")规则是通过严谨的国际立法流程创制的,各成员也在各自的法律体系下通过签署条约、批准条约甚至转化条约的方式同意遵守规则,WTO规则因此变成了国家或地区的内部价值的一部分。理论上说,这种规则的约束力应该很强才对,可是在历史上的贸易摩擦中,我们能看到有些成员赤裸裸地违反WTO规则的行为。[2] 戈德史密斯和埃里克·波斯纳的问题意识源自上述国际法教义学理论与现实的张力,这与本书一致。具体来说,国际法对于一国推动其法律在域外产生实际效果的行为鲜有规定甚至视为禁忌,然而现实中不同领域内特定国家或地区的法律产生全球影响的现象却层出不穷,应然与实然的反差需要跳脱国际法教义学的局限,运用社会科学的方法加以研究。

其二,研究命题的相似性。戈德史密斯和埃里克·波斯纳需要解决的问题是"国家为什么会遵守国际法",而本书致力于回答"国家为什么会遵守别国法"。两者的内在逻辑具有相似性,都是要解决对于某种不必然对特定国家产生约束力的规则来源,国家是否遵守、为何

---

[1] Hans Wehberg, "Pacta Sunt Servanda," 53 *American Journal of International Law* 775, 775-786 (1959).
[2] 杨国华:《中美贸易战背景下的WTO诉讼》,载《中国法律评论》2018年第5期,第18—24页。

遵守以及如何遵守。对于上述研究问题,戈德史密斯和埃里克·波斯纳基于理性选择理论,以国家实力(state power)和国家利益(state interest)为核心,研究并论证了:遵守国际法的行为是国家为了最大化自身利益,基于对各国利益和实力分布的考量,理性选择而形成的决策。[1] 其中,"国家利益"被界定为可从外观推测的国家政治领袖对特定结果的偏好。[2] 鉴于研究问题的相似性,本书也可以采用类似的理论分析进路。

其三,方法范式的优越性。如上文所述,从博弈论的视角分析国家之间的法律互动应把握简明性和解释力的关系。戈德史密斯和埃里克·波斯纳提出的博弈分析范式由四种模式构成,既没有陷入过度复杂、难以理解的困境,也就其研究问题给出了较为充分和合理的解释,值得借鉴。

值得指出的是,为了更好地在经济监管域外实效的议题下构建国际法理论,本书进一步调适和发展了上述博弈论分析框架。一方面,结合实证研究中观察到的国家间的主观动机和客观行为两方面的互动,本书赋予了四种博弈模式更加丰富和具体的内涵。相应地,也将四种博弈模式的名称调整为威慑模式、偶合模式、合作模式和协调模式,这是为了更好地体现模式的特点和彼此之间的差异。另一方面,不满足于对博弈模式的归纳和梳理,本书进一步解释了支撑四种模式运转的内在机制,也即通过法律实力和行业实力两条线索,深入剖析某一博弈模式在特定情况下成立的条件和规律。除此之外,基于对博弈模式成立原因的内在机制的研究,本书得以发现四种博弈模式在静态层面的局限性,以及不同博弈模式在动态层面的互动关系,一定程度上实现了国际法研究中博弈分析范式的传承和创新。

---

[1] Jack Goldsmith and Eric Posner, *The Limits of International Law*, Oxford University Press, 2005, p. 3.
[2] Ibid., p. 6.

三、研究思路

本书遵循"具体—抽象—具体"的研究思路,按照"实践—理论—实践"的行文逻辑展开。这种研究思路和行文逻辑体现于本书的具体篇章内容安排,即"案例分析—模式归纳—条件提炼—建言献策"。具体来说,案例分析即具体的实践,模式归纳和条件提炼即两个层次的理论抽象,而建言献策又回到具体的实践。其中,第一步的具体实践服务于抽象理论的形成,上述抽象理论成果又用于指导第三步的具体实践。

(一)案例选择和分析的思路("观察实践")

本书是法律域外实效主题下的社科法学研究,强调把经济监管规则产生域外实效的现象作为经验事实加以观察,在此基础上寻找规律。通过考察世界范围内经济监管域外实效相关的丰富实践,本书选取了四个典型案例进行细致分析。它们分布于美国反洗钱监管领域、欧盟数据监管领域、美欧场外衍生品监管领域,以及中国通信技术监管领域。

选取上述案例主要基于兼顾广泛性和代表性的考虑(见表1)。[1] 在广泛性方面,本书选取的案例覆盖多个国别地域、行业领域、法律渊源和实现方式。从国别来看,案例不仅涉及美国、欧盟等西方发达国家,也涉及包括中国在内的发展中国家。值得指出的是,美国、欧盟和中国是当今世界三大重要经济体。从行业来看,案例涉及实体经济(如移动通信行业),也涉及非实体经济(如金融行业)。从法律渊源来看,案例涉及典型的"硬法"(如反洗钱法),也涉及典型的"软法"(如4G技术标准)。从实现方式来看,案例中既有以单边方式

---

〔1〕 当然,选择特定案例进行研究可能还有其他考虑。比如,相关话题的时效性、相关资料的可得性等,可具体参见本书第三至第六章的引言部分。

实现的法律域外实效,也有双边和多边方式。

在代表性方面,本书选择了成熟(成功)且稳定的经济监管域外实效案例。它们特征鲜明、过程典型、效果显著,可以非常好地为后续归纳模式和提炼条件提供实证素材。这就意味着,一旦研究透彻上述案例的特点和规律,便可以举一反三地用于理解国际社会中其他通过类似模式实现的经济监管域外实效现象。总之,在上述原则的指导下,本书的案例选择能够较好地服务于论题展开和观点论证。

表1 本书中典型案例的特征

典型案例	国别地域	行业领域	法律形式	实现方式
美国反洗钱监管	美国	金融	硬法	单边
欧盟数据监管	欧盟	数字经济	硬法	单边
美欧场外衍生品监管	美欧	金融	硬法	双边
中国通信技术监管	中国	移动通信	软法	多边

如何研究上述案例?对于四个典型案例,本书在研究过程中统一考察了十多项与经济监管域外实效紧密相关的"事实要素"(见图1),包括:法律输出方(即监管者)、法律输入方(或被监管者)、行业领域、主要法律、法律性质、发展历程(历史沿革)、利益考量(主要动机)、典型实例、法律实力、行业实力、对国家自身的影响、对国际关系的影响、对国际社会的影响等。它们有规律、有次序地囊括于本书第三章到第六章平行的各个小节中(即沿革、实证、条件、影响等)。

(二)模式归纳和条件提炼的思路("理论抽象")

模式归纳和条件提炼这两个步骤的目标是实现从具体到抽象、从实践到理论的升华。为此,本书首先将案例分析中得到的"事实要素"进一步抽象为三方面的"理论要素",具体包括经济监管产生域外

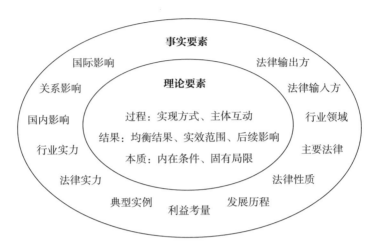

图 1　案例研究的"事实要素"与"理论要素"

实效的过程要素、结果要素和本质要素。[1] 这一步的抽象工作将方便之后从事实中归纳模式和提炼条件。

如何通过上述理论要素进行模式归纳？如果聚焦其中的"主体互动"(包括"心理互动"和"行为互动")这一项"过程要素",可以发现四个典型案例中的法律输出方和法律输入方的互动过程有一定的规律。比如说,在美国反洗钱监管领域,法律输出方(美国)积极追求在域外实施其域内监管规则,而法律输入方(其他国家)则极力排斥监管合规。于是,两者呈现出"追求—排斥"的心理互动和"威逼—屈从"的行为互动。正是基于主体的互动模式,本书归纳了四种经济监管域外实效所依托的博弈模式。

如何进行条件提炼？这一步需要解决的理论问题是:什么条件影响或决定了上述四种博弈模式中具体哪一种可以被达成？在案例分

---

[1] "事实要素"和"理论要素"的具体内容见本书第七章第一节中的表 7.1 和表 7.2。

析阶段,事实要素中有行业实力和法律实力两项,它们对应理论要素中的"内在条件"。在本书的语境下,所谓"法律实力",是指一国的立法、司法和执法水平及其相互配合的能力。所谓"行业实力",是指一国在特定领域内拥有的生产要素和资源(如劳动力、土地、资金、信息、技术和管理等)的多寡、企业竞争力的强弱,以及由此构成的产业链的完整度和成熟度,最终体现为一国产业在全球价值链中的地位。结合上述定义,在案例研究的过程中,本书主要采用定性方法呈现特定国家的法律实力和行业实力,辅以相关统计数据。可以发现,四种博弈模式在法律实力和行业实力方面的特征各不相同,并且在排列上具有一定的规律,以至于可以将两者分别作为横轴和纵轴,进而形成一个四象限图,四种博弈模式分别占据一个象限。在此基础上,可以进一步发现四种博弈模式的静态特征和动态规律。至此,理论抽象的工作得以完成。

(三)提供政策建议的思路("指导实践")

理论研究的成果要用于指导实践。经济监管域外实效相关的模式归纳和条件提炼可以而且应当服务于中国在涉外法治背景下推动我国经济监管规则产生域外效果的制度设计。一方面,当国家意图追求域内经济监管规则的域外实效时,需要在特定的领域和时期选择适合的博弈模式,而这取决于国家具备什么样的内在条件,即法律实力和行业实力。为此,本研究设计了"经济监管域外实效模式的决策流程",其核心思想是基于国家利益和国家实力进行成本收益分析。另一方面,四种博弈模式都可以在特定的场景下为中国所用,以此最大化中国经济监管法律在域外的实际影响。本着捍卫国际法治的原则,秉着攻防兼备的思路,本书结合中国的国情和不同模式的特点,在具体场景下探讨了各个博弈模式的应用前景和策略。

第三节 结构与内容

一、全书结构

本书共有十部分(见图2)。从功能上看,导论交代了本书创作的背景和研究问题;全书采用的研究方法、理论和思路;全书的主要内容及核心观点,以及贡献与不足。第一章澄清了"经济监管域外实效"这一研究对象,并以此为中心构建起概念谱系。第二章是对既有研究的评述,呈现了经济监管域外效果研究的法教义学和社科法学文献,进而阐明了两者的关系及合作进路。第三章至第六章是本书的案例研究部分,也是本书的核心内容,每一章详细分析一个经济监管域

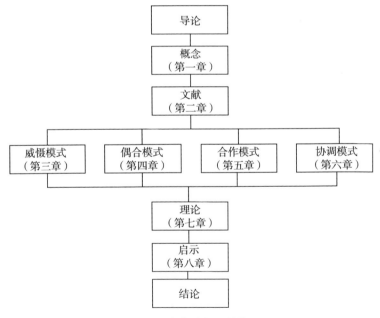

图 2 全书的框架结构

外实效的成功案例及其依托的博弈模式。第七章是对第三章至第六章的事实总结并完成理论建构,形成"经济监管域外实效论"。第八章运用前述事实和理论研究成果,为中国经济监管域外实效的生成建言献策。最后的"结论"重申本书的观点和主要研究成果。

另外,本书第三章至第六章案例研究的内部结构一致,包括六个部分(见图3):以"引言"总起全章,并对案例和模式进行整体介绍;第一节"沿革"阐明特定国家在特定领域追求经济监管域外实效的历史和动机;第二节"实证"通过实证研究呈现这一监管领域域外实效的实践情况和产生机制;第三节"条件"阐述这一领域域外实效依托的特定博弈模式的成立条件(即法律实力和行业实力);第四节"影响"反思特定博弈模式产生的三类影响(即对国家自身、国际关系和国际社会的影响);最后的"总结"归纳特定经济监管域外实效博弈模式的特征和本质(即外在表现和内在条件)。

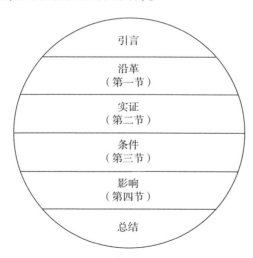

图3 案例研究的章节结构

二、内容概要

关于经济监管的域外实效,本书提出了"为什么"和"怎么办"两个问题。为了开展研究,本书首先进行了概念厘清(第一章)和文献综述(第二章)。而后通过观察世界范围内经济监管产生域外实效的成功实践,选取了四个典型案例进行剖析(第三章至第六章),并相应归纳了四种博弈模式,还提炼了支撑四种模式实现的两类条件,提出了"经济监管域外实效论"(第七章)。至此,"为什么"的问题得到了回答。在此基础上,本书基于中国国情设计了经济监管域外实效模式的决策流程,并结合具体场景分析了我国应该如何运用上述四种模式以最大化经济监管规则的域外效果。最后,本书从全球治理的角度展望了经济监管域外实效的未来(第八章)。至此,"怎么办"的问题也得到了回答。

由此,本书主要内容包括七个方面:概念澄清、文献综述、案例分析、模式归纳、条件提炼、政策建议和未来展望。下面择要阐释。

(一)概念澄清(第一章)

法律域外实效及其相邻概念在学界并未形成清晰共识。[1] 然而,一个明确的概念是学术研讨的基础。因此,本书在研究的开端试图澄清核心研究对象"经济监管域外实效"的内涵与外延,辨析与之相关的系列概念并构建学理谱系。

在本书中,经济监管所涉及的"法律"同时包括硬法和软法,是一个广义概念;"域外"即领土疆域之外,是物理意义上空间概念;"实效"强调法律得到实施并产生效果的客观结果,是事实概念。于

---

[1] 廖诗评:《〈阻断外国法律与措施不当域外适用办法〉的属事适用范围》,载《国际法研究》2021年第2期,第52页;宋晓:《域外管辖的体系构造:立法管辖与司法管辖之界分》,载《法学研究》2021年第3期,第173—174页。

是,"经济监管域外实效"是指一国的经济监管类的法律规则在本国的疆域之外得到实施,客观上产生的实际效果;具体表现为能够影响域外主体的行为方式、调整域外主体的权利义务关系、保护域外的国家利益等。

从概念的源流来看,"领土—主权—管辖—法律—具备域外效力的法律—产生域外实效的法律"在国际法上是层层演进的概念(见图4)。从这个角度看,管辖是法律产生域外实效的理论基点,也是其必要条件。若以管辖指向的领土空间为标准,可以将其分为域内管辖和域外管辖。域内管辖直接针对域内,但可能会影响域外的主体进而产生域外实效;域外管辖直接针对域外,不仅可能促成立法者所预期的应然域外效果,还可能因为域外管辖的域外影响而产生更大范围的域外实效。因此,法律域外实效的生成与管辖直接作用的领土空间没有直接关联。当然,不管是域内管辖还是域外管辖,都不一定会落到实处。因此,管辖是法律产生域外实效的非充分条件。

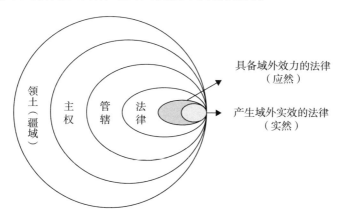

图4　法律域外实效的生成与演进逻辑

厘清管辖与法律域外实效的关系有助于进一步形成这一领域的概念谱系。简单来说,法律域外实效作为结果性概念,在相邻学术概念的谱系中处于"后端"。其"前端"是作为先决性概念的法律域外效力、治外法权、领事裁判权;其"中端"是作为过程性概念的域内管辖、域外管辖、长臂管辖、域外适用、域外规治、监管遵从、监管合作、国际造法、法律输出、法律移植、主动合规、法律选择等。由此可见,法律域外实效的生成是一个"多元共促"的过程,应当调动多方主体和多种路径。

(二)文献综述(第二章)

围绕法律域外效果展开的研究成果汗牛充栋,本研究在文献脉络中处于什么位置?可以提供哪些学术增量?为了明晰定位和贡献,并且尽可能展现既有研究的全貌,本书借鉴了法哲学上对法学研究"内部视角"和"外部视角"的二分思路进行文献梳理和评述。

法学研究的"内部视角"(即法教义学)关注法律规则的确立、解释和适用,致力于构造一套完整而自洽的法律体系;而法学研究的"外部视角"(即社科法学)将法律体系作为一种事实,致力于解释与法律有关的社会现象并试图发现其内在的规律。在本主题下,内部视角的研究聚焦法律的域外效力条款和域外适用制度,可以构成一张"地理版图"。立足国际、美国、欧盟和中国等法域的研究因意识形态和政策导向的区别而呈现独具特色的学术成果。外部视角的研究关注法律的域外实效(或上述法律域外适用制度的实际效果),能够形成一个"思想谱系"。基于经济、政治、社会和历史等学科的研究因理论假定和方法范式的不同而形成丰富多彩的智识贡献。

本书将经济监管规则的域外实效作为一个法律现象,试图从纷繁现象中类型化法律域外实效的生成模式并解释不同模式背后的影响因素或支撑条件,进而辅助政策制定。可以发现,本研究与聚焦法律规则和条文的内部视角研究不同,显然属于外部视角下的研究。与此同时,又由于本研究基于"理性选择理论"展开,运用了博弈分析、成本收益分析等工具,因而本书属于外部视角下以"经济思维"开展的研究。当然,本书研究的顺利开展离不开内部视角下各类研究的支持(比如法学概念的澄清、实践案例的制度背景、政策建议的规则落脚点等)。从这个角度看,本书提倡两种视角的"融合",致力于在跨法域和多学科的学术探索与争鸣中促成我国法律的域外实施与效果实现。

(三)案例研究(第三章至第六章)

在厘清概念和综述文献之后,本书正式进入主体部分。外部视角下的法学研究注重经验研究或实证分析,以期从现象中寻找规律。具体到本研究,即对世界范围内成熟而稳定的经济监管域外实效案例进行深入剖析。本书共选取了四个典型案例:美国反洗钱监管领域、欧盟数据监管领域、美欧场外衍生品监管领域,以及中国通信技术监管领域。

第一,在美国反洗钱监管领域,本书通过"几内亚矿产与地质部部长洗钱案""伊拉克胡达银行洗钱案""英国汇丰银行洗钱案""英国巴克莱银行主动进行美国反洗钱合规"等一系列实例,解析了美国域外实施其反洗钱监管规则的成熟实践:直接机制(即域外管辖)、间接机制(即域内管辖的域外影响)和次生机制(即域外管辖的域外影响)。

第二,在欧盟数据监管领域,本书通过"美国苹果公司在全球范围内遵守并推广欧盟数据法"的典型实例,呈现了欧盟数据监管规则产生域外实效的五个环节:其一,欧盟在域内立法;其二,跨国公司在欧盟域内遵守欧盟法律;其三,跨国公司在全世界范围内统一实施欧盟法律(无论欧盟法律是否要求);其四,跨国公司呼吁全球都实施欧盟法律,尤其是游说本国政府在立法时与欧盟法律保持一致;其五,其他国家立法过程中参考、模仿或移植欧盟法律。

第三,在美欧场外衍生品监管领域,本书通过"美国与欧盟以合作方式促成衍生品监管域外实效"的典型实例,追踪了美欧之间基于替代合规制度实现金融衍生品监管规则的域外实效的全过程。上述案例涉及的重要监管合作包括:其一,中央对手方集中清算制度的互认;其二,未清算交易保证金规则的互认;其三,交易平台的互认。

第四,在中国通信技术监管领域,本书通过"中国移动通信技术标准成为全球 4G 标准"的典型实例,解析了中国经由移动通信领域的多边标准化组织的议事流程,将我国移动通信领域的"软法"规范升级为国际标准,进而在全球范围内产生域外实效的过程。上述议事流程包括:技术需求分析、技术可行性分析和技术规范制定等三个阶段。

(四)模式归纳(第三章至第六章+第七章)

上述经济监管规则成功产生域外实效的全球实践是否可以被类型化?其实,四个典型案例可以析出关键的"事实要素",并能够进一步抽象出三方面"理论要素"。如果聚焦其中"主体互动"(包括"心理互动"和"行为互动")这一项"过程要素"(见表 2),可以发现:四个案例中的"法律输出方"和"法律输入方"的互动过程有一定的规律可循。

表2 经济监管域外实效典型案例中的主体互动、均衡结果与博弈模式

典型案例	心理互动	行为互动	均衡结果	博弈模式
美国反洗钱监管	追求—排斥	威逼—屈从	单向域外实效	威慑模式
欧盟数据监管	漠视—漠视 追求—追求	无为—无为 要求—配合	单向域外实效	偶合模式
美欧场外衍生品监管	追求—追求	互谅—互让	双向域外实效	合作模式
中国通信技术监管	追求—追求	竞争—接受	单向域外实效	协调模式

简单来说,在美国反洗钱监管领域,法律输出方(美国)积极追求

域内规则的域外实效,而法律输入方(其他国家)则极力排斥。前者的威逼致使后者屈从,最终美国法产生了单向的域外实效。在欧盟数据监管领域,法律输出方(欧盟)和法律输入方(其他国家)都采取漠视态度(或追求态度),两者都无为而治(或一方要求、一方配合),由于偶然的"激励相容"而产生了欧盟法的单向域外实效。在美欧场外衍生品监管领域,法律输出方(美国和欧盟)和法律输入方(美国和欧盟)都积极追求法律域外实效的结果,两方共同努力、互谅互让,最终促成域内规则产生双向域外实效的结果。最后,在中国通信技术监管领域,法律输出方(中国)和法律输入方(其他国家)都积极地追求域内规则的域外实效。由于域外实效的具体形态可能会对双方利益造成影响,因此各国通过竞争决定由谁域外输出其法律规则,最终中国获得了胜利,实现中国软法规则单向的域外实效。

基于上述事实特征,借助经济分析的研究方法和博弈论的理论工具,四类经济监管域外实效的实践可以抽象和简化为四种博弈模式:威慑模式、偶合模式、合作模式和协调模式。每一种模式都体现了"法律输出方"和"法律输入方"在理性选择下的互动过程和均衡结果。这些模式及其组合可以囊括域内经济监管规则得以产生域外实效的所有情形,也可以解释为什么某些国家在某个领域可以促成法律的域外实效。

(五)条件提炼(第三章至第六章+第七章)

由上文可知,经济监管域外实效的成功实践可以被类型化为四种博弈模式。那么,是什么因素影响或决定了上述四种博弈模式中具体哪一种可以被促成?观察四个典型案例中"条件"这项要素可以发现:四种模式在"法律实力"和"行业实力"的特征排列上具有一定的规律。

对于上述四个案例,美国反洗钱监管领域的法律实力和行业实力

(银行和金融业)都很强;欧盟数据监管领域的法律实力很强,但行业实力(数字经济行业)并不强;美国和欧盟在衍生品监管领域的法律实力和行业实力的强弱对于规则域外实效的生成不重要(根本没有作为"条件"出现,重要的是当事国之间的"共识");中国在技术通信监管领域的行业实力(通信业)很强,而法律实力并不强。为了更好地呈现这种内在关联,本书将"行业实力"作为纵轴,"法律实力"作为横轴,绘制了象限图。上文所述的四种模式可以分别放入四个象限之中(见图5)。

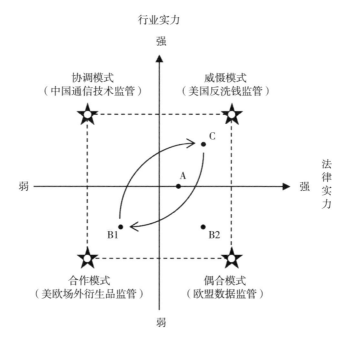

图 5　经济监管域外实效模式的内在条件与理论特性

抽象来看,威慑模式对行业实力和法律实力的要求都很高(第一象限);协调模式要求很强的行业实力,但对法律实力要求较低(第二象限);合作模式对法律实力和行业实力的要求都很低(第三象限);偶合模式对法律实力的要求很高,而对行业实力的要求较低(第四象限)。值得指出的是,象限图中"行业实力—强"意味着,为了让特定模式成立,"行业实力"的必要性很强。同理,"法律实力—弱"意味着,对于特定模式成立而言,"法律实力"的必要性很弱。

至此,案例、模式、条件形成闭环,本书提出的"经济监管域外实效论"也具备雏形。在此基础上,可以进一步结合实践情况探讨各类博弈模式的静态特征和动态关系。有五点值得强调。

第一,典型性。在本书中,条件的提炼由模式而来,模式的归纳由案例而来,而案例来自最具典型性和代表性的经济监管域外实效的相关实践。只有这样,才能最显著、最生动、最彻底地体现四种模式的外在表现(经济监管域外实效生成的过程和结果)和内在特质(生成经济监管域外实效的条件和每种模式的缺陷)。因此,案例的典型性是构建本书理论框架并进行充分论证所必须的。然而,上述"典型性"也意味着,现实世界中不同模式下的实践可能以一种缓和甚至含蓄的方式体现各自模式的特征。如果回到上文的象限图,本书研究的四个案例正好处于象限的四个顶点的位置(以图5中的五角星表示),它们的连线共同撑起了经济监管生成域外实效相关实践模式的最外沿,而其他实践都在这封闭的四方之内寻找自己的位置。

第二,局限性。每一种博弈模式对于法律域外实效的生成而言都不是完美的,基于自身的成立条件和实现过程,它们都有一定的局限。具体来说,威慑模式以强大的法律实力和行业实力支撑,看似无所不能,然而,其毕竟采取了单边方式,且主体互动异常激烈,因此存在正当性方面的缺陷。偶合模式以强大的法律实力支撑,却没有行业实力辅佐。于是,优质法律的传播可能成为问题(无法借助本国企业或产业扩散),存在闭塞性的问题。合作模式不要求法律实力和行业实力突出,而是讲求当事国之间的共识;这也决定了法律域外实效的范围限于当事国之内,存在狭小性的问题。协调模式以强大的行业实力支撑,却没有法律实力,因此必须依赖多边议事机构,不确定性也因此而来——不排除个别国家影响多边机制的正常运作。于是,协调模式存在干扰性的顾虑。如果回到象限图,本书研究的四个案例代表的五角星也都有一定的残缺(以图5中五角星内部的空白部分表示)。

第三,交融性。这一特性意味着模式和模式之间可能存在中间地带,特定领域法律域外实效现象的产生背后可能有不止一种模式在发挥作用。如果回到上文的象限图,我们可能看到介于两种模式之间的实践(以图5中的点A表示,它就位于威慑模式和偶合模式的交界线上)。

第四,流动性。博弈模式之间可以互相流动,这是由不同模式背后的内在条件决定的。当一国在特定领域同时拥有强大的法律实力和行业实力,理论上说它有条件选择所有的博弈模式促成经济监管的域外实效。此时,它自然可以选择威慑模式;然而,经过利弊权衡(比如,考虑到威慑模式的负面影响),它也可能流动到其他模式。同时,如果一国在特定领域既没有法律实力也没有行业实力,它可以先依靠合作模式,等条件成熟了,再从合作模式逐步流动到其他模式。如果回到上文的象限图,我们可能看到某个国家在特定领域依托的博弈模式流动(以图5中跨不同象限的箭头表示)。

第五,共存性。不同博弈模式并不是互相排斥的,而是可能在同一时期、同一领域同时存在。换句话说,只要法律实力和行业实力等条件具备,特定的国家可以通过充分利用不同模式的组合,最大化本国法律的域外实效。如果回到上文的象限图,我们可能看到一个国家在同一个领域同时依赖两种不同的博弈模式(以图5中同时存在的点B1和B2表示)。

(六)政策建言(第八章)

经济监管域外实效的模式构建和理论特性可以服务于中国在涉外法治背景下的政策制定。这是基于"为什么"的答案回答"怎么办"的问题。一方面,当国家意图追求法律的域外实效时,需要在特定领域和时期选择适合的博弈模式。为此,本研究设计了一个"经济监管域外实效模式的决策流程"。另一方面,四种博弈模式都可以在特定的场景下为中国所用,以此最大化我国经济监管规则的实效。本书结合具体场景探讨了不同模式的应用策略。下面分别说明。

1. 经济监管域外实效模式的决策流程

具体博弈模式的决策流程包括四个环节(见图6):启动决策(判断利益)、初选决策(判断条件)、优选决策(判断损益)和最终决策(权衡特性)。

第一,国家首先面临的决策事项为"启动决策",以此确定是否要在特定的领域追求经济监管的域外实效。这本质上是一个政治决策,关系到促成法律域外实效的必要性和迫切性。结合上文的案例研究,与之关联的考虑因素主要包括国家是否有需要保护的真实利益。一个重要的提醒是,启动决策必须在特定的时期、领域和场合仔细权衡、个案判断,不宜用"运动式"的方式推动域内规则的域外实效。尤其是在一国不具备相关需求和条件时,不宜盲目立法。否则,将损害国家法律的公信力。

第二,国家随后要面临的决策事项为"初选决策",以便确定客观上可以选取哪些博弈模式。上文已经明确了每种模式的必要条件,也即行业实力和法律实力的组合。于是,国家便可以结合自身情况筛选模式。举例而言,如果一国在特定领域的行业实力和法律实力都比较弱,要想促成法律的域外实效,就只能借助合作模式;如果相应的行业实力和法律实力都很强,则可以选择包括威慑模式在内的所有博弈模式。以此类推。

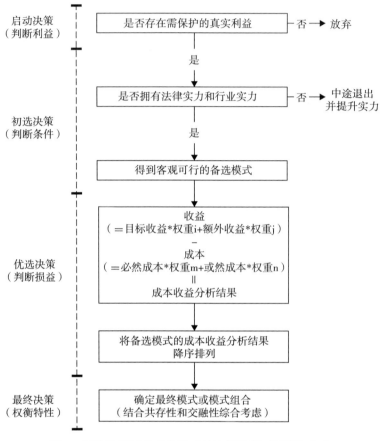

图6　经济监管域外实效模式的决策流程(简明版)[1]

第三,国家接着要面临的决策事项为"优选决策",以便计算客观可选的博弈模式的"净收益"如何。这个过程的核心是结合主观意愿

---

[1]　该流程图的详细版见本书第八章图8.1。

对每种备选模式进行成本收益分析,并依据"净收益"大小对其排序。特定模式的"收益"主要包括"目标收益"和"额外收益","成本"主要包括"必然成本"和"或然成本"。不同模式下的收益和成本都需要进行"加权计算",其权重取决于国家的偏好。

第四,国家最后要面临的决策事项为"最终决策",以便确定最终要采用哪(几)种模式促成法律的域外实效。对于"净收益"的排序结果,综合考虑各个模式之间的共存性(也即可以同时采用多种模式,只要总体"净收益"为正)和交融性(也即可以采取介于中间地带的模式),结合实际情况得出经济监管域外实效的模式方案并结束决策流程。决策过程中,国家可以随时选择中途退出决策流程以获取或提升相应的条件。

2. 经济监管域外实效的中国方案

在本书看来,经济监管域外实效得以生成的四种博弈模式都可以为中国所用。具体来说,其一,威慑模式可以在"防御型"和"进取型"两类场景中使用。前者用于反制外界对我国合法权益的侵犯,后者用于实施国际法允许的监管措施。在上述两类场景下,威慑模式的依据要么是国际法上的"报复"(或"反报")原则,要么基于国际社会共同认可的法治理念和实践,以此最小化这种模式的正当性缺陷。

其二,偶合模式可以针对特定的对象(法律输入方)、在特定的领域为中国所用。一方面,相对于大多数发展中国家,中国的法律实力有自身的优势。我国可以积极与特定对象"偶合"、在特定范围"偶合"并最终实现中国监管规则的域外效果。尤其是在"一带一路"机制下,我国与沿线国家的"偶合"还可以有效解决模式的闭塞性问题。另一方面,中国在某些新兴领域(如人工智能监管)仍有可能找到机会制定出全球范围内的优质法律,抢占法律市场。

其三,合作模式可以同时用于促成中国"硬法"和"软法"的域外实效。对于前者,随着越来越多的经济监管类立法(如《反洗钱法》《证券法》《期货和衍生品法》《个人信息保护法》等)植入了域外效力条款和国际(跨境)合作条款,将两者结合,存在激活合作模式的潜力。对于后者,以工业标准和技术标准为代表的"软法"层面的国际互认和采信是中国运用合作模式的重要场域。

其四,协调模式也可以同时用于中国的"硬法"和"软法"。对于特定的制度规范的形成而言,只要"工具理性"相较于"价值理性"而言发挥主导作用,协调模式就有适用的空间。对于"硬法",国际公约中不乏技术性强因而中国得以凭借行业实力实现协调模式的例子(如《关于汞的水俣公约》)。对于"软法",我国在诸多重要领域(如高铁、光伏、特高压等)都可以依托多边协调机制和自身的行业实力促成国内标准等"软法"规范的域外实效。

(七)未来展望(第八章)

如果将视野从中国的涉外法治拓宽到全球治理,经济监管域外实效的若干模式和条件将具备更深远的时代意涵。具体来说,威慑模式、合作模式分别对应国家之间的"竞争"关系与"合作"关系;偶合模式意味着"竞争中合作",而协调模式意味着"合作中竞争"。不同博弈模式体现了国际关系的本质特征:国家间的竞争与合作。

从这个维度上看,对经济监管域外实效的四种模式有重要影响的行业实力和法律实力,分别对应一个国家的"硬实力"和"软实力",两者又可以统合为"国家实力"。因此,国家之间的竞争与合作本质上是国家实力的博弈。其中,协调模式是"硬实力"较量的体现;偶合模式是"软实力"较量的体现;威慑模式是两种实力的集中比拼;而合作模式则是共享各国国家实力的发展成果。既然如此,本书认为:经济监管域外实效的促成应当服务于全球治理的目标,以及和平与发展的时代主题。因此,在促成法律域外实效的过程中,包括中国在内的每个国家除了要计算本国的成本收益之外,还应当思考:什么是"你"对世界的贡献?

第四节 贡献与不足

一、预期目标

本书的研究目的或者期待产生的意义包括三个方面:记录现象、构建理论、建言献策。

第一,记录现象。从治外法权到域外规治,主权国家对本国法律域外实效的追求经历了多个历史阶段,延续至今。[1] 如今,领土的边界已经无法限制规则的效果。法律域外实效涉及的领域不断变多,遍及金融、数字经济、通信技术等经济监管领域;涉及的规则类型变多了,从正式的法律渊源(即"硬法")到"软法"规范;依托的实现方式也变多了,从单边到双边再到多边;波及的主体更是变多了,能力强的国家积极地扩张其法律的域外实效,能力稍弱的国家则消极地抵御外部规则的侵入,身处其中的企业、个人都深受影响。面对与法律域外实效相关的种种经济现象,本研究希望择要记录,作为法学和其他领域研究的资料,以及未来研究的史料。

第二,构建理论。第一阶段,归纳模式。与经济监管域外实效相关的现象繁多,甚至稍显杂乱。为了深化对这些现象的研究和认知,我们是否可能进一步将它们分门别类、提炼特征?法律和社会科学的研究不仅需要具体、微观甚至有些琐碎的现象描述,也需要总结和归纳某种带有普适性的观点和模式。基于理性选择理论的基本假设和经济学中博弈论的分析工具,本书试图将国家实现本国经济监管

---

[1] 屈文生:《从治外法权到域外规治——以管辖理论为视角》,载《中国社会科学》2021年第4期,第44—66页。

规则域外实效的过程归纳为四种博弈模式:威慑模式、偶合模式、合作模式和协调模式。在每一种模式下,作为监管者的法律输出方和作为被监管者的法律输入方都有各自不同的利益考量、互动特征,最终形成经济监管域外实效的均衡结果。

第二阶段,提炼条件。从记录现象到归纳模式,本研究完成了经济监管领域繁多法律域外实效现象的类型化处理,这是理论构建的第一阶段。然而,识别机制并不意味着成功解释。值得追问的是:何种条件催生了不同博弈模式的形成?[1] 具体来说,为什么不同的国家、不同的部门法及不同的时期依托不同的法律域外实效模式?比如说,为什么欧盟在特定领域采用的经济监管域外实效模式与美国不同?其背后的原因是什么?当代社会科学研究通常不满足于记录型和简单比较型的研究范式,而是希望进一步探索"为什么",以求总结出某种规律,并依此预测未来发展的趋势。为此,本书试图用法律实力和行业实力两个主要条件,解释域内经济监管规则成功产生域外实效所依托四种模式的内在机理。

第三,建言献策。作为应用学科,法学研究的目的之一是服务于社会实践,提供政策制定和规范优化的意见建议。因此,对于经济监管域外实效的研究,现象的记录、模式的归纳、条件的提炼(即原因的解释)归根结底要服务于建议的提出,回答"怎么办"的问题。在百年未有之大变局下,作为负责任的大国,中国承担着推动人类命运共同体构建的宏伟使命。那么,我国应当如何决定是否要在特定领域追求规则的域外实效?我们应当如何恰当地选择合适的博弈模式来促成特定法律的域外实效?不同博弈模式又可以如何为中国所用、最大化中国经济监管规则的域外实效?这些问题的回答要基于法律域外实

---

[1] Robert Keohane, "Rational Choice Theory and International Law: Insights and Limitations," 31 *The Journal of Legal Studies* S307, S313 (2002).

效的客观规律,更要结合中国的实际情况。本研究的最后一个目标就是用理论启示现实,为我国经济监管产生域外实效提出切实可行的政策建议。

二、创新之处

本书的创新性体现在五个方面。其一,问题意识及研究对象具有新意。不同于法律的域外"效力"(即涉外法律规则在应然层面或规范意义上有效),本书聚焦的是经济监管规则的域外"实效",即涉外法律规则在实然层面或现实意义上有效。进而本书致力于研究国内经济领域的监管规则"为何"以及"如何"能够在本国疆域之外发挥实际作用(而非上述条款应该如何设计与解释),关系到涉外法治的有效实施体系,是既有研究中涉及不多的议题。

其二,研究方法上有创新性。既有国际法研究多采用法教义学视角,运用规范研究、历史研究、司法案例研究等方法围绕法律条文展开论述,而本书运用了跨学科的研究方法,将经济学中的理性选择理论和博弈论用于分析国际法问题,并运用社会科学实证研究中的定性分析技术,搜集、观察和分析了大量现实素材。在中国统筹推进国内法治和涉外法治的背景下,形式主义法治理论需要纳入实质性的思考;尤其要在法律技术分析之外,积极用交叉学科的方法探索国际法现象背后的政治经济学问题,本书就是这样一次尝试。

其三,研究范围上有所突破。现有的研究切入点一般较小,关注特定国别、特定领域的涉外法律问题,而本书的研究采用宏大叙事,以全球视野考察各个经济监管领域的法律域外实效现象并总结规律,在研究范围上实现了创新。具体来说,在国别上,本书综合研究美国、欧盟和中国,涵盖世界主要经济体;在领域上,本书选取的案例涉及金融、数字经济和移动通信等行业,囊括当代重要经济领域;在法律类型上,本书也兼顾了"硬法"和"软法"规范。

其四,研究结论或观点上也相对新颖。不满足于比较法上的制度介绍和国内法上的规则完善,本书基于实证研究提出了经济监管规则可以在域外产生实际效果的理论模型,具体包括威慑、偶合、合作、协调四种博弈模式,且探索了不同模式可以成立的内在条件,即法律实力和行业实力。本书还归纳了上述理论模型的静态特征和动态规律。在此基础上,针对中国的实际情况和需求,本书提出了一套"经济监管域外实效模式的决策流程"。与此同时,还为中国政策制定者提供了每一种博弈模式的具体应用场景和注意事项。

其五,论证素材的发掘和组织有新意。本书重点研究的案例除了服务于构建整体的理论框架和政策建议之外,具体阐述案例的四章本身也提供了一定的学术增量:类型化了美国反洗钱领域直接、间接和次生三类促成监管规则产生域外实效的实践,并梳理了相应的实证素材;为欧盟数据立法在域外产生实际效果的现象提供了一种更新的解释,即从国家和企业两个层面的"激励相容"进行论述,补充了"布鲁塞尔效应"等主流理论;追踪了全球金融危机以来场外衍生品合作监管的最新进展和相关细节;从创设国际"软法"的角度重新审视了中国 4G 通信技术标准的制定,并触及科技进步、行业发展与全球治理之间的关系。总的来看,本书的研究成果具有理论和实践两方面的创新贡献。

三、不足之处

限于研究能力和客观条件,本书的研究仍存在不足。其一,在研究范围方面,本书仅关注国内法中的经济监管类规则,不涉及民事法律(如婚姻法)、刑法等其他领域的法律域外实效问题。其二,在文献搜集方面,本书仅综述了中文和英文文献,对于其他用法语、德语等创作的著述并未涉及。其三,在案例研究方面,本书对于案例中实践情况的描述和还原,主要借助互联网上的一手资料(如相关机构的执法信息等)与较为权威的访谈和调查记录(如国际组织的问卷),限于客观原因未能实地走访。其四,在理论构建方面,本书对于法律域外实效的博弈模式的提炼建立在对现实世界的考察和博弈论的基本原理之上,也基于理性人假设等前提,不排除对现实现象的遗漏,也不排除现实中主体可能存在"非理性行为"(可参考法律与行为经济学相关的研究成果[1])。在上述情况下,本书所构建理论框架的解释力需要适当限缩。本书在研究范围、文献搜集、案例研究和理论构建方面的不足将在日后的学术研究中逐步完善。

---

[1] Christine Jolls, Cass Sunstein, and Richard Thaler, "A Behavioral Approach to Law and Economics," 50 *Stanford Law Review* 1471, 1471-1550 (1998).

第一章

概念：经济监管域外实效的溯源分析

引　言

　　厘清概念是学术探讨的基础。"经济监管域外实效"这一术语在相关学术概念已然纷繁复杂（如法律的"域外适用""域外管辖""长臂管辖""域外效力""域外规治"等）的背景下被提出，有必要首先清晰界定其内涵与外延、辨析它和相邻学术概念的关系、追溯其持续发展的驱动力，以期为后续的学术交流和研讨构建共识、夯实基础。

　　"经济监管域外实效"的完整表述是"国内（或域内）经济监管类法律规则的域外实效"，它是"法律域外实效"的下位概念。在本书中，经济监管类"法律"含义广泛，它不仅涵盖各个效力位阶的正式国内法规范（即"硬法"），也涵盖国内的"软法"规范（如技术监管标准）。"域外"是一个地理空间概念，表示一国的领土疆域之外。"实效"意味着一国的监管规则从应然状态变为实然状态的客观结果。也即，法律规则得到了实施、产生了效果。本书重点关注的经济监管域外实效现象具备三个特征：客观上产生了监管效果；效果的产生可以容纳多元的实现方式、参与主体和促成机制；效果本身具有常态性和稳定性。

　　"管辖"是"经济监管域外实效"的必要非充分条件。"经济监管域外实效"作为结果性概念，在相邻学术概念的谱系中处于后端。其前端是作为先决性概念的法律域外效力、治外法权、领事裁判权；中端是作为过程性概念的域内管辖、域外管辖、长臂管辖、域外适用、域外规治、监管遵从、监管合作、国际造法、法律输出、法律移植、主动合规、法律选择等。

从国际法的发展历史来看,"经济监管域外实效"打破了《托德西里亚斯条约》和《威斯特伐利亚和约》等国际法最初设定的"属地化秩序"。它的出现与普及是国际社会客观现实催生各个国家主观意愿的必然结果。其中,第一类客观现实是域内要素的跨境流动,相应的主观意愿是主权国家对内部利益的保护;第二类客观现实是全球问题的频繁涌现,相应的主观意愿是主权国家对外部利益的捍卫。我国追求经济监管规则的域外实效经历了"主要由内部利益驱动"到"由内外双重利益驱动"的发展历程。

第一节 经济监管域外实效的内涵澄清

一、本领域学术概念的乱象

近些年,在坚持统筹推进国内法治和涉外法治、加快我国法域外适用体系建设的背景下,法律域外适用相关的学术探讨非常热烈。学者们基于各自的切入视角和方法,提出了层出不穷的学术概念,包括但不限于"域外适用""域外效力""域外管辖""域外规治""长臂管辖"等,已然形成了"概念的泥沼"。[1] 即便对于最常见的"法律域外适用",也有国际法学者坦诚地指出:学界对此并无统一界定。[2] 在经济监管领域,既有学术概念的混乱主要表现为两种形态。

---

[1] 宋晓:《域外管辖的体系构造:立法管辖与司法管辖之界分》,载《法学研究》2021年第3期,第172页。

[2] 廖诗评:《〈阻断外国法律与措施不当域外适用办法〉的属事适用范围》,载《国际法研究》2021年第2期,第52页;宋晓:《域外管辖的体系构造:立法管辖与司法管辖之界分》,载《法学研究》2021年第3期,第173—174页。

第一,同一现象,不同概念,即用法律内涵不同的概念指代同一类现象。以证券监管为例,我国相关研究经历了三个阶段。其一,早期的研究出于为中国赴美上市企业提供应对策略的目的,持续追踪美国"莫里森案"等判例法和《多德—弗兰克华尔街改革与消费者保护法案》(Dodd-Frank Wall Street Reform and Consumer Protection Act,以下简称为"《多德—弗兰克法案》")等成文法中的相关规则,对不同类型的中国公司(如在美国发行存托凭证;在中国香港、新加坡、伦敦等地上市;在中国境内上市等)产生的潜在影响。[1] 其二,伴随我国证券市场国际化发展进程,我国学者侧重于借鉴美国的做法,探讨我国证券监管的域外效力及相应的条款设计。[2] 其三,我国2019年《证券法》正式赋予证券监管规则以域外效力,学者们开始围绕既有规则的解释和完善开展研讨。[3]

其实,就中美证券监管在域外的适用,学者们关心的问题大抵相同:在司法诉讼的语境下,法院什么时候有权对发生在本国领域外的证券违法行为(如证券欺诈)行使司法管辖权?然而,对于上述场景我国学者使用的概念层出不穷,包括但不限于:证券监管规则的"域外适用"[4]"域外管辖"[5]"长臂管辖"[6]"域外效力"[7]

---

[1] 比如,郭雳:《美国证券域外纠纷诉权新解》,载《证券市场导报》2011年第11期,第4—10页。
[2] 比如,石佳友:《我国证券法的域外效力研究》,载《法律科学(西北政法大学学报)》2014年第5期,第129—137页。
[3] 比如,郭金良:《我国〈证券法〉域外适用规则的解释论》,载《现代法学》2021年第5期,第174—186页。
[4] 比如,杨峰:《我国证券法域外适用制度的构建》,载《法商研究》2016年第1期,第166—176页。
[5] 比如,彭岳:《美国证券法域外管辖的最新发展及其启示》,载《现代法学》2011年第6期,第139—147页。
[6] 比如,许庆坤:《美国长臂管辖权的多维检视及我国因应之策》,载《环球法律评论》2021年第6期,第172—186页。
[7] 比如,石佳友:《我国证券法的域外效力研究》,载《法律科学(西北政法大学学报)》2014年第5期,第129—137页。

"域外纠纷诉权"[1]"域外/跨境监管"[2]"域外规治"[3],等等。随着美国涉外证券司法和立法的实践演进,国外学者致力于梳理裁判逻辑和判断标准的发展,并试图寻求一套逻辑自洽、自成体系的涉外证券监管裁判规则,避免司法标准的混乱和裁判结果的差异。[4]然而,在这个过程中,国外学者同样使用了不同的概念,包括但不限于:"extraterritorial application"[5]"extraterritorial reach"[6]"extraterritorial effect"[7]"extraterritoriality"[8]"extraterritorial jurisdiction"[9],等等。

第二,不同现象,同一概念,即用同一个概念统称一系列法律内涵迥异的现象。以反洗钱监管为例,我国学者的研究可以分为两个阶段。其一,关注美国反洗钱法的域外监管现象,并将其作为经济制裁

---

[1] 比如,郭雳:《美国证券域外纠纷诉权新解》,载《证券市场导报》2011 年第 11 期,第 4—10 页。

[2] 比如,于萍:《新〈证券法〉下跨境证券监管制度的完善》,载《证券法苑》2020 年第 3 期,第 428—451 页。

[3] 比如,屈文生:《从治外法权到域外规治——以管辖理论为视角》,载《中国社会科学》2021 年第 4 期,第 57 页。

[4] Alina Veneziano, "Studying the Hegemony of the Extraterritoriality of U.S. Securities Laws: What It Means for Foreign Investors, Foreign Markets, and Efforts at Harmonization," 17 *Georgetown Journal of Law and Public Policy* 343, 343-371 (2019).

[5] Erez Reuveni, "Extraterritoriality as Standing: A Standing Theory of the Extraterritorial Application of the Securities Laws," 43 *UC Davis Law Review* 1071, 1071-1134 (2009).

[6] Stevan Sandberg, "Extraterritorial Reach of American Economic Regulation: The Case of Securities Law," 17 *Harvard International Law Journal* 315, 315 (1976).

[7] Kun Young Chang, "Multinational Enforcement of US Securities Laws: The Need for the Clear and Restrained Scope of Extraterritorial Subject-Matter Jurisdiction," 9 *Fordham Journal of Corporate and Financial Law* 89, 89-125 (2003).

[8] Stephen Choi and Andrew Guzman, "The Dangerous Extraterritoriality of American Securities Law," 17 *Northwestern Journal of International Law and Business* 207, 207-241 (1996).

[9] Joseph Norton, "Extraterritorial Jurisdiction of US Antitrust and Securities Laws," 28 *International and Comparative Law Quarterly* 575, 575-597 (1979).

的一部分加以研究。[1] 其二,考虑到我国也有打击具有跨国属性的洗钱行为、推进全球反腐败追逃追赃、发挥反洗钱领域的对等有效管辖及反制等现实需求[2],中国学者开始思考如何让我国的反洗钱监管也能在域外发挥作用。[3]

从学术概念的使用上看,当研究涉及美国反洗钱监管时,"长臂管辖"是最常用概念(几乎是唯一被使用的概念)。[4] 然而,学者们的监管数据统计、案例分析或描述的实践趋势,往往包含了许多性质迥异的反洗钱涉外监管情形。仅以美国的部分立法为例,1986年颁布的《洗钱控制法》(Money Laundering Control Act)第1956(f)条规定美国法院在特定情形下对域外的反洗钱案件享有"域外管辖权"(extraterritorial jurisdiction)。[5] 而2001年《爱国者法案》(USA PATRIOT Act)第三章第317条规定了针对域外洗钱主体的"长臂管辖"(long-arm jurisdiction)条款。[6] 上述两种情形显然无法用一个概念囊括。值得注意的是,在国外的研究中,当学者或律师想要总括性地

---

[1] 徐以升、马鑫:《金融制裁:美国新型全球不对称权力》,中国经济出版社2015年版,第14页;岳留昌编著:《美国反洗钱合规监管:美国监管机构处罚案例集》,中国金融出版社2019年版,第2—10页。

[2] 杨小平:《关于修订〈中华人民共和国反洗钱法〉〈中华人民共和国刑法〉及建立完善相关配套制度的提案》,载新浪财经网,2020年5月24日,访问日期:2024年8月31日。

[3] 贾济东、胡扬:《论我国反洗钱法域外适用的困境与出路》,载《华中科技大学学报(社会科学版)》2021年第2期,第116—126页。

[4] 蔡宁伟:《美国反洗钱"长臂管辖"的渊源与演变》,载《金融监管研究》2019年第11期,第97—113页;中国商务部国际贸易经济合作研究院:《美国反洗钱长臂管辖的发展及中国应对》,载《国际贸易》2021年第11期,第23—30页;何迎新:《美国长臂管辖在跨境金融监管中的运用及启示》,载《西南金融》2020年第6期,第27—34页;包康赟:《反洗钱跨境监管的美国模式、反噬危机与中国方案》,载《金融监管研究》2023年第4期,第1—21页。

[5] 18 U.S.C. § 1956(f).

[6] USA PATRIOT Act §317 (18 U.S.C.A. § 1956(b)).

讨论美国反洗钱法的域外监管时,通常会选择"international reach"[1]"extraterritorial implication"[2]这类模糊的概念,以此涵盖性质迥异的情形。

二、"经济监管域外实效"的界定

概念是社会科学的基本单元[3],也是法学研究和学术交流的基石。在本领域学术概念已然混乱的情况下,本书所聚焦的"经济监管域外实效"是什么含义?与既有概念又是什么关系?这是顺利开展本研究首先要澄清的问题。

一个简单的回答是:首先,"经济监管域外实效"是"法律域外实效"的下位概念或子概念。[4] 换言之,在诸多法律领域中,本书限缩了研究范围,仅聚焦经济监管领域的法律规则及其域外效果。而后,本研究关注的"法律"包括"硬法"和"软法",是一个广义概念;"域外",即领土疆域之外,是物理意义上空间概念;"实效",强调法律得到实施并产生实际效果的客观结果,是事实概念。因此,"经济监管域外实效"是指,一国与经济监管有关的"硬法"或"软法",在本国

---

[1] Stephanie Brooker and Kendall Day, "The International Reach of the U.S. Money Laundering Statutes, in Anti-Money Laundering Laws and Regulations (2020)," in *The International Comparative Legal Guides*, ICLG, May 2020.

[2] Pamella Seay, "Practicing Globally: Extraterritorial Implications of the USA Patriot Act's Money-Laundering Provisions on the Ethical Requirements of US Lawyers in an International Environment," 4 *South Carolina Journal of International Law and Business* 29, 29-70 (2007); Harmon Jr, James D., "United States Money Laundering Laws: International Implications," 9 *New York Law School Journal of International and Comparative Law* 1, 1-45 (1988).

[3] 徐勇:《将概念带入学术体系:为"概念孤儿"寻家》,载《中国社会科学评价》2022年第4期,第4—10页。

[4] 从这个角度看,"经济监管域外实效"的完整表达应该是"国内(域内)经济监管法律/规则的域外实效"。为行文简明流畅,本书会视上下文情况交替使用这些表述。此外,"域外"这一表述更常用于学理讨论,而立法用语往往是"境外",因此本书行文过程中也会视情况使用后者。

的领土疆域之外得到实施,切实在域外产生的客观效果。举例而言,站在甲国的立场上,甲国("域内")的经济监管法律在乙国的领土范围之内("域外")发挥了实际作用("实效"),就形成了"甲国经济监管的域外实效"现象。从概念之间的关系来看,经济监管规则的域外实效是一种结果,它对应的过程或得以实现的方式包括域外适用、域外管辖等,而这些实现过程都以国内法存在域外效力作为前提。下面逐一拆解这一概念涉及的关键词。

(一)"法律"

本研究中的"法律"是一个广义的概念,它不仅涵盖各种效力位阶的正式国内法律渊源和规范类型(即"硬法"),也涵盖各国国内的"软法"规范。

第一,"硬法"规范。每个国家(地区)都有不同的法律体系和相应的法律渊源,其"硬法"构成也不尽相同。本书涉及的"硬法"主要来自中国、美国和欧盟。在中国语境下,作为"硬法"的正式法律渊源包括宪法、法律、行政法规、地方性法规、自治条例和单行条例等。在美国语境下,"硬法"由成文法和判例法(case law)共同构成,前者具体包括联邦和各州层面的宪法(constitution)、制定法(statute)和行政法规(administrative regulation)等。[1] 在欧盟语境下,"硬法"主要包括成立欧盟的各项条约(包括《欧洲联盟条约》和《欧洲联盟运作条约》等)、规则(regulation)、指令(directive)、决定(decision)、建议(recommendation)以及意见(opinion)等。[2]

第二,"软法"规范。如果说"硬法"有国家的强制力保障实施,那么与之相对的"软法"(soft law)就是效力结构未必完整、无需依靠国

---

[1] Allan Farnsworth, *An Introduction to the Legal System of the United States*, Oxford University Press, 2010, pp. 53-90.

[2] Rita Szudoczky, *The Sources of EU Law and Their Relationships*, IBFD Doctoral Series, 2014, pp. 15-28.

家强制保障实施,但能够产生社会实效的法律规范。其主要形式包括政法惯例、公共政策、自律规范、合作规范、专业标准和弹性法条等。[1] 为什么要将"软法"规范纳入经济监管域外实效的研究之中？其一,从立法理论的角度看,"硬法"和"软法"共同构成了一国完整的法律体系[2],在探讨国内经济监管法律域外实效的现象和规律时,也不应偏废。其二,从实践来看,"软法"规范在经济监管中发挥的实际作用越来越大。[3] 尤其是在本研究涉及的金融和资本市场[4]、数字经济的市场监管和消费者权利保护[5]、通讯和新兴科技等领域[6],"软法"规范是约束和调整社会关系的重要力量,不容忽视。因此,为求理论和实践上的完整全面,本书关注的产生域外实效的国内"法律"同时包括国内经济监管领域的"硬法"和"软法"。

(二)"域外"

本研究中的"域外"是一个地理空间概念,指一国的领土疆域之外。对于"域外"的理解,国内外法学界存在两方面争议。

第一,"域"的含义。目前,国内学界至少有三种观点。其一,"法域"说认为,"域"指法律有效管辖所及的主权范围。[7] 其二,"地域"

---

[1] 罗豪才、宋功德:《认真对待软法——公域软法的一般理论及其中国实践》,载《中国法学》2006年第2期,第3—24页。

[2] 刘平:《立法原理、程序与技术》,上海人民出版社2017年版,第174页。

[3] 沈岿:《论软法的有效性与说服力》,载《华东政法大学学报》2022年第4期,第93—106页。

[4] 廖凡:《全球金融治理的合法性困局及其应对》,载《法学研究》2020年第5期,第37-54页;周仲飞:《全球金融法的诞生》,载《法学研究》2013年第5期,第175—194页。

[5] 杜志华、陆寰:《欧盟消费者保护的新工具——软法》,载《法学评论》2010年第4期,第59—66页。

[6] Adam Thierer, "Soft Law in US ICT Sectors: Four Case Studies," 61 *Jurimetrics* 79, 79-119 (2020).

[7] 代表性观点,比如廖诗评:《中国法域外适用法律体系:现状、问题与完善》,载《中国法学》2019年第6期,第21页。值得注意的是,上述学者后续的研究已经修正了上述观点,参见廖诗评:《域外管辖论纲》,载《武大国际法评论》2024年第2期,第24页。

说认为,"域"限于国家的领土地理范围。[1] 其三,"领域"说认为,"域"是国际法授予的管辖领域范围,区别于主权所涵盖的"法域"和地理意义上的"地域"。[2] 本研究持"地域"说,具体理由有二。

其一,从法学理论而言,"法律在多大的范围内有效"是一个经典命题。此处法律的"有效"有公认的"三维"分类,即"时间效力范围""空间效力范围""对人效力范围"。[3] 因此,本书将"域"作狭义的空间意义上的理解,有理论支持。而且,根据国际法的理论和历史,在15世纪地理大发现时代,《托德西里亚斯条约》就将空间意义上的疆域划界与法律秩序联系了起来。[4] 17世纪订立的《威斯特伐利亚和约》也指出,主权(sovereignty)作为国家(state)的本质,意味着国家的当权者拥有最高权力(supreme authority),可以管理和控制其疆域以内的人、事和物。[5] 而当国家试图通过立法的形式管理那些不纯属于本国领土以内的事务,国际法问题随之产生。[6] 可见,"属地化秩序"在国际法的历史和理论上根深蒂固,"域"从来都是指"地域"或"疆域",是一个物理意义上的空间概念。

其二,从论证效率而言,如果将"域"作"地域"或"疆域"理解,"域内"或"域外"的划界相对清晰明确。而如果将其定义为"法域"或"领域",必不可免地要继续深究"法律有效管辖的主权范围"或"国

---

[1] 代表性观点,比如孙南翔:《美国法律域外适用的历史源流与现代发展——兼论中国法域外适用法律体系建设》,载《比较法研究》2021年第3期,第171页。

[2] 代表性观点,比如李庆明:《论美国域外管辖:概念、实践及中国因应》,载《国际法研究》2019年第3期,第5页。

[3] 雷磊:《法理学》,中国政法大学出版社2019年,第72页。

[4] Thomas Duve, "Treaty of Tordesilas," in *Max Planck Encyclopedias of International Law, Oxford Public International Law*, January 2013, last visited 2024/8/31.

[5] 李明倩:《〈威斯特伐利亚和约〉与近代国际法》,商务印书馆2018年版,第183页。

[6] Frederick Alexander Mann, "The Doctrine of Jurisdiction in International Law," in *Collected Courses of the Hague Academy of International Law (Volume 111)*, 1964, p. 9.

际法授予的管辖领域范围"的内涵与外延,而理论界对于上述问题并无明确答案。因此,为了论证的顺利开展和前后自洽,避免抽象概念造成的混淆,本书前后一致地将"域"作"地域"理解。

第二,"外"的程度。有一部分学者认为,"域外"中的"外"必须完全脱离本国领土,与之没有任何联系。[1] 而另一部分学者则认为,"域外"中的"外"可以部分和本国领土存在联系,部分与本国领土没有联系。[2] 上述争议的语境是确定"域外管辖"的对象,即有待管辖的事务,是"完全不发生"在本国领土之内,还是可以"不完全发生"在本国领土之内。[3] 本研究可以幸免于上述争论。因为以一国的疆域为界,只要本国法在疆界之外产生了实际效果,就属于本研究语境下的"外"。换句话说,本研究不区分某种经济监管法律的实际效果是同时发生于领土内外还是仅仅发生于领土之外。无论哪种情形,都可以构成本书中的"经济监管域外实效"。

(三)"实效"

本研究中的"实效"是一个实然意义上的概念,指法律规范实际上有效果,能够对人们的行为造成现实约束,切实地调整社会关系。于是,经济监管法律的"域外实效"是指域内经济监管规则在本国的领土疆域之外产生的实际效果。

对于法律"实效"的理解可以回到"法的效力"这一基本的法理概念。"法的效力"(legal validity)和"法的实效"(legal efficacy)是

---

[1] See e.g., Carlo Focareli, *International Law*, Edward Elgar Publishing Limited, 2019, p. 290.
[2] See e.g., Cedric Ryngaert, *Jurisdiction in International Law*, Oxford University Press, 2015, p. 6.
[3] The American Law Institute, *The Foreign Relations Law of the United States, Restatement of the Law Fourth*, 2018, Section 402, Reporters' Note 1.

相对的概念,必须加以区分。[1] 前者是一个应然概念,也即"某个法律规范是否应当对人们的行为进行拘束";后者是一个实然概念,也即"某个法律规范实际上有没有对人们的行为造成拘束"。[2] 对于"法的效力"而言,当一条规范由有权机关以法定的方式制定出来并且与上位法不抵触时,就有规范上的效力。[3] 而当有权机关制定了一条应当约束其疆域之外对象的规范时,这条法律规范就有了"域外效力"。[4] 然而,"法的实效"指的是法律规范事实上的约束力或拘束力,也即法律对于人们的生活发生了影响与作用,也就是某个法律规范实际上得到了遵守、实施或适用。[5] 特定的规范拥有应然层面的"域外效力",是其后续发生实然层面的"域外实效"的前提,而通常任何具有"域外效力"的法律规则的最终目的都是令其产生"域外实效",除非立法者仅仅想让某个法律具有宣示作用。

(四)"经济监管"

上文已经澄清了"法律域外实效"的内涵与外延,而本书的研究对象是国内法(或域内法)中的"经济监管类法律"。此类法律的具体范围取决于"经济监管"的范围,因此后者的界定值得说明。从经济学的视角看,经济监管是指政府对市场的干预行为,其内容非常丰富,包括但不限于政府利用税收、补贴等立法和行政手段管理经济活动的各个方面(如某个行业的市场准入)。传统经济学理论认为,经济监管的必要性源自纠正市场的低效(或无效),或为了避免因既得

---

[1] 沈岿:《论软法的有效性与说服力》,载《华东政法大学学报》2022年第4期,第99页。
[2] 雷磊:《法理学》,中国政法大学出版社2019年,第69页。
[3] 同上书,第70页。
[4] 同上书,第77—78页。
[5] 同上书,第69页。

利益者掠夺行为而造成的市场不公。[1] 从法学的角度来看,经济监管属于经济法"二元结构"中"市场监管"的范畴(另一元是"宏观调控")。[2] 在我国经济法学科发展的初期,大量经济监管规则被认为处于经济法的"中间地带",即兼具宏观调控和市场监管功能。然而,无论其具体归属如何,它们的特点显著而明确:主要体现为对特定行业的监管,并进而体现为对特定市场的监管。典型的例子包括国家对金融业的监管,对电力、电信、石油、房地产、医药等关系到国计民生的重要行业的监管,以及对国有资产的监管等。这些监管规则的共同特点在于调整方式的直接性和监管受体的特定性。[3]

本书将要探讨的四个案例来自金融业、数字经济相关产业和移动通信业,都是经济监管的重点领域[4],所涉及的规则同时有宏观调控和市场监管的作用。具体来说,反洗钱监管是为了防范洗钱活动,维护金融市场的基本秩序;数据监管旨在规范数据处理活动,促进数据开发利用;场外衍生品监管能够规范衍生品交易行为,保障各方合法权益,维护金融市场秩序和社会公共利益,还有防范和化解金融风险的功能;有关移动通信的"软法"规范(如技术监管标准等)可以为一国之内和国家之间的通信网络建设、运营、维护和管理提供基本规范,保证网络互联互通、安全可靠,最终维护用户利益,规范电信市场。

厘清"经济监管域外实效"的内涵与外延后,有必要进一步将其

---

[1] Richard Posner, "Theories of Economic Regulation," 41 *NBER Working Paper Series* 1, 2-3 (1974).

[2] 张守文:《政府与市场关系的法律调整》,载《中国法学》2014年第5期,第64—65页。

[3] 张守文:《经济法体系问题的结构分析》,载《法学论坛》2005年第4期,第23—26页。

[4] 张守文:《数字经济发展的经济法理论因应》,载《政法论坛》2023年第2期,第44页。

放在本领域的学术谱系中,探讨这一概念的理论源流及其与相邻学术概念的关系。值得注意的是,下一节暂时不强调"经济监管"这一范围限定词,而是主要使用"法律域外实效"的表达,原因有二:其一,相关内容主要围绕本领域的基本法学理论展开,其论证和结论普遍适用于所有领域的法律,而不限于"经济监管"有关的法律规则。其二,相关内容涉及大量相邻概念(如法律域外适用、法律域外效力等)的辨析,使用"法律域外实效"可以与这些概念保持范围和逻辑上的一致性。

第二节 法律域外实效的概念谱系

一、法律域外实效的理论基点

(一)管辖是法律域外实效的必要非充分条件

法律域外实效的形成必然以主权国家的管辖为前提,这是由法律与疆域的关系决定的。从国际法的应然层面看,疆域是经过划界的空间,它在法律上被称为领土(territory)。[1] 领土成就了主权,它使得主权有施展权力的容器。同时,领土也限制了主权,它为主权的效力界定了范围。[2] 主权作为国家的本质,是当权者拥有的管理和控制其疆域以内的人、事和物的最高权力。[3] 上述管控需要通过管辖(jurisdiction)来实现。这是因为主权是国家的法律人格,而管辖是来自主权的权力,它存在的意义是具体实现国家的人格权利。管辖必须

---

[1] Stephen Allen, Daniel Costelloe, Malgosia Fitzmaurice, Paul Gragl, and Edward Guntrip, *The Oxford Handbook of Jurisdiction in International Law*, Oxford University Press, 2019, pp.10-11.
[2] 李明倩:《〈威斯特伐利亚和约〉与近代国际法》,商务印书馆2018年版,第184页。
[3] 同上书,第183页。

要依赖法律,具体包括制定法律、适用法律和执行法律等。[1] 由于法律域外实效意指法律在域外的实际效果,其必然以法律本身的存在为前提;而法律作为客体又因主权国家欲施加管辖的主观愿望才被塑造和使用。从这个角度观察,如果没有国家的管辖,就不会存在具有空间效力的法律,遑论法律的域外实效。或者说,任何法律效力必然因特定法律而生,而这背后必然有隶属于某个主权者的管辖行为存在。因此,法律域外实效的产生以主权国家的管辖为必要条件。

然而,管辖并非法律域外实效的充分条件。也就是说,即便存在主权国家的管辖,法律域外实效的结果并不一定会出现,即便这种管辖是域外管辖。20世纪60年代,著名华裔国际公法学家郑斌(Bin Cheng)引入了管辖权的"二分法":制定(prescribe)法律的管辖权和实施(enforce)法律的管辖权。两者的关系是:制定法律是实施法律的前提,但制定法律不一定就能实施法律。[2] 以旅居的本国国民为例,可以很好地说明上述关系在涉外法治背景下的内涵。一个国家可以在自己的领土内通过立法的方式约束身处域外(或在外国的飞机或船舶上)的本国国民,甚至可以对其进行缺席审判。然而,该国无法将本国的执法官员派遣到域外逮捕上述国民。[3] 在本例中,当国家在本国域内针对域外事务完成了立法和(缺席)审判,它确实作出了域外管辖的行为,也存在促成本国法律域外实效的愿望。然而,从始至终缺少法律实施的步骤。因此,不管是该国的法律还是裁判结果,其效力都仅限于本国的疆域之内,并没有带来法律域外实效的客

---

[1] Stephen Allen, Daniel Costelloe, Malgosia Fitzmaurice, Paul Gragl, and Edward Guntrip, *The Oxford Handbook of Jurisdiction in International Law*, Oxford University Press, 2019, pp. 5–9.

[2] Bin Cheng, "The Extra-Terrestrial Application of International Law," 18 *Current Legal Problems* 132, 136 (1965).

[3] Ibid., p. 137.

观结果。于是,管辖并不必然产生法律域外实效。

上述结论在管辖权的"三分法"下仍然成立。如果将管辖权分为立法管辖权、司法管辖权和执法管辖权,后两者分别指法院受理、审理和裁决案件的权力,以及国家要求强制遵守或执行法律法规的权力。在郑斌先生的分类体系下,司法审判的权力可以归属于"制定法律的管辖权"。这一点合乎法理。在普通法系国家,法官可以直接造法,这是创制法律的一种方式,而法院成功执行裁决才属于法律的实施。直到今天,国际法规则对于主权国家在其疆域内赋予其法律域外效力的举措(如行使域外立法及司法管辖权)不加限制,而将国家在域外强制本国法产生效果的行为(如行使域外执法管辖权)视为禁忌,且存在大量规则空白。[1] 这不仅从侧面印证了国家的管辖是法律域外实效的必要非充分条件,也一定程度上解释了法律域外实效长期游离于传统国际法规则体系之外的原因。

(二)域内外管辖与法律域外实效的关系

以管辖目标(包含对象或事务)所处的空间为标准,可以形成"域内管辖"和"域外管辖"的分野。虽然它们并不是国家行使管辖权的法律基础本身,更多描述了一种现象[2],但鉴于此种分类方式在涉外法治语境下的普遍性,有必要澄清它们与法律域外实效之间的关系。简单来说,虽然管辖是法律产生域外实效的必要条件,但管辖的具体目标与法律域外实效的结果之间不存在清晰的对应关系。

第一,针对域外的管辖可能产生法律域外实效。如果国家直接行使域外管辖权,其目标本身就指向域外,法律域外实效的客观结果更有可能出现。国内外常见的经济监管类法律的域外效力条款

---

[1] 贾兵兵:《国际公法:和平时期的解释与适用》,清华大学出版社2015年版,第229页;Malcolm De Evans, *International Law (Fourth Edition)*, Oxford University Press, 2014, p. 331。

[2] 廖诗评:《域外管辖论纲》,载《武大国际法评论》2024年第2期,第29页。

都体现了国家调整域外法律关系的意愿。比如,美国1986年颁布的《洗钱控制法》第1956(f)条规定:当洗钱行为由美国人实施,或由非美国人实施的洗钱行为部分发生于美国境内,且交易所涉金额或所用货币工具(monetary instruments)的价值超过1万美元时,美国法院有权管辖上述洗钱活动。又比如,我国《反垄断法》第2条规定,"中华人民共和国境外的垄断行为,对境内市场竞争产生排除、限制影响的,适用本法。"上述域外管辖行为可能产生法律域外实效自不待言。

第二,针对域内的管辖也可能产生法律域外实效。如果国家的行为是域内管辖,虽然其直接管辖目标位于域内,但管理和控制行为的实际效果并不一定只局限于域内,它也可能产生法律域外实效。比如,美国《爱国者法案》第311条赋予美国财政部下属金融犯罪执法网络局(Department of the Treasury Financial Crimes Enforcement Network,以下简称为"FinCEN")调查并认定特定对象具有"重大洗钱嫌疑"(primary money laundering concern)的权力,并有权禁止美国金融机构为该等对象在美国开立或持有代理行账户、禁止美国金融机构通过外国银行机构的美国代理行账户处理该等对象的交易等。上述管辖行为指向美国域内主体,但实践中与美国银行存在业务往来的域外金融机构会基于美国法对域内主体的限制而主动完成合规整改,以重新获取美国域内银行提供的金融服务。在这个例子中,美国监管机构的管辖指向的是美国域内机构,行使的是域内管辖权,但客观上影响了域外主体的行为,产生了法律域外实效。

第三,针对域内外特定对象的管辖可能对其他对象产生法律域外实效。国家针对特定主体的域内或域外管辖,在结果上都可能形成与非特定主体有关的法律域外实效现象。比如,2012年美国反洗钱监管机构通过"暂缓起诉协议"(Deferred-prosecution

Agreement,以下简称为"DPA")处理了汇丰银行美国分行为墨西哥毒贩提供洗钱服务的案件。DPA 要求汇丰集团停止为全球数百家存在洗钱风险的汇款公司提供金融服务。受美国监管机构对汇丰集团施加处罚的影响,英国第二大银行巴克莱银行于 2013 年 5 月宣布切断与全球 250 余家汇款公司的金融业务往来。本例中,美国的域外管辖行为并不针对巴克莱银行,但它因美国对汇丰银行的严厉处罚而噤若寒蝉,最终提前以同样的方式主动合规。又比如,欧盟的《通用数据保护条例》(General Data Protection Regulation,以下简称为"GDPR")第 3(1) 条基于属地管辖适用于欧盟境内的公司,第 3(2) 条基于域外管辖适用于非欧盟境内公司处理欧盟公民数据信息的行为;然而,该条例并无针对非欧盟境内公司处理非欧盟公民数据信息的管辖。即便如此,实证研究发现大量不受欧盟 GDPR 管辖的航空公司和社交媒体公司在 GDPR 颁布后自觉遵守了 GDPR 对于数据访问权的规定。[1]

总之,管辖是梳理法律域外实效相关法理的基点。一方面,管辖是法律域外实效形成的前提或必要条件。没有管辖就没有法律,也就不可能有法律域外实效。然而,法律域外实效与管辖的具体对象及空间指向没有对应关系,针对域内外的管辖都可能带来法律域外实效的结果。另一方面,域内外的管辖都无法确保法律域外实效的产生,也即管辖是法律域外实效的非充分条件。

二、相邻学术概念的谱系建构

澄清管辖与法律域外实效的理论关系,不仅有助于理解各类法律域外实效现象,还能为本领域纷繁复杂的学理概念构建谱系。法

---

[1] René Mahieu, et al., "Measuring the Brussels Effect through Access Requests: Has the European General Data Protection Regulation Influenced the Data Protection Rights of Canadian Citizens?," 11 *Journal of Information Policy* 301, 301-349 (2021).

律域外实效无论作为客观状态还是主观目的,都可以理解为一种结果性概念。而由管辖衍生出的一系列概念作为手段,都可以理解为过程性概念。由上文所举的例子可知,实践中生成法律域外实效的过程多样,可能由多元主体参与、多重路径共促。因此,过程性概念在整个学理谱系中占比最大。最后,域外效力、治外法权和领事裁判权分别是当代和近代语境下法律域外实效的先决性概念,它们是过程性概念成立的基础,也是法律域外实效这一结果出现的前提(见表1.1)。

表1.1　以"法律域外实效"为中心的学术概念谱系

概念性质	概念细分	概念名称
结果性	/	★法律域外实效
过程性	公主体单边介入	域内管辖、域外管辖、长臂管辖、域外适用、域外规治
	公主体非单边介入	监管遵从、监管合作、国际造法
	私主体参与	法律输出、法律移植、主动合规、法律选择
先决性	近代	治外法权、领事裁判权
	当代	域外效力

第一组概念:域内管辖、域外管辖、长臂管辖、域外适用和域外规治。这组概念在性质上都属于公主体的单边行为。如上文所述,域内管辖和域外管辖是管辖在空间维度上的二分,不再赘述。与之相邻的长臂管辖最初在美国是为了解决州际民事纠纷而创造的属人管辖权(personal jurisdiction),后来被用于解决各类国际司法纠纷。[1] 然而,国务院新闻办公室2018年发布的《〈关于中美经贸

---

[1] Foster Jr, G. W., "Long-Arm Jurisdiction in Federal Courts," 1969 *Wisconsin Law Review* 9, 9-50 (1969);参见肖永平:《"长臂管辖权"的法理分析与对策研究》,载《中国法学》2019年第6期,第46页。

摩擦的事实与中方立场〉白皮书》使用长臂管辖来指称美国政府的贸易霸凌主义行为,借此指责美国"依托国内法规的触角延伸到境外,管辖境外实体的做法"。[1] 2023年2月,新华社发布的《美国滥施"长臂管辖"及其危害》明确指出美国的长臂管辖是美政府以美综合实力和金融霸权为后盾,根据本国法律对他国实体和个人滥施域外管辖的蛮横司法实践。[2] 可见,目前中国语境下的"长臂管辖"用于表示"域外管辖"的滥用,是与国际法治相悖的、负面色彩浓厚的概念。[3]

在加强国内法域外适用法律体系建设的背景下,域外适用指的是特定国家依托公权力机关适用其本国法至域外的动作。[4] 因此,域外适用与域外管辖同属过程性概念。不同的是,域外管辖是国内法域外适用的前提,域外适用是国家行使域外管辖权的过程。同时,由于域外管辖同时包括立法、司法和执法层面的管辖权,其范围比法律域外适用更宽泛。[5] 2021年,域外规治作为一个法学概念出现于中文学术讨论。学者创造并引入"域外规治"的目的是作为"extraterritoriality"的中文对照,意味着用本国的法律"规治"(在希腊文中作"norms",不同于英文中的"regulate",后者为"规制")域外的人和事。这一概念在内涵上同时包含域外管辖和法律域外适用等含义,是主权国家实施的行为。[6] 域外规治的出现从侧面体现了域

---

[1] 新华社:《关于中美经贸摩擦的事实与中方立场(白皮书)》,载中华人民共和国中央人民政府网,2018年9月,访问日期:2024年8月31日。
[2] 新华社:《美国滥施"长臂管辖"及其危害》,载中华人民共和国外交部官网,2023年2月3日,访问日期:2024年8月31日。
[3] 霍政欣:《国内法的域外效力:美国机制、学理解构与中国路径》,载《政法论坛》2020年第2期,第175页。
[4] 廖诗评:《中国法域外适用法律体系:现状、问题与完善》,载《中国法学》2019年第6期,第22页。
[5] 廖诗评:《域外管辖论纲》,载《武大国际法评论》2024年第2期,第30页。
[6] 屈文生:《从治外法权到域外规治——以管辖理论为视角》,载《中国社会科学》2021年第4期,第44页。

外管辖和法律的域外适用并不等同。而且在某些语境下,并不需要严格区分两者。因此,创造一个上位概念加以统摄是学术探讨的便宜之举。

第二组概念:法律输出、法律移植、主动合规和法律选择。这组概念都涉及私主体的广泛参与。法律输出或法律移植是美国法律与发展运动(law and development movement)的产物,最早是指20世纪60年代美国对外援助拉丁美洲和非洲等发展中国家的过程中以资本携带法律,定向输出和移植美国法律制度和法律文化的活动。[1] 在中国大力推行"一带一路"倡议的过程中,有学者指出不仅要关注我国向目标国家和地区输出过剩产能,更要形成法律、政治、文化上的系统安排,尤其是要推动中国法律的域外输出,实现我国法律的域外发展。比如,通过设置跨国贷款的法律条件、创制影响行业的标准合同等。[2] 限于创作时间,相关学者并没有直接使用法律域外适用等表述,但其所谓的法律移植或法律输出的目标与法律域外适用有共通之处,都是本国法律在领土之外得到运用、产生域外实效的过程,只不过这一过程的实现路径相对灵活并具有非正式性,更多依靠私主体的自愿选择和主动合规。

从理论上看,前述法律域外实效的生成机制可以被称为"私人法律移植"或"通过私合同的法律移植"。[3] 近年来,无论是巴克莱银行等大型跨国金融机构对于美国金融监管领域反洗钱规则的主动遵

---

[1] Jeffrey Taffet, *Foreign Aid as Foreign Policy: The Alliance for Progress in Latin America*, Routledge, 2012, p. 32.
[2] 鲁楠:《"一带一路"倡议中的法律移植——以美国两次"法律与发展运动"为镜鉴》,载《清华法学》2017年第2期,第22—40页。
[3] Tomaso Ferando, "Private Legal Transplant: Multinational Enterprises as Proxies of Legal Homogenisation," 5 *Transnational Legal Theory* 20, 21 (2015).

守[1],还是苹果、谷歌、雅虎等科技平台对欧盟GDPR的积极合规,都体现了基于私主体形成的法律域外实效。[2] 从更广义的维度看,私主体在涉外合同中约定适用中国法解决潜在的纠纷,或在域外法院、仲裁等争议解决场景下主动选择适用中国法,客观上都能扩大中国法的域外实效。

第三组概念:监管遵从、监管合作和国际造法。这组概念都属于公主体以非单边方式促成的法律域外实效。所谓监管遵从(regulatory deference),即域内监管当局出于对域外监管的尊重和信赖,允许域外市场主体部分或全部豁免域内监管而继续适用其母国监管规则的制度安排。[3] 从效果上看,域外主体母国的监管规则在东道国域内得到适用,产生了实际效果。虽然监管遵从可以通过单边方式实现,但实践中往往与互惠、互认等双边机制紧密联系。[4] 比如,在美国和欧盟的场外衍生品跨境监管中,双方在认定彼此的规则等效可替代后,允许对方的规则在本国域内产生实际效果。[5] 监管遵从还可以在数量超过两个的少数国家之间达成,因此也被认为是

---

[1] Grégoire Mallard and Sun Jin, "Viral Governance: How Unilateral US Sanctions Changed the Rules of Financial Capitalism," 128 *American Journal of Sociology* 144, 144-188 (2022).

[2] 金晶:《欧盟的规则,全球的标准?数据跨境流动监管的"逐顶竞争"》,载《中外法学》2023年第1期,第37页。

[3] 李仁真、杨凌:《监管尊从:跨境证券监管合作新机制》,载《证券市场导报》2021年第7期,第3页;Matthias Lehmann and Jonas Schuerger, "Multilateralizing Deference: A Proposal for Reforming Global Financial Law," 56 *The International Lawyer* 191, 191-225 (2023)。

[4] Pierre-Hugues Verdier, "Mutual Recognition in International Finance," 52 *Harvard International Law Journal* 55, 55-108 (2011).

[5] Alexey Artamonov, "Cross-Border Application of OTC Derivatives Rules: Revisiting the Substituted Compliance Approach," 1 *Journal of Financial Regulation* 206, 206-225 (2015).

"少边机制"(minilateralism)的典型形态。[1]

监管合作是相比监管遵从更为传统和正式的国际机制,当事方通过签订备忘录甚至条约的形式就跨境执法、信息共享等事项达成合意,其中可能涉及承认对方的国内法在本国域内产生实际效果的内容。[2] 最后,国际造法是指主权国家通过国际多边机制将国内法上升为国际规则,进而在域外发挥广泛而持久的影响力。典型的例子包括美国在金融、投资、科技等领域已经显现的"国内法的外溢"或"国际法化"的现象。[3] 对于当前中国而言,有学者分析指出可以将人脸识别、自动驾驶等具有优势地位的新兴科技领域作为中国参与国际规则制定、将本土标准上升为国际准则以扩大市场份额、提升话语权的关键领域。[4]

第四组概念:域外效力、治外法权和领事裁判权。这组概念是法律域外实效的先决性条件。域外效力可以追溯到法的空间效力这一基础性法理学概念。当有权机关制定了一条应当约束其疆域之外对象的规范时,这条法律规范就有了法律的域外效力[5],但这与法律规范事实上的约束力或本书关注的法律域外实效是性质迥异的概念。[6] 域外效力用于描述法律的一种应然特征,域外管辖和域外适用等过程性概念用来描述法律运作的过程;法律域外实效则用来表示

---

[1] Chris Brummer, *Minilateralism: How Trade Alliances, Soft Law and Financial Engineering are Redefining Economic Statecraft*, Cambridge University Press, 2014, pp. 22-52.

[2] 廖凡:《跨境金融监管合作:现状、问题和法制出路》,载《政治与法律》2018年第12期,第2—11页。

[3] 沈伟、苏可桢:《变局之下国际法与国内法互动的转向》,载《探索与争鸣》2024年第4期,第96页。

[4] 薛澜:《新兴科技领域国际规则制定:路径选择与参与策略》,载《人民论坛·学术前沿》2023年第19期,第19页。

[5] 雷磊:《法理学》,中国政法大学出版社2019年,第77—78页。

[6] 沈岿:《论软法的有效性与说服力》,载《华东政法大学学报》2022年第4期,第99页。

法律运作的结果。因此,域外效力与上述过程性和结果性概念均存在因果联系。只有当法律规则具有域外效力,才有可能被域外适用[1],最终才会产生域外实效。因此,存在一个具有域外效力的法律规则,是法律域外实效形成的先决条件。

治外法权(exterritoriality)是一个历史概念,产生于我国清代鸦片战争之后,由英国人在华创设。它是指特定的人和房舍虽处于一国领土之内,但在法律上被认为是处于该国之外,因而不受当地法律管辖(而受英国的法律管辖)。该原则最初适用于外国君主、国家元首、外交使节和其他享有外交特权的人。与之类似并已经事实上在近代中国语境下等价的术语是领事裁判权(capitulation)。它是指一国通过条约给予居住在该国的另一国臣民的贸易特权,特别是给予当地法院管辖的豁免权和由其本国法院对他们行使司法管辖权的特权。[2] 从管辖权理论来看,治外法权源于属地管辖,而领事裁判权的正当性依据来自属人管辖。[3] 因此,有了上述两种权利,就可以通过法律拟制的方式将别国领土视为本国领土并适用本国法律。在中国近代历史上,治外法权和领事裁判权可以引发法律域外适用的过程并产生相应的法律域外实效的结果。从这个意义上说,治外法权、领事裁判权和域外效力同属法律域外实效的先决性概念。

第三节 经济监管域外实效的利益驱动

从国际法的发展历史来看,经济监管域外实效作为客观结果,打

---

[1] 霍政欣:《国内法的域外效力:美国机制、学理解构与中国路径》,载《政法论坛》2020年第2期,第173—191页。

[2] 李启成:《领事裁判权制度与晚清司法改革之肇端》,载《比较法研究》2003年第4期,第17页。

[3] 屈文生:《从治外法权到域外规治——以管辖理论为视角》,载《中国社会科学》2021年第4期,第44页。

破了国际法最初设定的"属地化秩序"。"一国法律的效力限于本国疆域之内"的应然设定可以追溯到15世纪地理大发现时代。当时西班牙和葡萄牙通过签订《托德西里亚斯条约》的方式确定了彼此的土地归属和势力范围,还规定各自对其发现的新大陆可以主张排他性权力(比如对岛屿和陆地的所有权等)。[1] 这是当代管辖权理论的雏形,也是一国法律与其疆域产生关联的早期国际法表征。1648年,《威斯特伐利亚和约》的订立再次确认了属地化的秩序。《威斯特伐利亚和约》由《奥斯纳布吕克合约》和《明斯特合约》两部分构成。前者规定帝国自治城镇在其领土之上享有完全的管辖权。[2] 可见,威斯特伐利亚体系将主权国家的权力限于领土之内。后者则规定了主权的不可否认性。在条约体系下,主权包括内外两个部分:对内自决,即国家可以自行颁布法律、自行裁断国内纠纷等;对外独立,即国家可以独立决定与他国的交往,不受他国约束或控制等。[3] 主权的双重内涵共同指向一个结论:主权国家的法律适用范围与疆域范围相互对应。

自此,法律限于疆域的应然设定在国际社会中正式完成。"属地化秩序"自形成至今都对国际法的理论和实践具有深刻影响。[4] 根据奥本海的国际法思想,当代管辖权理论有两个基本原则。[5] 其

---

[1] Thomas Duve, "Treaty of Tordesilas," in *Max Planck Encyclopedias of International Law, Oxford Public International Law*, January 2013, last visited 2024/8/31.

[2] 李明倩:《〈威斯特伐利亚和约〉与近代国际法》,商务印书馆2018年版,第323页。

[3] Judith Resnik and Julie Chi-hye Suk, "Adding Insult to Injury: Questioning the Role of Dignity in Conceptions of Sovereignty," 55 *Stanford Law Review* 1921, 1921–1962 (2003).

[4] 屈文生:《从治外法权到域外规治——以管辖理论为视角》,载《中国社会科学》2021年第4期,第48—50页。

[5] Rosalyn Higgins, Philippa Webb, Dapo Akande, Sandesh Sivakumaran, and James Sloan, *Oppenheim's International Law: United Nations*, Oxford University Press, 2018, p. 457.

一即为属地性原则,有时也被称为"国内法的有效领域原则"。[1] 其内涵是:未经一国同意,任一其他国家都无权主张在前者的领土上行使主权权力。[2] 当代管辖权理论的第二个基本原则是:管辖权的确立要求有证据证明被管辖事项和管辖权行使的领土之间有实质的、真实的联系。显然,属地原则是处理管辖权问题的根本指导,这是属地化秩序在当代的理论表达。然而,当某个国家试图管理那些不纯粹属于本国领土以内的事务,法律域外实效的国际法问题便随之产生。[3] 值得追问的是:为什么主权国家会产生管理涉外经济事务的愿望?其背后的动因是什么?简单来说,这是国际社会两大客观现实催生主权国家主观动机的结果,背后是国家内部和外部利益的双重驱动。

一、要素跨域流动与内部利益驱动

国际社会的客观现实之一是域内要素的跨域流动。没有国家是一座孤岛,特定国家的人、财、物、服务等要素发生跨越疆域流动的可能性始自国家领土边界划定之日,并且同时发生于传统的私法和公法领域。据考证,公元10世纪的西欧涌现了一批因王室特许权而建立的、拥有自治权的"城邦(国家)"。而后,大规模跨城邦的贸易市场逐渐形成,频繁的经贸活动带动了商人和商品的跨疆域流动。[4] 同期,城邦之间的密切往来也催生了域内要素跨境流动的"公法面孔"。

---

[1] 贾兵兵:《国际公法:和平时期的解释与适用》,清华大学出版社2015年版,第217页。

[2] Permanent Court of International Justice, *The Case of the SS. Lotus* (1927), PCIJ, Ser. A, No. 10, pp. 18-19.

[3] Frederick Alexander Mann, "The Doctrine of Jurisdiction in International Law," in *Collected Courses of the Hague Academy of International Law (Volume 111)*, 1964, p. 9.

[4] 阎愚:《冲突法历史发展中的特殊主义与普遍主义》,载《政法论坛》2016年第6期,第166—167页。

比如,获得某城邦特许而成为公证员的人在另一个城邦从事文契公证工作。[1] 再比如,某个城邦的公民在另一个城邦实施商品盗窃等犯罪行为。[2] 随着时代的发展,跨境流动要素的公法或私法属性越来越难区分。当国家开始广泛干预经济生活,"私法公法化"的现象随即出现;而当国家开始放松经济管制,"公法私法化"的情况也常常发生。[3]

在上述客观现实下,各国产生了第一类主观动机:促成法律域外实效以保护国家内部的利益。此类利益包括本国国民的权益、本国市场的秩序和本国法律的尊严等。上述国家动机从古至今都是如此。在公元前两百多年,法律意义上的主权国家还未形成。具备卓越军事才能的罗马人开疆拓土后,不断需要与其周边的外国(族)人打交道。为了保护罗马人的特权和罗马国的优越地位,他们独享"市民法"而让外国(族)人适用"万民法"。[4] 公元5世纪到10世纪,欧洲盛行"属人法"。一国法律随人所至而适用,不受地域限制,这样才能使国民的利益以及整个民族的稳定和纯粹得到保护。[5] 14世纪,意大利法学家巴托鲁斯创立的"法则区别说"也包含"人的法则",其维护内部利益的思想内核如出一辙。[6]

主权国家成立的三十余年后,优利克·胡伯于1684年提出了著名的"胡伯三原则"。其中前两项原则强调所有法律的属地秩序或域

---

[1] 巴托鲁斯:《法律冲突论》,齐湘泉、黄希韦译,载《武大国际法评论》2010年第12卷,第331页。

[2] 同上刊,第336页。

[3] 何其生、孙慧:《外国公法适用的冲突法路径》,载《武大国际法评论》2011年第1期,第191—192页。

[4] 徐国栋:《万民法诸含义的展开——古典时期罗马帝国的现实与理想》,载《社会科学》2005年第9期,第91—98页。

[5] 宋晓:《属人法的主义之争与中国道路》,载《法学研究》2013年第3期,第189—208页。

[6] 周江:《"法则区别说"学术史地位论略》,载《武大国际法评论》2012年第11期,第77—94页。

内效力,而其精髓在于第三项与礼让(comity)有关的属地主义例外原则——主权拥有者应当基于礼让做出以下行为:使得基于其他主权而获得的权利在任何地方保有效力,只要这么做不会对自身的权力及其公民的权利造成侵害。[1] 胡伯提出上述原则有特殊的历史背景:荷兰对外需要维护自己的独立,对内需要控制地方封建势力的分裂倾向。[2] 因此,礼让的本质是以本国内部利益为导向,关注的是自身的主权权威和民众权益。这也是后世学者评价胡伯的思想根植于自利需求的原因。[3] 21世纪,主权国家的"超国家化"已经从欧洲语境下的特殊现象演变为世界范围内的普遍现象[4],通过法律域外实效保护内在利益的例子比比皆是。比如,各国已经常态化地追求本国反垄断监管规则在世界范围内得到统一适用和遵守,这是为了保护域内消费者的权益,维护域内市场的安全和稳定。[5]

二、全球问题涌现与外部利益驱动

国际社会的客观现实之二是全球问题的频繁涌现。全球问题(global issues)的产生可以追溯到20世纪60年代,当时人类有了第一张从外太空拍摄的地球影像。自此,人类懂得以全球性的视野看待问题,不仅意识到地球的珍贵和奇妙,也开始思考环绕在地球上空的

---

[1] Ernest Lorenzen, "Huber's de Conflictu Legum," 13 *Illinois Law Review* 375, 375–418 (1919).

[2] 叶菁:《胡伯三原则、斯托雷三原则、戴西六原则之比较》,载《湖北经济学院学报(人文社会科学版)》2009年第3期,第98—99页。

[3] 何其生:《国际私法秩序与国际私法的基础性价值》,载《清华法学》2018年第1期,第35页。

[4] 陈雪飞:《"超国家化"对现代国家的挑战:国际政治社会学的视角》,载《清华大学学报(哲学社会科学版)》2021年第5期,第190—201页。

[5] Joseph Griffin, "Extraterritoriality in US and EU Antitrust Enforcement," 67 *Antitrust Law Journal* 159, 159–199 (1999).

黑云到底意味着什么。[1] 30年后,全球治理(global governance)的概念问世,旨在为超出国家独立解决能力范围的社会和政治问题提供有序可靠的解决方案。[2] 中国学者俞可平具象化了全球治理的关切:回应与全人类安全、和平、发展、福利、平等和人权等相关的国际政治经济秩序问题。[3]

全球问题具有相互关联的显著特征,也即一类问题与其他问题息息相关。[4] 这使得多边解决方案难以达成,变相催生了单边的国家行动。比如,以气候变化为代表的全球环境问题关系到世界范围内的能源问题(如何合理开掘和使用化石燃料)、人口问题(如何减少温室气体排放)、贫富差距问题(如何分配发达国家与发展中国家的减排义务)、金融资本问题(如何让国际投融资向生态环保产业倾斜)和技术问题(如何研发科技以创造可再生能源)等。全球问题之间的相互关联和利益交织意味着在思考一类问题的解决方案时,就不得不考虑另一类问题,而且各类问题的解决方式往往差异很大。同时,在考虑一些国家的权利义务时,就不得不考虑另一些国家,而且各个国家的利益诉求往往差异很大。这也是国际合作或多边机制力所不逮的原因。

在上述客观现实下,特定国家就产生了第二类主观动机:促成法律域外实效以保护国家外部的利益,也即国家通过域内法律规制和解决国际社会面临的共同问题。从理论上看,当国际法治缺失,因利害

---

[1] Kristen Hite and John Seitz, *Global Issues: An Introduction*, John Wiley & Sons, 2021, p. 2.
[2] [英]戴维·赫尔德等:《全球大变革:全球化时代的政治、经济与文化》,杨雪冬等译,社会科学文献出版社2001年版,第70页。
[3] 俞可平:《全球治理引论》,载《马克思主义与现实》2002年第1期,第20—32页。
[4] Kristen Hite and John Seitz, *Global Issues: An Introduction*, John Wiley & Sons, 2021, p. 2.

相关而急于解决相关问题的少数国家有意愿通过单边方式对其他国家施加法律限制,以达到全球治理的效果。[1] 客观而言,上述追求法律域外实效的举措可能在一定程度上助益全球治理,还可能促进后续的国际立法和合作。[2] 举例而言,在应对全球环境问题上,欧盟已经通过单边手段确立了航空碳排放关税制度和海运碳排放交易法律框架。[3] 又比如,全球反恐(包括反洗钱和反恐怖主义融资)问题主要由美国以单边方式承担"世界警察"的角色,常见的手段包括对恐怖主义泛滥的国家实施经济制裁等。[4]

其实,达成传统国际法意义上的多边安排以实施全球治理从来不是易事。除了程序冗长外,约束性的多边安排往往为了协调各国利益、获得一致同意而大量放弃具有实质意义的规定。[5] 在国际立法终结(the demise of international legislation)[6]、民族主义(nationalism)抬头[7],以及以美国为代表的孤立主义外交政策席卷全球[8]的背景下,未来主权国家可能越来越倾向于通过自食其力或少数抱团(即采

---

[1] Gregory Shaffer and Daniel Bodansk, "Transnationalism, Unilateralism and International Law," 1 *Transnational Environmental Law* 31, 31–41 (2012).

[2] Monica Hakimi, "Unfriendly Unilateralism," 55 *Harvard International Law Journal* 105, 105–150 (2014).

[3] Gernot Klepper and Sonja Peterson, "Emissions Trading, CDM, JI, and More: The Climate Strategy of the EU," 27 *The Energy Journal* 1, 1–26 (2006);胡斌:《论港口国执行管辖制度对欧盟海运 ETS 域外管辖的限制——兼及中国应对策略》,载《河海大学学报(哲学社会科学版)》2016 年第 1 期,第 83—88 页。

[4] Todd Sandler, "Collective Versus Unilateral Responses to Terrorism," in *Policy Challenges and Political Responses*, Springer, 2005, pp. 75–93.

[5] Kal Raustiala, "Form and Substance in International Agreements," 99 *The American Journal of International Law* 581, 610 (2005).

[6] Martti Koskenniemi, "International Legislation Today: Limits and Possibilities," 23 *Wisconsin International Law Journal* 69, 69–78 (2005).

[7] Florian Bieber, "Is Nationalism on the Rise? Assessing Global Trends," 17 *Ethnopolitics* 519, 519–540 (2018).

[8] Jose Alvarez, "Biden's International Law Restoration," 53 *New York University Journal of International Law and Politics* 524, 569 (2021).

用少边机制)的方式解决全球或跨域问题。上述推测已经得到了部分统计数据的印证。比如,自 2005 年起,学者就发现美国出现了新订立约束性双边和多边国际协定锐减的现象。[1] 近年来,美国更是退出了诸多国际多边机制。[2] 可见,主权国家在寻求国际问题的解决方案时,正有向多边的相反方向演进的趋势。

总之,在域内要素跨境流动和全球问题频繁涌现的时代背景下,即便国际法上存在属地秩序的传统,主权国家不可避免地会产生管理涉外事务的动因或驱动力,并通过法律手段将其付诸实施。值得注意的是,虽然主权国家意欲捍卫的利益无外乎内部和外部两类,在现实中的情形可能非常复杂。其一,特定国家在具体领域的利益驱动可能交织和变动。比如,在促使反洗钱监管域外实效的历史进程中,美国政府在不同时期的利益关切迥异并难以明确区分。[3] 其二,部分国家为保护内外利益而采取的举措可能会对其他国家造成负面影响,促使后者在自身内外利益的驱动下采取或对抗(如制定阻断法)或顺从(如主动合规)的应对措施,使得法律域外实效的现象日趋复杂。

三、中国追求经济监管域外实效的双重利益驱动

明确国家具体利益的性质、内容与多寡,有助于有针对性地、区分轻重缓急地构建相应法律规则的域外实施机制。我国对于经济监管法律域外实效的追求同样体现了国家利益的持续驱动。只不过中国

---

[1] Robert Dalton, "National Treaty Law and Practice: United States," in *National Treaty Law and Practice*, Brill Nijhoff, 2005, pp. 765-822.
[2] Oona Hathaway, "Reengaging on Treaties and Other International Agreements (Part I): President Donald Trump's Rejection of International Law," *Just Security*, October 2, 2020, last visited 2024/8/31.
[3] 包康赟:《反洗钱跨境监管的美国模式、反噬危机与中国方案》,载《金融监管研究》2023 年第 4 期,第 1—21 页。

追求经济监管域外实效的动机,经历了由单纯的内部利益驱动逐渐转向由内外双重利益共同驱动的过程,这一点通过追踪相关领域的学术研究脉络就可知晓。

我国学者就经济监管规则的域外实效(或域外适用)相关问题开展讨论的时点始于 1992 年,历史上共出现了五个重要节点。其一,2003 年前后,反垄断法和破产法的域外适用。当时学者在中国加入 WTO 的背景下探讨反垄断法的制定,掀起了该法域外适用的研究热潮。〔1〕同期,我国学者还对破产法的域外适用问题颇有兴趣。这主要是因为我国改革开放以来,随着外商投资企业和海外投资企业的快速发展,涉外破产案件显著增多。〔2〕

其二,2006 年前后,反垄断法的域外适用。2005 年 1 月,四家中国维生素 C 生产企业被美国公司以"价格共谋和垄断"为由诉至纽约东区联邦法院。该案在学界引起了巨大反响,反垄断法域外适用的研究再掀高潮。该案在后续十几年内历经一审、二审、再审和重审,直到 2021 年 8 月才以中国企业胜诉画上句号。〔3〕期间,反垄断法域外适用的研究随着本案推进也持续受到学者关注。值得注意的是,与 2003 年前后本主题的研究主要探讨中国是否要纳入域外适用条款不同,此轮研究中我国学者的核心关切在于中国企业如何应对其他国家的法律域外适用,有明显的防御性质。

其三,2012 年,证券法的域外适用。2010 年,美国联邦最高法院在"莫里森案"中改变了对于美国证券法域外适用的司法态度和裁判规则,当年恰逢中概股赴美上市浪潮达到最高点(根据 Wind 统计,该

---

〔1〕 代表性研究,比如黄欣:《WTO、经济全球化、知识经济与我国反垄断立法关系研究》,载《政法论坛》2001 年第 5 期,第 13—21 页。

〔2〕 余劲松、石静遐:《涉外破产的若干法律问题》,载《中国社会科学》1996 年第 4 期,第 96—113 页。

〔3〕 高瑞瑞:《历时 17 年,一药企维生素 C 涉反垄断案胜诉》,载《健康时报》,2021 年 9 月 17 日,访问日期:2024 年 8 月 31 日。

年在美上市的中国企业多达 63 家),国内学者尤其关注美国法的动态。2012 年,美国证券交易委员会(Securities and Exchange Commission,以下简称为"SEC")试图域外适用《萨班斯—奥克斯利法案》(Sarbanes-Oxley Act)(要求总部位于上海的德勤华永会计师事务所交出在美上市的中国东南融通公司的审计工作底稿)不成,起诉了上海德勤华永会计师事务所;紧接着又发生了中美之间的审计监管合作。国内学者对美国证券法域外适用的研究在这一系列事件的推动下显著增加。

其四,2018 年,美国法的域外管辖研究。随着美国总统特朗普第一次上台,美国单边主义抬头,中美之间摩擦加剧,美国法律的域外适用空前扩张。于是,大量中国学者聚焦于美国在不同领域的长臂管辖或域外管辖研究,尤其是美国利用美元霸权地位实施的经济制裁。作为关注防御的典型研究,我国学者积极研讨中国企业和政府层面的应对策略以保护国内利益。

其五,2019 年至今,法律域外适用各个主题的研究遍地开花。2019 年 2 月,习近平总书记在中国共产党中央全面依法治国委员会第二次会议上的重要讲话中指出"要加快推进我国法域外适用的法律体系建设"[1]。此后,中国法的域外适用建设作为"坚持统筹推进国内法治和涉外法治""加强涉外领域立法"等国家重大战略的组成部分被反复强调,法律域外适用的研究也相应地爆发式增长,遍及各个部门法领域。这一轮的研究在利益驱动层面与前四轮研究相比有质的变化,因其集中体现了内部和外部国家利益的共同驱动。

一方面,随着高水平对外开放战略和"一带一路"倡议的推进,我国与世界各国的经济联系日益紧密,海外利益在国家利益中的占比越

---

[1] 习近平:《完善法治建设规划提高立法工作质量效率 为推进改革发展稳定工作营造良好法治环境》,载《光明日报》2019 年 2 月 26 日,第 1 版。

来越高。属地主义秩序已经无法满足我国维护国家利益和国民利益的客观需求,只有积极促成中国法的域外实效才能有效维护日益庞大的海外群体利益,坚定捍卫我国的主权、安全和发展利益。[1] 因此在本轮研究中,无论是旨在加强域内经济监管规则的域外影响,还是致力于防御域外经济监管规则的不当适用,都是国家内部利益驱动的体现。另一方面,随着中国国际影响力和话语权的提升,全球治理和国际法治建设要求中国负起大国责任、贡献更多中国方案。于是,推动更多中国规则产生域外实效,被赋予了参与引领全球治理体系改革和建设、提供国际公共产品、推动构建人类命运共同体等意义。[2] 有效推动符合各国共同利益的国内法域外实效的形成有利于完善全球治理体系,促进国际法治良性运行。这是外部利益驱动的体现。

有论者指出,中国在本轮推动法律域外适用的过程中同时具备"本国法律的积极输出者"和"他国法律域外适用的消极防御者"之双重身份,存在一定的矛盾。[3] 其实,从法律域外实效利益驱动的维度来看,上述身份或立场并无冲突。这是因为保护国家的内部利益,不仅需要作为"进取者"积极推进中国法律的域外适用(如追求《证券法》的域外实效),也要作为"防御者"消极对抗别国法律的域外滥用(如追求《反外国制裁法》的域外实效)。与此同时,为维护国家的外部利益(或全球共同利益),一个重要的方面是发挥我国优良规则的域外影响以推进国际关系法治化,推动全球治理朝着更加公正合理的方向发展,助力构建人类命运共同体。而另外一方面也需要有效反击

---

[1] 黄河、刘彦彤:《地缘政治风险及其对中国企业海外利益的影响》,载《太平洋学报》2023年第7期,第45—58页。
[2] 廖诗评:《中国法域外适用法律体系:现状、问题与完善》,载《中国法学》2019年第6期,第38页;赵骏:《国际法的守正与创新——以全球治理体系变革的规范需求为视角》,载《中国社会科学》2021年第5期,第45页。
[3] Zhengxin Huo and Yip Man, "Extraterritoriality of Chinese Law: Myths, Realities and the Future," 9 *The Chinese Journal of Comparative Law* 328, 328-358 (2022).

外国不合理的国内法域外适用行为、揭示其违法性，身体力行地要求各国在涉外法律事务中尊重他国主权、不干涉他国内政，秉持共商共建共享原则，推动实现各国权利平等、机会平等、规则平等的法治环境尽快形成。这同样符合国际社会的共同利益。

总　结

通过对经济监管域外实效之内涵、谱系和动因的全面剖析，本书的核心研究对象得以明晰。值得再次强调的是，本书所聚焦的"经济监管域外实效"应具备三方面特征。

第一，强调客观结果。"实效"不一定意味着法律的目的完全实现，但它至少意味着法律发生了作用、产生了效果。显然，经济监管域外实效是一个结果意义上的概念，它表示一国的法律在域外产生了客观的约束力和执行力。这种结果的实现需要相应的过程或手段加以支持，也即法律的"域外适用""域外管辖""域外规治"甚至"长臂管辖"等。结果意义上的"经济监管域外实效"是"经济监管（规则）域外适用"等过程意义上法学议题的"最后一公里"问题，也是各国涉外立法期待实现的终极目标。

第二，包容多元的实现方式、参与主体和促成机制。经济监管域外实效作为一种结果和客观现实，本身并没有限制相关法律规则之"实效"的实现方式和促成主体。因此，也就为各种潜在的实现机制及路径提供了空间。比如说，特定国家可以用威慑或胁迫的方式要求别国适用其国内监管规则，令本国法在域外产生实际效果。又比如说，特定国家之间可以通过达成合意的方式，令双方的国内监管规则在彼此的领土内产生实效。还比如说，特定国家可以在其他国家不知情的情况下，主动在本国的疆域内承认别国监管规则的法律效力。再比如说,特定国家可以在国际组织的多边协调下,使其国内监管规范在其他国家的地域范围内发挥实际影响。在这些实现方式中,促成经济监管域外实效的主体可以是国家机关、国际组织等公权力主体,也可以是企业甚至个人等参与经济活动的私主体。此外,国家为了捍卫内外利益而促成监管规则域外实效的机制不一定是单边的,也有可能是双边、少边(如监管遵从)甚至是多边的(如将国内法上升为国际准则),它们都属于广义的经济监管域外实效的实现方式。

第三,侧重效果的常态化和稳定性。经济监管的域外实效可能通过外交或其他渠道以一种零星、偶然或临时的方式实现。然而,本书重点关注具有稳定性的、常态化的经济监管法律的域外实效。主要有两个原因。其一,为了更好地完成理论构建。一方面,只有稳定且常态化的域外实效现象才能构成国际法上的反常现象,具有理论张力、值得细致探索。具体来说,在不存在中央政府的国际社会中,国内法的域外实效鲜有国际法约束,也无法保证其实现。正是在这种制度背景下,当特定国家的国内监管规则仍然能够具备稳定的域外实效时,才值得理论研究。另一方面,只有基于持续和稳定的(而非临时或随机的)现象,才能归纳出有意义的客观规律,然后上升为能够指导实践、预测未来的理论。其二,为了更好地服务政策目标。试图在域外适用本国法律的国家都希望可以找到某种机制令本国监管规则可以稳定地在域外产生效果(而不是转瞬即逝),这样才能有预期地保证本国利益诉求得以实现。因此,聚焦常态化和稳定性的经济监管域外实效方才具有重大的实践价值。

第二章

文献：经济监管域外效果研究的内外视角[1]

引 言

法学研究存在内部和外部两种视角。内部视角关注法律的制定、解释和适用,致力于构造完整而自洽的法律体系。外部视角将法律作为一种现象,关注法律如何被外部因素(如政治、经济等)影响,又如何对外部世界产生影响,其致力于解释与法律相关的社会现象并探索规律。内部视角的法学研究常被称为教义法学;外部视角的法学研究则为社科法学。经济监管域外效果的研究可以从这两种视角进行综述。

内部视角下的研究侧重经济监管规则的域外适用及域外效力,它们可以按照地理版图的逻辑梳理。具体而言,立足国际的研究从国际法上管辖权的基本原则出发,探讨经济监管域外效力的合法性基础或正当性依据。立足美国的研究分别从局部(即具体部门法)和整体(即普遍适用原则)两个角度呈现学者们"主权主义"或"国际主义"的立场和规则解释方案;立足欧盟的研究不仅在重点经济监管领域(如反垄断和数据)对规则的域外效力条款深入分析,也总结了具有欧盟特色的管辖依据(如领土延伸性管辖);立足中国的研究则在涉

---

[1] 对于本章文献评述范围和标题含义的说明:其一,出于周延性方面的考虑,本章涉及的文献主要针对经济监管领域的法律规则,但也包括其他领域的法律规则以及关于法律域外效果的一般性法理探讨。其二,采用"域外效果"的表述是为了同时囊括相关法律规则的"域外效力"(对应内部视角或教义法学研究)和"域外实效"(对应外部视角或社科法学研究)两个维度的研究。

外法治的背景下兼顾经济监管规则域外适用的"积极进取"和"消极防御"双重功能。

外部视角下的研究关注经济监管规则的域外实效,它们可以依据思想谱系的逻辑来梳理。具体而言,秉持经济思维的研究以理性人假设为前提,或解释经济监管域外实效生成的原因,或通过经济分析优化促成经济监管域外实效的制度规则;基于政治思维的研究以权力博弈为底色,讲述了各国追求经济监管域外实效的动机与行为如何受到国家与国家、一国内不同机构之间的权力互动影响;基于社会思维的研究通过个案深描、过程追踪等方法,细致刻画经济监管产生域外实效的全过程,也描摹其现实影响;以历史思维为主线的研究将史料作为素材,或发掘和重现经济监管域外实效的过去,或组织历史证据以形成启迪当下的新观点。

在经济监管域外实效的文献脉络中,本书的定位是外部视角下秉持经济思维的研究,以此辅助规则的合理制定、描摹规则的现实影响、揭示规则得到实施的客观规律。当然,本研究的开展也离不开对内部视角下研究成果的充分吸收和运用。从学术增量上看,本书相对于内部视角的研究而言,在方法、理论和政策上都有增进;相对于外部视角的研究而言,在研究对象、研究思路和研究目标上都有创新。

第一节 法学研究的内部视角与外部视角

法学研究可以从内部和外部两种视角展开。英国法哲学家哈特(H. L. A. Hart)最早引入了这种区分,其在1961年的著作《法律的概念》中指出:当一个社会团体拥有特定的行为规范,就会产生两种看待上述规范的角度。其一是参与者视角,它来自社会团体内部,这些参与者是规则的遵从者或接受者;其二是观察者视角,它来自社会团体外部,这些观察者不是规则的遵从者或接受者。参与者和观察者分别对应内部和外部两种看待法律的视角。[1] 对于上述两种视角的重要性,历史上出现了不同的观点。

美国法学家罗纳德·德沃金(Ronald Dworkin)在其著作《法律帝国》中指出:法律的应用是一种有意义的规范性活动,它的确可以从内部和外部两种视角研究。然而,法学研究的外部视角对于内部参与者而言并无价值。因此,法学理论应然是从内部视角下产生的,而且应该服务于法律规则的完善。[2] 同期,美国涌现了批判法学研究(critical legal studies)这一流派。他们认为,法学研究的内部视角很重要,但是法学本身并非不言自明,教义的研究也无法自给自足。只有从外部视角研究法律才能更好地澄清法律的社会功能。[3] 这种研究视角的内外之分也被认为是区分新兴的批判法学和传统的教义法学的标准。[4]

法学研究的两种视角不断发展并延续至今。在当代,通过内部视角研究法学的学术流派常常被称为法教义学(或教义法学)。不管是大陆法系国家(如德国)还是普通法系国家(如美国),只要其法律体系较为成熟,法律职业群体通常会形成"法律内部主义"(legal internalism)的思维方式。[5] 他们以内部视角看待和运用法律,认为法律具有规范性、内部通顺性和自我完备性[6],进而排斥经济、政治、社

---

[1] H. L. A. Hart, *The Concept of Law*, Oxford University Press, 1961, pp. 86-87.

[2] Ronald Dworkin, *Law's Empire*, Harvard University Press, 1986, pp. 13-14.

[3] David Trubek, "Where the Action Is: Critical Legal Studies and Empiricism," 36 *Stanford Law Review* 575, 575-615 (1984).

[4] Brian Tamanaha, "The Internal/External Distinction and the Notion of a Practice in Legal Theory and Sociolegal Studies," 30 *Law & Society Review* 163, 163-204 (1996).

[5] Linda Babcock and George Loewenstein, "Explaining Bargaining Impasse: The Role of Self-Serving Biases," 11 *Journal of Economic Perspectives* 109, 110-111 (1997).

[6] "规范性",即法律是应然被遵守的规则;"内部通顺性",即法律规则之间不存在或不应该存在矛盾之处;"自我完备性",即法律规则的解释资源应当而且只需来自其他法律规则或法律体系内部。

会、文化等其他外部因素的介入。这些研究者"以对一国现行实在法秩序作为坚定信奉而不加怀疑的前提,并以此为出发点开展体系化与解释工作"。[1] 此类研究的目的主要是实现法律的体系化(即有系统地整理分析现行法律的概念体系)、稳定性(即为司法实践及特定裁判提出适用的法律见解)、减轻论证负担(即减轻法学研究及法院裁判论证上的负担)和修正更新(即探寻符合体系的新的合理解决方法及途径)等四个功能。[2]

与之相对,通过外部视角研究法学的学术流派通常被称为社科法学(或法律与社会科学)。其中,"社科"是社会科学的意思,它是用实证方法(positive method)研究社会现象的广义科学。由此进行延伸,社科法学的研究内容就是以实证方法研究法律的内容、缘由与影响。[3] 从方法论的体系来看,实证方法同时包括定性研究与定量研究,可以统称为"经验研究"。[4] 社科法学的研究者致力于回答的问题包括:法律如何产生,法律如何演变,法律如何实施,法律的社会、经济、政治、文化后果是什么,等等。简单来说,相对于内部视角"就法律研究法律",外部视角追求对法学有"更宽泛的理解或认知"。[5] 这些研究者更多将法律看作自变量(如何影响外界)或应变量(如何受外界影响),并且广泛吸纳了历史、社会、政治、经济等学科的理论和方法对法律现象加以考察。

总的来看,从内部视角出发的法教义学和从外部视角出发的社科

---

[1] 王泽鉴:《人格权法——法释义学、比较法、案例研究》,北京大学出版社2013年版,第11页。

[2] 同上书,第11—12页。

[3] 张泰苏:《自足的社科法学与不自足的教义学》,载《北大法律评论》2016年第2辑(总第17卷),第269—270页。

[4] 侯猛:《法律的经验研究范式:以规范研究为参照》,载《学术月刊》2021年第3期,第99页。

[5] William Baude and Stephen Sachs, "Originalism and the Law of the Past," 37 *Law and History Review* 809, 809-820 (2019).

法学共同构成了法学研究的两大范式,它们之间存在千丝万缕的联系。对此,有学者给出了一个生动的类比:一如工程学(化工、机械)与基础理论科学(化学、物理)的关系,前者的成就或发展空间很大程度上受制于后者。因此,法教义学若要充分发展,必须借鉴社会科学的研究成果,深入研究法律的社会意义及法律背后的利益关系。[1] 在这个意义上,社科法学的思考能够转化为法教义学的养料,助益法律规范的体系化。与此同时,要想真正做出有意义的社科法学研究,只有外部视角而缺乏对内部视角的理解、同情与运用,也是不可能的。[2] 因此,近年来不少学者提倡两种视角的融合与交互。[3]

第二节 经济监管域外效果研究的内部视角:一个地理版图

从内部视角研究经济监管域外效果意味着研究者代入法律从业者(如立法者、司法者、执法者或律师)的身份,将规则的域外效果视作一种"法律教义"(legal doctrine),尝试确定以其为中心的一系列司法案件和法律文本的合理含义,最终服务于特定规范目标的实现。[4] 内部视角的经济监管域外效果研究关注的主要是经济监管

---

[1] 许德峰:《法学方法论研究基本立场与教义学的功用》,载《北大法律评论》2016年第2辑(总第17卷),第243页。

[2] 泮伟江:《社科法学兴起的特殊背景及一般背景》,载《北大法律评论》2016年第2辑(总第17卷),第273页。

[3] 季卫东:《通过法律议论寻求动态权利共识,推动教义学与社科法学融合》,载《北大法律评论》2016年第2辑(总第17卷),第276页;侯猛:《社科法学以经验为核心,应与法教义学相互对话》,载《北大法律评论》2016年第2辑(总第17卷),第276页。

[4] John Haskell, "Ways of Doing Extraterritoriality in Scholarship," in Daniel Margolies et al. (eds.), *The Extraterritoriality of Law: History, Theory, Politics*, Routledge, 2019, p. 26.

领域的域外效力条款、域外管辖依据和域外适用制度等教义议题。

本部分将以地理版图为逻辑呈现相关研究成果,选取了国际、美国、欧盟和中国四个研究立足点,考察每一种位置上各国学者的关切和进路。之所以采用这种地理逻辑,一方面是因为不同国家域外经济监管的立法与实践不同,意识形态也不同,围绕相应规则的教义探讨各有特色、值得比较。另一方面,本书后续的案例研究涉及的国家主要是美国、欧盟和中国,它们也是世界上的主要经济体。因此立足这些国家开展文献综述能够较好展现本主题下研究的全貌,为本研究的推进夯实文献基础。

一、立足国际

立足国际的研究探讨的往往是法律域外适用及域外效力的一般性法理命题,而不局限于经济监管领域。学者们主要从国际法的基本原则和规则出发,研究法律域外适用的合法性基础或正当性依据。通俗地讲,学者们致力于回答:为何主权国家(不)可以域外适用其国内法律?此类研究主要从管辖权的基本理论展开,具体包括两大类。其一,从"荷花号"案切入,讨论法律域外适用在国际法上的基本原则;其二,从习惯国际法上的管辖权规则出发,讨论法律域外适用的具体依据。

(一)域外管辖的基本原则

在国际法没有明确规定的情况下,是否存在一个基本假定可以初步判断国家域外管辖的行为合法与否?这是域外管辖的基本原则问题。这个问题与实在国际法的结构性原则紧密相关[1],也即国际法到底是一套"授权体系"还是"限权体系"。如果是前者,则"法无授权

---

[1] 陈一峰:《国际法不禁止即为允许吗?——"荷花号"原则的当代国际法反思》,载《环球法律评论》2011年第3期,第132—141页。

不可为",也即当国际法没有规定,国家被禁止域外管辖;如果是后者,则"法无禁止即可为",也即当国际法没有规定,国家可自由域外管辖。国际法的结构性原则是一个根本问题,牵涉到国际法的方方面面;国家的域外管辖只是其中一小部分,也是本书关注的部分。对于域外管辖的基本原则,国际法学界存在"有限允许说""一般禁止说"和"殊途同归说"三种观点。

"有限允许说"认为,国际法原则上允许国家自由行使立法管辖权和司法管辖权,而禁止国家行使执法管辖权。换句话说,对于立法和司法管辖,法无禁止即可为。这一观点来自国际常设法院著名的"荷花号案"。"荷花号"是一艘法国汽船,1926年8月2日行驶于公海时与土耳其船舶"博兹-库特号"相撞,导致土耳其船舶沉没、8名土耳其国民遇难。法国"荷花号"靠岸后,土耳其逮捕了其值班人员,并根据本国法律以过失杀人罪对值班人员提起刑事诉讼并给予处罚。法国对土耳其的管辖提出异议。双方通过特别协议的方式将这一争端提交给常设法院,要求法院裁定土耳其对"荷花号"上值班人员提起刑事诉讼的行为是否违反国际法原则。

两国的争议焦点在于:法国认为,土耳其要对发生在公海上的行为行使刑事管辖权,必须有一条国际法规则明确授权;而土耳其则认为只要其行使管辖权不与国际法上的原则相冲突即可。简单来说,它们的根本分歧在于:域外管辖在国际法上究竟是"法有授权才可为"还是"法无禁止即可为"。常设法院认为,从两国特别协议的用语来看,法院要判断的是土耳其提起的刑事诉讼是否违背某些国际法原则。于是,裁判的重心在于:国际法是否禁止土耳其对发生在公海上的行为行使管辖权。对此,常设法院认为船舶碰撞对土耳其的船舶产生了"影响",土耳其的船舶与土耳其领土有相似地位。因此,土耳其是依据这种领土上的关联拥有管辖权。最终常设法院认定土耳其提起刑事诉讼的行为没有违反国际法原则。

常设法院在判决中集中输出了国际法对域外管辖的基本态度。它首先给出了一个基本的前提:"国际法规范的是独立国家之间的关系。国际法的拘束力来源于国家意志,这些意志表现在国家缔结的条约以及习惯法中。在理解国际法时,不可假定国际法对国家的独立性有所限制。"随后,常设法院结合国家管辖权的域外行使做了进一步的阐释。法院首先指出:一国不得以任何方式在他国领土内行使权力。一国在他国领土内行使权力的行为指向域外执法管辖,因此通说认为常设法院此处给出了国际法对国家的第一个限制,也即,除非有相反的授权规定,一国不得域外行使执法管辖权(enforcement jurisdiction)。[1] 而后,法院进一步指出:"但是,这并不意味着国际法禁止一国在缺乏国际法上的允许性规定的情况下,在本国领土内对任何涉及境外行为的案件行使管辖权";"当前的国际法不但没有禁止国家将其法律的适用和法院的管辖权扩展至境外的人、财产和行为,而且还在这方面给各国留下广泛的自由裁量空间。除非有某些禁止性的规定,各国均可自由地采用其认为最好和最合适的规则"。显然,对于立法管辖权(prescriptive jurisdiction)和司法管辖权(adjudicative jurisdiction),国际法给予国家很大的自由裁量权。至此,"有限允许说"的观点被国际常设法院清晰展示。

"荷花号案"的判决存在很多争议。比如说,常设法院关于公海上船舶碰撞管辖权规则的判断被后来的1958年《公海公约》和1982年《联合国海洋法公约》推翻,后者确立了公海上船旗国或被告国籍国管辖的原则。同时,常设法院将一国船舶与领土类比的观点也遭到摒弃。目前仍然存在极大争议的是"荷花号案"关于国际法到底是

---

[1] Stéphane Beaulac, "The Lotus Case in Context: Sovereignty, Westphalia, Vattel, and Positivism," in Stephen Allen, et al., (eds.), *The Oxford Handbook of Jurisdiction in International Law*, Oxford University Press, 2019, p. 51.

"授权体系"还是"限权体系"的论断。[1] 至于本案就国家行使域外管辖权的原则性判断,也被学者们进行了一定的修正。比如,有学者指出,立法和司法管辖权的行使也要满足"国家共存原则",也即一国在行使域外管辖的主权时,不能对他国主权造成侵害。[2] 还有学者指出,诸如"真实法律关系""实质联系""公平正义""国家利益平衡"等原则也是国家行使立法和司法管辖权的限制。[3] 从这个意义上说,当代的"有限允许说"正在进一步演变为"修正的有限允许说"。

"一般禁止说"认为,国际法原则上禁止域外管辖,如果没有国际法的明确授权,国家就不能进行域外管辖(也即"法无授权不可为")。这些学者的说理依据主要是习惯国际法。代表性观点比如,有学者认为国家主权原则构成了对域外管辖的一般性禁止。因为域外管辖意味着一国制定法律对他国领土内的事项进行调整,相当于对他国进行支配,这有悖国家间的平等关系,与国家主权原则背离。[4] 还有学者认为,不干涉内政原则构成了对域外管辖的一般性禁止。域外管辖的实际效果是一国对外国人在外国领土上的行为加以规制,这是对他国内政的干涉。[5] "荷花号案"判决中持异议的法官也有部分支持"一般禁止说"。

"殊途同归说"认为,"(修正的)有限允许说"和"一般禁止说"建

---

[1] 陈一峰:《国际法不禁止即为允许吗?——"荷花号"原则的当代国际法反思》,载《环球法律评论》2011年第3期,第132—141页。

[2] An Hertogen, "Letting Lotus Bloom," 26 *European Journal of International Law* 901, 912-913 (2016).

[3] 吴培琦:《何为"域外管辖":溯源、正名与理论调适》,载《南大法学》2022年第1期,第34页。

[4] Robert Muse, "A Public International Law Critique of the Extraterritorial Jurisdiction of the Helms-Burton Act," 30 *George Washington Journal of International Law and Economics* 207, 244 (1996).

[5] Frederick Alexander Mann, "The Doctrine of Jurisdiction in International Law," in *Collected Courses of the Hague Academy of International Law (Volume 111)*, 1964, p. 47.

立在不同的法律前提上,并无本质冲突;而且,在实际效果上也没有差别,两者殊途同归。这是因为,"一般禁止说"的例外是"国际法有明确授权"的情形,而国际法上传统的允许性管辖依据(即属人管辖、保护性管辖、普遍管辖等"明确授权")已经满足了各国对域外管辖的所有需求,以至于事实上无须在这些依据之外行使域外管辖权。[1] 从实践来看,"有限允许"的效果等于"一般禁止+例外授权"。言下之意,上述理论争议的现实意义不大。

(二)域外管辖的具体依据

无论如何理解域外管辖的基本原则,习惯国际法上存在五类已经确立的管辖权依据:属地管辖、属人管辖、消极属人管辖、保护性管辖和普遍管辖。毫不意外,上述三派学者对具体管辖权依据的理解也不同。

持"(修正的)有限允许说"的学者认为五大管辖权的依据是国际法对国家行使域外管辖权的"限制性规定",是"荷花号案"判决中所谓"真实法律关系""实质联系"等附带管辖要求的体现。[2] 持"(修正的)有限允许说"的学者本身就是国家域外管辖问题上的自由派,他们并不甘于被五类管辖依据束缚,于是其理论观点存在如下两大趋势。

其一,扩大解释五类管辖权依据的内涵。比如,美国芝加哥大学法学院的国际法教授柯蒂斯·布拉德利(Curtis Bradley)认为五类管辖权的依据是来自习惯国际法的约束,因此美国法院在处理域外适用问题时,都会参照上述管辖依据。即便如此,在他的论述中,几乎所有美国法律的域外适用都可以在上述管辖权依据中找到理据。比如

---

[1] 龚宇:《国家域外管辖的法律逻辑评析——对"荷花号"案的再思考》,载《国际法学刊》2021年第3期,第30—54页。
[2] 贾兵兵:《国际公法:和平时期的解释与适用》,清华大学出版社2015年版,第217页。

说,由"荷花号案"发展出的"效果管辖"本质上是属地管辖的延伸,其管辖逻辑是本国的领土受到了影响。在这个意义上,效果管辖可以视为"客观属地管辖",而传统的属地管辖则为"主观属地管辖"。再比如,经济制裁的依据来自扩张的属人管辖,也可能是为了打击恐怖主义的普遍管辖。[1] 中国学者也通过区分"实体的属地路径""行为的属地路径""初级属人路径""二级属人路径"等,为绝大多数法律域外适用现象找到了合法性依据。即便对于"无特定路径的域外管辖"也可以用保护性管辖和普遍管辖等作为补足。[2]

其二,认为管辖权依据是开放的,既有的五类管辖权依据之外的新型域外管辖依据将不断出现。[3] 这种观点的底层逻辑在于:习惯国际法是国家实践和法律确信共同塑造的,因此随着时代的发展和各国态度的变化,新的管辖依据自然可以不断产生。比如说,有观点认为,属事管辖和物项管辖已经被世界主要国家采纳,是各国立法的趋势,正在成为事实上的管辖依据。[4] 这类观点走向极致的结果是:提倡抛弃既有的管辖依据,用超越地理边界的"实质联系原则"取而代之。[5] 提出此类观点的学者认为,传统以地理空间为标准的管辖依据已经与全球化趋势下的客观现实格格不入,需要一场彻底的理论和

---

[1] Curtis Bradley, *International Law in the U.S. Legal System (Second Edition)*, Oxford University Press, 2015, pp. 186-194.

[2] 吴培琦:《破解迷象:国内法域外管辖的基本形态与衍生路径》,载《苏州大学学报(法学版)》2022年第1期,第147—160页。

[3] Alex Mills, "Justifying and Challenging Territoriality in Private International Law," in Michael Green et al. (eds.), *Philosophical Foundations of Private International Law*, Oxford University Press, 2024, pp. 174-196.

[4] 廖诗评:《〈阻断外国法律与措施不当域外适用办法〉的属事适用范围》,载《国际法研究》2021年第2期,第44—62页。

[5] Péter Szigeti, "In the Middle of Nowhere: The Futile Quest to Distinguish Territoriality from Extraterritoriality," in Daniel Margolies et al. (eds.), *The Extraterritoriality of Law*, Routledge, 2019, pp. 30-48.

规则革新。[1]

持"一般禁止说"的学者认为,五类管辖权的依据是国际法对国家行使域外管辖权的"允许性规定"。具体来说,国际法一般性禁止法律域外适用,例外地允许域外管辖。欧洲人权法院2001年判决的"班克维奇诉比利时案"将这种观点推向极致。[2] 判决引用了"一般禁止说"代表学者曼恩(F.A.Mann)教授的观点,指出:国家管辖权主要是地域性的,其他行使管辖权的具体依据是属地管辖的例外;而且后者的适用需要根据每个案件的具体情形来论证。[3] 值得指出的是,法院最终根据《欧洲人权公约》的管辖规定宣布拒绝受理该案。[4]

本案中,欧洲人权法院反复强调的属地管辖指向域内管辖,而与之相对的域外管辖都是例外。由此可见,法院不但推崇"一般禁止说",还极不情愿承认"允许性规定"的存在。对此,我国学者评价道:即便是该案也暗示属地管辖(域内管辖)无法涵盖现实中国家行使管辖权的情形,无法否认实践中产生并确立了其他建立管辖权的根本性依据。[5] 与上述法院的极端保守态度不同,大多持"一般禁止说"观点的研究者往往致力于论证各类法律域外适用现象与习惯国际法不符。与"有限允许说"扩张解释五类依据的做法相反,这些学者在论证和说理的过程中倾向于限缩解释各类管辖依据。

"殊途同归说"首先认为,国家的域外管辖问题过于敏感和复

---

[1] Daniel Bethlehem, "The End of Geography: The Changing Nature of the International System and the Challenge to International Law," 25 *European Journal of International Law* 9, 9-24 (2014).

[2] *Bankovic v. Belgium et al.*, Application No. 52207/99, 123 ILR 94.

[3] Ibid., paras. 58-60.

[4] Ibid., paras. 74-78.

[5] 贾兵兵:《国际公法:和平时期的解释与适用》,清华大学出版社2015年版,第220页。

杂,国际法上也没有明确的规则,因此各方存在巨大争议可以理解。其次,从实际效果来看,五类管辖权依据范围广泛且富有弹性解释的空间。因此,无论是作为"限制性规定"还是"允许性规定",都不会影响各国在需要的时候行使域外管辖权。具体来说,管辖权的行使存在成本,一国通常只会在管辖对象与本国确有联系或涉及国家利益的情况下行使管辖权。而这些情况都不会突破"限制性规定"的范畴。同时,即便是在传统公法领域,但凡各国有域外管辖的必要,总能找到国际法上的"允许性规定"作为依据。[1]

(三)小结

域外管辖的基本原则和具体依据是紧密联系的两个问题,这也体现为三种观点在这两大问题上的态度延续性。从三种观点的关系来看,"有限允许说"和"一般禁止说"针锋相对,而"殊途同归说"则试图从中调和。不同的观点背后有不同的利益诉求。"有限允许说"体现了学者对国家中心主义的拥护,而"一般禁止说"则是国际法治坚定捍卫者的宣言。正如有学者指出的那样,随着客观情况的变化,同一个国家可以选择适合的观点以论证自身行为的合法性。[2]

值得强调的是,作为秉持内部视角的国际法研究,上述若干观点对国际法秩序都有基本的尊重,最终的目标也是创建一套和谐的规范体系。在基本原则的问题上,"有限允许说"紧扣国际法院的判决展开说理,尊重国际裁判机构的权威和"遗产";"一般禁止说"则抓住国际司法判决并非正式法律渊源的弱点,从一般国际法原则展开说理。在具体依据方面,"有限允许说"围绕五类管辖权依据展开,基于上述教义资源为国家的域外管辖行为寻找合法依据。即便是另起炉灶的

---

[1] 龚宇:《国家域外管辖的法律逻辑评析——对"荷花号"案的再思考》,载《国际法学刊》2021年第3期,第53—54页。
[2] 吴培琦:《何为"域外管辖":溯源、正名与理论调适》,载《南大法学》2022年第1期,第34页。

激进尝试,也是致力于构造和维护一套统一的国际法秩序,通过创造新的管辖依据来正当化法律域外适用的各类现象,尤其是新的秩序还试图兼容既有的管辖依据。"一般禁止说"无疑是更坚定的实在国际法捍卫者,紧紧守住习惯国际法上既有的五类管辖权依据。

即便都立足国际法秩序,上述观点的针锋相对共同指向国际法的"不确定性"。国际法学人要习惯于接受这样一个事实:在诸多关键问题上,国际法都无法给出确切答案。结构不确定性、语言不确定性、学说不确定性共同构成了国际法不确定性的来源。[1] 因此,国际法在法律域外适用领域保持模糊或开放并不令人意外,这只是国际法不确定性的一个缩影。最后,特定领域的理论和实践动向必定是国际法和国内法共同作用的结果[2],法律域外适用领域也是如此。在国际法治尚未明确覆盖之处,往往需要国内法或一国涉外法治的调整。在这样的背景下,考察不同国家对法律域外适用的态度和理解显得格外重要。下文就将分别立足美国、欧盟和中国进行文献考察。

二、立足美国

(一)研究概览

在全球范围内,美国法律域外适用的历史最长、实践最多。从法律渊源上看,美国宪法(如《宪法》第1条第9款的人身保护令[3])、

---

[1] 陈一峰:《国际法的"不确定性"及其对国际法治的影响》,载《中外法学》2022年第4期,第1114页。

[2] 张康乐:《国际法治对国家经济发展的塑造》,载《中外法学》2022年第5期,第1381—1399页。

[3] *Rasul v. Bush*, 542 U.S. 466 (2004). 本案中,美国联邦最高法院判定美国宪法中的人身保护令(habeas corpus)可以适用于古巴领土关塔那摩湾(Guantanamo Bay)中的外国公民。美国联邦最高法院的这个判决引起了美国国会的不满,后者通过立法禁止了此类美国法域外适用的实践。然而,2008年美国联邦最高法院在另一个案件中认为国会的上述立法违宪,see *Boumediene v. Bush*, 553 U.S. 723 (2008)。

联邦法律和各州法律都可以被域外适用。[1] 从法律门类上看,从民商法(如侵权法)到经济法(如证券法)再到传统公法(如刑法),都有法律域外适用的规则和实践。[2] 正因如此,各国学者都认为:美国已通过法律域外适用构筑了一个超越领土的"法律帝国"。[3]

即便现实如此,美国国际法学界依旧存在支持和反对美国法律域外适用的两派观点。支持派被称为"主权主义者"(sovereigntist),他们认为国际法正在没落,或干脆认为国际法律体系本身就是一套不起实质作用的"修辞"。因此,应该通过国内立法的国际扩张实现全球治理。[4] 反对派则被称为"国际主义者"(internationalist),他们拥护国际法治,认为国际法和国际组织是解决国际社会面临的共同问题(如人权和环境保护等)的最佳方式。因此,要谨防国内法的过度扩张。其中,新一代的国际主义者还强调非国家主体、次国家主体和跨国法律过程的作用。[5]

抽象的学术理念反映到法律实践层面的问题就是:美国法院应当如何域外适用美国法律。在宪法、联邦法和州法的域外适用中,联邦立法的域外适用最普遍,因此也是本部分重点关注的内容。对此,美国法院需要解决的核心争议在于:对于一部没有直接规定地域效力范

---

[1] William Dodge, "Presumptions Against Extraterritoriality in State Law," 53 *UC Davis Law Review* 1389, 1401–1404 (2020).

[2] Alina Veneziano, "The Eras of Extraterritoriality in the United States," 5 *University of Bologna Law Review* 249, 242–264 (2020).

[3] Grundman Rock, "The New Imperialism: The Extraterritorial Application of United States Law," 14 *International Lawyer* 257, 257–266 (1980);强世功:《帝国的司法长臂——美国经济霸权的法律支撑》,载《文化纵横》2019年第4期,第84—93页。

[4] Peter Spiro, "The New Sovereigntists – American Exceptionalism and Its False Prophets," *Foreign Affair*, November 1, 2000, last visited 2024/8/31.

[5] Austen Parrish, "Reclaiming International Law from Extraterritoriality," 93 *Minnesota Law Review* 815, 815–874 (2008).

围的联邦法律,法官如何判断它是否可以域外适用?[1] 在美国历史上,回答上述问题的指导性原则(如"反域外适用推定原则")、具体规则或标准(如交易标准)、规则或标准中包含的核心概念(如法律条款的"焦点")的含义都经历了多次变化,而且还会因不同的联邦部门法而异。[2] 面对此番景象,美国学者曾给出这样的总结:实务和研究者唯一能够达成共识的就是"这个领域的规则一片混乱"。[3] 诚如中国学者所言,美国联邦立法的域外适用问题本质上是法律解释问题。[4] 于是,从内部视角研究美国法自然成为显学,并且随着规则和判例的发展而产生源源不断的研究素材。

从内部视角进行研究的学者主要从事两方面的工作。其一,梳理和总结既有的成文法和判例法规则;其二,为法律域外适用规则的体系化构建和一致性解释出谋划策。其基本逻辑是在各类"扩张"或"限制"法律域外适用的依据之间穿梭,最后给出一套以特定顺序综合考虑各种因素的裁判方法。在这个过程中,大多数学者在特定的部门法领域开展研究,也有少部分学者试图给出一个整体性的裁判框架。不管关注点是宽是窄,学者们往往认为自己提出的方案是可以被法院统一适用(unified)的,具备清晰明确(clear)、逻辑井然(coherent)、前后一致(consistent)等特征,且最终可以得出稳定可预期(stable and predictable)的裁判结果。

---

[1] Jeffrey Meyer, "Dual Illegality and Geoambiguous Law: A New Rule for Extraterritorial Application of US Law," 95 *Minnesota Law Review* 110, 110-186 (2010).

[2] 孙南翔:《美国法律域外适用的历史源流与现代发展——兼论中国法域外适用法律体系建设》,载《比较法研究》2021年第3期,第170—184页。

[3] Kal Raustiala, *Does the Constitution Follow the Flag?: The Evolution of Territoriality in American Law*, Oxford University Press, 2009, p. 224.

[4] 韩永红:《美国法域外适用的司法实践及中国应对》,载《环球法律评论》2020年第4期,第171页。

(二)典型成果

第一,部门法研究。将"美国联邦法律域外适用"这个大问题进行拆分的最直接的方式就是区分不同的部门法领域,分门别类进行研究。美国学者阿丽娜·维内奇诺(Alina Veneziano)2018年在美国证券法领域的研究就是一个典型例子。这个研究在判例法和成文法都不够清晰和完善的背景下,提出了一套新的标准帮助法院判断个案中是否应该域外适用美国证券法的反欺诈条款。[1]

2010年6月,美国联邦最高法院在"莫里森案"中否定了1934年《美国证券交易法》第10(b)条(反证券欺诈条款)的域外适用。[2] 联邦最高法院首先区分了程序上的管辖问题(法院是否拥有管辖权)和实体上的法律域外适用问题(美国证券法的反欺诈条款是否可以域外适用),并将本案的争议认定为后者。在此基础上,引入"反域外适用推定原则"(除非存在相反的意图,美国国会立法只适用于美国域内)得出国会立法时并无域外适用该法的意图。随后,又以"交易标准"(买卖证券在哪里发生)取代长期以来的"行为和影响标准"(所涉证券欺诈的行为和后果在哪里发生)。也即,将该法第10(b)条的适用范围限于在美国域内证券所上市证券的交易,以及其他证券在美国域内的交易。一个月后,美国国会通过了《多德—弗兰克法案》作为对上述裁判的回应。法案确定美国法院对美国证监会和司法部提起的违反美国证券法反欺诈条款的域外证券诉讼具有管辖权,且判断标准恢复

---

[1] Alina Veneziano, "A New Era in the Application of US Securities Law Abroad: Valuing the Presumption Against Extraterritoriality and Managing the Future with the Sustainable-Domestic-Integrity Standard," 23 *Annual Survey of International & Comparative Law* 79, 79–132 (2019).

[2] *Morison v. National Australia Bank Ltd.*, 130S.Ct.2869 (2010); Alina Veneziano, "Studying the Hegemony of the Extraterritoriality of U.S. Securities Laws: What It Means for Foreign Investors, Foreign Markets, and Efforts at Harmonization," 17 *The Georgetown Journal of Law & Public Policy* 343, 349–351 (2019).

为"行为和影响标准"。同时,对私人提起的域外证券诉讼暂无规定。在上述判例法和成文法交织缠绕的背景下,阿丽娜·维内奇诺认为,《多德—弗兰克法案》是国会的立法失误,不仅没能达到理想的立法效果,还会对未来类似案件的裁判造成困扰。而且,不管是美国联邦最高法院新确立的"交易标准"还是被推翻的"行为和交易标准"都存在问题,需要革新。

为了解决上述问题,她进行了相关研究:(1)回顾了美国国会立法权、法律域外适用和美国证券法反欺诈条款的制度背景。(2)评述了"莫里森案"和《多德—弗兰克法案》的内容并探究其意图,还总结了美国法院可能因此面临的裁判困境。(3)比较了"交易标准"与"行为和影响标准"的区别和优劣,并且追溯了上述标准在美国多个部门法领域的立法史和司法史。在此基础上她得出结论:"交易标准"管得过窄;"行为和影响标准"管得过宽,两者都不太理想。(4)提出了一套名为"可持续的—国内的—完整性标准"(sustainable-domestic-integrity standard)的裁判方法来取代"交易标准"及"行为和影响标准",并相应地提出了对《多德—弗兰克法案》的修改方案。[1]

从我国台湾地区学者王泽鉴的观点来看,阿丽娜·维内奇诺在美国证券法反欺诈条款域外适用的问题上,系统地整理和分析了法律的概念和体系,为司法实践及特定裁判提出适用的法律见解,减轻了法院裁判论证上的负担,而且也提出了符合体系的新的解决方案。由此可见,这是一个典型的从内部视角出发研究法律域外适用的范本。类似的部门法研究在美国可谓汗牛充栋。阿丽娜·维内奇诺本人已经

---

[1] Alina Veneziano, "A New Era in the Application of US Securities Law Abroad: Valuing the Presumption Against Extraterritoriality and Managing the Future with the Sustainable-Domestic-Integrity Standard," 23 *Annual Survey of International & Comparative Law* 79, 79-132 (2019).

涉及的领域除了美国证券法外,还包括劳动法和[1]宪法[2]等。

第二,整体性研究。与局限于单个部门法领域的研究不同,一些学者致力于提供整体性的解决方案。美国南卫理公会大学法学院的安东尼·科朗杰洛(Anthony Colangelo)教授于2011年贡献了一个典型的样本。[3] 这份研究的背景是:一方面,美国法域外适用的情况增多,判断个案中特定法律是否应当域外适用的司法实践和学术提议纷繁复杂,充斥着原则和例外;另一方面,美国法域外适用近年来引发了一个新问题:美国宪法是否对国会的域外立法权、私人的域外诉权提出了限制?安东尼·科朗杰洛试图将宪法和联邦法律层面的分析合二为一,提出一个普遍适用于所有法律部门的裁判方法。

在他看来,美国法律域外适用的判断必须回归到"美国国会立法权来源"这个根本前提。为此,法院在个案中应该依次解决如下三个问题:(1)美国国会在本领域进行域外立法的权力来源是什么(主要判断国会的权源中是否包括实施国际法的成分)?(2)立法本身是否对地域效力范围保持沉默?(3)域外适用特定法律是否会违反美国宪法上的"正当程序"原则?其中,第一个问题尤其重要。一旦美国国会的特定立法与履行国际法义务有关,对于后续问题都可以扩大解释。比如,2010年"莫里森案"涉及的《证券交易法》并无实施国际法的意涵,因此在没有明文规定域外效力的情况下就不能域外适用。而与之相反,《外国人侵权法》本身就有实施国际法的意涵,因此即便条文中没有规定地域效力,也可以域外适用。他特别强调,自己的这套

---

[1] Alina Veneziano, "The Extraterritoriality of US Employment Laws: A Story of Illusory Borders and the Indeterminate Applications of US Employment Laws Abroad," 41 *Berkeley Journal of Employment and Labor Law* 121, 121–166 (2020).

[2] Alina Veneziano, "Applying the US Constitution Abroad, from the Era of the US Founding to the Modern Age," 46 *Fordham Urban Law Journal* 602, 602–640 (2019).

[3] Anthony Colangelo, "A Unified Approach to Extraterritoriality," 97 *Virginia Law Review* 1019, 1019–1110 (2011).

方法可以兼容美国联邦最高法院最近的判决结果,维护整套司法体系的一致性。

从安东尼·科朗杰洛的研究中,我们可以发现"主权主义者"的影子,也即追求用国内法治替代国际法治。同样是从整体着眼的研究,还有大量相对保守或中立的观点(比如,客观介绍"反域外适用推定原则"的来龙去脉并分析其合理性和潜在困境等)[1],以及更加激进的观点(比如,提倡抛弃"反域外适用推定原则")。[2] 综合来看,相对于部门法研究,整体性研究通常聚焦那些在各个领域通用的、限制美国法域外适用的原则,这些原则可能来自国际法、宪法、对外关系法和国际私法(即冲突法)等。[3] 不难发现,美国法域外适用的"限制"和"扩张"其实是一枚硬币的两面。而内部视角的研究者则在论证法律适用范围的收放之间传递自己关于国内法治和国际法治的意识形态立场。

三、立足欧盟

(一)研究概览

近年来,欧盟已经逐渐发展成为一支"规范的力量"(normative power)。[4] 与美国促成法律域外效果的"侵略性"相反,欧盟法律长

---

[1] William Dodge, "The New Presumption Against Extraterritoriality," 133 *Harvard Law Review* 1582, 1583-1654 (2019); William Dodge, "Presumptions Against Extraterritoriality in State Law," 53 *UC Davis Law Review* 1389, 1401-1404 (2020).

[2] Natascha Born, "The Presumption Against Extraterritoriality: Reconciling Canons of Statutory Interpretation with Textualism," 41 *University of Pennsylvania Journal of International Law* 541, 591-597 (2020).

[3] Dan Stigall, "International Law and Limitations on the Exercise of Extraterritorial Jurisdiction in US Domestic Law," 35 *Hastings International and Comparative Law Review* 323, 323-382 (2012); Anthony Colangelo, "Extraterritoriality and Conflict of Laws," 44 *University of Pennsylvania Journal of International Law* 1, 1-40 (2022).

[4] Ian Manners, "Normative Power in Europe: A Contradiction in Terms?," 40 *Journal of Common Market Studies* 235, 235-258 (2002).

久以来都以一种相对"柔和"的方式对外输出,悄无声息地在市场竞争规制、消费者保护、环境保护、动物保护、人权保护、数字经济和数据保护,以及金融监管等领域塑造着全球标准。[1] 近年来,西方学者用"布鲁塞尔效应"(Brussel effect)描述欧盟法律在世界各国的扩张[2],并将其作为"欧盟走向衰颓"等负面论断的有力反击。

对于欧盟法律的域外适用,欧洲学者有一个共识,那就是"无心插柳柳成荫"。具体来说,欧盟几乎从未以"刻意追求规则的对外扩张"为目的进行法律域外适用。欧盟的关注一直都是向内的(internal nature)——维护欧盟作为一个整体的内部价值追求,尤其是保护欧盟民众的切身权益。[3] 以数据法的域外适用为例,植入域外适用条款与扩大欧盟法的全球影响力无关,而是妥善保护欧盟消费者数据权益的必然要求,这在欧盟是一项基本的人权。[4] 其实,从欧盟法律域外适用的典型领域也可以看出,欧盟法律的关切往往与公共利益和公众福利紧密联系。为了实现上述目的,欧盟包容双边和多边等各种法律安排。[5]

正是因为无意于法律域外适用,欧盟在成文法和判例法层面都没有形成法律域外适用的总体原则或惯常操作。欧盟的绝大多数立法都没有明文规定法律的域外效力(只有少数反例如 GDPR);特定欧盟

---

[1] Nuno Cunha Rodrigues, *Extraterritoriality of EU Economic Law: The Application of EU Economic Law Outside the Territory of the EU*, Springer, 2021, pp. 1-8.

[2] Anu Bradford, "The Brussels Effect," 107 *Northwestern University Law Review* 1, 1-67 (2012).

[3] 蒋小红:《欧盟法的域外适用:价值目标、生成路径和自我限制》,载《国际法研究》2022 年第 6 期,第 94—96 页。

[4] Christopher Kuner, "The Internet and the Global Reach of EU Law," in Marise Cremona and Joanne Scott (eds.), *EU Law Beyond EU Borders: The Extraterritorial Reach of EU Law*, Oxford University Press, 2019, p. 139.

[5] Marise Cremona, "Extending the Reach of EU Law: The EU as an International Legal Actor," in Marise Cremona and Joanne Scott (eds.), *EU Law Beyond EU Borders: The Extraterritorial Reach of EU Law*, Oxford University Press, 2019, pp. 64-111.

法律是否能够域外适用通常需要在司法环节进行个案判断。[1] 此外,欧盟不仅没有积极对外扩张法律效力的意图,还以防御的姿态(如制定阻断法)抵制其他国家的单边法律域外适用[2],这方面的立法例成为其他国家的范本。由于主观上没有意愿,客观上可供研究的素材也相对有限,在内部视角的法学研究方面,欧盟法律的域外适用并非显学。在欧盟 GDPR 出台之前,有学者甚至评论道:与美国法的域外适用相比,欧盟法的域外适用还没有形成一个专门的研究话题。[3]

其实,持内部视角的学者无论著述多少,其研究思路是高度相似的。在欧盟法律域外适用的研究中,欧洲学者也是以一种政治无涉的态度,将自己代入司法者或立法者的角色,通过解读法律域外适用的定义、规则、判决、立法资料和学说,寻求一种逻辑自洽的域外适用域内规则的方法,并提出一些规范层面的建议。欧盟法律域外适用的内部视角研究也可以分为"部门法研究"和"整体性研究"。前者主要针对特定的部门法领域展开;后者则主要围绕欧盟法律域外适用所依托的立法技术和制度安排。

(二)典型成果

第一,部门法研究。与立足美国的研究类似,针对欧盟法域外适用的部门法研究是内部视角研究中的主流。其中,最有代表性的领域是反垄断法和数据法,前者较为传统,而后者是最近几年的热

---

[1] Lena Hornkohl, "The Extraterritorial Application of Statutes and Regulations in EU Law," 2022 *Max Planck Institute Luxembourg for Procedural Law Research Paper Series* 1, 9 (2022).

[2] Jurgen Huber, "The Helms-Burton Blocking Statute of the European Union," 20 *Fordham International Law Journal* 699, 699-716 (1996).

[3] Joanne Scott, "Extraterritoriality and Territorial Extension in EU Law," 62 *The American Journal of Comparative Law* 87, 87-126 (2014).

点。欧盟反垄断法域外适用的历史与欧盟本身的历史一样悠久。[1] 2016年,德国汉堡大学的法学院教授彼得·贝伦斯(Peter Behrens)从欧盟法院的判例入手,系统梳理了欧盟反垄断法域外管辖的依据——从"单一经济体标准"(single economic entity doctrine)到"实施地标准"(implementation doctrine)再到"效果标准"(effects doctrine)的司法规则演变及背后的裁判考量。对于欧盟在反垄断领域管辖依据向美国靠拢的现象,彼得·贝伦斯表示支持。此外,他还指出了"积极礼让原则"对于美欧之间实现双边法律域外适用的意义。[2]

欧盟以GDPR为代表的数据立法引发了法律域外适用相关的热烈讨论。从法学研究的内部视角来看,在GDPR起草期间,学者们的研究致力于从法理和立法技术层面提出立法建议甚至是草案。在GDPR公布之后,学者们的研究重点转移到对条文的理解、适用和修改完善上。前一类研究的代表是2013年瑞典斯德哥尔摩大学法律与信息研究中心的杰克·斯万特松(Dan Jerker B. Svantesson)教授提出的数据法域外适用的"分层方法"。他从数据保护法的多面性出发,提议先将所有的隐私和数据保护法分为三层:防止滥用层、权利层和行政管理层。在此基础上,为了平衡权利保护与法律效力扩张之间的合理限度,他为每一层规则提供了"是否允许域外适用"的测试标准,分别是"市场主权原则"(market sovereignty doctrine)、"最小接触原则"(minimum contact doctrine)和"一般管辖原则"(general jurisdic-

---

[1] Lena Hornkohl, "The Extraterritorial Application of Statutes and Regulations in EU Law," 2022 *Max Planck Institute Luxembourg for Procedural Law Research Paper Series* 1, 7 (2022).

[2] Peter Behrens, "The Extraterritorial Reach of EU Competition Law Revisited: The 'Effects Doctrine' before the ECJ," 16 *Europa-Kolleg Hamburg-Institute for European Integration Discussion Paper* 1, 1-15 (2016).

tion doctrine)。最后,杰克·斯万特松教授还提供了一套完整的立法草案和法律适用指南。[1]

后一类研究围绕 GDPR 条文的理解与适用。法国图卢兹大学格雷戈里·沃斯(Gregory Voss)教授从 GDPR 颁布后与美国公司有关的司法案例着手,梳理了在 GDPR 域外适用的背景下,美国公司数据合规过程中的关键风险点。在此基础上,作者比较了欧盟和美国数据立法的异同,详细阐述了 GDPR 中具有域外效力的关键条款,最后为科技公司的数据合规提出了建议。[2] 还有的研究面向欧盟的立法者和监管者,比如英国伦敦国王学院的本杰明·格雷兹(Benjamin Greze)从数据监管的跨境协作出发,提出了 GDPR 在域外适用过程中与其他国家开展合作执法的四个关键步骤和相关的实施细则建议。[3]

第二,整体性研究。任职于欧洲大学学院的法学教授乔安妮·斯科特(Joanne Scott)从整体上研究了欧盟法律得以实现全球域外适用的立法技术。根据她的观察,欧盟鲜有传统意义上的充满争议的法律域外适用立法,而是通过"领土延伸性"(territorial extension)等新型管辖权依据实现了法律域外适用。为此,她开展了一系列内部视角的法学研究,介绍和剖析了上述立法技术。

"领土延伸性管辖"是属地管辖的变式,当外国主体的"行为"(conduct)或"存在"(presence)与欧盟领土产生联系,欧盟就因此拥有了管辖权依据。举例而言,欧盟曾发布指令要求"从欧盟起飞"或"在

---

[1] Dan Jerker B. Svantesson, "A 'Layered Approach' to the Extraterritoriality of Data Privacy Laws," 3 *International Data Privacy Law* 278, 278-286 (2013).

[2] Kimberly Houser and Gregory Voss, "GDPR: The End of Google and Facebook or a New Paradigm in Data Privacy," 25 *Richmond Journal of Law & Technology* 1, 1-109 (2018).

[3] Benjamin Greze, "The Extra-Territorial Enforcement of the GDPR: A Genuine Issue and the Quest for Alternatives," 9 *International Data Privacy Law* 109, 109-128 (2019).

欧盟抵达"的航空器遵守其温室气体排放规则,其"领土延伸性"体现在外国的航空器确实曾在物理上处于欧盟领土内。[1] 乔安妮·斯科特系统地研究了上述立法策略。在2014年的一篇文章中[2],她首先从法学概念上澄清了传统法律域外适用(extraterritoriality)和她所提出的"领土延伸性管辖"的学理差异;而后,她用气候变化、环境保护、海洋运输、航空运输和金融服务监管领域的十个立法例,具体阐述了欧盟对上述管辖依据的运用。最后,她论证了"领土延伸性管辖"在国际法上存在合法性。

在当年的另一篇论文中,乔安妮·斯科特以更加宽广和综合的视野,研究了欧盟立法中存在的所有"新型域外管辖触发依据",而不限于"领土延伸性管辖"。[3] 具体来说,她首先区分了"传统"和"新型"两类域外管辖依据。前者主要包括属地和属人原则,而后者包括欧盟在立法中使用的效果原则、反规避原则和交易对手方原则。根据她的阐述,传统和新型两类管辖依据有前后延续关系。而后,她引入了"安全阀"的概念,从"偶发性"和"相关性"两种机制着手,论证了欧盟的新型管辖权依据在行使时具备合理性。在此基础上,她提倡欧盟法院未来在决定欧盟法是否域外适用时应引入上述"安全阀"作为正当性评估的一部分。

除了上述单边立法的整体性研究,还有一些内部视角的研究关注欧盟通过双边或多边形式实现法律域外适用的制度安排或立法技术。

---

[1] Jon Truby, "Extraterritoriality or an Illegal Tax? A Challenge to the Inclusion of Aviation in the EU Emissions Trading Scheme," 14 *Environmental Law Review* 301, 301–306 (2012).

[2] Joanne Scott, "Extraterritoriality and Territorial Extension in EU Law," 62 *The American Journal of Comparative Law* 87, 87–126 (2014).

[3] Joanne Scott, "The New EU 'Extraterritoriality'," 51 *Common Market Law Review* 1343, 1343–1380 (2014).

其中,比较有代表性的是等效制度(equivalence)。[1] 其雏形是互认(mutual recognition),最初是为了加速欧盟内部市场的统一化进程,在欧盟各成员国之间就货物、服务和资本等要素的跨境流动形成的双边或多边安排。[2] 近年来欧盟开始改造上述制度安排并推广运用到欧盟与其他国家之间,使其正式成为欧盟域外适用其法律的工具。[3] 目前,等效制度已经在欧盟的证券和衍生品监管等金融法领域得到适用,在英国脱欧后更引起了学界的广泛关注。[4] 不仅如此,从法律性质上看,等效制度属于国际组织界定的监管遵从(regulatory deference)的范围,有学者倡议将这项制度作为变革全球金融治理的抓手。[5]

四、立足中国

(一)研究概览

相比于美国和欧盟促成法律域外效果的进程,中国正处于起步阶段。2019年2月,习近平总书记在中央全面依法治国委员会第二次会议上的重要讲话中指出:"要加快推进我国法域外适用的法律体系

---

[1] Jonas Schürger, *Equivalence and Substituted Compliance in Financial Markets Law*, Oxford University Press, 2023, pp.65-157.

[2] Jacques Pelkmans, "Mutual Recognition: Economic and Regulatory Logic in Goods and Services," in Federico Fabbrini and Marco Ventoruzzo (eds.), *Research Handbook on the Economics of European Union Law*, Edward Elgar Publishing, 2012; Christine Janssens, *The Principle of Mutual Recognition in EU Law*, OUP Oxford, 2013.

[3] Paul Davies, "Financial Stability and the Global Influence of EU Law," in Marise Cremona and Joanne Scott (eds.), *EU Law Beyond EU Borders: The Extraterritorial Reach of EU Law*, Oxford University Press, 2019, pp.158-165.

[4] 2023年至2024年《欧洲商事组织法评论》(European Business Organization Law Review)就欧盟的等效制度进行了专题研讨。See Jens-Hinrich Binder and Danny Busch, "Beyond Equivalence: Third Country Regimes in European Financial Regulation—Introduction," 25 *European Business Organization Law Review* 1, 1-2 (2024).

[5] Matthias Lehmann and Jonas Schurger, "Multilateralizing Deference: A Proposal for Reforming Global Financial Law," 56 *International Lawyer* 191, 191-226 (2023).

建设……"〔1〕同年10月,党的十九届四中全会通过的《中共中央关于坚持和完善中国特色社会主义制度 推进国家治理体系和治理能力现代化若干重大问题的决定》明确指出,要加快推进我国法域外适用的法律体系建设,健全现行法律域外适用的标准和程序,强化涉外执法司法实践,提升我国司法实践的国际影响力。自此,中国正式开始有计划、快节奏地推进本国法的域外适用。2024年7月,党的二十届三中全会在"加强涉外法治建设"的内容下要求完善涉外法律法规体系和法治实施体系〔2〕,我国推动国内法域外实效的决心再次得到彰显。

恰如本书第一章所分析的那样,中国的法律域外实效建设主要基于内部利益和外部利益的双重驱动。前者来自两个方面:一是内在动力,即保护中国及其公民和法人的海外利益;二是外在压力,即对抗或抵御他国法律不当的域外适用。后者主要是我国积极参与全球治理、为构建人类命运共同体不断作出贡献的超然愿景。正是因为上述多重动机,中国在推进法律域外适用、促成其域外实效的过程中具备双重身份:一方面,是本国法律的积极输出者;另一方面,是他国法律的消极防御者。〔3〕这一身份或立场的"复合性"鲜明地体现于国内的研究现状之中。

为了全面呈现立足中国的研究现状,本书作者从中国知网搜集了1992年至2024年8月20日以内部视角展开的、发表在中文核心期刊(包括北大核心和南大核心及其扩展版)上的相关研究,共计796篇。

---

〔1〕 习近平:《完善法治建设规划提高立法工作质量效率 为推进改革发展稳定工作营造良好法治环境》,载《光明日报》2019年2月26日,第1版。

〔2〕 中国共产党第二十届中央委员会第三次全体会议:《中共中央关于进一步全面深化改革 推进中国式现代化的决定》,2024年7月。

〔3〕 Zhengxin Huo and Yip Man, "Extraterritoriality of Chinese Law: Myths, Realities and the Future," 9 *The Chinese Journal of Comparative Law* 328, 328-358 (2022).

论文搜集和筛选方式是以"主题"关键词为逻辑,结合本书第一章中提到的中国学者在探讨有关教义法学问题时常用的术语(包括"域外管辖""域外适用""域外效力""长臂管辖""阻断法/阻断立法/阻断办法""反制裁/反(外国)制裁法/反制措施"等)分别进行检索并剔除重复,最终得到文献样本。下文将结合文献分析工具从数量、主题、领域和立场等四个方面展现国内法学界在这一领域的研究情况。

从研究数量上看,我国法律域外适用及域外效力的研究始于1992年,在过去30多年从未间断,研究热度随着时间的推移稳步上升。历史上,2003年(加入WTO背景下反垄断法和破产法的域外适用研究)、2006年(中国维生素C价格共谋和垄断案背景下反垄断法的域外适用研究)、2012年(中概股赴美上市背景下证券法域外适用研究)、2018年(单边主义抬头背景下美国各领域法律域外适用研究)前后分别出现了研究的小高潮,2019年至今因涉外法治背景下中国法域外适用体系建设而爆发了现象级的研究热潮,在2022年达到102篇的高峰(见图2.1)。

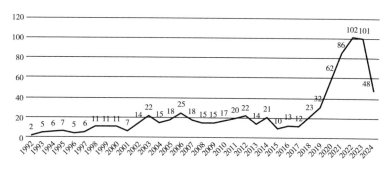

图2.1 内部视角下法律域外适用(效力)中文文献的数量趋势(1992-2024.8)

从研究主题上看,图2.2展示了随着时间变化相关研究主题的变化以及彼此之间的联系。图中颜色越深,意味着时间越早;颜色越浅,意味着时间越晚(大致是越靠左边的时间越早,越靠右边的时间越晚)。图中的关键词是文献的主题词[1],其字体大小与底部的圆圈大小正相关,反映了文献数量的多寡。字体及圆圈越大,意味着相关的研究越多。圆圈之间的联系显示了主题词之间的关联。总体来看,我国学者基于内部视角开展的法律域外效果研究聚焦法律的域外效力、域外适用、域外管辖等议题,早期的关注重点是反垄断法,而后向证券法及金融监管迁移,如今的研究热点在于金融制裁及反制裁、出口管制、数据法,以及数字经济等新兴领域。此外,从研究的主题关键词可见,虽然本章所搜集的文献覆盖了所有法律领域,但经济监管领域的研究在各个时期都占据主要地位。

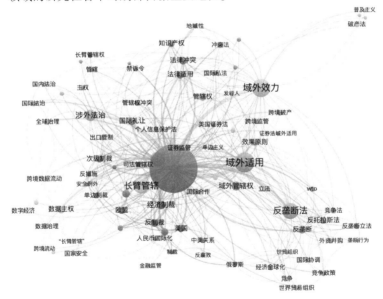

**图 2.2　内部视角下法律域外适用(效力)
中文文献的主题网络(1992-2024.8)**

---

[1] 图中仅显示了出现频次超过 5 次的关键词,以此兼顾视觉效果和统计意义。

从法律领域上看,目前我国法律域外适用及域外效力的研究涉及近四十个部门法领域,遍及几乎所有的法律门类,呈百花齐放的发展态势(见图2.3)。如果结合文献的时间趋势,可以发现法律域外适用相关的研究在各个法律领域全面铺开是2019年之后才迅速发生的。有两个特征值得重点关注。其一,法律域外适用及域外效力的基础理论和综合研究逐渐兴起,国际法学者试图为中国法的域外适用进行顶层设计、奠定学理基石。其二,尽管既有研究涉及的法律门类繁多,但经济监管相关的研究仍然占绝大多数,仅有刑法、海洋法、人权法、体育法、食品安全法、卫生法等少数部门法与经济关联较弱,这些领域的文献在绝对数量上也偏少。

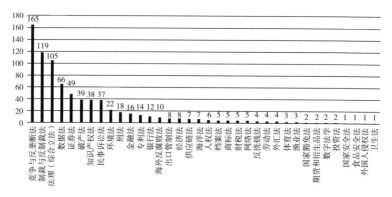

**图 2.3　内部视角下法律域外适用(效力)
中文文献的领域分布(1992-2024.8)**

从态度立场上看,由于百年未有之大变局下中国所处的复杂国际政治经济环境和我国存在内外双重利益驱动的客观现实,立足中国的法律域外适用及域外效力的研究不仅要考虑如何积极推进我国法律的域外适用,还要考虑如何消极防御其他国家的法律域外滥用。上述时局和利益的复杂性悉数反映在了研究者所持的研究立场上。具体来说,我国学者在开展研究的过程中形成了四类态度立场(见图2.4):

积极进取型(51%)、消极防御型(28%)、客观中立型(13%)和攻防兼备型(8%)。其中,积极进取型研究最多,其旨在研究中国法如何扩张其域外效力;消极防御型研究主要体现为经济制裁与反制裁研究;客观中立型研究通常是比较法上的制度或规则研究或者纯粹的法理探讨,基本上就事论事、价值无涉;而攻防兼备型研究则在同一个研究中兼顾了中国的双重身份和多元利益。

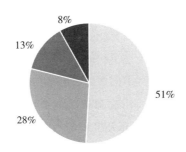

图2.4 内部视角下法律域外适用(效力)
中文文献的立场占比(1992-2024.8)

(二)典型成果

第一,基础理论和顶层设计类研究。此类研究重在澄清法律域外适用或域外效力相关的基本理论、构建中国法域外适用的整体框架,为积极进取和消极防御两类研究夯实基础。研究者的态度要么是"客观中立型",要么是"攻防兼备型"。其中,基础理论类研究比如南京大学法学院教授宋晓关于域外管辖体系构造的探讨。[1] 宋晓教授意识到域外立法管辖权和域外司法管辖权的恰当界分,是国内法域外适用体系构建的背景下绕不开的基本理论问题。为此,他从公法和

---

[1] 宋晓:《域外管辖的体系构造:立法管辖与司法管辖之界分》,载《法学研究》2021年第3期,第171—191页。

私法的区分入手,指出:域外管辖体系的构建,不应遵循某个统一原理自上而下地展开,而是应该从三方面分别开展:私法的域外立法管辖体系、私法案件的域外司法管辖体系以及公法的域外立法管辖体系。在这一研究中,宋晓教授单纯讨论法理问题,做到了价值无涉,持客观中立型态度。顶层设计类研究比如中国政法大学霍政欣教授从统筹推进国内法治和涉外法治视角下开展的国内法域外适用研究。[1] 在这项研究中,霍政欣教授不但厘清了基本概念,也剖析了法律域外适用的原理,更阐明了我国法域外适用体系构建的意义、原则和路径。在政策建议方面,该研究论述了我国应当如何以维护国家主权、安全与发展利益为出发点,发挥中国在国家制度和治理体系上的优势,在党的统一领导下,从立法、司法和执法三个维度统筹规划、系统设计,做到攻防兼备。自然,这项研究同时考虑了我国在进取和防御两方面的需求,态度立场上属于攻防兼备。

第二,积极进取型研究。此类研究重在探索如何推进我国法律的域外适用、实现其域外效果,内部还可以分为整体性的研究和局部性的研究。前者从立法或司法层面综合构建,后者从各个部门法领域分别阐述。其中,整体性研究如上海市第一中级人民法院课题组就我国法院参与中国法域外适用法律体系建设的路径与机制构建研究。[2] 站在司法实务人员的角度,该研究认为我国法院在国内法域外适用中的参与程度较低,应从宏观和微观两个角度构建不违反国际法又符合国情的司法参与路径。其中,微观层面的机制和规则设计包括涉外案件管辖、案件报核、部门法类型化裁判、配套机制等四个维度。局部性研究如武汉大学国际法研究所教授刘瑛在2020年我国《出口管制

---

[1] 霍政欣:《我国法域外适用体系之构建——以统筹推进国内法治和涉外法治为视域》,载《中国法律评论》2022年第1期,第41—51页。
[2] 上海市第一中级人民法院课题组:《我国法院参与中国法域外适用法律体系建设的路径与机制构建》,载《法律适用》2021年第1期,第157—168页。

法》生效之际对其中的域外适用规则进行的探讨。[1] 在她看来,该法第44条虽然规定了域外适用的原则和规则,但依然不够具体,难以实操。为此,中国应当细化出口管制法律体系的域外适用规则,具体包括进一步清晰界定管制对象、细化黑名单制度、适当扩展管制物项、明晰再出口的内涵、确立出口管制协调机制与追责和执法机制等。

第三,消极防御型研究。此类研究重在探索如何抵御别国法律的域外效果,内部还可以根据"是否针对特定的防御型法律工具"分为两类:聚焦特定防御型法律工具(比如阻断办法、反外国制裁法、不可靠实体清单等)的研究,以及分领域的防御型研究。其中,聚焦性研究如北京师范大学廖诗评教授关于《阻断外国法律与措施不当域外适用办法》的属事适用范围的研究。[2] 2021年1月,我国商务部公布了上述阻断办法,成为我国第一部阻断立法。然而,社会各界对该法第2条关于属事适用范围的规定有不同的解读。对此,廖诗评教授从比较法、法意解释、文义解释、整体解释等角度,全面审视了条文内容。该文认为:该条的属事适用范围包括次级制裁和具有次级制裁效果的初级制裁措施,但这一结论与立法意图存在差异,需要引入目的与宗旨解释和体系解释等方法进行协调。分领域的防御型研究如中国政法大学教授孔庆江基于美国和欧盟域外适用本国数据法的事实,探讨了中国应该如何应对的问题。[3] 孔庆江教授从政府和企业两个维度提供了详细的应对策略。政府层面,应当加快国内相关数据

---

[1] 刘瑛、李琴:《〈出口管制法〉中的域外适用法律规则及其完善》,载《国际经济评论》2021年第4期,第51—74页。

[2] 廖诗评:《〈阻断外国法律与措施不当域外适用办法〉的属事适用范围》,载《国际法研究》2021年第2期,第44—62页。

[3] 孔庆江、于华溢:《数据立法域外适用现象及中国因应策略》,载《法学杂志》2020年第8期,第76—88页。

立法、对他国数据规则的域外适用进行阻断;企业层面,应当深入研究他国规则,设立数据保护代表、完善自身合规管理、审慎选择数据合作伙伴以避免违法连锁反应等。

第三节　经济监管域外效果研究的外部视角：一个思想谱系

经济监管域外效果的外部视角研究通常抽离出对具体规则和判例的解读,而是站在法律本身的内容之外,试图从不同的学科背景回答与经济监管领域法律域外效果有关的实证问题。举例而言,"各国推动法律域外效果的现象为什么会出现(即揭示动机)""法律域外实效是否真的存在(即描摹现象)""法律域外实效是如何逐步实现的(即追踪过程)""法律域外实效为什么可以实现(即解释机制)""法律域外实效具体造成了哪些影响(即分析影响)",也有部分研究会从本学科的评判标准出发,给出"推动法律域外实效的应然方案(即构建规则)"等。

本部分将以思想谱系的逻辑组织现有的文献,分别从经济学、政治学、社会学和历史学等多学科视角择要介绍每个学科关于经济监管域外实效的代表性研究。可以发现,不同的学科凭借自己的分析工具和理论资源,热衷和擅长回答的问题不同。比如,社会学的研究精于定性方法,能够对法律域外实效逐步实现的过程进行深描;而经济学的研究精于定量分析,能够精准地呈现法律域外实效的客观结果并探讨其影响因素。与此同时,即便是对于同一个问题,不同学科也能从不同的角度给出回答。比如,对于为什么国家有动力促成国内经济法的域外实效,经济学往往以"克服外部性"一言蔽之,而政治学通常可以从不同国家和国家机关之间的权力互动中得出解释。总的来看,从外部视角观察经济监管域外实效有关的研究是在享受一场思想的盛宴。

一、经济思维

经济学是研究一个社会如何利用稀缺的资源生产有价值的商品,并将它们在不同的个体之间进行分配的学科。经济学与法学结合的时间很早、范围很广、程度很深,而且两者的互动随着经济学的学科发展而日益丰富(法律与行为经济学的产生就是一个例子)。从经济思维切入,经济监管域外实效的研究主要遵循两条路径。[1] 第一条路径关注实证分析(positive analysis),也即用经济学工具(如定量研究)刻画特定的法律现象并用经济学理论解释这些现象产生的原因或机制。第二条路径是借助经济分析得出规范意义上的结论或政策启示,最终服务于经济监管域外适用规则的设计和优化。

(一)揭示动机

从经济视角看待经济监管的域外效果需要回答一个前提性的问题:经济监管规则的域外实效为什么会被主权国家追求?美国芝加哥大学法学院的埃里克·波斯纳和美国斯坦福大学法学院的艾伦·赛克斯两位教授用"外部性"(externality)这一概念解释了国家进行域外管辖的起因或动机。根据他们的研究,一个国家内主体的行为可能会对其他国家造成负面影响,当前者监管不力且没有形成相应的国际规则约束其行为时,其他国家很可能会通过域外管辖来解决上述问题。[2] 对于上述观点,英国朴茨茅斯大学的研究者布拉尼斯拉夫·霍克(Branislav Hock)关于反腐败监管域外实效的研究是一个很好的

---

[1] Alexander Thompson, "Applying Rational Choice Theory to International Law: The Promise and Pitfalls," 31 *The Journal of Legal Studies* S285, S287 (2002).

[2] Eric Posner and Alan Sykes, *Economic Foundations of International Law*, Harvard University Press, 2013, pp. 146-152.

印证。在他看来,跨国腐败是世界各国共同面对的问题,然而由于集体行动困境(collective action problem)的存在(比如,国家的"搭便车"行为)而无法妥善解决。此时,美国就充当了"世界警察"的角色,通过促成1977年《反海外腐败法》的域外实效的方式提供了国际性公共产品(public goods),一定程度上缓解了国际腐败的负外部性问题。[1]

布拉尼斯拉夫·霍克还对2008年至2018年间美国监管机构开展的40起重大的反海外腐败行为做了详细的实证研究。他发现美国的监管规则在不同法域的域外实效的强度不同:有的法域(如法国等欧洲国家)强度大、有的法域(如中国)强度小。对此,他用经济学上的激励理论进行了解释。具体来说,美国监管者是否有激励(incentive)在特定法域落实反腐败规则取决于当地市场上是否有大量美国公司的竞争者,以及当地市场上是否有大量美国投资者的利益需要保护。如果某一法域内美国公司的竞争者多,美国监管者倾向于加大促成法律域外实效的力度,为本国公司创造一个更公平的竞争环境;同时,如果一个国家有很多公司在美国上市,有很多美国投资者持有这些公司的股票,美国也倾向于在当地加大力度实施其监管规则。[2]

(二)描摹现象与解释机制

经济学视角注重实证研究,研究者擅于借助定性或定量的实证方法衡量经济监管规则在域外的实际效果,并解释背后的影响因素。美国哥伦比亚大学法学院教授吴铭修(Tim Wu)和美国哈佛大学法学院的教授杰克·戈德史密斯发现欧盟的数据和隐私保护法在全球都有

---

[1] Branislav Hock, *Extraterritoriality and International Bribery: A Collective Action Perspective*, Routledge, 2019, pp. 19-30.

[2] Ibid., pp. 200-203.

广泛的域外影响。对此,他们认为欧盟的市场规模是最重要的因素,因为它可以用市场准入扩张其本国监管规则的域外实效。对此,美国哥伦比亚大学法学院教授阿努·布拉德福德(Anu Bradford)提出了不同的见解。她首先用定性研究的方式,呈现了欧盟在市场竞争、数字经济、消费者保护和环境保护等多个领域都可以广泛而有效地域外适用欧盟法的客观现实,并把这些现象统称为"布鲁塞尔效应"。而后,她用"市场机制"(market mechanism)解释了上述现象。在她看来,欧盟是通过影响跨国公司在全球经营过程中的合规行为最终实现了经济监管的域外实效,这背后需要同时具备五个条件:市场规模、法律趋严、执法有力、监管对象无弹性(如欧盟的消费者不能随意流动,因此跨国企业无法通过转移阵地规避监管)、监管目标不可分(如大公司要在不同法域完成不同的合规要求在经济上或技术上不可能)。[1]

可以发现,阿努·布拉德福德教授在欧盟经济监管域外实效的研究上超过了她的同事吴铭修教授。一方面,她更为全面地展示了欧盟经济法产生域外效果的领域,而不仅限于互联网或数字经济方面;另一方面,她提供了更完整的机制解释方案。她为此牺牲了理论框架的精简,而是通过逐条罗列条件的方式归纳了布鲁塞尔效应的成立要件。阿努·布拉德福德教授的研究激起了很多学者通过经济学路径研究欧盟法域外实效的热情。后续也有运用经济学的定量工具检验布鲁塞尔效应是否存在并且给出机制解释的研究。举例而言,一项由欧洲和加拿大学者共同开展的实证研究,观察了一批不受 GDPR 管辖的公司是否会域外实施 GDPR 中关于数据访问权的规定,结果显著地证实了布鲁塞尔效应。研究者认为欧盟严格的数据执法是推动

---

[1] Anu Bradford, *The Brussels Effect: How the European Union Rules the World*, Oxford University Press, 2020, pp. 25-66.

欧盟法产生域外实效最重要的原因。[1]还有研究基于不同的样本得到了相反的结果,也即发现布鲁塞尔效应并不如预期的那样显著。比如,美国华盛顿大学法学院的教授延斯·弗兰肯赖特(Jens Frankenreiter)用两年时间追踪了 700 多个美国在线服务网页的隐私政策。结果发现,样本中大多数网页用不同的隐私政策对待美国和欧盟消费者。换句话说,欧盟法在域外的实际影响并没有想象中那么大。研究者给出的解释是:特定公司是否选择在世界范围内统一遵守欧盟法取决于其合规成本。对于开展特定经营的公司和特定的隐私政策,当公司在不同法域迎合不同的合规政策的成本比较低时,公司就没有激励主动实施更严格的欧盟法律。[2]

最后,在经济监管域外实效的经济学研究中,经济制裁的实际效果有一系列单独的文献。经济制裁通常基于各国国内法开展,经济学的研究工具可以衡量基于国内规则的制裁措施是否在域外产生了实际效果。比如,美国彼得森国际经济研究所的实证研究极具影响力。研究者量化了全球两百多个经济制裁案例,提取了 14 个经济和政治变量用以衡量经济制裁对制裁发起国和受制裁国的成本和收益,并且分析了影响制裁目标实现的影响因素。研究发现,平均有 34% 的经济制裁取得了部分成功。其中,为适度改变特定国家政策的经济制裁效果最好,成功率达 51%,为打击特定国家军事冒险活动的经济制裁效果最差,成功率为 21%。[3]延续上述研究思路,我国学者借助 2014 年至 2022 年美国对俄制裁的数据构建了"金融制裁效力指数",用量化的

---

[1] René Mahieu, et al., "Measuring the Brussels Effect through Access Requests: Has the European General Data Protection Regulation Influenced the Data Protection Rights of Canadian Citizens?," 11 *Journal of Information Policy* 301, 301-349 (2021).

[2] Jens Frankenreiter, "Cost-Based California Effects," 39 *Yale Journal on Regulation* 1155, 1205-1208 (2022).

[3] [美]加利·克莱德·霍夫鲍尔等:《反思经济制裁》,杜涛译,上海人民出版社 2019 年版,第 186 页。

方式清晰呈现了美国金融制裁的实际效果,并据此得出政策启示。[1]

(三)构建规则

经济思维以"效用"或"福利"作为制度和规则设计的标准,可以为主权国家推动经济监管域外实效提供应然方案。诚然在上文提及的解释经济监管域外效果的研究中也有政策建议的部分;然而有一些研究的目的是专门回答在政策选择和制度设计上,是否以及如何推动特定经济领域监管规则的域外实效。一个典型的例子是美国SEC于2012年发布的一项有关美国证券法域外私人诉权的研究。[2] 本章上一部分在"立足美国"的研究中提及了2010年美国证券法领域的"莫里森案"以及国会颁布的《多德—弗兰克法案》。该法案第929Y条要求SEC对域外管辖权的扩张是否应该及于私人诉讼(private action)进行研究,以探讨在多大程度上追求美国证券监管规则的域外实效。[3] 对此,SEC采用了成本收益分析的经济学思路,计算和比较了扩张与不扩张证券法域外管辖权至私人诉讼的经济效益和经济成本,为后续规则设计提供了依据。

类似的研究在诸多部门法领域都有出现。美国斯坦福大学法学院教授艾伦·赛克斯热衷于在不同的部门法领域分析推动美国法域外实效的成本与收益,涉及的领域包括竞争法[4]、外国人侵

---

[1] 高源等:《金融制裁效力指数的构建和应用——以美国对俄罗斯金融制裁为例》,载《亚太经济》2023年第3期,第32—42页。

[2] The U.S. Securities and Exchange Commission, *SEC Study on the Cross-Border Scope of the Private Right of Action Under Section 10(b) of the Securities Exchange Act of 1934 (As Required by Section 929Y of the Dodd-Frank Wall Street Reform and Consumer Protection Act)*, April 2012.

[3] Dodd-Frank Wall Street Reform and Consumer Protection Act, Pub. L. No. 111-203, §929P, 929Y, 124 Stat. 1376 (July 21, 2010).

[4] Alvin Klevorick and Alan Sykes, "United States Courts and the Optimal Deterrence of International Cartels: A Welfarist Perspective on Empagran," 3 *Journal of Competition Law and Economics* 309, 309-339 (2007).

权法[1]、反海外腐败法[2]等。以其关于美国《反海外腐败法》的研究为例,他从公司机会、合规成本等维度分析指出,美国推动《反海外腐败法》的域外实效不仅不会损害美国公司福利,还会增进其收益,因此他反对限缩美国《反海外腐败法》的域外适用。同样是在这个领域,耶鲁大学法学院的苏珊·罗斯阿克曼(Susan Rose-Ackerman)认为美国是否推动《反海外腐败法》的域外实效对美国公司和全球福利的影响都不大,因为实证研究发现失去机会的美国公司几乎都可以找到等价的替代机会,而贿赂行为只会转移全球的福利分配而不影响福利总量。[3] 显然,基于这项研究得出的政策取向将有所不同。

再比如,英国诺丁汉大学经济系的教授罗德·法尔维(Rod Falvey)对竞争法(反垄断法)域外实效的推动进行了经济分析。他以全球福利最大化为目标(同时考虑法律输出方、法律输入方以及其他受影响国家的福利变化),构建了一个公司合并模型,证明了竞争法的域外实效(表现为否定域外的公司合并)对全球福利有减损,而且会扭曲全球市场效率。原因在于,意图域外适用法律的国家往往只考虑本国福利的最大化。为此,罗德·法尔维教授建议各国停止通过单边域外适用本国法的方式治理全球市场,而是要通过双边或多边的机制。[4] 还比如,美国哥伦比亚大学法学院教授约翰·考菲(John

---

[1] Alan Sykes, "Corporate Liability for Extraterritorial Torts Under the Alien Tort Statute and Beyond: An Economic Analysis," 100 *The Georgetown Law Journal* 2161, 2161-2209 (2011).

[2] Rebecca Perlman and Alan Sykes, "The Political Economy of the Foreign Corrupt Practices Act: An Exploratory Analysis," 9 *Journal of Legal Analysis* 153, 153-182 (2017).

[3] Susan Rose-Ackerman and Sinéad Hunt, "Transparency and Business Advantage: The Impact of International Anti-Corruption Policies on the United States National Interest," 67 *NYU Annual Survey of American Law* 433, 433-466 (2011).

[4] Rodney Falvey and Peter John Lloyd, "An Economic Analysis of Extraterritoriality," 675 *Research Paper at University of Melbourne. Department of Economics* 1, 1-22 (1999).

Coffee)对 2008 年金融危机后金融衍生品监管和银行法的域外实效进行了经济分析。他认为,主权国家推动法律域外实效的举措只有在全球监管出现真正的"公地悲剧"时才应该启动,金融衍生品领域是一个正面例子,而银行领域并非如此。因此,他觉得美国禁止银行从事投资性交易活动的"沃尔克规则"(Volcker Rule)并不应该域外适用。另外,在金融衍生品的监管方面,约翰·考菲教授也不支持美欧之间通过"替代合规"的方式追求双向的法律域外实效。因为替代合规总有监管宽严的差异,被监管主体会进行套利,最终导致监管朝着更宽松的方向演进,有损全球福利。[1] 可以发现,在基于经济思维得出法律域外实效有关的政策建议时,学者们有不同的立场——有的追求本国福利的最大化,有的则考虑全球福利,因此可能会得出截然不同的结论。

二、政治思维

政治学的研究对象是以国家为中心的各种政治现象和政治关系,核心的研究内容是国际或一国内各种政治势力关系及其发展规律。政治学思维下经济监管域外实效的研究通常是为了揭示世界权力格局的变化和全球治理的内在逻辑,以及国内政治机构和利益团体如何影响上述国际局势。如果将这类研究比喻为一场表演,经济领域法律域外适用规则本身并非主角,而是舞台上的背景板;真正处于聚光灯下的是国际社会中的国家、一国内不同的公权力机构以及它们身后的利益团体。

(一)揭示动机

国家为什么会扩张或抑制自身追求法律域外实效的行动?其背

---

[1] John Coffee, "Extraterritorial Financial Regulation: Why E. T. Can't Come Home," 99 *Cornell Law Review* 1259, 1263 (2014).

后的影响因素是什么？政治学的视角试图从国家与国家之间以及一国之内不同机构之间的权力配置关系加以解释。从国际关系的角度来看，主权国家对法律域外实效的追求往往与霸权以及全球治理联系在一起。主流观点认为：追求法律域外适用是霸权国家利用其国家实力与资源将"全球空间本土化"的单边手段。这本质上是特定国家将其身后的政治权力首先转化为法律这一缓和的力量，而后通过跨国政治经济活动加以渗透和传播，最终以本国利益重塑国际政治格局的一系列活动。[1] 对于上述观点，加拿大学者艾伦·古特曼（Ellen Gutterman）用美国促成其《反海外腐败法》的域外实效作为实证案例进行了验证，凸显了霸权的全球影响力。[2]

从国内政治的角度来看，经济监管域外实效的推广力度通常与一国国家机关的行动相关。比如，美国哥伦比亚大学政治系的教授托尼亚·普特南（Tonya Putnam）集中关注美国司法机构对于法律域外实效的推动。她的研究致力于回答：为什么美国联邦法院在不同时期及不同类型的案件中表现出域外实施美国法的不同倾向？经过对反垄断法、知识产权法和人权法领域的司法行为进行实证研究后，她揭示了美国法院的两套逻辑，即"捍卫美国法完整性的逻辑"（当域外行为阻碍了美国法在美国领土上发挥作用时出现）和"保护公民基本权利的逻辑"（当域外行为减损了美国认为最核心的公民权利时出现）。[3]

与之类似，北京大学法学院的郭雳教授通过梳理美国联邦最高法

---

[1] Philip Cerny, "Neoliberalism: Alive and Well?," 16 *International Studies Review* 645, 645-646 (2014).

[2] Ellen Gutterman, "Extraterritoriality as an Analytic Lens: Examining the Global Governance of Transnational Bribery and Corruption," in Daniel Margolies et al. (eds.), *The Extraterritoriality of Law: History, Theory, Politics*, Routledge, 2019, pp. 183-199.

[3] Tonya Putnam, *Courts without Borders: Law, Politics, and US Extraterritoriality*, Cambridge University Press, 2016, pp. 28-69.

院关于经济领域法律域外适用的判例发现,近年来法院对于各个领域是否扩张或限制法律域外适用的态度出现了明显分歧。比如,联邦最高法院没有对《反海外腐败法》限缩诉权,而对于同样处理海外事务的《外国人侵权法》却有司法抑制的倾向。上述趋势无法单纯用法律逻辑(比如,反域外适用推定、不方便法院原则和国际礼让原则等)解释。对此,郭雳教授认为:法院对经济领域域外诉权的立场与该法对公共执法部门(比如美国 SEC 和司法部等机构)的倚重程度成反比。法院在处理特定部门法的域外实效问题时,需要权衡国家机构之间的权力划分。在"公私并举两条腿走路"的领域,法院选择将权力还给公共执法机构,本质上是司法与行政之间的重新分权,符合经典分权理论(执法权和对外权应当由同一主体享有)。因此,美国联邦最高法院释放的信号可以理解为美国正在进行权力配置观念支配下的工具组合实验。[1] 无独有偶,美国弗吉尼亚大学法学院的保罗·斯蒂芬(Paul Stephan)教授也关注美国多个国内机构的互动对法律域外实效的影响。他首先指出,国家是不同利益团体的集合。而后,他分别阐述了以美国国会、总统为代表的行政机关和不同层级的法院对待法律域外适用的权力诉求和利益关切,在此基础上解释了美国《证券交易法》和《外国人侵权法》域外实效扩张或限缩的动因。[2]

(二)解释机制

从上文立足中国的内部视角研究可知,主权国家追求经济监管类规则的域外效果有进取和防御两种动机。前者重在扩张本国法的域外实效;后者则致力于防御外国法的域外实效。在政治学领域,学者们分别研究了在这两种动机下追求法律域外实效的努力何

---

[1] 郭雳:《域外经济纠纷诉权的限缩趋向及其解释——以美国最高法院判例为中心》,载《中外法学》2014年第3期,第822—839页。

[2] Paul Stephan, "The Political Economy of Extraterritoriality," 1 *Politics and Governance* 92, 92–101 (2013).

时能够奏效。在进取型的努力方面,托尼亚·普特南教授在她研究的后半部分论述了美国通过司法管辖实现法律域外效果的国际政治影响。她指出,美国的司法活动首先影响到特定案件的当事人,而后是当事人所在的外国政府,最后是其他潜在的跨国行动者和他们的母国。相比于其他形式的法律输出,涉外司法活动天然具有非侵略性,能以一种温和的方式影响国际关系和全球立法。研究还指出,上述影响的产生离不开美国国家实力的支持。与之相关的理论可以追溯到国家实力对国际监管竞争的影响,以及国内机构如何影响本国政府在国际舞台的立场和政策偏好等。[1]

加拿大学者艾伦·古特曼在她关于美国《反海外腐败法》域外实效的研究中也观察了上述行为的国际影响。她指出,美国看似借助本国的法律规则和实践(包括立法、司法、执法及其与国际组织的互动)增加了跨国反腐败的国际规则和执法活动,但实际上却使得国际反腐败走向狭隘和停滞,最终有彻底失败的风险。究其原因,美国通过法律域外实效重塑国际秩序时,对本国利益的过度追求和对本国偏好的过分强调导致国际反腐败只瞄准特定的主体、只针对有限的行为,而无法对深嵌于国际经济中的腐败组织和活动造成整体冲击。[2] 这是霸权国家通过本国法的域外实效重塑国际秩序的恶果。

在主权国家抵御别国法律的域外影响方面,经济反制的效果是一个备受关注的话题。从政治学维度看,反制是国家实施自我保护或反击的"对冲性经济外交手段"。复旦大学学者方炯升以欧盟对美反

---

[1] Tonya Putnam, *Courts without Borders: Law, Politics, and US Extraterritoriality*, Cambridge University Press, 2016, pp. 3–25.

[2] Ellen Gutterman, "Extraterritoriality as an Analytic Lens: Examining the Global Governance of Transnational Bribery and Corruption," in Daniel Margolies et al. (eds.), *The Extraterritoriality of Law: History, Theory, Politics*, Routledge, 2019, pp. 189–193.

制的案例作为经验证据,总结了两类反制对象(结构性权力和关系性权力)和两类反制目标(抵制和保护)。据此,他将经济反制分为四种(拒止、规避、惩罚、替代)并分析了它们的效能高低。[1] 经济反制对象存在"可逃逸性"的差异,关系性权力大于结构性权力。经济反制目标存在成本"可控性"差异,保护的成本可控性高于抵制。反制措施的效能分别与可逃逸性和反制成本可控性成正比。四类反制措施的效能由低到高为:拒止、规避、惩罚、替代。其中,规避和惩罚的效能高低受到国家个体特征的影响:对于大国(经济体量大、与各国关系紧密)而言,可逃逸成本高、反制成本的可控性也高,因此惩罚的效能高于规避。对于小国(经济体量小、与各国关系稀松)而言,可逃逸成本低、反制成本的可控性低,因此规避的效能高于惩罚。

上海交通大学的沈伟教授秉持政治学思维,指出金融制裁本质上是一种国际外交权力工具,服务于一国的外交政策、国家安全等目的。在此基础上,他通过对比国际贸易报复的对称性,提出了金融制裁的"非对称性理论"以解释美国制裁规则能够产生实效而目标国的反制裁措施难以奏效的深层原因。[2] 更进一步,他提出被制裁国为实现反制裁措施的有效性,应同时寻求自身在与制裁国角力中的对称性与非对称性优势。具体来说,一国应从法制能力(如建立制裁制度的能力)、财政能力(如建设和维护金融基础设施的能力)、行政能力(如国内动员能力)和意识形态能力(如国际话语构建能力)等四个维度提升"国家能力",进而让反制裁措施发挥实效。[3]

---

[1] 方炯升:《何种经济反制措施更具效能?——以欧盟对美反制为案例的考察》,载《欧洲研究》2022年第4期,第23—52页。

[2] 沈伟:《论金融制裁的非对称性和对称性——中美金融"脱钩"的法律冲突和特质》,载《上海对外经贸大学学报》2020年第5期,第35—51页。

[3] 沈伟:《金融制裁与反制裁中的国家能力建设》,载《财经法学》2024年第5期,第141—163页。

三、社会思维

社会学使用各种研究方法进行实证调查和批判分析,发展和完善一套有关人类社会结构、社会行动或社会关系的知识体系,并运用这些知识寻求或改善社会福利,深入社会并与公众进行对话与沟通,将人类从不平等的物质条件下解放出来。社会学的研究对象范围广泛,小到几个人面对面的日常互动,大到全球化的社会趋势及潮流。在上述学科背景下,基于社会思维研究经济监管法律的域外实效主要有两种方式:一是深入描绘法律域外实效发生的过程;二是观察、记录并反思法律域外实效对人类社会造成的现实影响。

(一)追踪过程

一国的经济监管法律在现实世界中是如何被域外实施并产生效果的?在这个过程中有哪些步骤、涉及哪些主体?对此,日内瓦国际发展研究所的学者格雷瓜尔·马拉德(Grégoire Mallard)以美国经济制裁相关法律的域外实施为例,描摹了一国涉外经济法律在全球范围内产生实效的全过程。[1] 这项研究将美国经济制裁法比喻为具有传染性的"病毒",跨国经营的公司一旦被美国执法机构接触并被要求遵守美国法,它们就会被"传染"。而后,这些被"传染"的公司不但自己要像"美国人"一样遵守美国法,还必须加入"监视资本主义"(surveillance capitalism)的队伍,向美国执法机关提供更多可疑活动和主体的信息。这就让美国监管部门有了更多执法的目标,也让美国法的域外影响层层传递。这项研究在全球金融领域开展了一百五十余次访谈(涉及欧洲、美洲和亚洲),具体描摹了上述"传染"过程:首

---

[1] Grégoire Mallard and Sun Jin, "Viral Governance: How Unilateral US Sanctions Changed the Rules of Financial Capitalism," 128 *American Journal of Sociology* 144, 144-188 (2022).

先,美国 2000 年发起了针对伊朗核计划的经济制裁;而后美国识别了有伊朗背景的银行和商业主体,进而渗透与伊朗有关的全球银行和商业主体;最后,全球经营者提供的信息让美国监管者的触角伸向其他行业的更多跨国经营者(如科技公司)。在这个过程中,商业主体会通过游说和施压等方式要求其交易对手方同样遵守美国法。

同上述"病毒"与"传染"的比喻极其相似,曾在美国摩根大通银行全球金融犯罪合规部工作的美国杜克大学公共政策学博士何为用"探头"来比喻被美国"俘虏"的银行和金融机构。他以业内人士的视角深刻剖析了美国的法律和政府机构对全球大银行的长效控制机制,尤其是全方位展示了银行等金融机构如何斥巨资打造天罗地网般的监控体系,描摹了其合规动机、过程和效果。最终,阐述了这些机制如何为美国监管部门所用,成为美国遍布全球的金融"探头"。[1]

带着社会学思维研究国内经济类法律规则产生域外实效的另一个著名案例是国际商事领域用于解决纠纷的"新商人法"(new lex mercatoria),其核心是以仲裁方式解决争议的美国程序法。美国法社会学研究者伊夫·德扎莱(Yves Dezalay)和布莱恩特·加斯(Bryant Garth)著书描摹了美国律师及其所在的跨国律师事务所,如何通过为跨国公司服务(如起草合同并植入争议解决条款),一步步将源自美国纽约州和特拉华州的争议解决法律加工包装后,作为"替代性纠纷解决机制"向全球传播。[2] 两位作者为了完成这项研究,在 11 个国家(主要是欧洲和美国)开展了三百多场访谈(主要针对各个国家核心仲裁机构的负责人和该国国际商事仲裁圈中的律师和学者),并且收集了超过来自 25 个国家的资料。这项研究本质上是一个美国商事

---

[1] 何为、罗勇:《你所不知的金融探头——全球金融机构与美国的金融制裁和反洗钱》,社会科学文献出版社 2019 年版。

[2] Yves Dezalay and Bryant Garth, *Dealing in Virtue: International Commercial Arbitration and the Construction of a Transnational Legal Order*, University of Chicago Press, 1996.

领域仲裁法律(或美国争议解决程序法)被广泛域外实施的过程描摹。两位作者特别指出,其并不愿意强调谁是这个"故事"中的赢家或输家,因此他们在叙事过程中淡化了法律的国家性。

(二)分析影响

通过社会思维研究法律域外实效的另一方面的文献主要关注一国法律被域外适用之后对法律输入方当地社会和民众造成的影响。对此,经济制裁法的域外实效依旧是主要的研究对象。相关的文献主要通过定性研究的方式考察制裁法域外适用前后对特定国家的"人道主义条件"造成的影响,即与人类生存和发展密切相关的生活条件被如何改变。[1]

早在上世纪90年代,联合国研究人员伊丽莎白·吉本斯(Elizabeth Gibbons)就曾全面研究了1991年美国对海地的经济制裁对当地民众的健康以及人权状况的影响。[2] 其研究材料来自国际组织和当地政府提供的数据,还有一系列针对当地受影响群体和非政府组织成员的访谈。研究显示,美国经济制裁法的域外实施造成了当地民众工资下滑、失业率升高、婴儿死亡率上升、营养状况变差、孩童上学率下降,以及家庭破裂数量增多。研究者将海地的现实状况与人权领域的国际公约(尤其是美国签署的公约)进行对照,发现相关条款都没有得到遵守。

类似地,在叙利亚于2011年被美国和欧盟等制裁后,英国伦敦国王学院的研究者拜伦·安德罗尼克(Byron Andronik)于2018年考察

---

[1] Manuel Bessler, Richard Garfield, and Gerard Mc Hugh, *Sanctions Assessment Handbook: Assessing the Humanitarian Implications of Sanctions*, United Nations Office for the Coordination of Humanitarian Affairs, 2004.

[2] Lizabeth Gibbons and Richard Garfield, "The Impact of Economic Sanctions on Health and Human Rights in Haiti, 1991-1994," 89 *American Journal of Public Health* 1499, 1499-1504 (1999).

了作为被制裁国的叙利亚的人道主义条件。研究者选取了2006年至2011年(被制裁前5年)和2011年至2016年(被制裁后5年)作为对照,重点关注了衡量人道主义条件的五项指标(国民生产总值、失业率、预期寿命、疫苗覆盖率和食品价格通货膨胀率)。研究结果发现,经济制裁相关法律的域外效果首先对经济增长、健康和药品供应,以及食品安全造成负面影响,最终导致叙利亚的人道主义条件急剧恶化。[1] 类似的研究还在其他被制裁国家开展[2];被研究的对象除了人道主义条件,还有儿童等特殊人群等。[3]

四、历史思维

历史是一个由其研究对象而定义的学科。历史学研究根据其目的可以分为两类。第一类是客观发掘与描述史实。这派研究认为,历史事实是独立于历史学家的解释之外的客观存在。研究历史就是弄清楚过去发生过的事情、捕获历史人物的心智和动机,历史学家的责任是尽其所能地积累事实。[4] 第二类是对客观存在进行主观探索和解读。这派研究认为,只有当历史学家光顾事实时,事实才会说话:历史学家决定哪些事实可以有发言权,按照什么顺序和在什么情况下发言。因此,历史学家可以通过对历史材料的组织和利用表达

---

[1] Byron Andronik, "An Inhumane Response the Humanitarian Consequences of Sanctions: A Case Study of Syria," 1 *UCL Global Governance Institute Working Paper Series* 1, 1–34 (2018).

[2] Martin Lundqvist and Lisa Hultman, *Civilian Wellbeing and Humanitarian Access in the Context of Targeted Sanctions: 30 Years of Sanctions Regimes in Syria, Sudan, And Somalia*, Swedish Red Cross, 2022.

[3] Zoë Pelter, Camila Teixeira, and Erica Moret, "Sanctions and Their Impact on Children," *Office of Global Insight and Policy United Nations Children's Fund (UNICF)*, February 2022.

[4] 这种观点非常普遍,著名的历史学家包括利奥波德·冯·兰克(Leopold von Ranke)、威廉·狄尔泰(Wilhelm Dilthey)、罗宾·乔治·柯林伍德(Robin George Collingwood)都持这种观点。

观点。[1] 据此,历史视角下的法律域外实效研究也可以分为两类。

(一)描摹现象

这类关于法律域外实效的研究致力于挖掘崭新史料、揭示客观事实、重现历史文化情境,即"仅仅让历史发声"。通过挖掘和组织史料呈现法律域外实效的起源,这类历史叙事类研究以一种"娓娓道来"的方式,讲述这个世界如何从简单变得复杂,法律的影响如何从地方性演变为全球性。而后,各国的关系及其法律出现越来越多的联结和交织,进而法律的域外实施成为一种自然而然的结果。[2]

法律域外实施这个概念可以追溯到19世纪大国(比如法国、英国、美国等)主导的殖民和治外法权时期。西方国家在海外殖民地设立域外法庭、缔结不平等条约,共同构成了当时的国际秩序。从历史视角研究法律域外实效的主流议题是外交史(国际关系史)和领事豁免权。对此,牛津布鲁克斯大学的高级研究员迈亚·帕尔(Maïa Pal)揭示了这样一个客观事实:从外交史的角度来看,法律域外实施的教义是从"属人"(使者)过渡到"属地"(使馆)的结果。[3] 当时法律域外实施的依据纯粹是"属人法"("大使带着他本国的法律")。直到18世纪,附着于"外交使者"这类个体的特权被转移到"使领馆"这个物理空间,法律域外实施才有了"属地法"的特征。

同样将重点放在法律域外实效的历史重现上,美国康奈尔大学历

---

[1] [英]阿诺德·汤因比:《历史研究》,刘北成、郭小凌译,上海世纪出版集团2005年版,第425页。这也是贝内德托·克罗齐(Benedetto Croce)的观点,为此,他说出了"一切历史都是当代史"的传世名言。此外,这种观点的持有者还包括瓦尔特·本雅明(Walter Benjamin)、弗兰克·安克斯密特斯(Frank Ankersmit)等。

[2] John Haskell, "Ways of Doing Extraterritoriality in Scholarship," in Daniel Margolies et al. (eds.), *The Extraterritoriality of Law: History, Theory, Politics*, Routledge, 2019, pp. 13-29.

[3] Maïa Pal, "Early Modern Extraterritoriality, Diplomacy, And the Transition to Capitalism," in Daniel Margolies et al. (eds.), *The Extraterritoriality of Law: History, Theory, Politics*, Routledge, 2019, pp. 69-86.

史学教授尼古拉斯·穆德(Nicholas Mulder)系统研究了经济制裁的来龙去脉。[1] 一国的经济制裁以法律为载体,生来就为域外实施。在第一次世界大战中,英国和法国向德国、奥斯曼帝国和奥匈帝国发起了一次经济战争,这是人类历史上第一次经济制裁。上述研究追溯了1914年至1945年的历史,细致地讲述了经济制裁是如何在这30年间兴起的。为了客观、全面地完成这一历史重现的任务,尼古拉斯·穆德教授从六个国家搜集了以五种语言书写的档案和资料。

(二)解释机制

在这类关于法律域外实效的研究中,学者通过对历史材料的重新解读和组织,传递某种观点——可能是引入一种区别于传统的叙事和观念,也可能是借助历史材料提出一种新的理论观点,还可能是表达某种与政策制定或修改有关的见解。在这个意义上,这类研究将历史视角作为工具,可能用于辅助内部视角的法学研究,也可能与法学研究的其他外部视角交融。

举例而言,美国华盛顿大学教授图兰·卡瑶奥格鲁(Turan Kayaoglu)研究了19世纪西方国家在非西方国家(主要是日本、中国和奥斯曼帝国)设立的域外法庭,并详细比较了各地域外法庭的产生、功能和废除。[2] 上述对于历史资料的研究并非止于挖掘史料、重现历史,而是服务于颠覆传统观念和构建崭新理论这两个目的。首先,图兰·卡瑶奥格鲁教授想指出19世纪英国对法律域外实效的追求与第二次世界大战后美国的"法律帝国主义"存在本质差别,不能像传统观点一样直接归为一类。其次,对于法律域外实效的扩张和限制问题,他抛弃了主流的权力解释论,而是提出了"国家建构论"

---

[1] Nicholas Mulder, *The Economic Weapon: The Rise of Sanctions as a Tool of Modern War*, Yale University Press, 2022.

[2] Turan Kayaoğlu, *Legal Imperialism: Sovereignty and Extraterritoriality in Japan, The Ottoman Empire, And China*, Cambridge University Press, 2010.

(state-building theory)用来解释:为何历史上西方国家在不同时期放弃了对其他国家的法律域外实施(即"治外法权")。根据他的理论,西方国家必须意识到特定国家已经拥有了《威斯特伐利亚和约》下"主权国家"的地位后,才会主动放弃在这些国家内推动本国法律的实施。而被他国法律的域外效果影响的国家,必须基于制度化(institutionalize)本国法律体系的国家建构过程,才能释放出这种自身已成为"主权国家"的信号。[1]

我国学者屈文生教授也擅于通过研究历史传递观点、启发当下。比如,他以历史眼光回顾了地理大发现时代、殖民时代和全球化时代法律域外实施的表现和实质;其目的是表达在百年未有之大变局的当下,必须重新审视传统的管辖理论,进而提出"共同体管辖"的崭新理论观点。[2] 再比如,屈文生教授在近代中美关系档案中发掘了极具价值的"华尔遗款案",呈现了美国如何利用"会断"与"交涉"两种司法与外交霸凌手段对中国的司法主权进行侵犯。[3] 这一历史研究对于理解美国如何借助法律东方主义话语推行法律帝国主义并延伸其势力和霸权有深刻意义,进而有助于我国在知己知彼的基础上推进涉外法治建设。

第四节 内外视角的合作与本研究的定位

一、视角融合

同样是研究经济监管法律的域外效果,内部视角和外部视角有不

---

[1] Turan Kayaoglu, "The Extension of Westphalian Sovereignty: State Building and the Abolition of Extraterritoriality," 51 *International Studies Quarterly* 649, 649-675 (2007).
[2] 屈文生:《从治外法权到域外规治——以管辖理论为视角》,载《中国社会科学》2021年第4期,第44—66页。
[3] 屈文生:《美国在近代中国行使治外法权的司法与外交手段——以"华尔遗款案"(1862-1904)为中心》,载《法学》2023年第9期,第16—32页。

同研究关切和研究目的,所用的研究方法也大相径庭。从内部视角开展的研究通常关注法律域外适用有关的规则和判例,致力于解释和完善规则;外部视角的研究则将法律域外实效看作一种经验事实(empirical fact)[1],探索其形成、影响以及背后的机制。然而,正如前文所述,两种法学研究视角的成果都能为实现涉外维度上良法善治的愿景做贡献。而且,内部视角与外部视角并不一定互相排斥,而是可以互相兼容、相辅相成。这一点可以从我国当下法教义学与社科法学的互动中推知。既有的学术争鸣已经在理论层面对两者的关系进行过系统性阐发,也基本形成了两种研究视角应当互通有无并取长补短的总体观点。[2] 依托经济监管域外实效的研究现状,可以得出两者融合的进路。

一方面,内部视角下的教义素材可以赋能外部视角下的社科研究。"巧妇难为无米之炊",经济监管域外实效的社科法学研究离不开法教义学提供的素材。这些素材包括但不限于法律规则的文本、司法判例的说理等。它们的作用首先在于帮助外部视角的研究者发现有理论张力的法律现象、识别有现实意义的法律问题,然后为定性或定量方式开展的实证研究提供经验素材。另一方面,外部视角下的社科研究能够辅助教义的合理形成、促成教义的有效实施。首先,教义不是凭空出现的,而是以社会科学的知识为基础。[3] 在形成与法律域外实效有关的政策建议之前,有必要充分考虑国家自身乃至国际社

---

[1] John Haskell, "Ways of Doing Extraterritoriality in Scholarship," in Daniel Margolies et al. (eds.), *The Extraterritoriality of Law: History, Theory, Politics*, Routledge, 2019, p. 26.

[2] 侯猛:《只讲科学性,不讲规范性?——立法的社会科学研究评述及追问》,载《中国法律评论》2021年第4期,第108—120页;苏永钦:《法学为体,社科为用——大陆法系国家需要的社科法学》,载《中国法律评论》2021年第4期,第83—95页。

[3] 熊秉元:《法理的基因》,东方出版社2021年版,第8页。

会的成本和收益,还需要顾及国家内部的机构分权、国家与国家之间的外交关系等因素,将它们作为形成政策、制定规则的考虑因素。其次,"徒法不足以自行"。一国的国内经济监管规则是否在域外得到了实施、如何才能有效在域外产生效果?这些问题具有很强的"实然"色彩,寻求答案的过程都需要充分借助社会科学的研究范式和理论资源。

正是因为两种视角的可交融性,在同一个经济监管域外实效的研究中可以同时存在内部和外部两种视角。比如,美国弗吉尼亚州大学法学院的教授皮埃尔·韦迪尔(Pierre-Hugues Verdier)研究了美国金融监管规则的域外实效。[1] 他在研究的前半部分主要采用内部视角,梳理和剖析了美国外汇法、税法、制裁和反洗钱法的法院判例,比较了美国联邦最高法院和下级法院的不同裁判思路。在研究的后半部分,则转到外部视角,他首先用美国"三权制衡"的政治学思路处理了域外金融犯罪诉权的限缩问题,而后用经济学的福利理论回答了美国是否应当限缩金融法的域外实效。可见,通过两种视角的紧密配合,皮埃尔·韦迪尔教授围绕金融法域外实效的主题形成了完备的研究成果。

二、本书定位

在整个法律域外效果的文献谱系中,本书主要属于外部视角下基于经济思维开展的研究;当然,本研究的推进也离不开内部视角的支持,研究的落脚点也与制度构建息息相关。因此,本研究希望尽力实现两种视角的融合(见图2.5)。

具体来说,本研究的理论基石是经济学上的理性选择理论,研究

---

[1] Pierre-Hugues Verdier, "*The New Financial Extraterritoriality*," 87 *George Washington Law Review* 239, 239–314 (2019).

开展的基本前提是理性人假定。本研究借助博弈分析将四个具体的案例抽象为经济监管域外实效依托的四种模型;就各模型的成立机制而言,本研究也利用了若干经济学模型或理论(如威慑模式中的"犯罪威慑理论"、偶合模式中的"激励相容机制"等)加以解释,并论证了法律实力和行业实力与四种模式的关系;最后,本研究提出的政策建议(尤其是经济监管域外实效模式的决策流程部分)包含成本收益分析的思想。总的来看,经济学的思维和外部视角贯穿本书始终。

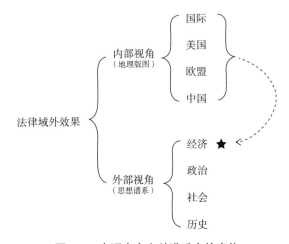

图 2.5　本研究在文献谱系中的定位

与此同时,本书充分结合了内部视角的诸多研究成果(以图 2.5 中的虚线表示)。首先,为了明确核心研究对象"经济监管域外实效",本书第一章深入考察了内部视角下管辖权的基本理论、相关法律术语的内涵与外延,以及国内学者对于上述概念的理解和辨析。通过这种方式,确保本研究对于概念的界定与既有的教义研究能够合理衔接并顺畅对话。其次,为了顺利开展四个领域的案例研究,澄清经济监管域外实效的历史背景、制度安排和规则细节,本书也充分借鉴了比较法上内部视角下的法律研究(比如欧盟 GDPR 的域外管辖规则等)。尤其是各章案例研究中都有法律实力有关的论述,这部分研究有必要充分理解并剖析现行法。最后,为了在中国涉外法治建设的背景下提出中国经济监管域外实效的生成方案,本书也需要对现行中国法的相关情况(比如,各经济领域域外效力条款的立法情况)及相关实践有深入了解。因此,本研究离不开法学研究的内部视角。

基于内外视角的融合,本书相较于既有文献有两方面的突破。第一,相对于内部视角下经济监管域外适用的研究,本书在方法、理论和政策上都有增进。

其一,从方法上看,外部视角决定了本书将采用跨学科研究方法,这与内部视角下传统的规则和案例分析有本质差别。在国内研究以内部视角为主导的情况下[1],本书引入新的视角(即经济学的外部视角)、理论(即理性选择理论)和方法(即博弈分析),本身就构成学术增量。值得强调的是,从外部视角以跨学科的方法研究国际法问题是中国涉外法治背景下的大势所趋,也是在形式主义法治理论衰落的背景下中国学界重构国际法学科边界、架构和远景的现实需求。正如国内学者所指出的那样,21世纪的国际法研究应当关注国际法的政治相关性、跨学科性;不能仅仅满足于探讨国际法的技术问题,需要追问国际法背后的政治经济学问题,探讨国际法在构建国际秩序方面的意义与限度。[2] 为此,跨学科的方法,尤其是从外部视角对国际法进行跨学科研究正当其时。[3]

其二,从理论上看,一方面,本书从管辖理论出发,提出了对经济监管域外实效这一法学概念的理解并明确了其内涵与外延,这是对内

---

[1] 陈靓:《法律域外适用制度:生成与实施逻辑》,载《中国法律评论》2024年第2期,第114—115页。

[2] 陈一峰:《国际法的"不确定性"及其对国际法治的影响》,载《中外法学》2022年第4期,第1118页。

[3] 陈一峰:《开展国际法跨学科研究正当其时》,载《中国社会科学报》2022年4月19日,第A08版。

部视角下本领域学术概念混乱、缺乏深入学术交流的概念共识等问题的理论回应。另一方面,本书从规则和案例中抽离,着眼世界范围内成熟和成功的经济监管域外实效案例,深入研究了其中的典型领域,在此基础上归纳了域内经济监管规则在域外得以成功实施的四个模式。不仅如此,本书还研究了支撑上述各个模式的法律实力和行业实力两个条件。上述基于案例研究归纳得出的理论模型和条件都是内部视角下的研究难以实现的。另外,本书研究也可以就法律和社会科学上的经典议题"无需法律的秩序"展开对话。本书的研究成果揭示了在缺乏国际法具体规定的情况下,各国之间如何通过博弈真正实现经济监管法律的域外效果。

其三,从政策上看,内部视角的研究通常仅关注立法管辖权[1],重视相关法律的域外效力条款设计,而不考虑其实施或执行。正如我国学者苏力所言,内部视角的法学研究难以回应政策性问题。[2] 而本研究重点关注涉外经济规则的实施,致力于寻求客观规律以解决中国经济监管规则域外适用的"最后一公里路"问题。最后一章给出的政策建议,无论是模式决策还是应用场景都有很强的实践性。

第二,相对于外部视角下经济监管域外实效的既有研究,本书在研究对象、研究思路和研究目标上都有创新。

其一,从研究对象来看,本书的完整性和包容性超过现有的外部视角研究。本研究集中关注全球范围内各类成熟的经济监管域外实效现象。研究的视野是全球范围,而不拘泥于特定国家(如美国或欧盟);研究的重点是对于法律输出方而言成功、稳定的法律域外实施实践,而非失败或偶然的实践;研究的法律类型不仅包括传统"硬

---

[1] Joanne Scott, "The New EU 'Extraterritoriality'," 51 *Common Market Law Review* 1343, 1344 (2014).

[2] 朱苏力:《教义法学的不足与法学的经世致用性》,载《北大法律评论》2016年第2辑(总第17卷),第275页。

法",还包括"软法"规范;法律域外实效的实现方式不仅有最常见的单边方式,还有双边和多边安排。

其二,从研究思路来看,本书的开放性和颗粒度超过现有的外部视角研究。本书探讨的法律域外实效是多元共促的结果,不仅局限于一国司法或执法机关采取公权力手段个案推动的法律域外实效。本书借助了经济学中博弈分析的思路来抽象化具体实践,得到四个基于现实案例的模型。本书还将外部视角下部分学者提到的具体实现法律域外效果的技术上或经济上的要求[1],以及支撑法律域外实施所需要具备的"国家实力"[2]等抽象的概念进一步拆解和细化。

其三,从研究目标来看,本书的现实性和实用性超过现有的外部视角研究。本研究的出发点和落脚点都是服务于中国在经济监管域外实施领域的理论构建和政策实践。"徒法不足以自行"是本书的前提设定,即便是美国,法律的域外效果也不一定完全实现。欧洲学者也有这个自觉,中国学者更应该有这种现实主义意识。正因如此,相较于泛泛而谈"国家实力"或止步于"模式归纳",本书将不同博弈模式下的具体支撑条件作为研究重点。另外,以服务于中国政策制定为目的,本书重视结合中国的国情和实践给出具体的政策建议。在权衡利弊的过程中,不仅考虑我国的成本和收益,也会考虑中国作为"和平崛起"的"负责任的大国"的特殊关切,比如特定政策对于国际关系的影响等。

---

[1] Branislav Hock, *Extraterritoriality and International Bribery: A Collective Action Perspective*, Routledge, 2019, pp. 32, 249.

[2] Tonya Putnam, *Courts without Borders: Law, Politics, and US Extraterritoriality*, Cambridge University Press, 2016, p. 8.

第三章

威慑模式：以美国反洗钱监管为例

引　言

域内经济监管规则依托威慑模式产生域外实效，意味着法律输出方积极追求其国内法在域外得到适用并产生效果，且对法律输入方形成威慑。后者迫于压力不得不在域内遵守或实施前者的国内法。在威慑模式下，主体双方存在"追求—排斥"的主观态度，呈现"威逼—屈从"的客观互动。从均衡结果来看，经济监管规则的域外实效通过单边机制，以单向度的形式促成。

本章以美国反洗钱监管规则的域外实效作为威慑模式的典型案例，除了其代表性以外，还有两个原因：首先，时效性。近年来美国在金融领域促成法律域外实效的动作频频，引起了各国关注，也引发了大量学术和实务研讨。其次，稀缺性。相较于其他部门法，国内外对美国反洗钱监管规则域外实效的深入研究不多。本章的案例研究和相关资料可以助益这一领域的学术探讨。

从历史角度看，美国自1986年起开始追求反洗钱法的域外实效。后来共有三次明显的扩张举措，每一次都有特殊的利益考量。比如，美国最初的政策目标是处理跨国公司的洗钱丑闻和打击毒品犯罪；而2001年恐怖主义袭击和2008年金融危机使得这一领域的法律域外实效带有维护国家安全和金融稳定的意涵。总的来看，美国促成反洗钱监管域外实效的目标始终是捍卫国内利益，但客观上也有保护国际社会整体利益的效果。

从实证角度看,美国反洗钱监管规则的域外实效主要通过单边方式实现,具体包括直接机制、间接机制和次生机制,分别涉及直接的域外管辖、域内管辖的域外影响,以及域外管辖的域外影响。三种机制都取得了显著的效果,以至于如今全世界的反洗钱监管合规都有美国法的底色。

从条件方面看,支撑美国反洗钱监管规则产生域外实效的是其雄厚的法律实力和行业实力,它们都是威慑模式的必要条件。具体来说,美国内部立法、司法和执法部门的默契配合是这一领域的规则产生域外实效的法律实力保障。同时,美国在金融行业的绝对优势地位从"惩罚烈度"和"惩罚概率"两个方面保证了威慑模式的实际效果。

从影响方面看,美国反洗钱监管的域外实效效果明显、影响深远。然而,威慑模式终究面临正当性危机,这一模式下经济监管规则域外实效的达成是以牺牲一定的国家声誉、国际关系和整个国际社会的福利为代价的。

第一节 沿 革

美国自1986年起正式追求反洗钱监管规则的域外实效,其标志是《洗钱控制法》的生效。自此,美国历史上发生了三次反洗钱法域外实效的扩张。其中两次分别发生于2001年和2020年,它们都是美国国会以立法的形式直接扩张了反洗钱法域外实施的范围;还有一次始于2008年由美国司法和行政机构主导的"激进执法运动",这次运动也催生了大量的执法文件、媒体报道和学术研究。每一次反洗钱监管域外实效的扩张,都有特殊的历史背景和利益考量。下面逐一分析。

一、肇始:1986 年

1986 年美国《洗钱控制法》的生效标志着美国反洗钱监管正式迈入追求规则域外实效的时代。该法不但首次将洗钱规定为联邦犯罪,还明确规定了美国反洗钱法的"域外管辖权"(extraterritorial jurisdiction)。根据该法第 1956(f)条,当洗钱行为由美国人实施,或由非美国人实施的洗钱行为部分发生于美国境内,且交易所涉金额或所用货币工具的价值超过 1 万美元时[1],美国监管部门有权适用美国法监管和起诉上述洗钱行为。

美国之所以设置如上条款,有国家内部利益和外部利益的双重考量。从内部利益看,美国在 20 世纪 80 年代出现了一系列大型银行与"现金交易报告"有关的合规丑闻,极大地影响了美国银行的国际声誉。[2] 为此,时任美国司法部(Department of Justice,以下简称为"DOJ")部长埃德温·梅斯(Edwin Meese III)于 1985 年牵头起草了具有域外效力的《洗钱控制法》。[3] 从外部利益看,美国国会也在同期意识到国际犯罪的猖獗,并认为洗钱活动是国际毒品走私和销售等有组织犯罪中的脆弱环节。通过美国反洗钱监管精准打击域内外的

---

[1] See 18 U.S.C. §1956(f). 该条文对上述法律要件的表述为:There is extraterritorial jurisdiction over the conduct prohibited by this section if (1) The conduct is by a United States citizen or, in the case of non-United States citizen, the conduct occurs in part in the United States; (2) The transaction or series of transaction involve funds or monetary instruments of a value exceeding $10,000.

[2] The U.S. Department of Justice, *Annual Report of The Attorney General of the United States*, 1985, pp. 73-78.

[3] Ibid., pp. 13-14; The U.S. Congress, "All Information (Except Text) for S.1335 - Money Laundering and Related Crimes Act of 1985," *99th Congress (1985-1986)*, 1985, last visited 2024/8/31.

洗钱行为将有力击溃以毒品交易为代表的跨国犯罪活动。[1] 于是,在内部和外部利益的驱动下,美国反洗钱监管的域外实效正式兴起。

二、扩展:2001 年

2001 年美国颁行了《爱国者法案》以强化对全球恐怖主义的打击力度。该法第三章(Title III) "国际反洗钱和反恐怖主义融资法案" (International Money Laundering Abatement and Financial Anti-Terrorism Act) 对美国《银行保密法》下反洗钱监管的相关规定作出了重大修订,其中新增了五条(第 311 条、第 312 条、第 313 条、第 317 条和第 319 条) 专门扩张了反洗钱监管的域外效力。

当年发生的"9·11"恐怖主义袭击事件是美国通过扩张反洗钱监管的域外实效以保护自身国家安全的直接动因。时任美国总统布什在谴责恐怖分子的同时,意识到只有追踪和切断恐怖主义犯罪背后的资金支持才能釜底抽薪、治标治本。[2] 恐怖分子必然要通过金融系统隐藏其资金来源,这和他们利用金融系统"洗白"赃款如出一辙。因此,通过强化反洗钱监管可以实现上述反恐目标。作为响应,美国国会也对现有的反洗钱法进行了检视并发现:由于法律规则的过时和不足,美国反洗钱监管在域外的侦查、起诉和罚没活动严重受阻。[3] 通过行政执法部门和立法部门的紧密联动,美国反洗钱监

---

[1] The U.S. Congress, "The President's Commission on Organized Crime, the Cash Connection: Organized Crime, Financial Institutions, and Money Laundering (1984)," in *Briefing on the 1970 Currency and Foreign Financial Transactions Reporting Act: Hearings Before the Subcomm. on Financial Institutions Supervision, Regulation and Insurance of the House Comm. on Banking, Finance and Urban Affairs*, 99th Cong., 1st Sess., 1985.

[2] Jackie Johnson, "11th September, 2001: Will It Make a Difference to the Global Anti-money Laundering Movement?," 6 *Journal of Money Laundering Control* 9, 10–11 (2003).

[3] USA PATRIOT Act, §302 (a) (8).

管的重心从禁毒转向反恐[1],后续形成的法律域外实效也有了空前强大的规则支持。

三、激增:2008 年

2008 年金融危机之后,在奥巴马政府的推动下,美国检察机构对全球大型公司进行了一系列金融犯罪相关的调查和指控。[2] 同时,以美国财政部为代表的金融监管部门也开始大量使用执法工具,打击、瓦解和威慑非法资金的全球流动。[3] 这次轰轰烈烈的执法运动造就了一批精彩的学术作品和相应的生动表述。其中,"接受审判的全球银行"[4]、"美国财政部的金融之战"[5]和"大而不能诉"[6]等说法都从不同侧面展现和记录了美国反洗钱监管域外实效的急剧扩张。

有学者认为金融危机之后激进的执法运动与检察官和监管人员追求政绩、关心仕途有关。[7] 然而,上述论证很难解释为何 2008 年之前没有出现类似的执法浪潮。其实,这一阶段美国反洗钱监管域外实效的扩张还是要追溯到执法人员所处的制度背景和宏观环境。

---

[1] Alison Bachus, "From Drugs to Terrorism: The Focus Shifts in the International Fight Against Money Laundering After September 11, 2001," 21 *Arizona Journal of International and Comparative Law* 835, 835-836 (2004).

[2] James Vicini and Jeremy Pelofsky, "Obama Creates Task Force to Fight Financial Crime," *Reuters*, November 18, 2009, last visited 2024/8/31.

[3] Juan Zarate, *Treasury's War: The Unleashing of a New Era of Financial Warfare*, Hachette UK, 2013, pp. 12-15.

[4] Pierre-Hugues Verdier, *Global Banks on Trial: US Prosecutions and the Remaking of International Finance*, Oxford University Press, 2020.

[5] Juan Zarate, *Treasury's War: The Unleashing of a New Era of Financial Warfare*, Hachette UK, 2013.

[6] Brandon Garrett, *Too Big to Jail: How Prosecutors Compromise with Corporations*, Harvard University Press, 2014.

[7] Banks Miller and Brett Curry, *US Attorneys, Political Control, and Career Ambition*, Oxford University Press, 2019, p. 17; Pierre-Hugues Verdier, *Global Banks on Trial: US Prosecutions and the Remaking of International Finance*, Oxford University Press, 2020, pp. 32-38.

2008年金融危机后一年,奥巴马政府便成立了打击金融犯罪的专案行动组,矛头直指大型企业和金融机构。[1] 这项行动有两个目的:首先是倒查,也即调查和指控直接或间接造成金融危机的金融诈骗。[2] 其次是预防,也即阻遏未来的金融犯罪。已经有大量证据证实,金融危机会导致经济衰退,后者会令金融犯罪激增。[3] 而在诸多与金融危机相关的罪名中,洗钱犯罪榜上有名。[4] 正是在这样的背景下,美国反洗钱域外执法活动激增,法律的域外实效也得到扩张。

四、强化:2020年

2020年,美国通过《反洗钱法案》(Anti-Money Laundering Act of 2020)进一步拓展了2001年美国《爱国者法案》所确立的反洗钱法域外适用的情形。举例来说,《爱国者法案》第319条只赋予美国监管部门调取外国银行在美国银行开设的代理银行账户的信息,而新法第6308条扩大了监管部门有权调取信息的范围,扩张至涉案域外银行的所有其他账户信息。此外,新法还限缩了被执法主体的抗辩事由范围,确保了反洗钱规则域外适用的实效。[5]

根据业内人士解读,此次修法是美国反洗钱监管在新时代下追求

---

[1] "President Obama Establishes Interagency Financial Fraud Enforcement Task Force," *Office of Public Affairs of the U.S. Department of Justice*, November 17, 2009, last visited 2024/8/31.

[2] Erin Coghlan, Lisa McCorkell, and Sara Hinkley, "What Really Caused the Great Recession?," *UC Berkeley Policy Briefs* 1, 1–6 (2018).

[3] Ellen Podgor, "White-collar Crime and the Recession: Was the Chicken or Egg First," 2010 *The University of Chicago Legal Forum* 205, 205 - 222 (2010); Luigi Guiso, "Trust and Risk Aversion in the Aftermath of the Great Recession," 13 *European Business Organization Law Review* 195, 195–209 (2012).

[4] "Executive Order 13519 - Establishment of the Financial Fraud Enforcement Task Force," *Office of the Press Secretary of the White House*, November 17, 2009; "Financial Crimes Report to the Public," *Federal Bureau of Investigation*, 2008, last visited 2024/8/31.

[5] Anti-Money Laundering Act of 2020, § 6308 (Obtaining Foreign Bank Records from Banks with United States Correspondent Accounts).

"现代化"的自我变革。[1] 具体到反洗钱法域外效果的扩张,一个特殊的时代背景是美国执法机构在跨境调取信息的系列诉讼中受到阻碍。如上所述,《爱国者法案》赋予了美国监管部门发送传票以调取境外银行账户信息的权力。然而,实践中上述执法权的权限范围(即是否仅能调取与美国代理账户相关的交易信息等)和行使条件经常引发诉讼。[2] 其中还有一起与中国有关的案件:2016 年美国哥伦比亚特区的检察官试图基于《爱国者法案》调取中国招商银行、交通银行和浦发银行系统内与一家我国香港特区国际贸易有限公司相关的账户信息。[3] 为澄清上述信息调取的范围和条件,美国国会通过 2020 年修法赋予执法部门更大的域外适用反洗钱法的权限,这在客观上强化了美国反洗钱监管的域外实效。

第二节 实 证

美国反洗钱监管域外实效的生成依托相应的法律域外适用机制。通过对相关实践的梳理和分析可知,美国已经发展出了三种较为成熟的机制。结合管辖权的基本理论,这三种机制分别为:其一,直接机制,即美国监管者用域内法律直接约束和规范域外主体及其活动。其二,间接机制,本质上是域内管辖的域外影响,它首先需要监管美国域内的主体(如非美国金融机构在美国域内的分支机构),而后触及域外主体及其活动。其三,次生机制,可以将其理解为域外管辖的域外

---

[1] "Anti-Money Laundering Act of 2020: New Legislation to Implement Comprehensive Modernization and Reform of the US AML/CFT Regime," *Sullivan & Cromwell LLP*, December 17, 2020, last visited 2024/8/31.

[2] "Four Takeaways on BSA/AML Reform under the Anti-Money Laundering Act of 2020," *Thomson Reuters*, August 9, 2021, last visited 2024/8/31.

[3] *United States v. 1,071,251.44 of Funds Associated with Mingzheng International Trading* (2018).

影响,它使得美国执法机构的威慑力得以扩散,最终在更大范围内确保美国反洗钱监管的域外实效。本部分将通过经典实例和实践概览,呈现威慑模式下三种机制的含义及效果。

一、机制解析

(一)直接机制(域外管辖)

典型实例:几内亚矿产与地质部部长洗钱案[1]

马哈茂德·蒂亚姆(Mahmoud Thiam)是几内亚人,他在2009年至2010年间担任几内亚共和国的矿产与地质部部长。在任期间,蒂亚姆利用自己的职权促成了几内亚政府与外国开发公司(并不包括美国公司)之间的采矿权合同并收受了850万美金的"酬劳"。

随后,蒂亚姆通过美国纽约州的银行账户转移这笔赃款。"赃款转移途经美国银行账户"也成为美国司法部起诉蒂亚姆的法律基础。司法部在起诉书中指出:"蒂亚姆猖獗的受贿行为加剧了几内亚等非洲国家的贫穷落后,即便这些国家拥有丰富的自然资源。"为此,美国司法部依据美国反洗钱法的域外管辖条款起诉蒂亚姆,并要求法院根据美国量刑指南,判处蒂亚姆151个月至188个月的监禁。根据后续新闻报道,蒂亚姆已经认罪伏法。

本案中,美国司法部的打击目标是外国官员在美国境外的贪腐犯罪。理论上说,监管部门应该适用美国1977年《反海外腐败法》(Foreign Corrupt Practices Act,以下简称为FCPA)。然而,该法并不惩罚外国官员(即外国的"受贿者")的受贿行为;FCPA惩罚的是向外国官员行贿的主体(即"行贿者")。换句话说,美国司法部无法依据FCPA起诉蒂亚姆。于是,其转而以洗钱罪起诉蒂亚姆。这是因为美国反洗

---

〔1〕 United States v. Thiam, 934 F.3d 89 (2d Cir. 2019).

钱法的惩罚对象是:任何明知收益来自特定非法活动(在美国法或外国法下),并进行或试图进行涉及上述资金的金融交易的主体。本案中,美国司法部认为蒂亚姆违反了几内亚刑法(Guinean Penal Code),而美国反洗钱法又将"向官员行贿"作为洗钱的上游犯罪(也即"特定非法活动")。于是,这些资金自然属于"非法收益"。值得一提的是,每项洗钱罪名的刑期上限是 20 年,比 FCPA 的 5 年上限严苛了许多。换句话说,美国司法部用洗钱罪提起指控对犯罪嫌疑人的打击力度更大,这也是近年来司法部倾向于用反洗钱条款指控全球犯罪的原因之一。

总的来看,虽然蒂亚姆的赃款进入了美国银行账户,但是整个行贿受贿的过程都发生在美国域外,牵涉的主体也都是外国官员和外国公司。而且,FCPA 并不赋予司法部起诉相关外国主体的权力。即便如此,美国司法部还是借助美国反洗钱法的域外管辖权施以严厉打击。这是典型的"直接机制"(见图 3.1)——美国反洗钱监管规则从美国域内直接作用于美国域外的监管目标。直接机制具有明显的"远程攻击"特征,最符合通常意义上人们对国内法域外适用的理解。

图 3.1 美国反洗钱监管产生域外实效的直接机制

(二)间接机制(域内管辖的域外影响)

典型实例一:伊拉克胡达银行洗钱案

伊拉克胡达银行(Al-Huda Bank)是一家总部位于伊拉克巴格达

地区的私营商业银行。该银行未在伊拉克境外设立子行或分行，五家子行全部位于伊拉克巴格达、卡尔巴拉和纳西里耶地区。同时，胡达银行也没有直接关联的美国代理银行，而是通过六家外国金融机构的美元代理账户间接与美国金融系统互动。2024年7月，FinCEN依据美国《爱国者法案》第311条的规定发布了一份针对胡达银行的反洗钱调查和处罚文件，指出其具有"重大洗钱嫌疑"。具体来说：

胡达银行曾通过多种洗钱手段（如使用虚假文件和被盗身份、伪造支票等）参与伊拉克中央银行的美元拍卖并非法牟取暴利。上述通过非法手段获取的美元还被胡达银行用于支持伊朗的恐怖组织及其活动、通过掩盖真实目的和最终受益人的方式进行国际转账等。考虑到胡达银行与恐怖组织的长期联系，以及它混淆交易和账户持有人信息的惯常做法，FinCEN采取的措施不仅包括禁止美国金融机构为胡达银行开立或维持代理账户，还进一步要求美国金融机构采取特别尽职调查措施，以防止美国金融机构自身的外国代理账户被用于处理涉及胡达银行的交易等。[1]

在这则案例中，胡达银行是一家位于伊拉克的银行，不仅未在美国设立任何分支机构，也不存在美国代理银行，它属于美国域外的金融机构。然而，FinCEN却认为胡达银行威胁到了美国金融系统的安全，进而依据美国反洗钱规则对其进行监管。

在这个过程中，美国监管部门首先用国内法律管辖域内银行，而后上述域内管辖的效果延伸至域外主体，达到了用美国法律管辖域外主体的效果。这就是美国反洗钱法域外适用中"间接机制"的基本形态（以下简称为"间接机制Ⅰ"）。在"间接机制"下，作为执法起点的

---

〔1〕 Financial Crimes Enforcement Network, "Imposition of Special Measure Regarding Al-Huda Bank as a Financial Institution of Primary Money Laundering Concern," *Federal Register*, 89(128), 2024, last visited 2024/8/31.

域内机构不仅可以是纯粹的美国金融机构,还可以是目标监管对象在美国域内的分支机构。后者即典型实例二中描述的情形。本书将其称为间接机制的"进阶形态"(以下简称为"间接机制 II")。

典型实例二:英国汇丰银行洗钱案

汇丰控股是一家总部位于英国伦敦的跨国投资银行和金融服务机构。它同时也是欧洲第二大银行(仅次于法国巴黎银行),分支机构遍布全球。汇丰银行美国分行被指在 2006 年至 2010 年间,违反美国《银行保密法》及其实施细则。该分行忽视了与特定墨西哥客户进行金融交易的洗钱风险,也没有落实反洗钱合规方案以审查来自墨西哥的可疑交易。正是由于这些错漏,汇丰银行美国分行违规处理了至少 8.81 亿美元的贩毒收益。该分行在反洗钱合规方面的缺漏至少包括如下四个方面:

(1)未能获取和存储汇丰集团其他分支机构(如汇丰银行墨西哥分行)的尽职调查和"了解你的客户"相关信息。(2)未能监控来自"中风险地区"(由银行自己标注)的超过 200 万亿美元的银行汇款(其中包括来自墨西哥的 6700 亿美元)。(3)未能监控汇丰银行其他分支机构超过 94 亿美元纸币的兑换活动。(4)未能配置充足的人力和其他资源以维持有效的反洗钱合规体系。[1]

2012 年 11 月,美国监管部门通过 DPA 处理了这起案件。DPA 的一方是美国政府,具体包括美国司法部、美国纽约州东区检察官办公室、美国西弗吉尼亚州北区检察官办公室;另一方主体是汇丰银行美国分行和汇丰控股(HSBC Holdings PLC),两者统称为"汇丰方面"(the HSBC Parties)或"汇丰集团"(the HSBC Group)。[2]

---

[1] The U.S. Department of Justice, *Deferred Prosecution Agreement, United States of America v. HSBC Bank USA, N.A. and HSBC Holdings PLC*, Attachment A, 2012, pp. 3-4.

[2] Ibid., p. 1.

根据DPA的条款,"汇丰方面"已经采取或将要采取26项补救措施(remedial measures)。其中,前12项针对汇丰银行美国分行,而后14项针对整个汇丰集团。具体的要求包括任命新的管理层、简化管理层结构、在全球范围内适用统一的反洗钱合规标准和体系等。第p项特别指出:新的政策要求汇丰集团所有的附属机构必须符合美国的反洗钱标准。[1]不仅如此,汇丰方面还承诺,将来出售、合并、转让其在本DPA签订时保有的业务项目时(无论以何种形式),必须在交易合同中加入专门条款,要求合同相对方履行DPA下的义务。换句话说,美国法律将同样适用于汇丰集团未来的交易对手方。[2]

在这则案例中,因合规不力而违反美国反洗钱监管规则的是汇丰银行美国分行,而与美国司法部签订DPA的主体除了汇丰银行的美国分行之外,还包括汇丰控股,后者是庞大的"汇丰金融帝国"的母公司。在签订DPA时,汇丰控股在全球80多个国家有约6900个办公室。[3]DPA将汇丰控股作为一方主体,意味着汇丰集团在世界各地的分支机构以及未来汇丰集团业务的受让方也需要承担DPA中大量的美国反洗钱合规义务。

在美国银行法中,"外国银行"(foreign bank)是指根据外国法律设立的银行,或位于美国领土之外的银行代理、分支、办公室等。[4]据此,即便某个银行的总行是根据外国法设立,其位于美国境内的代理、分支和办公室(比如,上述案例中的汇丰银行美国分行)都不属于"外国银行"。因此,美国执法部门对这类银行适用美国法律,自然也

---

[1] The U.S. Department of Justice, *Deferred Prosecution Agreement, United States of America v. HSBC Bank USA, N.A. and HSBC Holdings PLC*, 2012, pp. 5-9.

[2] Ibid., p. 21.

[3] The U.S. Department of Justice, *Deferred Prosecution Agreement, United States of America v. HSBC Bank USA, N.A. and HSBC Holdings PLC*, Attachment A, 2012, p. 1.

[4] 31 CFR 1010.100(u).

不属于美国法的域外适用,而是基于属地管辖的美国法域内适用。在DPA的附件中,美国方面也承认,受到美国监管机构管辖的只有汇丰银行美国分行而已。[1]

然而,从结果看,美国司法部通过汇丰银行美国分行,进一步将合规义务扩展到汇丰集团这一整体,波及美国领土以外、当下和未来的千千万万的分支机构。本案中,美国监管部门的触角不断伸长,首先监管美国域内的特定主体,然后顺着这个主体进一步伸向美国域外的主体并对其施加约束。这也是通过"间接机制"实现美国反洗钱监管域外实效的例子。这种机制的特征在于:明明只有特定金融机构的美国分支违反了美国反洗钱法,但与监管部门达成协议时,该分支机构与金融机构的集团公司一同作为协议一方,致使该金融机构在整体上(或集团层面)受到协议约束,进而在全球范围内贯彻落实美国法(见图3.2)。

图3.2 美国反洗钱监管产生域外实效的间接机制

(三)次生机制(域外管辖的域外影响)

典型实例:英国巴克莱银行主动进行美国反洗钱法合规

巴克莱银行(Barclays)是英国最古老的银行,也是规模仅次于汇

---

[1] The U.S. Department of Justice, *Deferred Prosecution Agreement, United States of America v. HSBC Bank USA, N.A. and HSBC Holdings PLC*, Attachment A, 2012, p. 1.

丰银行的英国第二大银行。2013年5月,巴克莱银行宣布要切断与全球250余家汇款公司的联系,停止为其提供金融服务。对此,该银行的发言人表示:巴克莱银行有义务合规经营,否则将面临全球检察部门的起诉和数以亿计的巨额罚款。此举并非针对特定国家,而是致力于打击全球金融犯罪。[1]

巴克莱银行的决定是受2012年美国处罚英国汇丰银行(见"间接机制Ⅱ"的典型实例)的影响。后者不但遭受罚款,还被要求停止向全球诸多区域提供金融服务。为了避免重蹈覆辙,巴克莱银行虽然未被美国监管但提前以同样的方式自觉合规。英国银行家协会在接受美《金融时报》采访时表示:协会会员都因这一案件(即英国汇丰银行洗钱案)遭受合规压力。希望英国政府与美国政府协作,制定明确的国际标准。只有这样,银行才能在世界各地安心经营,而不是因为合规要求而顾虑重重。[2]

在这则案例中,巴克莱银行位于英国,且并没有被美国施加反洗钱监管措施。然而,它看到了美国对于汇丰银行的严厉处罚而噤若寒蝉,自觉遵守美国法律,用美国对汇丰银行的反洗钱合规要求来约束自己。根据上文的分析,美国在汇丰银行一案中的操作属于"域内管辖的域外影响"(由内到外),最终实现了域外管辖的效果。那么在本案中,巴克莱银行则受到"域外管辖的域外影响",属于"次生的域外管辖"(由外到外)。其结果就是美国法律层层向外传播,产生了域外实效(见图3.3)。

---

[1] Mark Tran, "Remittance Company Awaits Court Ruling on Barclays Account Closure," *The Guardian*, October 16, 2013, last visited 2024/8/31.

[2] Elaine Moore, "Barclays Defends Split with Money Transfer Companies," *Financial Times*, August 8, 2013, last visited 2024/8/31.

图 3.3　美国反洗钱监管产生域外实效的次生机制

二、实践概览

（一）直接机制

美国反洗钱监管产生域外实效所依托的"直接机制"可以通过司法诉讼和行政执法等方式实现。对于司法诉讼而言，其法律依据主要有二。一是美国 1986 年《洗钱控制法》第 1956(f) 条规定的美国反洗钱法"域外管辖"条款。具体来说，美国司法部若要对非美国人发生于美国境外的洗钱活动采取措施，须同时满足四个条件：其一，被监管主体参与金融交易（financial transaction）；其二，该主体明知相关交易涉及特定非法活动（specified unlawful activity）所得收益（proceeds）；其三，该主体有意实施特定非法活动或有意掩藏特定非法活动的违法所得；其四，上述金融交易部分（in part）实施（conduct）于美国境内，且所涉资金数额超过 1 万美元。[1]

二是美国 2001 年《爱国者法案》第 317 条规定的美国反洗钱执法部门的"长臂管辖"条款。具体来说，当域外主体违反《洗钱控制法》第 1956

---

[1]　18 U.S.C. § 1956(f).

条或1957条并满足三类情形时,美国监管部门有权对其适用反洗钱法并提起民事诉讼。这三类情形包括:违法行为所涉金融交易部分发生在美国,或域外主体试图转移美国法院因财产没收令而享有所有权的财产,或域外主体在美国金融机构设有账户。第317条还赋予司法机关在民事诉讼程序中罚没资产的权力、赋予联邦监管部门扣押上述财产以备后续执行(比如,执行民事判决、财产没收令和刑事罚金等)的权力。[1]

在司法诉讼之外,美国2001年《爱国者法案》第319条允许美国行政监管部门罚没域外主体(如域外银行)在美国银行开设的联行往来账户或代理银行账户中的资产。该条还规定,美国反洗钱监管部门可以要求域外主体提交其在美国银行开设的联行往来账户和代理银行账户的信息。如果该主体无法按时满足监管要求,美国监管部门有权对其进行制裁(如冻结账户及罚款等)。如上文所述,这项调取信息的权力被2020年的新法进一步扩张。这些条文赋权美国监管部门以非诉讼的方式域外实施美国反洗钱法,也属于直接机制。然而,限于统计数据的可及性,本书仅统计通过司法程序实现的美国反洗钱监管的域外实效。

经过本书统计,自1988年至2024年8月末,共有131起与美国反洗钱法域外适用相关的案件。其中,美国司法部参与了64起(作为原告57起,作为被告7起),另一方主体包含56个自然人(或财产)和8家法人组织。在剩余的67个案件中,由私人主体提起诉讼并要求美国法院域外适用美国反洗钱法。所涉案件既包括对人的刑事诉讼程序,也包括对物的扣押和罚没程序。值得一提的是,在所有64个案件中,司法部在63个案件中获得胜诉判决。[2]

---

〔1〕 USA PATRIOT Act §317 (18 U.S.C.A. § 1956(b)).
〔2〕 数据来源:作者通过美国司法案例数据库Bloomberg以关键词"("laundering" OR "laundered") AND ("extraterritorial" OR "extraterritoriality")"进行检索。共获得联邦司法判例361件,经过逐条阅读和筛选,获得131个相关的案件(即案件争议至少部分与美国反洗钱法的域外适用有关)。

(二)间接机制

1. 间接机制 I

FinCEN 是"间接机制 I"的主要实施者。作为美国财政部下属的情报机构,其主要职责就是通过收集、分析、维护、传送金融交易信息和数据等活动,保护金融系统免受非法使用、打击洗钱活动、促进国家安全。FinCEN 的监管职权来自美国 2001 年《爱国者法案》第三章的授权,上述规则的前身是 1970 年《货币和金融交易报告法案》。如今,美国联邦层面所有的反洗钱和反恐融资法律法规都被纳入《银行保密法》之中,它们都是 FinCEN 的执法依据。

在各项授权条款中,美国《爱国者法案》第 311 条"针对涉及洗钱的司法管辖区、金融机构或国际交易的特殊措施"赋予 FinCEN 监管域外金融机构的广泛权力。具体来说,一旦 FinCEN 有合理理由可以证明某一外国法域、外国机构、交易类别或账户类型存在"重大洗钱嫌疑",其便可要求美国金融机构针对上述存在洗钱问题的实体采取特殊措施,包括记录和报告特定金融交易、获取代理行账户信息等。其中,最严厉的监管措施即禁止或限制开设或维持美国代理行账户或清算账户。为了实施《爱国者法案》第 311 条下的特殊措施,FinCEN 必须通过发布命令(order)、制定规则(regulation)或法律(law)等法定方式。其中,第 311 条第 1 至 4 项措施可以用发布命令的方式实施,而第 5 项措施必须发布规则。[1] 据美国官方统计,自 2001 年《爱国者法案》颁布以来至 2024 年 8 月末,FinCEN 已经对 29 个实体采取了第 311 条下的特殊措施。被执法对象既包括国家(如瑙鲁、乌克兰、伊朗和朝鲜等),也包括加拿大、缅甸、拉脱维亚等各国的银行等金融

---

[1] 31 U.S.C. § 5318.

机构。[1]

2. 间接机制Ⅱ

对于美国反洗钱监管域外实效所依托的"间接机制Ⅱ",美国司法部和美国纽约州金融服务局(New York State Department of Financial Services,以下简称为"NYDFS")是主要的实施主体。它们有时还会联合美国货币监理署、美国联邦储蓄委员会一同执法。在这类监管规则的域外实施机制中,美国司法部借助的法律工具主要是 DPA 和"不起诉协议"(non-prosecution agreement,以下简称为"NPA")。这类协议共同的特点是促使涉案企业通过接受协议条款来免受起诉和定罪。[2]而 NYDFS 主要的法律工具是与涉案企业签订的和解令(consent order)。与 DPA 或 NPA 类似,和解程序也以相关企业接受合规整改要求为条件。

据统计,自 2008 年至 2023 年末,由美国司法部主导并通过 DPA 或 NPA 实现美国反洗钱法域外效果的案例一共有 27 起。此外,在另外 7 起执法案例中(见表3.1,以"*"表示),美国司法部虽然没有以反洗钱规则进行指控(这些执法案件通常以违反经济制裁规则为由进行指控),但它也发现了被执法主体的反洗钱违规行为,并且在合规整改方案中囊括了美国反洗钱法规定的义务,因此也促成了美国反洗钱监管的域外实效。[3]

---

[1] Financial Crimes Enforcement Network, "Special Measures for Jurisdictions, Financial Institutions, or International Transactions of Primary Money Laundering Concern," last visited 2024/8/31.

[2] 陈瑞华:《企业合规不起诉制度研究》,载《中国刑事法杂志》2021 年第 1 期,第 78-96 页;左卫民:《概念的误区与辨正:从"刑事合规"到"刑事适法"》,载《环球法律评论》2024 年第 4 期,第 132 页。

[3] 数据来源:"Annual Update on Corporate Non-Prosecution Agreements and Deferred Prosecution Agreements (2008-2021)," *Gibson Dunn*, July 22, 2021. 2022 年和 2023 年美国司法部并没有以 DPA 或 NPA 为手段促成美国反洗钱监管的域外实效,被告大多签署了认罪协议,参见"Corporate Resolutions 2023 Year-End Update," *Gibson Dunn*, March 7, 2024, last visited 2024/8/31.

表 3.1 "间接机制 II"下美国司法部的执法实践

年份	被执法主体	执法工具
2008	Milberg Weiss	DPA
2008	Sigue Corporation and Sigue, LLC	DPA
2009	Credit Suisse A.G.	DPA
2009	Lloyds TSB	DPA
2010	Wachovia	DPA
2010	Barclays Bank Plc.	DPA*
2011	CommunityOne Bank, N.A.	DPA
2011	Ocean Bank	DPA
2012	HSBC Bank USA, N.A. and HSBC Holdings Plc	DPA
2012	MoneyGram International, Inc.	DPA
2012	Standard Chartered Bank	DPA*
2012	ING Bank	DPA*
2013	Las Vegas Sands Corp.	NPA
2014	JPMorgan Chase Bank, N.A.	DPA
2015	Bank of Mingo	DPA
2015	Hong Kong Entertainment (Overseas) Investments, Ltd.	NPA
2015	Ripple Labs, Inc.	NPA
2015	CommerceWest Bank	DPA
2015	Credit Agricole Corporate and Investment Bank	DPA*
2015	Commerzbank A.G.	DPA*
2016	CG Technology LP dba Cantor Gaming	NPA
2017	Banamex USA (Citigroup)	NPA
2017	Western Union Company	DPA
2018	Central States Capital Markets, LLC	DPA

(续表)

年份	被执法主体	执法工具
2018	Red Cedar Services, Inc.	NPA
2018	Santee Financial Services, Inc.	NPA
2018	U.S. Bancorp	DPA
2018	Wright State University	NPA
2019	Republic Metals Corporation	NPA
2019	Standard Chartered Bank	DPA*
2019	UniCredit Bank Austria A.G.	NPA*
2020	Bank Hapoalim Ltd.	NPA
2020	Industrial Bank of Korea	DPA
2021	Bank Julius Baer & Co. Ltd.	DPA

除美国司法部主导的执法实践之外,本书还统计了截至2024年8月末NYDFS通过"间接机制II"实现美国反洗钱监管域外实效的执法案例(见表3.2),共35起(其中7起与美国司法部联合执法,以"*"表示)。NYDFS成立于2012年,其执法依据通常为美国纽约州《银行法》第39条和第44条。[1] 如上所述,NYDFS的执法工具主要是和解令。

表3.2 "间接机制II"下美国纽约州金融服务局的执法实践

年份	被执法主体
2012	Standard Chartered Bank*
2013	HSH Nordbank A.G.
2013	Deloitte (Standard Chartered Bank Consulting Flaws)

---

[1] 数据来源:"Enforcement and Discipline," *New York State Department of Financial Services*, last visited 2024/8/31.

(续表)

年份	被执法主体
2013	The Royal Bank of Scotland
2014	BNP Paribas
2014	Standard Chartered Bank
2014	Bank of Tokyo-Mitsubishi
2015	Commerzbank*
2015	Crédit Agricole S.A.*
2015	Deutsche Bank A.G.
2015	Habib Bank Ltd.
2016	Industrial Bank of Korea
2016	National Bank of Pakistan
2016	Mega International Commercial
2016	Agricultural Bank of China Ltd.
2016	Intesa Sanpaolo S.p.A
2017	Deutsche Bank A.G.
2017	Standard Chartered Bank (Supplemental)
2017	Habib Bank Ltd.
2017	Nonghyup Bank
2018	Western Union Financial Services, Inc.*
2018	Mashreq Bank
2018	Société Générale S.A.
2018	Standard Chartered Bank (Supplemental)
2019	Standard Chartered Bank*
2020	Industrial Bank of Korea*
2020	Deutsche Bank A.G.*
2020	Goldman Sachs Group

(续表)

年份	被执法主体
2021	Mashreq Bank
2022	National Bank of Pakistan
2022	Robinhood Crypto, LLC
2023	Coinbase, Inc.
2023	BitPay, Inc.
2024	Genesis Global Trading, Inc.
2024	Industrial and Commercial Bank of China Ltd.

(三)次生机制

美国通过"次生机制"促成反洗钱监管的域外实效并不是一件新鲜事。自2008年金融危机以来,反洗钱成为全球金融监管的重要领域,而美国正是该领域最积极的全球监管者。[1] 据统计,2008年至2018年期间,美国开出的反洗钱罚金数额占全球罚金总额的91%。[2] 在超过1亿美元的巨额处罚案例中,境外机构约占70%。[3] 2023年年末,美国开出的罚金总额为51亿美元,占全球反洗钱罚金总额的77%。[4] 一项关于2022年反洗钱和金融制裁等领域罚金来源的统计显示,就北美监管机构作出的处罚而言,域内金融机构被罚数额仅为3.588亿美元,而域外金融机构则高达26

---

[1] Duff & Phelps, "Global Enforcement of Anti-Money Laundering Regulation Review," *Kroll*, last visited 2024/8/31.

[2] "Global AML/KYC/Sanctions Fines: 2008 - 2018," *Fenergo*, last visited 2024/8/31.

[3] 蔡宁伟:《美国反洗钱"长臂管辖"的渊源与演变》,载《金融监管研究》2019年第11期,第97—113页。

[4] Fenergo, *AML Enforcement Actions Surge in 2023: A Global Data Research Report on Regulatory Compliance*, 2024, pp. 6, 9.

亿美元。[1] 美国反洗钱监管对域外机构的打击力度可见一斑。近年来,美国反洗钱法的域外适用制度还被广泛用于洗钱犯罪以外其他公司和金融犯罪领域(如欺诈)的域外执法活动。[2] 来自美国的巨大监管压力让世界各地的金融机构不得不严肃对待美国反洗钱合规工作。

有研究者甚至作出判断:美国凭借环环相扣的立法、严密的机构设置和多维度的激励措施,已经将全球的金融机构调动了起来。它们不仅自己遵守美国法律,而且监督和要求其同行遵守美国法律,实质上已经成为美国输送到世界各地的"金融探头"和"金融警察"。[3] 为了更有效率地实施美国反洗钱规则,很多金融机构已经开始使用先进的软件和人工智能系统监控交易活动、履行合规义务。更多机构花重金聘请律师事务所和其他中介咨询机构,降低自身经营中的合规风险。经过本书统计,以法律中介服务机构为例,2023 年全球排名前十的国际大型律所(绝大多数为美国所)[4] 无一例外都设置了反洗钱监管合规的业务部门(见表 3.3)。无论是美国所、英国所还是瑞士所,都在为全球客户提供美国反洗钱法的合规咨询和管理服务。律师事务所是美国反洗钱监管合规服务的供给侧,充足的供给必然是为了满足旺盛的需求。因此,这一统计能从侧面反映全球金融机

---

[1] 这项统计涵盖的地区包括美国和加拿大,但美国的监管实践占绝大多数(在共计 35 起处罚案例中,美国监管者作出了其中的 29 起),因此可以总体反映美国的情况,see Fenergo, *Reading Between the Fines A Deep Dive into Financial Institution Penalties in 2022*, 2023, p. 11.

[2] The U.S. United States Department of Justice, "Fraud Section – Year in Review (2020)," February 2020.

[3] 何为、罗勇:《你所不知的金融探头——全球金融机构与美国的金融制裁和反洗钱》,社会科学文献出版社 2019 年版,第 3—20 页。

[4] 这项排名由美国法律网在 2023 年发布,采取的排名标准是律所的全球总收入额,这一指标可以较好地衡量律所的规模、实力和影响力。See Shobhit Seth, "Top 10 Largest Law Firms in the World (2023)," *Investopedia*, August 8, 2024, last visited 2024/8/31.

构对美国法律的遵循,体现了"次生机制"下美国反洗钱法域外适用的效果。

表 3.3 全球十大律所的反洗钱合规业务供应情况(2023 年)

排名	律所名称	国别	反洗钱合规所属业务部门
1	Kirkland & Ellis	美国	国际贸易和国家安全
2	Latham & Watkins	美国	出口控制+经济制裁和海关
3	DLA Piper	英国	金融服务监管+保险等
4	Baker McKenzie	美国	金融等+国际商务和贸易
5	Dentons	瑞士	银行等+世界贸易组织和海关
6	Skadden Arps	美国	反洗钱与经济制裁
7	Sidley Austin	美国	反洗钱+制裁合规
8	White & Case	美国	监管与合规+金融服务监管
9	Morgan Lewis	美国	国际贸易和国家安全
10	Gibson Dunn	美国	全球金融监管

第三节 条 件

由上文的分析可知,美国反洗钱监管的域外实效在过去几十年间呈现不断扩张的趋势。值得思考的是,美国为什么可以依托威慑模式促成反洗钱监管的域外实效?本部分将从法律实力和行业实力两个条件入手,解释美国反洗钱监管规则取得显著域外效果的原因。

一、法律实力:强(必要)

托克维尔认为美国自 1787 年制定宪法以来,法律便步入了现代化轨道,尤其是美国拥有良性的司法和与其成熟市场相匹配的私法体系。美国法律之所以能够扩散至全球,一方面固然取决于美国有意识的战略部署,但美国法的内在特征确实是更重要的原因。[1] 托克维尔的论断在美国反洗钱监管领域也同样适用。在本书看来,支撑美国反洗钱监管域外实效的"法律实力"包括立法层面的扩张性、取巧性、周密性,执法层面的体系性与灵活性,以及司法层面的助推性。三者共同发力、配合默契。

(一)立法特征

美国国会负责立法,这是美国反洗钱法得以域外适用并产生域外实效的前提。从上一部分的实证研究可知,对于美国监管部门而言,美国反洗钱法域外适用的各种机制都有明确的法律依据和法律程序;对于外国合规主体而言,其在本国域内遵守的美国反洗钱规则也有翔实而具体的义务内容。总的来看,美国国会制定的反洗钱法有扩张性、取巧性和周密性三个特点,有利于该领域法律域外实效的产生。

第一,扩张性为美国反洗钱法的域外适用确立了基调。虽然国际法没有直接禁止国内法的域外适用,但各国也会通过自律限制本国法的域外适用。对此,美国从学术界到实务界都热衷于研究和践行"反域外适用推定"。这一推定的底层逻辑在于,美国国会的立法活动总是带着"国内关切"。如果美国的某部法律对于是否可以域外适用没有明确规定,则推定该法不能域外适用。美国司法历史上著名的"莫里森案"就在这一原则的指导下限制了本国证券法的域外实效。美国其他法律也因此只能在本国领土范围内适用,或者说它们必须推翻"反域外适用推定"之后,才有域外适用的可能性。[2]

然而,美国反洗钱监管规则的域外适用并无上述障碍。这是因为1986年美国《洗钱控制法》通过第1956(f)条"域外管辖权"条款,明

---

[1] [法]托克维尔:《论美国的民主》,董果良译,商务印书馆2015年版,第124—192页。

[2] 韩永红:《美国法域外适用的司法实践及中国应对》,载《环球法律评论》2020年第4期,第166—177页。

确表达了国会希望域外适用该法的意图,这为反洗钱领域的立法奠定了域外扩张的底色。不仅如此,美国反洗钱法的多次大修都进一步扩张了该领域法律的域外效力。经本书统计,在1986年、2001年和2020年这三个重要的历史节点上,美国反洗钱法域外效力条款(以"section"为单位)的数量分别累计有1条、6条和7条。而从法律的具体内容来看,反洗钱相关立法最初只规定了一项针对域外主体的管辖权条款。到了2001年,这项管辖权条款被修订并发展为著名的长臂管辖条款。同时,法律最初没有规定美国监管机构对域外主体的具体监管手段。而2001年立法明确了美国监管机构可以发送传票要求被执法主体提供特定信息并对其处以罚金等。2020年的立法进一步扩张了监管部门发送传票、调取域外信息的权限(见图3.4)。

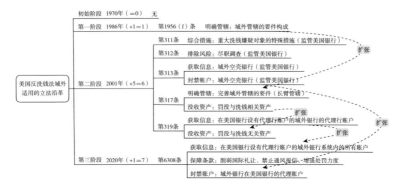

图 3.4　美国反洗钱法域外适用的立法沿革

第二,取巧性为美国反洗钱法的域外适用配备了工具。从上文的实证研究可知,美国反洗钱法域外适用存在诸多机制,每一种机制之所以能够存在并发挥实效,很大程度上取决于立法者的创新和取巧。举例而言,在2001年《爱国者法案》中,美国立法者创造性地通过监管美国国内银行的涉外金融服务的方式(第311条、第312条和第313条),实现调整域外主体行为、约束全球反洗钱活动的目的,也即在立法过程中巧妙地利用了"域内管辖的域外影响"。

为了实现上述域外影响,美国立法者还有一系列工具性创新。比如,提高美国银行的交易报告义务;要求其增加审查程序以识别域外主体开设账户的实益所有权(beneficial ownership)情况;禁止美国银行为域外空壳银行开设代理银行账户等。不仅如此,为了应对反洗钱立法的滞后性和粗糙性等问题,立法者还利用了"立法留白"技巧,授权美国财政部部长适时制定尽职调查规则(due diligence regulation),加强监管为域外主体开设私人银行账户或代理银行账户的美国金融机构;还授权其制定和实施细则以确保美国银行为域外主体开设、管理和维持的代理银行账户不会直接或间接地服务于空壳银行等。

此外,美国立法者还通过取巧的规则设计实现了美国反洗钱法和经济制裁的联动。此举不但让反洗钱成为经济制裁的工具,拓宽了反洗钱法域外适用的空间,而且还能让经济制裁赋能反洗钱法,延伸出更多执法工具。具体而言,在美国对伊朗的经济制裁中,美国将"认定伊朗具有重大洗钱嫌疑"作为对伊朗金融制裁的组成部分。[1] 为此,在反洗钱的传统监管方式"报告义务"(reporting requirement)环节,FinCEN专门根据2010年美国对伊朗的制裁法案设计了一项特殊的报告义务——"《伊朗综合制裁、问责、撤资法》报告义务"。该义务要求美国银行依FinCEN指示,报告涉及伊朗金融机构的往来银行账户信息,以及曾开展的直接或间接与伊朗有关的交易活动的信息等。[2]

第三,周密性为美国反洗钱法的域外适用提供了素材。根据实证研究可知,美国反洗钱监管域外效果的实现,很大程度上依托全球金融机构主动或被动以美国规则作为"反洗钱合规"的标准,而周详和

---

[1] Kenneth Katzman, "Iran Sanctions, Congressional Research Service," *Congressional Research Service*, No. RS20871, 2021, pp. 26-27.

[2] Rena Miller and Liana Rosen, "Anti-money Laundering: An Overview for Congress," *Congressional Research Service*, No. R44776, 2017, p. 8.

严密的美国反洗钱立法在这个意义上为其域外适用及效果实现提供了丰富的素材。自1970年开始,美国已经形成了完整的反洗钱法律体系。[1] 这一领域的重要法律包括1970年《银行保密法》、1986年《洗钱控制法》、1992年《阿农齐奥—怀利反洗钱法案》、2001年《爱国者法案》和2020年《反洗钱法案》等。

其中,前两部法律构成了美国反洗钱法律体系的核心,它们通过对金融机构施加报告义务、确立四项具体洗钱罪名、引入民事和刑事罚没程序等方式,在打击和遏制洗钱行为上起到了重要的作用。1992年立法进一步扩大了银行的报告义务,规定了可疑交易报告制度、对电汇转账的验证和记录制度等。2001年立法则致力于打击恐怖主义融资,通过修订前述法律的规定,对金融机构施加了许多新的义务。比如,禁止美国银行与外国空壳银行保持商业联系等。2020年法案是2001年以来对美国反洗钱监管体系最彻底的革新,通过强化和更新现有的反洗钱及反恐融资基础设施以回应科技时代的新型洗钱犯罪方法。此外,美国联邦层面的反洗钱法律还有1988年《反药物滥用法》、1994年《洗钱禁止法》、1998年《洗钱和金融犯罪策略法》,以及2004年《情报改革和恐怖主义预防法》等。

联邦层面的反洗钱法律体系已经非常严密,各州还会出台本州的反洗钱监管规则。它们大多与联邦法律保持一致并有所细化,还有一小部分与联邦规则存在差异。比如,纽约州法律汇编"刑罚编"第470条与联邦规则呼应,规定了洗钱与恐怖主义融资犯罪的具体构成要件。[2] 而NYDFS在2016年发布的《交易监控与过滤程序条例》(Final Rule on Transaction Monitoring and Filtering Programs)则致力于

---

[1] "History of Anti-money Laundering Laws," *Financial Crimes Enforcement Network*, last visited 2024/8/31.

[2] New York Consolidated Laws, Penal Law §470.21 (18 USC 1956, NY Penal Law Article 470).

克服联邦监管合规体系的弱点。[1]

(二)执法特征

美国各类监管部门负责执法,它们是让美国反洗钱法发挥域外实效的关键角色,直接造就了"直接机制"和"间接机制",也间接推动了"次生机制"。美国强大的法律实力在执法层面主要表现为:执法机构的体系性(表现为执法部门配置齐全且分工井然)和执法手段的灵活性(表现为域外实施反洗钱法时高超的诉讼和执法策略)。

第一,执法机构的体系性。美国反洗钱执法机构庞大而有序,可以按照职能分为经济监管和刑事制裁两类机构,后者又可以进一步细分为调查机构和起诉机构(见图3.5)。在经济监管方面,美国财政部长有权要求 31 U.S.C. § 5312(a)(2)项下列举的金融机构和其他企业履行报告、记录和执行反洗钱合规项目的义务。实践中,财政部部长将上述权力授予了财政部下属的 FinCEN。由于 FinCEN 并无执法人员,它进一步将《银行保密法》对不同类型金融机构的反洗钱监管权授予相应的联邦主管机构。[2] 最终,美国反洗钱领域的经济监管由银行、证券、期货等领域的监管机构分工完成。比如,银行领域包括货币监理署(Office of the Comptroller of the Currency,以下简称为"OCC")和联邦储备委员会(Board of Governors of the Federal Reserve,以下简称为"联储")等;证券领域包括 SEC 和金融业管理局(Financial Industry Regulatory Authority,以下简称为"FINRA");期货领域包括商品期货交易委员会(Commodities Futures Trading Commission,以下简称为"CFTC")和全国期货协会(National Futures Associa-

---

[1] Reena A. Sahni, Shearman & Sterling LLP, "NYS Banking Regulator's Requirements for Transaction Monitoring and Filtering," *Harvard Law School Forum on Corporate Governance*, July 31, 2016, last visited 2024/8/31.

[2] Rena Miller and Liana Rosen, "Anti-money Laundering: An Overview for Congress," *Congressional Research Service*, No. R44776, 2017, p. 14.

tion,以下简称为"NFA")等。此外,对于被要求执行反洗钱机制的所有其他金融机构和企业(如赌场、纸牌俱乐部、宝石和珠宝交易商等),检查权被授予美国国家税务局(Internal Revenue Service,以下简称为"国税局")。[1]

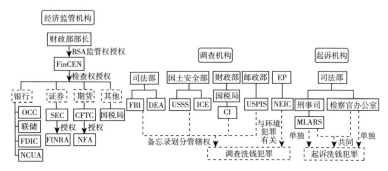

图 3.5 美国反洗钱领域的主要执法机构[2]

在反洗钱的刑事调查和起诉方面,调查管辖权由美国财政部部长、国土安全部部长、司法部部长和美国邮政局共同享有。美国司法部负责起诉洗钱刑事犯罪。司法部刑事司下属的洗钱和资产追回处(Money Laundering and Asset Recovery Section,以下简称为"MLARS")负责起诉洗钱犯罪并采取相关罚没措施。另外,遍及美国境内和海外的

---

[1] Stephanie Brooker and Linda Noonan, "Chapter 33 USA," in *The International Comparative Legal Guide to: Anti-money Laundering 2018*, Global Legal Group, 2018, p. 224.

[2] 图 3.5 中的机构缩写说明:FDIC(Federal Deposit Insurance Corporation),美国联邦存款保险公司。NCUA(National Credit Union Administration),美国国家信用管理局。FBI(Federal Bureau of Investigation),美国联邦调查局。DEA(Drug Enforcement Administration),美国司法部缉毒局。USSS(The United States Secret Service),美国国际安全服务处。ICE(Immigration and Customs Enforcement),美国移民和海关执法局。CI(Criminal Investigation),犯罪调查处。USPIS(United States Postal Inspection Service),美国国邮政调查局。EP(United States Environmental Protection Agency),美国环境保护局。NEIC(National Enforcement Investigations Center),国家执法调查中心。

94个美国检察官办公室也可以单独或与MLARS共同起诉洗钱犯罪。[1]

第二,执法手段的灵活性。与执法主体的分类对应,美国反洗钱法域外适用的执法手段也可以依据性质分为经济监管和刑事制裁两大类。[2] 其中,美国反洗钱法域外适用的经济监管措施包括三种:非正式执法措施(informal enforcement actions)、公共执法措施(public enforcement actions)和民事执法措施(civil enforcement measures)。其中,公共执法措施可能涉及的执法手段包括和解令(consent orders)和禁止令(cease and desist order)等;民事执法措施可能涉及的执法手段包括民事罚款、补救性措施如交易回溯(transactions review/look back)和可疑活动报告(suspicious activity report)等、独立监测和顾问(independent monitors and consultants)、大规模监管报告和监督(extensive regulatory reporting and oversight),以及限制经营规模和扩张(limitation of business lines and growth)等。与此同时,美国反洗钱领域的刑事处理结果包括:不起诉(declination)、不起诉附加没收非法所得(declinations with disgorgement)、不起诉协议、暂缓起诉协议、认罪协议(guilty pleas)、刑事审判(trials)和独立监测(independent monitors)等。可能涉及的刑事制裁手段包括:承担补救性义务(remedial obligations)、协议没收资产(agreement to forfeit funds)、刑事罚金(criminal fines)和没收非法所得(disgorgement)等。

虽然反洗钱法域外适用的处理结果和制裁手段繁多,但实践中

---

[1] Stephanie Brooker and Linda Noonan, "Chapter 33 USA," in *The International Comparative Legal Guide to: Anti-money Laundering 2018*, Global Legal Group, 2018, p. 224.

[2] Protiviti, *Unlock Your Guide to AML: U.S. Anti-Money Laundering Requirements (Seventh Edition)*, September 2017, pp. 179-273.

美国司法部主导的审前转处协议(pretrial diversion agreements,以下简称为"PDA")是最常见且有效的执法手段。这一点从上文的实证研究也可知晓。PDA是刑事诉讼的一种替代方式,最终的执法手段包括DPA和NPA。在通过PDA处理的案件中,美国司法部会与被执法主体达成协议,承诺设置一定的考验期,在考验期内不对其提起公诉,而是施加一定的经济处罚。作为回报,被执法主体需要配合调查并承认犯罪事实。此外,被执法主体还要履行一系列补救性义务,如建立和完善企业内控机制、更新报告制度、聘请检察官批准的监督员等。[1]

通过PDA实现美国反洗钱法的域外实效,有如下优势:其一,在避免损害无辜者利益(如被监管企业的投资者、雇员和客户等)的同时,预防企业再次犯罪(支付高额赔偿金和严控合规可以起到犯罪威慑和预防的作用);其二,减少调查成本、避免司法和执法资源浪费。当下金融机构的结构日益复杂、市场分工专业化凸显,对这些机构进行犯罪侦查和刑事追诉的难度陡增。金融机构启动内部调查程序和证据收集无需严格遵循诉讼程序,具有灵活高效性。而且,为了获得不起诉的待遇,被执法主体往往会更主动地交代违规情况,减少包庇现象。最后,考虑到洗钱形式的多样性和多变性,事后根据被执法主体的具体情况量身定制的PDA,会比执法机构的事前监管和普遍意义上的执法措施更有效率。正是如此,在上文的实证研究中,美国执法机构使用PDA的频率非常高。

当然,在"直接机制"下,直接起诉也是美国司法部的常用手段。在这个过程中,司法部倾向于创造性地解释规则和灵活地适用规则。举例而言,为了扩张反洗钱法的域外实效,美国司法部在起诉时会将

---

[1] Jennifer Arlen and Marcel Kahan, "Corporate Governance Regulation through Nonprosecution," 84 *The University of Chicago Law Review* 330, 330-352 (2017).

比特币交易解释为"金融交易"[1]、将使用美国代理银行账户解释为交易"部分发生在美国"。[2] 同时,司法部总能将各种案件与美国国家安全和国家利益联系,进而要求法院豁免适用国际礼让原则。[3] 另外,如实证研究所示,美国司法部越来越多地利用反洗钱法的域外效力灵活地指控其他类型的域外犯罪,这在客观上强化了反洗钱监管的域外实效。

(三)司法特征

美国法院负责司法,这不仅决定了传统意义上"司法域外管辖权"的效率,还决定了上文所述"直接机制"和"间接机制"下美国反洗钱法域外适用机制的实际效果("次生机制"意味着美国域外的主体主动遵守美国法,因此不会经历美国法院司法审查的环节)。这是因为在美国"三权分立、互相牵制"的语境下,国会的立法和监管部门的执法都要经过法院的审查并可能得到负面评价。然而,对于美国反洗钱法域外适用的司法审查,美国法院往往支持反洗钱法的域外适用,助推了该法域外实效的产生。下面将结合真实司法判例,分析不同机制下美国法院的表现。

在直接机制下,当美国司法部通过1986年《洗钱控制法》第1956(f)条域外适用美国反洗钱法时,法院通常会支持。根据本书统计,在1988年至2024年8月底的所有判决中,法院判决司法部胜诉、支持反洗钱法域外适用的比例高达98.4%。司法部败诉的唯一案件是由于没有达到法律规定的1万美元的最低起诉标准。该案被告的涉案金额为5400美元。[4] 相较于法条中的客观数字,文字的含义通常可以

---

[1] *United States v. Ulbricht*, 79 F. Supp. 3d 466 (S.D.N.Y. 2015).
[2] *United States v. Prevezon Holdings, Ltd.*, No. 16-132 (2d Cir. 2016).
[3] *United States v. Lloyds TSB Bank PLC*, 639 F. Supp. 2d 314 (S.D.N.Y. 2009).
[4] *United States v. Chi Tong Kuok*, No. 09-3208, 671 F.3d 931 (2017).

被扩大解释。因此,美国法院支持了司法部对法条内关键术语的所有解释。比如,上文提及的金融交易"部分发生在美国"等。值得一提的是,在一些案件中,美国法院还会鼓励执法部门域外适用反洗钱法。比如,在上文提及的涉及三家中国银行的案件中,美国司法部在起诉书中表达了顾虑:如果要求这些中国银行适用美国法、履行传票义务提供信息,可能会违反中国法律。然而,美国地区法院和上诉法院都拒绝适用国际礼让原则,认为应当优先考虑美国国家安全。[1] 近年来,美国司法部开始用反洗钱法打击其他原本无法进行域外管辖的犯罪,美国法院也是屡屡支持。在一起发生于2019年的反海外腐败案件中,被告是阿布扎比一家船企的高管,他从未踏足美国,但曾用美国金融系统转账行贿。美国司法部用反洗钱罪进行起诉,并认为转账构成犯罪行为"部分发生在美国"。上述指控得到了法院的全面支持(即便陪审团并不信服)。[2]

在间接机制下,常见的情况是美国司法部和金融监管机构通过DPA和NPA等法律工具促成反洗钱法的域外实效。根据美国法,NPA意味着"不起诉"(non-prosecution),也就是不存在法律意义上的刑事司法案件,因此NPA不需要经过法院认可或审查。而DPA意味着"暂缓起诉",也就是存在一个被推迟的刑事司法诉讼,因此DPA需要经过法院审查。[3] 即便如此,法院也仅做形式审查,基本尊重美国司法部和其他监管部门的意见。在2016年的一个判决中,美国哥伦比亚特区巡回法庭专门给出解释:美国宪法将刑事起诉的权力授予行政部门,而司法机构无权事后揣度行政机关作出的决定,更不能借此

---

[1] *In re: Sealed Case*, No. 19-5068 (D.C. Cir. Aug. 6, 2019).
[2] *United States v. Boustani, et al.*, 1:18-cr-00681 (S.D.N.Y. 2019).
[3] Benjamin Greenblum, "What Happens to a Prosecution Deferred-Judicial Oversight of Corporate Deferred Prosecution Agreements," 105 *Columbia Law Review* 1863, 1863-1904 (2005).

机会掺杂自己的裁量和意图。[1] 在该案的判决中,法院将是否以及如何作出 DPA 的裁量权完全授予美国司法部。类似地,在 2017 年的一个判例中,美国第二巡回法庭推翻了初审法院"支持司法机构在 DPA 相关事项中监督美国司法部"的判决。而且,法院指出美国《速裁法案》(Speedy Trial Act)仅授权法院审核(verify)司法部的 DPA,法院不能借机违背"速裁"的宗旨。[2] 总之,美国法院在与间接机制相关的诉讼中,通常会给执法部门"让路",支持其域外适用反洗钱法,这种做法助推了该法的域外实效。

二、行业实力:强(必要)

美国在银行等金融行业的强势地位自不待言。然而,强大的行业实力如何影响美国反洗钱监管的域外实效?简单来说,美国对于国际金融基础设施的控制,使其掌握了全球绝大部分金融报文,这在客观上保证了美国反洗钱法域外适用过程中侦查的有效性和执法的可能性。与此同时,美国因美元霸权和华尔街资本市场而获得的显赫国际金融地位,在主观上促成了域外主体对美国法的遵守和实施。

借鉴美国经济学家加里·贝克尔(Gary Becker)于 1968 年提出的"刑罚威慑理论",刑罚对潜在罪犯的威慑主要通过"预期惩罚成本"决定,而"预期惩罚成本"相当于"惩罚概率"与"惩罚烈度"的乘积。[3] 在美国反洗钱监管产生域外实效的语境下,美国对金融报文的掌控决定了较高的"惩罚概率",而美元和美国资本市场的地位决定了极高的"惩罚烈度"(即惩罚的严厉程度)。于是,美国的"威慑"得以实现,其反洗钱监管的域外实效得以产生。学界对于

---

[1] United States v. Fokker Servs. BV, No. 15-3016 (DC Cir. 2016).
[2] United States v. HSBC Bank USA, NA, No. 16-308 (2d Cir. 2017).
[3] Gary Becker, "Crime and Punishment: An Economic Approach," 76 *Journal of Political Economy* 169, 169-217 (1968).

"惩罚烈度"的关注已经较多(虽然不一定与"法律域外实效"的议题相关)[1],而对"惩罚概率"探讨较少。因此,本部分将重点阐释与美国反洗钱监管"惩罚概率"息息相关的金融报文的运作原理。

(一)决定"惩罚概率"的金融报文

1. 金融报文的定义和作用

金融报文(financial message)是金融交易领域用于传输和交换的具有一定格式的数据单元。作为信息的载体,它实现了不同金融主体(包括个人与机构)之间在不同系统和平台上的金融信息传递功能。[2] 金融市场包括众多参与主体。银行、证券、保险等金融机构以及交易所、结算公司等彼此之间的金融业务都是通过数据交换的形式完成的,而数据交换需要通过统一的报文标准达成传输协议。目前,金融报文已经从书面格式的信息交换发展到电子数据交换,并且已经形成了普遍应用于贸易服务、支付、证券交易结算、担保与衍生品、银行卡服务等领域的国际标准。比如,国际标准化组织(International Organization for Standardization,以下简称为"ISO")在2004年发布了ISO 20022《金融服务 金融业通用报文方案》[3],它有效提高了金融市场的效率、降低了金融交易的成本。金融报文主要有三类功能。第一,记录业务信息。报文被广泛应用于记录政务、支付结算、税收、国际贸易以及各种商业信息,通过报文交换实现联机业务处理、电子政务、电子商务、协同办公和决策支持等功能。第二,实现实时业务

---

[1] 代表性研究,比如范小云、王伟:《美元霸权下的人民币国际化道路:债券市场渠道的分析》,载《国外社会科学》2022年第6期,第46-58页;刘永佶:《从货币本质论美元霸权》,载《当代经济研究》2022年第10期,第5-16页;Daniel Drezner, "Targeted Sanctions in a World of Global Finance," 41 *International Interactions* 755, 755-764 (2015).

[2] Liana Wong and Rebecca Nelson," International Financial Messaging Systems," *Congressional Research Service*, No. R46843, 2021, pp. 1-6.

[3] "ISO 20022," *University Financial Industry Message Scheme of ISO 20022*, last visited 2024/8/31.

信息交换。在证券交易、外汇交易等行业,业务办理需要多个主体协作完成,业务信息的交换方式决定了交易办理效率。第三,汇集与交换批量业务信息。[1]

现实世界中的金融报文如何发挥作用？以最简单的跨境支付场景为例,要让跨境支付的发起方(付款人)成功向接收方(收款人)支付钱款,至少涉及三次连续的"一对一"交易。即付款人和付款银行的交易,付款银行和收款银行的交易,以及收款银行和收款人的交易。其中,付款银行和收款银行之间必须通过金融报文交换信息。金融报文携带的信息包括：相关主体身份、地址、币种、金额、被请求执行的日期、结算日期、汇款信息等。[2]

在标准报文中,每一类信息都有自己的语法或格式。环球银行金融电信协会(Society for Worldwide Interbank Financial Telecommunication,以下简称为"SWIFT")为每一个银行参与主体编制了一套身份识别代码——"银行识别代码"(bank identifier code)。一个标准的银行识别代码以"AAAA BB CC DDD"为格式。其中,前四位为特定银行名称的代码,后两位是国别代码,紧接着两位是地区代码,最后是银行的分行或支行信息。比如,"BKCH CN BJ 110"代表"中国银行 中国 北京市分行 某支行"。[3]

据此不难发现金融报文在国际金融领域的地位和作用,也可以感受到金融报文所含信息的详细程度。一国的国内法律要想真正发挥作用,仅靠立法是远远不够的,有效的执法才是更关键的。正是对上述金融报文的掌控,让美国有能力开展与洗钱活动有关的侦查和执法,最终有效实现了美国反洗钱法的域外适用,确保了法律的域外实

---

[1] Liana Wong and Rebecca Nelson, "International Financial Messaging Systems," *Congressional Research Service*, No. R46843, 2021, pp. 1–6.

[2] Id.

[3] "Bank SWIFT Code Finder," *The SWIFT Codes.com*, last visited 2024/8/31.

效。这具体表现在两个方面。

一方面,金融报文对于发现和侦查美国反洗钱法项下的违法活动有决定性作用。如果违法活动无从发现,或者发现后无法通过侦查手段获得确凿证据,那么也就没有触发法律域外适用的可能,更没有法律在域外产生实际效果的空间。根据上文所举的典型实例,在直接机制下,美国方面之所以可以根据美国法律指控几内亚矿产与地质部部长马哈茂德·蒂亚姆犯有反洗钱罪并对其定罪量刑,就是因为美国司法部获取了涉案纽约银行的金融交易记录作为确凿证据。[1] 类似地,在间接机制下,美国方面之所以可以依据《爱国者法案》将伊拉克胡达银行认定为具有"重大洗钱嫌疑"的金融机构,是因为美国金融监管部门根据美国《银行保密法》将相关金融交易信息汇总并发送至FinCEN,后者经过数据整合和分析等发现了伊拉克胡达银行的合规漏洞和违法活动。在英国汇丰银行洗钱案中,美国监管部门从SWIFT获取的交易数据和从FinCEN调取的金融报文同样是发现异常交易、查获"脏钱"的信源。[2] 这些金融报文决定了违反美国法律的行为可以被查获,为后续反洗钱监管产生域外实效提供了基础。

另一方面,金融报文对于执行和实施美国反洗钱法有保障性作用。为了促成法律的域外实效,必须配备强有力的执法措施和监督机制。举例来说,在间接机制下,特定银行被禁止参与美元交易结算,这需要与之进行交易的对手方积极配合。其中,美国的金融机构不得为之开立或维护代理行账户,如何获悉上述主体履行了合规义务?主要

---

[1] The U.S. Department of Justice, *Sealed Complaint as to Mahmoud Thiam (1) in Violation of 18 U.S.C. 1956, 1957, USA v. Thiam*, Docket No. 1:17-cr-00047, S.D.N.Y., January 18, 2017.

[2] The U.S. Department of Justice, *Deferred Prosecution Agreement, United States of America v. HSBC Bank USA, N.A. and HSBC Holdings PLC*, Attachment A, 2012.

还是依靠筛查金融报文中的主体信息和与之相关的交易数据。[1]类似地,当美国要求特定金融机构的全球分支依据美国反洗钱法进行合规管理,如何监督上述义务被充分执行?从美国监管机构的执法记录可知,主要的手段还是通过定期或不定期地审阅或检查与特定主体有关的金融报文。这个过程本质上与发现或侦查违法活动一致。其实,在次生机制下,尚未被直接监管的金融机构自觉适用美国法同样是忌惮美国对金融报文的掌握。因为这意味着美国对自身的金融"行踪"了如指掌,"达摩克利斯之剑"时时高悬头顶。

2. 美国对金融报文的掌控

金融报文对于美国反洗钱监管产生域外实效非常重要。那么,值得追问的是:美国为什么可以掌控全球绝大部分的金融报文?按照经手主体,金融报文可以简单划分为"由美国金融机构经手的金融报文"和"由非美国金融机构经手的金融报文"两大类。对于前者,美国专门制定了法律、建立了机构进行信息搜集和监测。而对于后者,美国通过威慑 SWIFT 和欧盟,达到了获取全球金融报文信息的目的。

第一,由美国金融机构经手的金融报文。美国金融系统每天都要处理上千万笔交易,涉及万亿级的美元(包括大额和小额)、证券、外汇、期货和衍生品以及其他金融产品。在金融交易的各个环节中,支付、清算和结算环节最为关键。从金融业务的角度看,这些环节意味着一笔交易的顺利完成;从金融监管的角度看,通过监测这些环节和相关信息就可以监督整个金融市场和每笔交易。

美国通过联邦储蓄银行和其他私人主体运营的金融市场基础设施来支持上述金融交易。2010 年 7 月,美国通过了《多德—弗兰克法

---

[1] Ethan Preston, "The USA PATRIOT Act: New Adventures in American Extraterritoriality," 10 *Journal of Financial Crime* 104, 104–116 (2003).

案》。其中第八章专门规定了"支付、清算和结算监督法案",赋予美联储监管这些金融市场基础设施及其支付、清算和结算环节的权力。[1] 与此同时,该法案也授权美国 SEC 和美国 CFTC 等金融监管部门在各自领域行使监督管理权。自此,美国每天发生的金融交易,从小额美元零售购买交易,到大额证券买卖交易,再到期货和衍生品的交易,都被严密监控。

在金融交易的过程中与美国主体产生联系,是再正常不过的事情。这是由美元霸权和美国银行及资本市场的强势地位决定的。美联储发布于 2021 年 10 月的一项统计报告显示,美元在全球外汇储备中的份额占比超过 60%。在国际经贸活动中,美元是最常用的计价和支付工具。1999 年至 2019 年,美国境内 96% 的交易用美元支付结算,这项指标在亚太地区和全球其他地区分别为 74% 和 79%。[2] 受新冠肺炎疫情和美国对俄金融制裁的影响,有观点认为美元的地位可能遭到削弱。然而,编写上述统计报告的研究人员于 2023 年 6 月追踪了相关数据后发现:美元在国际货币体系和全球经贸活动中依旧稳固地占据主导地位,美元的国际使用情况在过去 5 年内几乎没有发生变化。[3] 一旦使用美元支付,就会涉及美国银行的代理账户和相应的美国金融机构,也绕不开美国的金融市场基础设施,也就一定会产生相应的金融报文。最终这些金融交易信息会悉数进入美国金融监管机构的监测系统。总之,美国可以掌握这些由美国金融机构经手的

---

[1] The Dodd-Frank Wall Street Reform and Consumer Protection Act, Title VIII Payment, Clearing, and Settlement Supervision Act of 2010.

[2] Carol Bertaut, Bastian von Beschwitz, and Stephanie Curcuru, "The International Role of the U.S. Dollar," *FEDS Notes, Board of Governors of the Federal Reserve System*, October 6, 2021, last visited 2024/8/31.

[3] Carol Bertaut, Bastian von Beschwitz, and Stephanie Curcuru, "The International Role of the U.S. Dollar Post-COVID Edition," *FEDS Notes, Board of Governors of the Federal Reserve System*, June 23, 2023, last visited 2024/8/31.

金融报文。

第二,由非美国金融机构经手的金融报文。如今全世界绝大多数金融机构都会使用 SWIFT 来接收和发送金融报文信息。[1] SWIFT 是一家总部位于比利时的全球性同业合作组织,是世界领先的金融报文传送服务机构。其报文传送平台、产品和服务对接了全球超过 11000 家银行、证券机构、市场基础设施和企业用户,覆盖 200 多个国家和地区。[2] 换句话说,不管是否使用美元交易,也无论是否与美国主体发生联系,只要是从事跨境商事活动并发生资金往来,SWIFT 都可以为之传送和存储报文信息。

从理论上说,SWIFT 作为全球性金融基础设施,具有绝对的中立性。[3] 然而,2001 年美国遭遇恐怖主义袭击事件后,美国政府启动了"恐怖主义金融追踪计划"(Terrorist Finance Tracking Program),并希望与 SWIFT 实现"合作",共同狙击国际恐怖主义。最初,SWIFT 秉持自身的中立性要求,表示其无法将平台上的金融报文等信息提供给第三方。然而,美国财政部向 SWIFT 送达传票并威胁将对其进行金融制裁。面对如此极端的情形和具有法律强制力的文件,SWIFT 被迫与美国达成秘密合作关系。[4] 直到 2006 年,美国《纽约时报》才曝光了上述"合作"[5],引起了全球哗然。欧盟闻讯立即行动,一方面向 SWIFT 施压,另一方面与美国磋商,两者在 2010 年缔结了

---

[1] Liana Wong and Rebecca Nelson, "International Financial Messaging Systems," *Congressional Research Service*, No. R46843, 2021, pp. 2-5.

[2] The Global Provider of Secure Financial Messaging Service, "About Us," last visited 2024/8/31.

[3] The Global Provider of Secure Financial Messaging Service, "SWIFT History," last visited 2024/8/31.

[4] Susan Scott and Markos Zachariadis, *The Society for Worldwide Interbank Financial Telecommunication (SWIFT): Cooperative Governance for Network Innovation, Standards, and Community*, Taylor & Francis, 2014, pp. 128-132.

[5] Eric Lichtblau and James Risen, "Bank Data Is Sifted by US in Secret to Block Terror," *The New York Times*, June 23, 2006, last visited 2024/8/31.

《美欧安全港协议》。根据该协议,SWIFT 的金融数据要一分为二,存储于两个数据中心。其中,仅与欧洲有关的金融数据(欧洲国家内部的金融交易信息)由设立于欧洲境内的数据中心处理和存储,不受美国控制。[1] 然而,就在同年7月,欧盟签署了由美国提出的永久协议,允许将上述欧洲内部的金融数据也传输给美国。[2]

不少评论家和研究者从国际政治经济学的角度分析了欧盟向美国妥协的原因。比如,美国曾向欧洲议会进行了史无前例的强力游说。还比如,美国曾威胁要绕过欧盟,直接与各个欧洲国家签订双边协议获取金融数据。[3] 与此同时,欧盟也不想破坏与美国形成的长期友好伙伴关系,尤其是在绝对政治正确的反恐领域。[4] 综合各种因素,欧盟成为美欧关系中的妥协者。最终,对于非美国金融机构经手的金融报文信息,美国也可以自由获取。总之,美国对全球金融报文的大量掌握[5],为其反洗钱监管域外实效的生成奠定了坚实的基础。

(二)决定"惩罚烈度"的美元金融地位

威慑模式的有效实现不仅取决于"惩罚概率",还取决于"惩罚烈

---

[1] "Safe Harbor," *International Trade Administration*, 2010, last visited 2024/8/31.

[2] John Crook, "EU Parliament Approves Revised United States–European Union SWIFT Agreement," 104 *American Journal of International Law* 659, 659-661 (2010).

[3] Jörg Monar, "The Rejection of the EU–US SWIFT Interim Agreement by the European Parliament: A Historic Vote and Its Implications," 15 *European Foreign Affairs Review* 143, 143-151 (2010).

[4] Ariadna Ripoll and Alex MacKenzie, "Is the EP Still a Data Protection Champion? The Case of SWIFT," 12 *Perspectives on European Politics and Society* 390, 390-406 (2011).

[5] 值得注意的是,美国对于全球金融报文的掌控尚无法达到百分之百的程度。因为并非所有的金融交易都由 SWIFT 提供报文服务。另外,即便美国可以掌握金融机构间的交易信息,各金融机构都以不同的逻辑进行客户信息收集、存储和管理,尤其是当金融机构通过多国多层代理银行账户甚至使用虚假报文进行交易时,交易主体依旧难以被迅速查知。在这种情况下,美国监管部门仍然需要从各家金融机构直接调取信息以辅助案件侦查和执法。

度"。后者解释了为何他国金融机构在被美国查实违法后,几乎总会接受美国法的域外适用和相应的处罚(如罚款与合规要求),而不是置之不理。原因在于,遵守美国反洗钱法的成本虽然很高,但是不遵守的代价(惩罚)更大。这是由上文所述的美元霸权和美国在国际金融及资本市场的地位决定的。简单来说,任何跨境经营的金融机构都无法承受被禁止以美元结算和被踢出国际金融体系的结局。[1] 即便是纯国内经营的金融机构,如果被美国列入"黑名单",随之而来的寒蝉效应也会让这家金融机构被同行孤立,最终在行业内寸步难行甚至面临倒闭。[2]

举例而言,2005 年 9 月,美国财政部援引《爱国者法案》第 311 条,宣布中国澳门汇业银行(Banco Delta Asia)"有可能为朝鲜的恐怖行动提供洗钱服务",因而具有"重大洗钱嫌疑",并决定对其采取该条规定的第五项特别措施。虽然美国监管者并未要求美国之外的银行对此采取行动,然而全球大多数金融机构都对美国的这一举措给予了快速响应。具体而言,在美国公开指责澳门汇业银行的一年内,全球绝大多数金融机构都自发地切断了它们与澳门汇业银行的金融联系。不仅如此,由于该银行的结算业务遭拒,其证券业务也陷入困顿。其附属机构汇业信贷一度被我国香港金融管理局委派会计师接管。在澳门,美国财政部的指责很快便引发了澳门民众的挤兑风潮。仅周末两天,储户就从自动取款机上提现超过 3 亿澳元(折合人民币约 3.03 亿元)。随后,为了防止该银行倒闭,我国澳门特区政府紧急接管了该银行的业务。[3] 违反美国反洗钱监管的"惩罚烈度"可见一斑。

---

[1] Daniel Drezner, "Targeted Sanctions in a World of Global Finance," 41 *International Interactions* 755, 755–764 (2015).

[2] Daniel McDowell, "Financial Sanctions and Political Risk in the International Currency System," 28 *Review of International Political Economy* 635, 635–661 (2021).

[3] 何兴强:《"一国两制"下的外交实践——以"汇业银行事件"为例》,载《一国两制研究》2009 年第 2 期,第 17—23 页。

第四节 影　响

一、对国家自身的影响

如前所述,美国反洗钱监管的域外实效主要依赖于其对自身金融强势地位的利用。然而,当美国的"利用"逐渐变成"滥用",并且将国际社会在金融领域的互联互通作为一种武器,其他国家也会采取"脱钩"措施进行防御或回击,也即减少自身对美元和美国金融基础设施的依赖。[1] 在法学和金融学领域,学者们已经指出:国家维持现有国际金融秩序并非理所当然。当达到"维持现状的成本大于做出改变的成本"这一临界点,国家便会联合起来规避现有的国际金融体系,创造可替代的交易模式、支付结算机制和通用货币。[2] 上述观点并非是学者们的一家之言,美国的政治家和金融监管者也有类似的顾虑。前美国国务卿约翰·克里(John Kerry)曾给出警告,美国大量对其他国家采取反洗钱等经济制裁手段是让美元不再成为世界储备货币的"诀窍"。[3] 美国前财政部部长雅各布·卢(Jacob Lew)也观察到,越来越多的国家正在寻找更少依赖美元的方案,包括建立替代性跨境金融和支付结算机制等。[4]

实践中,各国与美国金融"脱钩"确实正在进行中。一方面,部分国家正在尽力避免使用美元,这一趋势在美国对俄实施大规模金融制

---

[1] Henry Farrell and Abraham Newman, "Weaponized Interdependence: How Global Economic Networks Shape State Coercion," 44 *International Security* 42, 42–79 (2019).

[2] William Magnuson, "Unilateral Corporate Regulation," 17 *Chicago Journal of International Law* 523, 523–571 (2016).

[3] Warren Strobel, "Dollar Could Suffer If U.S. Walks Away from Iran Deal: John Kerry," *Reuters*, August 12, 2015, last visited 2024/8/31.

[4] "Excerpts of Secretary Lew's Remarks on Sanctions at The Carnegie Endowment for International Peace," *The U.S. Department of the Treasury*, 2016, last visited 2024/8/31.

裁后尤其明显。同时,国际金融领域还出现了大量加密货币。[1] 比如,委内瑞纳就创造出本国的加密货币以规避美国金融领域的监管和制裁。而俄罗斯和韩国也在运用区块链增强本国金融的独立性。[2] 又比如,以中国为代表的国家正在积极推广央行数字货币,以此削弱美元的地位并降低基于美元体系的被制裁风险。[3] 另一方面,各国也正在绕开美国主导的国际金融基础设施(如 SWIFT)。不少国家的央行和跨国公司正在试图用数字货币和区块链技术减少对金融报文和相应金融基础设施的依赖。许多国家也先后拥有了自己的国际金融基础设施。比如,中国的人民币跨境支付系统[4]、俄罗斯央行的金融信息传输系统[5]、欧洲国家(英、法、德)之间曾经用于支持贸易往来的工具等。[6] 总之,通过威慑模式发挥反洗钱监管的域外实效可能会伤及自身。最终的代价也许是美元被替代、当下美国主导的国际金融秩序被推倒重来。

二、对国际关系的影响

威慑模式可能在法律和政治两个方面造成国家之间的摩擦和紧

---

[1] 曾灿:《利用加密货币"逃避"经济制裁的国际规制——兼论其对中国的启示》,载《河南财经政法大学学报》2024 年第 2 期,第 129—143 页。

[2] Liana Wong and Rebecca Nelson, "International Financial Messaging Systems," *Congressional Research Service*, No. R46843, 2021, pp. 12-15.

[3] 沈伟、苏可桢:《数字货币的制裁维度:非对称性金融反制裁的路径与因应》,载《世界社会科学》2024 年第 3 期,第 93—121 页。

[4] 跨境银行间支付清算有限责任公司:《关于我们—CIPS 系统》,载 CIPS 系统官网,访问日期:2024 年 8 月 31 日。

[5] "The Financial Messaging System of the Bank of Russia (SPFS)," Bank of Russia, last visited 2024/8/31.

[6] Cathleen Cimino-Isaacs, Kenneth Katzman, and Derek Mix, "Iran: Efforts to Preserve Economic Benefits of the Nuclear Deal," *Congressional Research Service (in focus)*, February 26, 2019;据悉,INSTEX 已于 2023 年初关停,see "The 10 Instex Shareholder States Have Decided to Liquidate Instex Due to Continued Obstruction from Iran," *Gov.UK*, March 9, 2023, last visited 2024/8/31.

张局势。威慑模式并无国际法背书,国家既没有义务、也没有可能为之做好制度衔接和规则协调。因此,一国法律强行域外实施可能造成与他国法律的冲突。比如说,在美国追求反洗钱法域外实效的过程中,某国律师根据美国反洗钱法履行信息披露义务,可能违反本国律师和客户之间的保密义务。[1] 再比如说,某国银行根据美国的传票提供账户信息和交易记录可能违反本国的银行法。[2] 还比如说,某国公司根据美国监管机构的要求指派外籍合规官、制定美国法下的合规要求,可能会违反本国公司治理相关的规定。[3] 更不用说,在存在阻断立法的国家,对美国反洗钱法的遵守可能直接触犯本国法上的禁令。

法律摩擦往往与政治摩擦交织在一起,美国在促成法律域外实效的过程中,与不少国家都发生过政治冲突。在美国反洗钱法域外适用的直接机制下,美国监管部门对中国的三家银行发送传票,要求其提交银行账户信息和交易记录信息。此举引起了中国司法部的关注。后者向美国法院发出公函,要求其通过中美之间的"双边司法互助协议"(U.S.-China Mutual Legal Assistance Agreement)调取信息,中方承诺及时处理上述请求。然而,美国法院不仅对此置若罔闻,而且还在法院的裁判文书中强调国际礼让原则并不适用于本案,中国政府的请求和反对无效。凡此种种,都促使中国政府直接指责美国滥用国内

---

[1] Pamella Seay, "Practicing Globally: Extraterritorial Implications of the USA PATRIOT Act's Money-laundering Provisions on the Ethical Requirements of Us Lawyers in An International Environment," 4 *South Carolina Journal of International Law and Business* 129, 129-190 (2007).

[2] Bruce Zagaris, "The Merging of the Anti-money Laundering and Counter-terrorism Financial Enforcement Regimes after September 11, 2001," 22 *Berkeley Journal of International Law* 123, 145-151 (2004).

[3] Brandon Garrett, "Structural Reform Prosecution," 93 *Virginia Law Review* 853, 885 (2007).

法,频繁以"长臂管辖"制裁他国。[1] 两国之间紧张的政治局势可见一斑。

在间接机制下,英法两国都曾与美国发生政治冲突。具体而言,英国政府曾因为美国监管部门对汇丰银行的执法行动而提出抗议。前英国财政大臣乔治·奥斯本(George Osborne)给时任美联储主席本·伯南克(Ben Bernanke)和时任美国财政部部长蒂姆·盖特纳(Tim Geithner)写信,指出美国的罚款数额过大,英国银行遭受了美国的不公对待。[2] 而法国政府曾为巴黎银行洗钱一案向美国政府提出公开批评。前法国外长洛朗·法比尤斯(Laurent Fabius)警告美方要考虑美欧之间的自由贸易谈判和互惠安排,不宜做出如此不公的单边执法决定。[3]

在次生机制下,美国对特定国家主体的法律域外适用以及后续的实际效果会对其他国家造成威慑,以至于相关的主体会在本国境内主动遵守美国的规定。而这些主体的母国会因此不满。以美国对伊朗的一系列经济制裁措施为例,欧洲的银行因此噤若寒蝉,纷纷切断与伊朗的金融往来。然而,此举与欧盟的整体战略和利益不符。欧盟认为美国通过牺牲欧盟利益的方式实现自身的政治目的,本质上是一种显失公平的"零和博弈"。尤其是威慑模式具有极强的单边属性,本来就与欧盟崇尚的以双边或多边方式解决国际经济问题的理念相冲突,相关的政治摩擦因此一触即发。[4]

---

[1] 新华社:《关于中美经贸摩擦的事实与中方立场(白皮书)》,载中华人民共和国中央人民政府官网,2018年9月;新华社:《美国滥施"长臂管辖"及其危害》,载新华网,2023年2月3日,访问日期:2024年8月31日。

[2] Rupert Neate, "HSBC Escaped US Money-laundering Charges after Osborne's Intervention," *The Guardian*, July 11, 2016, last visited 2024/8/31.

[3] 赵灿:《法国为法国巴黎银行批评美国 称罚款不合理》,载中国金融信息网,2014年6月4日,访问日期:2024年8月31日。

[4] Pierre-Hugues Verdier, *Global Banks on Trial: US Prosecutions and the Remaking of International Finance*, Oxford University Press, 2020, pp. 130-136.

三、对国际社会的影响

依托威慑模式促成监管规则的域外实效会减损国际社会的公共福利。一方面,从个体国家的微观利益来看,威慑模式会对一些国家及其无辜公民造成致命打击,引发"金融遗弃"问题。世界上很多国家及其公民都依赖美元转账服务,这关系到他们的日常生活、社区的稳定甚至国家的经济发展。然而,在美国反洗钱法域外适用的高压下,国际银行在计算合规成本后,会停止为特定地区提供金融服务,切断代理银行关系。具体来说,在上文描述的间接机制下,美国监管机构会根据《爱国者法案》将特定的国家或地区认定为具有"重大洗钱嫌疑",并要求国内金融机构切断与上述国家或地区的美元业务往来。

比如,美国在2016年和2019年分别对朝鲜和伊朗采取了上述措施。再比如,在2012年英国汇丰银行洗钱案中,美国监管机构也要求其停止为特定区域提供金融服务。而上述执法行为都可能通过次生机制加剧其现实影响。国际货币基金组织2015年的研究显示,全球55%的银行正在关闭代理银行账户,75%的跨国银行正在切断与美国认定的高风险地区的代理银行关系。涉及的国家包括非洲、中亚、欧洲、拉丁美洲和加勒比沿岸的国家。利比里亚、墨西哥、圭亚那、海地和牙买加等国已成为重灾区。[1] 当这些国家和地区失去了金融服务提供商,其国际贸易受困、国家发展受阻,依靠海外亲友跨境汇款为生的当地普通民众的生存更是堪忧。此外,许多为这些国家提供人道主义援助的慈善组织也同样陷入艰难境地。[2]

---

[1] Michaela Erbenova, et al., *The Withdrawal of Correspondent Banking Relationships: A Case for Policy Action*, International Monetary Fund, 2016, pp. 31-32.

[2] Center for Global Development Working Group, *Unintended Consequences of Anti-money Laundering Policies for Poor Countries*, 2015, pp. 41-52.

另一方面,从国际秩序的宏观利益来看,美国反洗钱监管的域外实效并不能有效减少国际洗钱和相应的上游犯罪,反而会加剧上述问题。[1] 美国打击国际洗钱犯罪的逻辑在于借助银行等金融机构实施反洗钱监管,因为金融机构处于发现和狙击洗钱活动的最佳位置。[2] 然而,美国为了追求反洗钱监管的域外实效,动辄将特定国家或特定金融机构直接排除出国际金融体系之外。如此一来,由于跨境转移资金的需求不会消失,与之相关的金融活动就会彻底从"地上"转移到"地下"。后者通常被称为"非正式价值转移系统"(informal value transfer system),是恐怖组织常用的资金传输方式。[3] 最终,这些游离于监管体系之外的国家、地区和机构,久而久之都会成为滋生非法活动的温床。

与此同时,美国反洗钱监管的域外实效——不管是通过三种机制中的哪一种实现,本质上都会逐步统一全球银行等金融机构的合规模式和内容。最终,美国规则可能会成为全球规则。上述趋势已初见端倪。金融稳定理事会(Financial Stability Board)根据巴塞尔银行监管委员会(Basel Committee on Banking Supervision,以下简称为"BCBS")制定的评估标准,每年都会更新一版"全球系统重要性银行"(global systemically important banks)清单。这些上榜的银行在规模、与其他银行的关联度、在某类业务或市场中的不可替代性,以及全球市场影响力方面都是全球银行中的佼佼者。[4] 基于2023年11月发布的清单

---

[1] Bryan Mulacahey, "A Lose-Lose Scenario When the Federal Government Starts a Theory with Too Big: How the DOJ's AML Enforcement Policy Forces Remittances Underground," 6 *George Mason International Law Journal* 107, 111-112 (2014).

[2] Colin Watterson, "More Flies with Honey: Encouraging Formal Channel Remittances to Combat Money Laundering," 91 *Texas Law Review* 711, 711-748 (2012).

[3] Walter Perkel, "Money Laundering and Terrorism: Informal Value Transfer Systems," 41 *American Criminal Law Review* 183, 183-214 (2014).

[4] "Reducing the Moral Hazard Posed by Systemically Important Financial Institutions," *Financial Stability Board*, October 20, 2010, last visited 2024/8/31.

进行统计[1],在清单所列29家银行中,有15家曾在2008年至2024年8月底被美国作为监管对象,并被要求采取美国反洗钱监管合规措施(见表3.4)。

表3.4 受美国反洗钱监管域外实效影响的
"全球系统重要性银行"(2023)

序号	附加资本要求	国别	全球系统重要性银行
0	3.5%	无	无
1	2.5%	美国	JP Morgan Chase
2	2.0%	美国	Bank of America
3		美国	Citigroup
4		英国	HSBC
5	1.5%	中国	Agricultural Bank of China
6		中国	Bank of China
7		英国	Barclays
8		法国	BNP Paribas
9		中国	China Construction Bank
10		德国	Deutsche Bank
11		美国	Goldman Sachs
12		中国	Industrial and Commercial Bank of China
13		日本	Mitsubishi UFJ FG
14		瑞士	UBS
15	1%	中国	Bank of Communications (BoCom)
16		美国	Bank of New York Mellon
17		法国	Groupe BPCE

[1] "2023 List of Global Systemically Important Banks (G-SIBs)," *Financial Stability Board*, November 27, 2023, last visited 2024/8/31.

(续表)

序号	附加资本要求	国别	全球系统重要性银行
18		法国	Groupe Crédit Agricole
19		荷兰	ING
20		日本	Mizuho FG
21		美国	Morgan Stanley
22		加拿大	Royal Bank of Canada
23		西班牙	Santander
24		法国	Société Générale
25		英国	Standard Chartered
26		美国	State Street
27		日本	Sumitomo Mitsui FG
28		加拿大	Toronto Dominion
29		美国	Wells Fargo

美国通过国内法影响这些全球银行的运营方式和合规模式,本质上是将美国规则渗透到国际金融治理之中。此举可能会加剧国际金融秩序的脆弱性,并加剧系统性金融风险。美国耶鲁大学法学院的罗伯特·若玛诺(Roberta Romano)教授曾指出,世界各国必须警惕金融领域的监管规则趋同。在她看来,2008年全球金融危机已经显示:疏漏和错误的金融监管规则一旦被推广适用,其负面影响会蔓延至全球,而且不限于单个金融领域。同时,层出不穷的金融创新让疏漏和错误的监管规则难以避免。[1] 因此,我们需要多样化、实验性而非和

---

[1] Roberta Romano, "Pitfalls of Global Harmonization of Systemic Risk Regulation in a World of Financial Innovation," in Douglas W. Arner, Emilios Avgouleas, Danny Busch and Steven L. Schwarcz (eds.), *Systemic Risk in the Financial Sector: Ten Years After the Great Crash*, CIGI Press, 2019.

谐统一的国际金融监管方案。[1] 若玛诺教授的洞见在美国反洗钱监管领域同样适用。现有美国反洗钱监管规则远非完善,甚至存在错漏[2];而新型的洗钱手段不断涌现,进一步催生监管漏洞。[3] 在这样的背景下,美国反洗钱监管域外实效的形成会造成这一领域的国际规则趋同,最终会导致反洗钱领域甚至更大范围内的金融危机。

总　结

以美国反洗钱监管为例,依托威慑模式生成法律域外实效的做法有诸多特征,可以从"外在表现"和"内在条件"两个方面进行阐述。

在外在表现方面,威慑模式体现了法律输出方和法律输入方之间"追求—排斥"的心理互动状态。在反洗钱监管领域,美国积极地扮演"世界警察",试图通过本国反洗钱规则的域外实效来打击恐怖主义、影响全球金融治理。而在这个过程中,与之互动的其他国家都非常排斥这种做法。这从各国的抗议声明与采取的阻断措施就可以看出。它们一方面是本国银行的代言人,为高昂的合规成本鸣不平,另一方面也是国家主权和多边主义的维护者,指责美国肆意的单边举措。

---

[1] Roberta Romano, "For Diversity in the International Regulation of Financial Institutions: Critiquing and Recalibrating the Basel Architecture," 31 *Yale Journal on Regulation* 1, 1–76 (2014).

[2] Ronald Pol, "Anti-money Laundering: The World's Least Effective Policy Experiment? Together, We Can Fix It," 3 *Policy Design and Practice* 73, 73–94 (2020); Ronald Pol, "Anti-money Laundering Effectiveness: Assessing Outcomes or Ticking Boxes?," 21 *Journal of Money Laundering Control* 215, 215–230 (2018).

[3] Fabian Teichmann, "Twelve Methods of Money Laundering," 20 *Journal of Money Laundering Control* 130, 130–137 (2017); Milind Tiwari, Adrian Gepp, and Kuldeep Kumar, "A Review of Money Laundering Literature: The State of Research in Key Areas," 32 *Pacific Accounting Review* 271, 271–303 (2020).

上述心理状态体现为行为互动即为"威逼—屈从"。具体来说,美国通过其金融和资本市场行业的绝对优势地位,以切断美元结算关系、吊销金融营业执照等方式威逼其他国家遵守其反洗钱监管规则;其他国家虽然心怀不满、抗议批评,但终究迫于形势,不得不屈从。最终,上述博弈的最终结果就是作为法律输出方的美国,通过单边方式,将自己的国内法律单向地适用到法律输入方域内,产生了域外实效。如果用博弈论的形式体现上述互动,则如表3.5所示,均衡结果为(3.5,0),即(威逼,屈从)。

表 3.5 美国反洗钱监管域外实效的博弈互动

		乙国	
		不屈从	屈从
甲国	不威逼	2, 2 (NA)	4, 0 (NA)
	威逼	1.5, -2	3.5, 0

在内在条件方面,支撑美国反洗钱监管域外实效的是其强大的法律实力和行业实力(见图 3.6)。前者表现为司法、立法和执法三者的默契互动,后者则表现为美国在金融和资本市场领域的绝对强势地位。可以想见,如果没有足够的行业实力支撑,国内法的域外效力可能沦为一纸空文,因为纸面上的法律无法产生现实世界中的约束力和执行力。就好比一个国家想要有效追击跨国洗钱犯罪,就不能没有追踪并证明其违法活动的证据,也不能缺少控制其财产或人员的能力。

然而,如果在反洗钱领域只有强大的行业实力而没有与之匹配的法律实力,国内法的域外实效也无法以一种稳健和常态化的方式实现。这是因为:一方面,本章中各国银行合规监管的具体内容就是美国的反洗钱规则。如果美国并无法律或者法律疏漏不堪,又谈何法律的域外实效?另一方面,美国反洗钱监管的域外实效纯粹依靠国家的

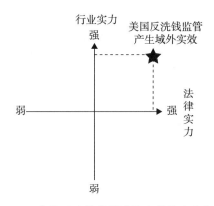

图 3.6 美国反洗钱监管域外实效的内在条件

单边行为促成,这一结果好比一国流水线上制造出来的产品,需要各个部门分工协作、各司其职,而这都需要法律实力加以支持。正如上文所述,在美国反洗钱监管产生域外实效的过程中,司法部等执法部门之所以可以拥有诸如 DPA 和 NPA 这样的法律工具,之所以可以在执法过程中免于司法的审查,背后都有井然有序、细致周全的法律安排。

值得一提的是,美国反洗钱监管的域外实效只是威慑模式的冰山一角。美国其他经济监管领域,比如反海外腐败法、出口管制法等的域外实效都是威慑模式的产物。同时,美国以外的其他国家或地区,比如欧盟和中国,也有利用威慑模式促成法律域外实效的案例。只不过上述案例可能不如我们在美国反洗钱领域看到的这般典型。

第四章

偶合模式：以欧盟数据监管为例

引　言

　　域内经济监管规则依托偶合模式产生域外实效的情形共有两种。在狭义情形下，法律输出方和法律输入方都对规则域外实施的过程以及后续产生域外实效的结果漠不关心。主体双方存在"漠视—漠视"的主观态度，呈现"无为—无为"的客观互动。这也是最严格意义上的偶合。在广义情形下，法律输出方和输入方呈现"追求—追求"的主观态度与"要求—配合"的客观互动。两种情形下各国都以最大化自身利益的方式行事，恰好形成"激励相容"的安排。从均衡结果来看，经济监管的域外实效通过单边机制，以单向度的形式促成。

　　本章以欧盟数据监管规则（或数据保护规则）[1]的域外实效作为偶合模式的典型案例，有两个原因：一是实践多样性。偶合模式的狭义和广义形态都能在这个领域找到实例。二是理论趣味性。欧盟法律的全球扩张是政策扩散视野下的经典议题，而欧盟数据监管规则的域外实效近年来也引起了国内法学界的热烈讨论。本章的研究将同时与上述两方面文献对话。

　　从历史角度看，欧盟数据监管立法至今走过了四个阶段。其中，以 GDPR 为代表的第三代数据立法开始全面追求法律规则的域

---

　　[1]　数据领域的"监管"规则对于公民个人而言即隐私和数据"保护"规则。本章将视具体语境交替使用这两种表述。

外实效。这背后既有保护欧盟境内公民个人隐私和数据权利的原因,也有借此实现欧盟市场一体化的考虑,更有设立全球隐私和数据标准、从规则入手振兴欧盟数字经济产业的诉求。总的来看,欧盟积极促成数据监管的域外实效是为了维护内部利益。

从实证角度看,欧盟数据监管规则的域外实效主要通过单边机制实现。具体包括"法律适用"和"法律移植"两种场景,两者的实现分别需要依托跨国公司和其他国家。此外,法律适用和法律移植两种场景都表现出了"狭义"和"广义"两种情形下的经济监管域外实效生成逻辑,且大多取得了显著的效果,以至于全球数据立法领域都有欧盟法律的元素。

从条件方面看,支撑欧盟数据监管产生域外实效的主要是欧盟自身过硬的法律实力。具体来说,欧盟 GDPR 具备立法时间早、法律内容严、立法技术精、法律理念优、监管能力强等特点。这些特点通过"经济考量"和"价值追求"两类机制让跨国公司和各个国家自愿成为欧盟法律的"座驾",载着它走遍全球。在偶合模式下,欧盟数字经济领域的行业实力对于监管规则域外实效的产生没有贡献。

从影响方面看,通过偶合模式追求欧盟数据监管规则的域外实效卓有成效,它增进了欧盟的内部利益,对国际关系影响相对中性。而且,欧盟的数据立法某种程度上已经成为了国际公共产品,有助于提升全球福利。

第一节 沿 革

欧洲在隐私和数据保护立法方面一直走在世界前列,也为该领域的全球监管规则设定了基本框架。从 20 世纪 70 年代开始,欧洲国家的数据保护意识开始逐渐体现至国内立法,如 1970 年《黑森州数据保护法》和1973年《瑞典数据法》。后者即为全球范围内首部国家级的数据保护立法。此后,1980年和1981年经济合作与发展组织和欧洲理事会分别制定的《关于隐私保护与个人数据跨境流通的指引》(Guidelines on the Protection of Privacy and Transborder Flow of Personal Data)和《有关个人数据自动化处理的个人保护公约》(Convention for the Protection of Individuals with regard to Automatic Processing of Personal Data)[1],以及欧盟1995年发布《欧洲数据保护指令》(The European Data Protection Directive,以下简称为"《95指令》")都是欧洲致力于形成统一数据保护规则的里程碑。2016年公布并于2018年正式生效的欧盟GDPR是欧洲隐私和数据立法的集大成者,同时也标志着数据领域的全球监管进入了体系化发展的新阶段。[2] GDPR之后,欧盟仍在推动相关的立法进程,持续在数据保护、数据流通、网络安全、数字平台监管和人工智能等领域以精细化、专门化的方式输出数据监管规则。比如,2024年初已经实施的《数字市场法案》(Digital Markets Act)和《数据法案》(Data Act)[3],以及2024年下半年生效的《人工智能法案》(Artificial Intelligence Act)等。

在上述立法进程中,欧盟追求数据监管域外实效的努力大致可以分为以下几个阶段:欧盟于1995年开始尝试确立数据保护法的域外适用制度;2018年GDPR的生效意味着欧盟全面扩张其数据监管规则的域外效力并积极采取措施确保法律的域外实效;而进入2020年之后,欧盟已经常态化地在数据立法中嵌入域外实施机制并稳定输出监管规则的域外影响。上述历史节点中欧盟的利益考量可能

---

[1] Paul Schwartz, "Global Data Privacy: The EU Way," 94 *New York University Law Review* 771, 772–782 (2019).

[2] 金晶:《欧盟的规则,全球的标准?——数据跨境流动监管的"逐顶竞争"》,载《中外法学》2023年第1期,第48—50页。

[3] 《数据法案》的全称为《关于公平访问和使用数据的统一规则的条例》(Regulation on Harmonised Rules on Fair Access to and Use of Data)。

略有差异。然而,不管是为了保护欧洲公民个人的数据权利还是振兴数字经济,欧盟追求其数据立法的域外实效主要是受欧盟的内部利益驱动。

一、肇始:1995 年

欧盟 1995 年颁布的《95 指令》是其在隐私与数据保护领域寻求法律域外实效的首次尝试。《95 指令》第 4 条根据数据控制者"设立机构"(establishment)及其"使用设备"(equipment)的实际位置来确定欧盟对上述数据控制者是否存在管辖权。可以发现,《95 指令》在处理管辖权问题时依据的是属地管辖原则,而"使用设备"标准有明显的域外适用法律意味。具体来说,即便数据控制者在欧盟境内没有设立机构,只要其用于处理数据的设备在欧盟成员国境内,那欧盟法律也可以对其进行管辖。从客观上看,属地管辖的基本理念一定程度上限制了《95 指令》的法律域外实施,也令其难以产生大规模的法律域外实效。[1]

《95 指令》起草和发布于上世纪 90 年代,当时互联网技术和数字经济远未普及。因而,立法者在起草第 4 条时的考虑比较简单:一方面,规范欧盟境内各成员国的数据流动;另一方面,为了防止数据控制者通过改变数据处理地点的方式绕开欧盟法律。[2] 将"使用设备"作为建立管辖的依据明显是为了实现第二个目的。此外,从《95 指令》的序言第 2 段就可以知道,欧盟将隐私和数据权利作为人的基本

---

〔1〕 Christopher Kuner, "Extraterritoriality and Regulation of International Data Transfers in EU Data Protection Law," 5 *International Data Privacy Law* 235, 235-245 (2015).

〔2〕 Michal Czerniawski, "Do We Need the 'Use of Equipment' as a Factor for the Territorial Applicability of the EU Data Protection Regime?," in Dan Jerker Svantesson and Dariusz Kloza (eds.), *Trans-Atlantic Data Privacy Relations as a Challenge for Democracy*, Intersentia, 2017, pp. 221-240.

权利和自由主张。[1] 由此,《95 指令》开启了欧盟追求其数据保护立法域外效果的历史进程,而背后的驱动力就是保护欧盟各成员国公民的隐私和数据权利。

二、扩张:2018 年

2018 年生效的 GDPR 扩张了欧盟数据立法的域外效果,其立法思路一定程度上继承和延续了《95 指令》。具体来说,GDPR 第 3 条集中处理了该法域外管辖的问题。它通过"经营场所标准"和"目标指向标准"设定了宽泛的地域管辖范围。而前者是《95 指令》第 4(1)(a)条就存在的规定;后者则取代了上述指令中关于"使用设备"的规定。换句话说,GDPR 升级了《95 指令》的管辖依据,放弃了基于设备位置的管辖,转而依据特定域内数据处理行为来确定法律适用的地域范围。相比于《95 指令》,GDPR 将"目标指向"作为确定管辖权的一般原则,使之能够管辖那些处理大量欧盟主体数据的第三国数据控制者或处理者。如果数据处理活动涉及向欧盟境内自然人提供商品或服务,或者对其实施监控,即便数据控制者或处理者的物理位置在欧盟境外,GDPR 也能对其加以规范。上述管辖逻辑本质上是遵循"效果原则"。也即当发生于欧盟境外的行为(如数据处理)对欧盟境内产生效果或影响时,欧盟境内机构就可以对其进行域外管辖。[2]

为什么欧盟 2018 年前后要通过 GDPR 扩张隐私与数据保护规则的域外实效?这背后主要有权利保护和产业发展两个层面的利益驱

---

[1] Directive 95/46/EC of the European Parliament and of the Council of 24 October 1995 on the Protection of Individuals with Regard to the Processing of Personal Data and on the Free Movement of Such Data.

[2] 陈咏梅、伍聪聪:《欧盟〈通用数据保护条例〉域外适用条件之解构》,载《德国研究》2022 年第 2 期,第 85—101 页。

动。一方面,依旧是强化对欧盟境内公民的隐私和数据权利保护。随着互联网和信息技术的发展,几乎所有通过网络进行的操作都与个人数据的处理有关,而且上述数据处理过程愈发具备远程化、全球化和虚拟化的特点,这就使得传统上基于地理位置进行的属地管辖显得过时。[1] 此时,为了回应迅猛发展的信息技术对个人数据保护的冲击,欧盟通过 GDPR 扩张其数据监管规则的域外实效正当其时。

另一方面,欧盟扩张 GDPR 域外实效的举措也有以保护个人数据权为口号,实则意图加入互联网产业竞争的深层目的。换句话说,欧盟试图将隐私和数据领域的监管立法作为参与数字经济产业竞争的工具。鉴于目前欧盟已经陷入了"互联网服务输入方"和"个人数据输出方"的尴尬境地,有学者指出,欧盟通过"权利保护"的正义姿态和法律工具打压美国和中国的互联网及科技企业,防止其形成事实上的垄断。[2] 与此同时,为欧盟自身的数字经济产业和企业发展创造竞争优势。[3] 正是因为这个原因,欧盟促成 GDPR 域外效果的动机已经包含了国际政治博弈、产业经济竞争以及社会价值扩张等诸多元素。[4]

三、稳固:2024 年

在 GDPR 的域外实施取得巨大成功后,欧盟立法者已经常态化地在数据立法中嵌入法律的域外适用制度,欧盟数据相关立法的域

---

[1] Kimberly Houser and Gregory Voss, "GDPR: The End of Google and Facebook or a New Paradigm in Data Privacy," 25 *Richmond Journal of Law & Technology* 1, 1 (2018).

[2] 刘泽刚:《欧盟个人数据保护的"后隐私权"变革》,载《华东政法大学学报》2018 年第 4 期,第 54—64 页。

[3] Anu Bradford, *The Brussels Effect: How the European Union Rules the World*, Oxford University Press, 2020, pp. 21-24;中国信息通信研究院:《全球数字经济白皮书——疫情冲击下的复苏新曙光》,2021 年 8 月,第 34—37 页。

[4] 许可:《数字经济视野中的欧盟〈一般数据保护条例〉》,载《财经法学》2018 年第 6 期,第 71—83 页。

外效果也预期进入稳步攀升的新阶段。举例而言,2024年1月生效的欧盟《数据法案》第1(3)条规定,位于欧盟境内或境外的欧盟市场内的互联产品(connected product)制造商和相关服务提供商(含虚拟助理、软件等,不含短信、邮件、社交媒体等电子通信服务)、向欧盟境内的数据接收者提供数据的数据持有者,以及向欧盟境内客户提供相关服务的数据处理服务提供商都将受到法案的管辖。此外,欧盟境内的数据接收者、欧洲共同数据空间的参与者和使用智能合约的应用程序供应商也属于《数据法案》的管辖范围。[1] 对此,实务人士已经预期到该法案将会产生的域外效果并呼吁全球企业尽早应对。[2]

再比如,2024年8月生效的欧盟《人工智能法案》第2条规定了七个方面的适用范围,具体包括:(1)在欧盟境内投放市场或投入服务的人工智能系统或将通用目的人工智能模型投放市场的提供商,无论这些提供商是位于欧盟境内还是第三国;(2)在欧盟境内设立或位于欧盟境内的人工智能系统部署者;(3)在第三国设立或位于第三国但其系统输出物在欧盟境内被使用的人工智能系统提供商和部署者;(4)人工智能系统的进口商和分销商;(5)将人工智能系统与其产品一起投放市场或投入服务并使用自己的名称或商标的产品制造商;(6)在欧盟境外设立的提供商的授权代表;(7)位于欧盟境内的受影响主体。[3] 不难发现,欧盟《人工智能法案》的适用范围涵盖人工智能系统产业链上的各个关键主体,无论它们的地理位置是否位于欧盟境内。在该法案仍处于草案阶段时就有学者分析认为法案的立法模

---

[1] EU, The Data Act, Art. 1(3).
[2] "Entry into Force of the EU Data Act: What Are the Key Requirements?," *Clifford Chance*, January 2023;中伦律师事务所:《万物互联,持经达变——欧盟〈数据法案〉对出海企业的十五个合规挑战》,载"中伦律师事务所"微信公众号,2024年2月18日,访问日期:2024年8月31日。
[3] EU, The Artificial Intelligence Act, Art. 2.

式彰显了欧盟试图复制 GDPR 域外效果的"野心"[1],也不乏研究者笃定预测欧盟的《人工智能法案》将与 GDPR 一样产生广泛而深远的域外实效。[2]

第二节 实 证

一、机制解析

(一)典型实例

苹果公司在全球范围内践行并推广 GDPR

2016 年 4 月 14 日,欧盟议会通过了 GDPR。2018 年 5 月 25 日,GDPR 在欧盟成员国内正式生效并实施。[3] 该条例的适用范围非常广泛,任何收集、传输、保留或处理涉及欧盟成员国内个人信息的主体均受该条例的约束。其中,受到直接影响的主体包括苹果公司(Apple)在内的全球科技巨擘。苹果公司在欧盟成员国爱尔兰境内设立并实际运营的公司有两家:苹果国际销售公司(Apple Sales International)和苹果欧洲运营公司(Apple Operations Europe)。作为欧盟境内主体,这两家公司的隐私和数据保护问题自然适用 GDPR。这是欧盟法律的域内实施[GDPR 第 3(1)条]。

---

[1] 苏可桢、沈伟:《欧盟人工智能治理方案会产生"布鲁塞尔效应"吗?——基于欧盟〈人工智能法〉的分析》,载《德国研究》2024 年第 2 期,第 79 页。

[2] Marco Almada and Anca Radu, "The Brussels Side-Effect: How the AI Act Can Reduce the Global Reach of EU Policy," 2024 *German Law Journal* 1, 1-18 (2024); Charlotte Siegmann and Markus Anderljung, *The Brussels Effect and Artificial Intelligence: How EU Regulation Will Impact the Global AI Market?*, Centre for the Governance of AI, August 2022.

[3] European Parliament, General Data Protection Regulation (EU Regulation 2016/679), *Official Journal of European Union*, 26 April 2016, last visited 2024/8/31. 如无特别说明,本章所涉及 GDPR 的具体规则都来自上述官方法律文本。

作为一个跨国运营实体,苹果公司其实制定了全球统一的"隐私政策"(Privacy Policy)和相应的具有互动性质的"隐私协议"(Privacy Portal)。前者是苹果官网上的固定页面,专门介绍苹果的隐私与数据治理规则[1];后者是苹果公司为用户提供服务之前的信息披露内容,需要用户阅读、认可并签字同意。[2] 苹果公司认为,"隐私是一项基本人权",也是苹果公司的"核心价值追求之一",是"科技创新的一部分"。[3] 因此,上述隐私和数据保护政策不分国籍,适用于世界各地的每一个人。[4] 可见,苹果公司在全球一体适用的"隐私政策"远远超过 GDPR 要求适用的地域范围。后者仅仅与欧盟境内数据主体的权益相关[GDPR 第 3(2)条]。

进一步阅读苹果公司的上述隐私与数据保护细则可以发现,苹果正在全球范围内广泛适用 GDPR 的概念、原则和规则。值得说明的是,下文将要述及的大多数概念、原则和规则都为 GDPR 独有,并不包含于 2020 年 1 月 1 日生效的美国加利福尼亚州《消费者隐私法案》(California Consumer Privacy Act,以下简称为"CCPA")之中。这就直接证明苹果公司的数据合规行为受到 GDPR 而非 CCPA 的影响,也进一步彰显了 GDPR 作为数据监管规则的域外实效。下面举几例说明[5]:

第一,在概念方面,苹果公司使用了"个人数据"(personal data),这是 GDPR 的专用术语,区别于 CCPA 中"个人信息"(personal information)的概念。值得注意的是,苹果公司曾经的隐私与数据保护政策采用了"个人信息"一词,后来刻意修改为"个人数据"以与

---

[1] "Privacy Policy," *Apple*, last visited 2024/8/31.
[2] "Apple Privacy Policy" (updated October 27, 2021), *Apple*, last visited 2024/8/31.
[3] "Privacy," *Apple*, last visited 2024/8/31.
[4] "Apple Privacy Policy" (updated October 27, 2021), *Apple*, last visited 2024/8/31.
[5] 如无特别说明,本章所涉及苹果公司的隐私与数据保护政策都来自:"Apple Privacy Policy" (updated October 27, 2021), *Apple*, last visited 2024/8/31.

GDPR 保持一致。对于这个源自 GDPR 的概念,苹果公司对它的具体定义也照搬了 GDPR 第 4 条,也即那些可以直接或间接地识别出个人的数据(比如姓名)。除了这一核心概念,苹果公司还使用了包括"数据保护官"(GDPR 第 13 条)"数据保护影响评估"(GDPR 第 35 条)、"设计的数据保护"和"默认的数据保护"[1](GDPR 第 25 条)等一系列专属于 GDPR 的术语。

第二,在原则方面,GDPR 第 5(1)条规定了个人数据处理的六项原则(CCPA 没有规定其中任何一项原则)。具体包括:合法、公平和透明原则(lawfulness, fairness and transparency);数据收集的目的特定、明确和合法原则(purpose limitation);数据收集的最小化原则(data minimisation);数据准确性原则(accuracy);数据存储限制原则(storage limitation);数据的完整性和机密性原则(integrity and confidentiality)。下面具体说明苹果公司在全球范围内对 GDPR 各项原则的遵循。

其一,苹果公司通过详细列举和介绍其收集用户数据的目的以做到"目的特定、明确和合法"。比如,"我们可能收集出生日期数据来确定苹果账号持有者的年龄"。它还规定了"我们会限制使用因反欺诈目的而收集的数据",这是 GDPR 该原则后半部分"后续不以与上述目的不兼容的方式处理数据"的具体体现。其二,苹果公司明文规定了"数据收集的最小化原则",具体表述为"我们只收集最少量的、为用户提供产品或服务所必要的数据"。其三,苹果公司承诺用户其数据将是"准确、完整和最新的",这是"数据准确性原则"的体现。其四,苹果公司规定了"我们仅仅以最可能短暂的时间存储数据以完成数据收集的特定目的,除非更长时间的存储是基于法律规定",这是"数据存储限制原则"的体现。其五,苹果公司承诺其"会在公司内严

---

[1] "Privacy Governance," *Apple*, last visited 2024/8/31.

格执行隐私保护政策以确保用户数据的安全",这是苹果公司对"数据的完整性和机密性原则"的复刻。上述苹果公司的隐私保护原则在行文时,几乎都采用了与 GDPR 一样的表述。

可以发现,苹果公司在自己的隐私与数据保护政策中明确涵盖了 GDPR 六项核心原则中的五项。剩下的是 GDPR 的第一项原则,也即"合法、公平和透明"。这项原则通常被认为是 GDPR 关于数据处理的统领性原则,本身没有实质内容,需要通过 GDPR 的其他原则和规则具体实现。[1] 因此,苹果公司没有直接援引这一原则并不说明没有遵循它,尤其是在苹果公司已经全部采纳了 GDPR 其余五项原则的情况下。

第三,在规则方面,苹果公司明确了其处理用户个人数据的具体情形:其一,在获得用户同意的情况下,为本隐私政策中披露的特定目的;其二,为履行用户作为一方当事人的合同;其三,为苹果公司的合规义务;其四,为保护用户的重大利益,或当苹果公司评估决定要因为苹果公司或第三方的特定合法利益而披露信息时。上述规定与 GDPR 第 6(1)条所列的六项合法处理数据的情形相互对应。其中,第四项分别对应第 6(1)条下第(e)和(f)两项。在具体表述时,苹果公司除了将"数据控制人"(controller)和"数据主体"(data subject)换成了"苹果公司"和"您"之外,基本逐字逐句复刻了 GDPR 的条文表述。

在苹果公司的隐私与数据政策中,还会直接表明特定规则是依据 GDPR 的相关规定作出的。比如,"作为遵守欧盟 GDPR 的部分工作,苹果公司对其主要产品和服务进行了隐私影响评估,并且会在研究新产品和服务时纳入隐私影响评估环节等。"[2] 不仅如此,苹果公

---

[1] Paul Voigt and Axel Von Dem Bussche, *The EU General Data Protection Regulation (GDPR): A Practical Guide*, Springer International Publishing, 2017, pp. 87–140.

[2] "Privacy Governance," *Apple*, last visited 2024/8/31.

司还会将 GDPR 赋予数据主体的、存在行使限制的权利，直接转化为自己的普遍义务。GDPR 第 22(1) 条规定，数据主体有权拒绝完全依靠自动化程序（包括用户画像）作出的、对自身具有法律影响或类似严重影响的决策。第 22(2) 条规定了上述条款不适用的三种情形。然而，苹果公司直接表明，自己不会依靠自动化程序作出上述决策。可见，苹果公司在自己的规则中使用了比 GDPR 更高的标准。

苹果公司不但要求遍布全球的分支机构遵守 GDPR，还呼吁全世界都践行欧盟数据监管规则。2018 年 10 月，苹果公司首席执行官蒂姆·库克（Tim Cook）在布鲁塞尔的隐私保护大会上发表公开演讲，称欧盟的数据保护立法"为全世界树立了一个榜样"，而且"全世界都到了效仿 GDPR 的时刻"。[1]

在美国加利福尼亚州 CCPA 的立法过程中，苹果公司和其他大型科技公司以及行业协会都曾参与听证，并积极游说。在这个过程中，上述利益集团提出了两种诉求或方案。第一，加利福尼亚州的立法者应当吸纳 GDPR 的规则并与之保持一致。[2] 第二，加利福尼亚州的监管者应当为 GDPR 提供"安全港"（safe harbour）规则。简单来说，当某公司在境内做到了 GDPR 合规，它就被豁免 CCPA 的合规（或者被视为自动符合了 CCPA）。[3] 最终，上述"安全港"的提议没有得到支持，然而 CCPA 的立法确实大量参考和借鉴了 GDPR，以至于这

---

〔1〕 Sara Salinas and Sam Meredith, "Tim Cook: Personal Data Collection is Being 'Weaponized Against Us with Military Efficiency'," *CNBC*, October 24, 2018, last visited 2024/8/31.

〔2〕 "Public Comments Received as Part of the Preliminary Rulemaking Process," *State of California Department of Justice*, last visited 2024/8/31, pp. 26, 86, 831–832, 834–835.

〔3〕 "Public Comments Received as Part of the Preliminary Rulemaking Process," *State of California Department of Justice*, last visited 2024/8/31, pp. 4, 115, 131.

部立法被称为"低配版 GDPR(GDPR-lite)"。[1] 有对比研究报告显示,CCPA 在实质适用范围、关键术语定义、数据主体权利等方面与 GDPR 相当一致(fairly consistent)。[2]

(二)案例分析

从时间顺序看,上述数据领域监管规则产生广泛域外效果的过程可以分为五个环节:(1)欧盟在域内立法;(2)欧盟域内的公司遵守欧盟法律;(3)公司在全世界范围内统一实施欧盟法律(且无论欧盟法律是否这样要求);(4)公司呼吁全球都践行欧盟法律,尤其是游说本国政府在立法时与欧盟法律保持一致;(5)其他国家在立法过程中参考、模仿甚至移植欧盟数据立法。上述五个环节也大体呈现了偶合模式形成和发展的内在逻辑,欧盟数据监管的域外实效在第(3)步和第(5)步产生(见图4.1)。

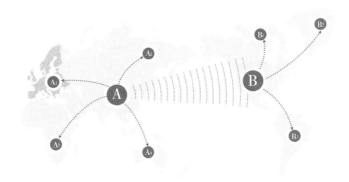

图 4.1　欧盟数据监管产生域外实效的过程

---

[1] Shannon Togawa Mercer, "The Limitations of European Data Protection as a Model for Global Privacy Regulation," 114 *American Journal of International Law* 20, 20-25 (2020).

[2] "Comparing Privacy Laws: GDPR v. CCPA," *DataGuidance & Future of Privacy Forum*, November 2018, last visited 2024/8/31.

1. 第(3)步实现的法律域外实效(基于法律适用)

对于欧盟 GDPR 这样本身就有一定域外效力的域内监管规则而言,第(3)步的实现(即无论欧盟规则域外效力的辐射范围,公司在全世界范围内统一实施欧盟法律)不但意味着这些纸面上的域外适用规则发挥了预期作用,产生了域外实效,达成了立法时的目标;还意味着在立法者的预期目标之外,具有一定域外效力的规则产生了更广泛的法律域外实效。如下表 4.1 所示,当"公司"设立于欧盟境内时,GDPR 当然能够域内适用,依据是第 3(1)条的属地管辖原则。当公司处于欧盟境外而"用户"属于欧盟公民时,GDPR 在预期或理论上可以依据第 3(2)条进行域外适用,但是否能够成功产生域外实效有待检验。而当"公司"处于欧盟境外且"用户"不属于欧盟公民时,GDPR 在预期或理论上都不会域外适用,也不会产生域外实效。[1] 得益于偶合模式,恰如上述苹果公司的案例所展示的,后两种情形(表 4.1 中灰色板块)都得到了实现。

后两种情形有进一步区分的必要,因为法律输出方的主观心理状态不同。表 4.1 中浅灰色的部分是欧盟立法者原本就为 GDPR 设定的域外效力范围,此时欧盟作为法律输出方,主观上追求本国法律能在域外适用、产生实效。与之相对,表 4.1 中深灰色的部分不属于 GDPR 的域外效力范围,至少欧盟立法者主观上没有积极追求这一范围内规则的域外实效(或者说处于漠视态度)。下文将会具体论述,浅灰色的部分属于"广义"的偶合模式,而深灰色的部分是"狭义"的偶合模式,后者在更严格的意义上符合偶合模式的主体互动特征(即两国的主观心理互动是"漠视—漠视")。

---

[1] EU, GDPR, Art. 3.

表 4.1 欧盟 GDPR 的空间效力及其促成机制

		公司位置	
		欧盟境内	非欧盟境内
用户身份	欧盟公民	GDPR 域内适用 依据第 3(1) 条 ("属地管辖")	GDPR 域外适用 依据第 3(2) 条 ("广义偶合")
	非欧盟公民	GDPR 域内适用 依据第 3(1) 条 ("属地管辖")	GDPR 无法适用 不存在法律依据 ("狭义偶合")

2. 第(5)步实现的法律域外实效(基于法律移植)

从严格意义上讲,法律移植在实现的那一刻已经与法律的域外适用或法律的域外实效等概念无关了,因为经过法律移植,国家彼时适用的已经是本国法律(而非域外法律)。然而,法律移植可以认为是主权国家追求法律域外实效的最高境界。原因在于,对于法律输出方而言,如果其法律文化、理念、概念、原则和规则可以部分或全盘被其他国家接受,最终吸纳为他国的国内法律,并以他国的暴力机关保障上述法律规则的实施,那么无疑是法律输出的巨大成功,也是法律输出国的域内规则在域外发挥实际效果的极致情形。因此,本书将法律移植作为域内法律产生域外实效的终极形态。

值得注意的是,同样是法律移植场景,在偶合模式下还存在"间接"和"直接"两个版本。"间接"的法律移植在上述典型实例中没有付诸现实,但却是很多美国公司和行业协会的倡议,也即美国监管部门为欧盟 GDPR 设立"安全港"规则。根据"安全港"规则,如果一个美国公司在美国境内遵守了 GDPR,那么美国监管者就认为其也遵守了 CCPA。这种做法意味着美国监管者承认美国公司在本国境内实施欧盟法就相当于完成了本国监管规则下的合规义务。这本质上是美国立法者通过法律形式承认了欧盟规则在美国域内的实际效果,也即一定程度上认可了欧盟法就等同于美国法。而"直接"的法律移植在上述典型实例中有所体现,也即美国在 CCPA 的立法中大量借鉴和吸收了 GDPR 的规定,也即采取行动推动并落实法律移植。

上述两种版本也有进一步区分的必要,因为法律输入方的主观心理状态不同。"间接"的法律移植属于"狭义"的偶合模式,它在更严格的意义上符合偶合模式的特征。这是因为法律输入方此时仅仅默许别国法律在本国域内产生实效,尚未积极付诸法律移植的行动(即双方的主观心理互动是"漠视—漠视")。与之相对,"直接"的法律移植属于"广义"的偶合模式,法律输入方积极追求在本国域内承认他国法律的效果,以至于身体力行地促成本国法律朝着他国法律演变。

综上所述,法律域外实效存在两种场景,普通场景基于"法律适用"实现,终极场景基于"法律移植"实现。在"法律适用"场景下,立法者预期目标之外的域外实效属于"狭义"的偶合模式,因为此时法律输出方处于"漠视"态度。在"法律移植"场景下,法律输入方采用诸如"安全港"规则之类的法律安排默许别国法律产生域外效果属于"狭义"的偶合模式,因为此时法律输入方处于"漠视"态度。在苹果公司的案例中,我们可以看到"法律适用"和"法律移植"两种场景下的法律域外实效。前一场景下,"狭义"和"广义"的偶合模式都有体现;后一场景下,只有"广义"偶合模式成为现实并发挥作用,"狭义"偶合模式仅存在于苹果公司等市场主体的倡议中。

二、实践概览

(一)偶合模式在法律适用场景下的实际效果

在法律适用场景下,欧盟 GDPR 作为监管规则凭借偶合模式实现域外实效的案例很多。除了苹果公司之外,脸书(Facebook)的首席运营官于2018年GDPR正式生效之际宣布:脸书公司将建立一个全球隐私管理中心。对此,脸书特别指出,虽然其用户遍布全球、用不同的语言发布内容、习惯于不同的隐私设置和管理模式,但是脸书依据GDPR的数据合规管理是全球统一的,并不只限于欧洲。谷歌(Google)也为GDPR更新了自己的隐私和数据保护规则,其还专门给用户发了一个通知:我们这次更新是为欧盟数据保护法的生效而做准备。同时,这也是我们为全世界谷歌用户提供更好服务的机会。类似地,爱彼迎(Airbnb)和优步(Uber)都对其数据规则进行了"全球一体化"改造。[1] 2016年GDPR的规则文本发布后,普华永道开展了一项针对200家美国跨国公司的问卷调查。结果显示,54%的受访公司将GDPR的全球性合规作为数据和隐私保护内控合规的"最高优先级事项"。另外38%的受访公司认为它是"最高优先级事项之一"。而仅仅7%的公司没有赋予其"最高优先级"。[2]

除了上述新闻报道、采访片段和问卷调查之外,近两年有研究者开展了更严谨的实证研究,可以为偶合模式的现实效果提供更有力的背书。比如,有学者使用过程追踪这一定性研究方法[3],详细跟踪了GDPR颁布和实施前后,若干美国硅谷科技巨头(比如脸书、谷歌、优步等)在隐私和数据保护政策方面的变化[4],通过个案追踪和比较

---

[1] Anu Bradford, *The Brussels Effect: How the European Union Rules the World*, Oxford University Press, 2020, pp. 142-145.

[2] "Pulse Survey: US Companies Ramping up General Data Protection Regulation (GDPR) Budgets," *PricewaterhouseCoopers*, 2017, last visited 2024/8/31.

[3] David Collier, "Understanding Process Tracing," 44 *Political Science & Politics* 823, 823-830 (2011);汪卫华:《拆解过程追踪》,载《国际政治科学》2022年第2期,第156—178页。

[4] Simon Gunst and Ferdi De Ville, "The Brussels Effect: How the GDPR Conquered Silicon Valley," 26 *European Foreign Affairs Review* 437, 437-458 (2021).

研究证明了 GDPR 确实在欧盟之外、在法律本身要求的适用范围之外发挥着实际作用。还比如，有学者利用定量研究的方法，通过统计和计量的方式证明了 GDPR 的引入显著改变了 197 家公司针对美国用户的隐私政策。具体来说，它们的隐私政策变得更长、包含了更多 GDPR 的要素特征。[1] 这项研究的缺陷在于，其选取的样本同时包含了本就受到 GDPR 管辖的公司和原本不受 GDPR 管辖的公司，因而无法得出 GDPR 域外实效的"净效应"（或"狭义"的偶合模式发挥作用的空间）。

所幸，已经有研究者通过更精细和科学的样本选取方法解决了上述问题。他们选取了一批完全不受 GDPR 管辖的航空公司和社交媒体公司在 GDPR 颁布前后对 GDPR 中数据"访问权"（right of access）的政策变化。通过贝叶斯回归分析，研究者发现这些公司的政策存在显著变化，它们在 GDPR 生效后自觉遵守了该规则。[2] 与之类似，还有研究者收集了 GDPR 生效前 12 个月和后 6 个月超过 11 万个网站的 GDPR 合规情况（主要以第三方网络浏览信息程序提供方为观察对象）。[3] 研究者精细地区分了上述网站是否位于欧盟境内、其用户是否属于欧盟境内成员，通过这种方式得出了"GDPR 的实际影响范围远超法律本身规定的适用范围"这一结论。上述研究都较为可信地证明了 GDPR 在"狭义"偶合模式下的域外实效。

---

[1] Kevin Davis and Florencia Marotta-Wurgler, "Contracting for Personal Data," 94 *New York University Law Review* 662, 662-668 (2019).

[2] René Mahieu, et al., "Measuring the Brussels Effect through Access Requests: Has the European General Data Protection Regulation Influenced the Data Protection Rights of Canadian Citizens?," 11 *Journal of Information Policy* 301, 301-349 (2021).

[3] Christian Peukert, et al., "Regulatory Spillovers and Data Governance: Evidence from the GDPR," 41 *Marketing Science* 746, 746-768 (2022).

(二) 偶合模式在法律移植场景下的实际效果

欧盟 GDPR 是域内规则走向全球的典型。[1] 在很多学者的叙事中,全世界各个国家都在跟随和效仿 GDPR。[2] 更有学者认为欧盟的隐私与数据保护规则已经成为这个领域的"全球黄金标准"(global gold standard)。[3] 从现有的实证研究来看,GDPR 确实在很大程度上达成了这些成就,使其在法律移植的场景下实现了终极形态的域外实效。

比如,一些学者针对特定国家的法律做了细致案例研究以考察 GDPR 对其立法或修法的影响。一项 2022 年的研究系统考察了 20 个拉丁美洲国家的隐私和数据保护立法或修法情况,并选取巴西、智利、墨西哥和乌拉圭四个国家进行个案研究,将这些国家在 GDPR 文本发布后的立法或修法内容与 GDPR 独有的创新制度和规则进行了对比,发现 GDPR 对其影响巨大,也即前述国家在很大程度上移植了欧盟的监管规则。[4] 还有研究者考察了 GDPR 对于第三世界国家立法或修法的影响。[5] 一些非洲国家甚至被认为几乎完整照搬了

---

[1] Cedric Ryngaert and Mistale Taylor, "The GDPR As Global Data Protection Regulation?," 114 *American Journal of International Law* 5, 5–9 (2020).

[2] Paul Schwartz and Karl-Nikolaus Peifer, "Transatlantic Data Privacy Law," 106 *The Georgetown Law Journal* 115, 156–164 (2017); Anu Bradford, *The Brussels Effect: How the European Union Rules the World*, Oxford University Press, 2020, pp. 147–155.

[3] Giovanni Buttarelli, "The EU GDPR As a Clarion Call for a New Global Digital Gold Standard," 6 *International Data Privacy Law* 77, 77–78 (2016); Alessandro Mantelero, "The Future of Data Protection: Gold Standard vs. Global Standard," 40 *Computer Law & Security Review* 1, 1–5 (2021).

[4] Arturo Carrillo and Matías Jackson, "Follow the Leader? Comparative Law Study of the EU's General Data Protection Regulation's Impact in Latin America," 16 *ICL Journal* 177, 177–262 (2022).

[5] Franz-Stefan Gady, "EU/US Approaches to Data Privacy and the Brussels Effect: A Comparative Analysis," 2014 *Georgetown Journal of International Affairs* 12, 12–23 (2014).

GDPR 的条款。[1]

除了个案研究之外,还有研究者进行了更大规模的实证考察。比如,有研究者效仿一项 2012 年关于"欧盟隐私与数据保护规则如何影响其他国家立法"的经典研究[2],检验了 2016 年 GDPR 文本发布后引起的全球隐私与数据保护领域的"监管趋同"(regulatory convergence)现象。[3] 研究者首先总结了 GDPR 独有的 11 类制度或规定(即"欧盟元素"),每一类赋值 1 分;而后收集了 58 个 2016 年至 2020 年制定隐私和数据保护法的非欧盟国家(全样本),根据它们与 GDPR 规则的相似程度打分(满分为 11 分)。结果发现,上述 58 个国家的平均得分为 9.2 分。换句话说,在总计 11 类"欧盟元素"中,这些国家平均具备 9 类以上。其中,中国 2020 年颁行的《个人信息保护法》得到了 10 分。类似地,另一项来自 2018 年印度官方的研究显示,在欧盟以外的 120 个国家中,约有 67 个国家沿袭了 GDPR 的监管框架。[4]

第三节 条 件

"偶合"的意思是"偶然的利益重合"(coincidence of interest)。偶

---

[1] Rogers Alunge, "The Effect of Africa's Adoption of the EU Notion of Personal Data: The Case of Examination Results," in *2019 IST-Africa Week Conference (IST-Africa)*, 2019, pp. 1-13.

[2] Graham Greenleaf, "The Influence of European Data Privacy Standards Outside Europe: Implications for Globalization of Convention 108," 2 *International Data Privacy Law* 68, 68-92 (2012).

[3] Marco Luisi, "GDPR as a Global Standards? Brussels' Instrument of Policy Diffusion," *E-International Relations*, April 2022, last visited 2024/8/31.

[4] Committee of Experts under the Chairmanship of Justice B, N. Srikrishna, *A Free and Fair Digital Economy: Protecting Privacy, Empowering Indians*, Ministry of Electronics and Information Technology, Government of India, 2018, p. 3.

合模式的关键在于法律输出方和法律输入方的利益诉求恰巧相互契合,因此能够产生监管规则的域外实效。这种情形用经济学的术语来讲就是"激励相容"。具体来说,在市场经济中,每个理性经济人都以"自利"的逻辑行事。如果能有一种制度安排,使一个理性人追求个人利益最大化的行为和目标,恰好与另一个理性人追求个人利益最大化的行为和目标相契合,双方最终都能实现利益最大化,这样的制度安排就可以被形容为"激励相容"。

在本书的语境下,偶合模式就是这样一种激励相容的制度安排,最后能够以单边方式产生单向度的域外实效。那么,偶合模式为什么会发生?需要具备什么条件?结合上述典型实例,一些具体的疑问包括:为什么苹果公司愿意在全世界范围内统一实施欧盟的数据监管规则?为什么苹果公司愿意游说美国政府移植欧盟法?为什么包括美国在内的世界各国愿意借鉴、模仿甚至移植欧盟法律?这些问题有一个概括性的答案,那就是欧盟的法律实力强大,具体表现为GDPR具备立法时间早、法律内容严、立法技术精、法律理念优、监管能力强等特点。这些特点通过私主体(如跨国公司)现实的"经济考量"和公主体(如主权国家)理想的"价值追求"两类机制,使得跨国公司自愿成为 GDPR 的"布道者"、各个国家主动成为 GDPR 的"追随者",最终促使 GDPR 产生了广泛的域外实效。

一、法律实力:强(必要)

(一)立法时间早

在世界范围内,欧盟率先启动并完成了 GDPR 这般全面、细致的隐私与数据保护立法。从 GDPR 的立法时间线来看[1],2011 年 6

---

[1] "The History of the General Data Protection Regulation," *European Data Protection Supervisor*, last visited 2024/8/31.

月,欧盟数据保护专员就发布了一项关于"欧盟个人数据保护的全面方案"的意见,这是 GDPR 的立法先声。半年后,GDPR 的立法提案就在 2012 年 1 月被发布;2013 年 10 月,欧洲议会公民自由委员会对其进行了意向投票;2015 年 12 月,欧洲议会、欧盟理事会和欧盟委员会经过谈判产生了联合提案,并在两天后就表决通过。2016 年 4 月,GDPR 文本在欧盟理事会通过,一周后在欧洲议会通过,并发布于《欧盟官方公报》。20 天后,条例于 5 月 24 日正式生效。经过两年缓冲期,GDPR 于 2018 年正式实施。根据《欧洲联盟条约》第 288 条第 2 项,GDPR 属于欧盟"条例"(而非欧盟"指令"),所以无需经过欧盟成员国立法转换成各国法律便可直接适用,这进一步加快了 GDPR 在立法完成后发挥实效的进程。不难发现,GDPR 的立法过程非常紧凑,各方积极配合,加快实现了法案的推出。由本章第一节关于历史沿革的介绍可知,欧盟此次立法领先并非一蹴而就。在全球隐私和数据保护立法方面,欧盟向来作为立法先驱,而世界上其他国家都处于追随的状态。

欧盟 GDPR 立法时间早的特征如何助益偶合模式的达成?主要通过两种机制。第一,规则本身具有先发优势。"先发优势"(pioneer advantage)是 1985 年由经济学家威廉·罗宾逊(William Robinson)和克拉斯·福内尔(Claes Fornell)共同提出的概念,用来描述在市场竞争中先进入市场者比后进入者存在更多竞争优势。[1] 这一概念后来被引入制度和规则竞争的语境,与"后发优势"相对。[2] 欧盟在

---

[1] William Robinson and Claes Fornell, "Sources of Market Pioneer Advantages in Consumer Goods Industries," 22 *Journal of Marketing Research* 305, 305-317 (1985).

[2] 林毅夫:《后发优势与后发劣势——与杨小凯教授商榷》,载《经济学(季刊)》2003 年第 4 期,第 989-1004 页;包康赟:《〈新加坡调解公约〉的"后发优势"与中国立场》,载《武大国际法评论》2020 年第 6 期,第 15—36 页。

GDPR的立法中就获得了制度和规则竞争的"先发优势"。[1] 具体来说,欧盟率先建立了一套隐私与数据保护领域的综合监管框架、设计了相应的概念和原则,为日后各国建立其本国监管框架奠定了基础。对于后来者而言,欧盟的法律框架会进一步形成"路径依赖"(path-dependence)效应:最初形成的法律规则会以一种系统性的方式不断传导,影响和塑造后续的法律规则。[2] 根据联合国贸易和发展会议(United Nations Conference on Trade and Development)的统计数据,截至2024年8月,世界上有资料可查的194个国家中已经有137个国家制定了本国的个人隐私或数据保护法,占比71%。目前,非洲和亚洲国家的立法进程相对滞后,分别占比61%和57%,而第三世界中最不发达的国家的相关立法最为缓慢,仅有48%拥有了数据和隐私保护法。[3] 这些欧盟GDPR颁布之后的立法者很难不受到GDPR先发优势和路径依赖的影响,美国CCPA就是一个例子。

第二,GDPR出现后潜在的被监管者为追求自身相对于竞争对手的先发优势而实施的行为,进一步强化了GDPR的先发优势。在数字时代,一个普遍的预期是消费者会越来越重视个人隐私和数据保护,而相关的保护性立法和监管活动也会变得普遍。在这样的背景下,潜在的被监管者为了扩大收益、减少成本,会敏锐地瞄准规则风口

---

[1] Pierre Kirch, Sarah Pearce, and Behnam Dayanim, "The EU's First Mover Advantage As It Proposes a New Regulatory 'System' for Artificial Intelligence," *Paul Hasting*, October 6, 2021; Ben Rapp, "What's the Point of Deregulation?," *Securys*, May 11, 2022, last visited 2024/8/31.

[2] Oona Hathaway, "Path Dependence in the Law: The Course and Pattern of Legal Change in a Common Law System," 86 *Iowa Law Review* 101, 106-114 (2001).

[3] "Data Protection and Privacy Legislation Worldwide," *United Nations Conference on Trade and Development*, last visited 2024/8/31.

进行合规管理,以取得相对于竞争者的先发优势。[1] 在 GDPR 刚生效之际,谷歌等大公司就开始向全球用户表明自己的数据合规性,争先恐后地讲述"以消费者为中心"的故事。[2] 即便在尚无相关法律监管的地区,公司也会通过确立隐私和数据保护方面的"全球最佳实践"来增强用户信心、打击竞争对手。除了大公司以外,经营和管理上更灵活的小公司也会通过设计增进隐私和数据保护的新产品或提供新服务来获取用户青睐。[3] 在美国 CCPA 的立法过程中,GDPR 早已生效,GDPR 影响下各类企业为获取竞争优势而实施的合规行为也已经发生。此时,诸多大型科技公司及受企业利益深刻影响的行业协会游说美国监管者向 GDPR 看齐的重要原因就是:不管是大公司还是小公司,都已经投入了大量成本(包括人力、物力和财力)进行 GDPR 的合规。在这个背景下,如果还要应对另一种监管框架将严重损耗公司资源。[4] 至此,欧盟 GDPR 由于立法时间早而获得的先发优势,对于达成偶合模式的作用可见一斑。

(二)法律内容严(合规要求高/保护标准高)

欧盟 GDPR 自面世以来就被称为"史上最严数据保护条例"。规则的严格对于企业来说就是合规要求高,而对于数据主体而言就是保护标准高。这主要体现为 GDPR 的四方面特征:适用的范围广、保护的权利多、施加的监管严、处罚力度大。

其一,从 GDPR 的适用范围来看,在地域上,无论企业的业务机

---

[1] "First-mover Advantages of Implementing Data Privacy in Countries Where Such a Law is Under Consideration," *Infosys*, 2022, last visited 2024/8/31.

[2] "GDPR: An Opportunity for Corporate Affairs?," *Alva*, April 13, 2018, last visited 2024/8/31.

[3] Ronen Gradwohl, "Firms Quick to Adopt EU Data Regs Will Have First-mover Advantage," *The Hill*, May 25, 2018, last visited 2024/8/31.

[4] "CCPA Regulations-Documents filed with OAL," *Office of the Attorney General, State of California Department of Justice*, June 2020, last visited 2024/8/31.

构是否设立在欧盟境内,或者其数据处理或控制行为是否发生在欧盟境内,只要其数据处理行为涉及欧洲公民,都需要适用GDPR的监管规则。就主体范围而言,GDPR同时适用于数据控制者和数据处理者(data processor)。后者是代表数据控制机构处理数据的实体。而且,GDPR明确规定数据处理者如违反数据保护的义务则可能受到行政处罚或承担民事责任。

其二,从GDPR保护的权利来看,GDPR为其保护的对象(即"数据主体")设置了一系列重要的数据权利:除了常规的权利之外,还包括信息泄露通知权、访问权、被遗忘权、可携带权、隐私保护设计权等等。对于未成年人等特殊的数据主体,GDPR也有特别且更严格的监管规定。另外,GDPR界定的"个人数据"的范围也非常广泛,包括个人姓名、身份证号码、位置信息、IP地址、Cookie等。既涵盖真实世界的数据信息,又涵盖网络世界的数据信息。

其三,从GDPR施加的监管来看,其对数据处理提出了非常高的要求。在数据处理过程中,必须以清楚、独立、清晰的方式向数据主体披露其用户条款,以获得数据主体的同意;同意许可必须容易撤回,必须基于主体自由意志作出,且同意处理的数据范围不可超过必要限度。GDPR还规定,员工数量在250人及以上的企业或机构必须记录数据处理活动的过程、相关人员和数据接收者。如果控制者和处理者需要经常、系统地监控数据主体,而且监控的规模较大、数据种类特殊或涉及刑事定罪以及违法行为,则必须设立"数据保护官"。即便是非欧盟企业也必须遵守这一规定,并在欧盟当地设立这一角色。

其四,从GDPR规定的处罚方式来看,其处罚涉及行政处罚和民事处罚,都较为严厉。其中,行政处罚分为两类,对数据控制者和数据处理者都适用。第一类针对违反隐私保护设计等违法行为,处以

1000万欧元或者上一年度全球营业收入的2%,二者取其高;第二类针对违反数据处理原则等违法行为,处以2000万欧元或者企业上一年度全球营业收入的4%,二者取其高。民事处罚则采取了连带责任的原则。就被侵权数据主体而言,为了确保其获得有效赔偿,数据控制者和数据处理者就信息主体的全部损失承担连带责任。

欧盟GDPR合规标准高(保护标准高)的特征如何促成偶合模式的达成?对此,美国哥伦比亚大学法学院的阿努·布拉德福德教授提出了一个生动的类比[1]:假设一个人要设宴款待八位客人。其中两位不吃猪肉;其中一位喜欢吃猪肉,但是也吃其他食物,只要它们不含麦麸;剩下的五位客人没有饮食忌口。对此,这位设宴者可以为每个人分别定制餐食,也就是同时提供有猪肉和无猪肉的餐食,以及有麦麸和无麦麸的餐食。然而,为了提高效率、节省时间精力和金钱,这个设宴者更可能采取的方案是:提供鱼肉,并且让所有的菜都不含麦麸。从这个例子中可以看出,如果存在各种要求和限制,限制最严格的餐食(无猪肉且无麦麸)将获胜。

上述八位客人就像是有不同隐私和数据保护偏好的国家和地区,而设宴者就是在不同市场跨国经营的科技公司。为了降低全球经营成本,跨国公司倾向于提供标准化的产品、进行标准化的隐私和数据保护合规管理。于是,它们只要采取限制最多、要求最严的欧盟GDPR监管规则,就可以一次性满足这个领域在全球的监管要求。这就是合规标准高对于促成偶合模式的作用。这也意味着在隐私和数据保护领域,只有保护力度最强、合规标准最高的规则,才更容易被域外适用并产生域外实效[2],因为只有这样的规则才可以"向下兼容"

---

[1] Anu Bradford, *The Brussels Effect: How the European Union Rules the World*, Oxford University Press, 2020, p. 54.

[2] 金晶:《欧盟的规则,全球的标准?——数据跨境流动监管的"逐顶竞争"》,载《中外法学》2023年第1期,第61—62页。

其他规则。

值得说明的是,在全球市场以隐私和数据保护的最高标准"一体化合规"会产生相应的成本。有研究者调查发现,与处于宽松监管环境下的公司相比,更严格的数据监管环境会使当地的公司处于劣势地位。[1] 这也一定程度上表明企业提高数据隐私的保护程度/合规力度与提升自身竞争力之间可能存在张力。既然如此,对于已经用最高标准要求自己的企业来说,为了弥补自己耗损的成本和所处的劣势地位,一个自然的想法是:让其他公司(尤其是自己的竞争者)也同样承受高标准合规的成本(如果它们没有直接退出市场的话)。[2] 这也是在上述偶合模式的典型实例中,苹果等大型科技公司呼吁全世界遵守 GDPR——尤其是在美国 CCPA 立法过程中,极力游说美国监管者将保护力度提高到 GDPR 标准的重要原因之一。

(三)立法技术精

欧盟 GDPR 从总体原则到规范细节,都能体现精湛的立法技术。本章将重点关注与偶合模式的实现密切相关的几项立法技术。具体包括:非流动的监管目标、不可分的监管对象、可及性的监管框架,以及制度性的修法引导。前两者促使跨国公司主动传播和实施欧盟的监管规则;后两者引导各个国家推广和移植欧盟法律。两者并轨而行,共同推动欧盟的 GDPR 在偶合模式下生成广泛而深远的域外实效。

1. 促使公司"法律适用"的立法技术

第一,立法针对非流动的监管目标。欧盟 GDPR 的监管目标是保护数据主体的诸多权益,而数据主体作为欧盟成员国内的居

---

[1] Nick Wallace and Daniel Castro, "The Impact of the EU's New Data Protection Regulation on AI," *Center for Data Innovation*, March 27, 2018, last visited 2024/8/31.

[2] Ferdi De Ville and Simon Gunst, "The Brussels Effect: How the GDPR Conquered Silicon Valley," 26 *European Foreign Affairs Review* 437, 437-458 (2021).

民,具有很强的非流动性。换句话说,上述受到 GDPR 保护的居民就在欧盟领土上,跨国公司无法通过转移地理位置来规避 GDPR 的监管。与之相反,作为监管目标的"资本"的流动性就极强。当世界上不同辖区的资本监管规则宽严程度不一时,跨国公司可以让资本轻易地流向监管更宽松的地区。这就是为什么在公司法规则的竞争中,美国特拉华州能够脱颖而出,成为公司注册的聚集地。非流动的监管目标最终意味着合规义务的难以规避。而一旦跨国公司无法通过改变监管目标的地理位置来逃避合规义务,它们就有通过切实合规获得准入并维持经营的预期和动力(除非打算彻底放弃为特定的市场和主体提供服务),而不是在世界各地"流窜"来挑选规则或逃避监管。这是偶合模式下欧盟监管规则可以与跨国公司深度绑定的原因之一。

第二,立法针对不可分的监管对象。欧盟 GDPR 的监管对象是公司的数据合规行为。由于经济和技术上的原因[1],一家跨国公司在全球不同地区的数据合规行为在客观上难以分割。所谓"经济上的原因",也即全球统一合规成本低、更划算,背后的原因是规模效益。如上所述,隐私和数据保护的领域的合规需要专门的知识、人才和管理体系。比起为各个辖区定制专门的合规计划、配备专业的合规人员、积累不同的合规知识,全球范围内的一体化合规明显具有成本优势。所谓"技术上的原因",也即来自不同国家和地区的数据信息通常汇集于一地,难以从海量的数据集合中溯源不同数据的主体和位置并分而治之。[2] 上述因经济或技术原因而不可分割的数据合规行为,让跨国公司有动力在全世界范围内适用同一套隐私和数据保护标准,而不是根据不同辖区的规定"因地制宜"地完成合规。而一旦

---

[1] Anu Bradford, *The Brussels Effect: How the European Union Rules the World*, Oxford University Press, 2020, pp. 53-65.
[2] Ibid., p. 57.

只能保留和遵循一套合规计划,那必定是世界范围内最严格的规则(见上文论述),这是偶合模式中欧盟 GDPR 能够与跨国公司捆绑的另一个原因。

2. 促使国家"法律移植"的立法技术

第一,可及性的监管框架。苏格兰法律史和比较法学家艾伦·沃森(Alan Watson)指出,法律的"可及性"(accessibility)是其能否成功扩散的重要标准。[1] 欧盟 GDPR 就具备这一特性。具体来说,GDPR 设定了一套可以普遍适用于公私部门的数据保护原则和数据处理(收集和使用)规则。此外,在形式上,欧盟的数据保护立法从一部"指令"(directive)发展为一部"条例"(regulation),而且条款数量不多、条文设置不繁冗,具备很强的可复制性。[2] 这些特点都为各国在偶合模式下接受、借鉴和传播欧盟 GDPR 提供了便利。作为对比,欧盟这种总括性和综合性(omnibus)的立法体例,明显区别于以美国个人信息保护法为代表的区分不同领域或行业的分散性(sectoral)立法。前者具有体例清晰、便于效仿的优势。而后者的数据保护制度带有浓厚的"拼凑"色彩——从规则的构成来看,就包括联邦成文法、州一级立法和行业自律准则等。有学者曾给出解释:由于在数据保护方法、联邦优先事项、宪法第一修正案的适用范围和个人诉讼权利等重要问题上无法达成共识,美国国会难以推出一部综合性的数据保护法。[3]

第二,制度性的修法引导。欧盟 GDPR 引入了一套完整的"充分性认定"(adequacy decision)制度(GDPR 第 45 条)。这项规则仅针对

---

[1] Alan Watson, *Legal Transplants: An Approach to Comparative Law*, University of Georgia Press, 1993, pp. 10-15.

[2] Paul Schwartz, "Global Data Privacy: The EU Way," 94 *New York University Law Review* 771, 811-812 (2019).

[3] 彭岳:《数据隐私规制模式及其贸易法表达》,载《法商研究》2022 年第 5 期,第 102—117 页。

国家主体,目的是在数据跨境流动的背景下,评估其他国家是否达到了与欧盟"实质相当"(essentially equivalent)的数据保护力度。[1] 如果上述国家的数据保护足够充分,欧盟境内的数据就可以转移到上述国家。由此可见,充分性认定是一种 GDPR 赋予欧盟相关监管机构的单边审查权力。"充分性认定"并非一个单纯的静态结果,而是一个"差距弥合"的动态过程。在此期间,欧盟监管者会为请求获得充分性认定的国家提供指导,帮助其逐步修改或完善本国的数据保护规则以获得欧盟的认定。[2] 这是欧盟输出自身规则的重要渠道。而且,充分性认定并非一次性的审批,而是具有持久约束。GDPR 要求欧盟监管者持续地(on an ongoing basis)监督和审查第三国的数据保护情况,而且有权撤销、中止或修改先前作出的充分性认定。换句话说,欧盟不但通过制度性的方式完成了法律输出,还通过制度设计确保了其长期效果。这些制度对于偶合模式下欧盟规则与国家公权力主体深度绑定而言至关重要。

(四)法律理念优

所谓"法律理念",也可以称为立法理念或监管哲学(regulatory philosophy),意味着特定法律调整社会关系时所秉承或信奉的价值取向。就欧盟隐私和数据保护领域的立法而言,其基本的价值取向是将隐私和数据权利作为基本权利加以保护,并将其作为追求数据自由流通的前提。这一法律理念源远流长。《欧洲联盟运作条约》第 16(1)条规定,"人人都有个人数据被保护的权利";第 16(2)条进一步要求欧洲议会和欧洲理事会制定个人数据保护和处理有关的规定,而且应当由独立的机构负责合规监管。《欧洲联盟基本权利宪章》第 8

---

[1] Judgment of the Court (Grand Chamber), *Case C-311/18*, para 73.
[2] Oliver Patel and Nathan Lea, "EU-UK Data Flows, Brexit and No-deal: Adequacy or Disarray?," *UCL European Institute*, August 2019, last visited 2024/8/31.

(1)条也有类似的规定。对于上述条约和宪章的基本理解是:欧盟将个人隐私和数据保护视为一项基本权利,不能让渡也不可分割(inalienable),它的基础是基本人权和人类尊严。[1] 这些法律理念充分体现在 GDPR 的序言和具体条款中(部分体现为上文所论述的 GDPR 的法律内容严)。此外,还有学者从"强化数据主体对数据的控制权"这条线索切入,总结了上述理念在 GDPR 中的表现。[2] 具体来说,GDPR 将"同意"作为处理个人信息的基本原则,不管是个人数据的收集、存储、处理还是披露,都必须征得数据主体的同意。而后,即便是在知情同意的情况下,数据主体仍然享有多项对个人数据的权利,包括访问权、更正权、被遗忘权、携带权等。最后,GDPR 还赋予数据主体向独立监管部门以及法院提起诉讼维权索偿的权利。

欧盟之所以将隐私和个人数据置于如此重要的地位,与其特殊的历史和文化背景有关。有研究者指出,17 世纪中后期在欧洲大陆兴起的启蒙运动就产生了自由、平等、人权等价值理念。其中,保障公民自由、维护公民权利的启蒙思想对欧盟数据保护理念的影响很深。尤其是经历了二战期间法西斯和纳粹主义利用个人数据迫害犹太人和反纳粹人士的惨剧,欧洲公民建立起了捍卫隐私和数据权利的基本价值观。[3] 正是因为历史与文化的不同,各国对于数据治理的法律理念可谓差异巨大。与欧盟形成鲜明对比,美国宪法中完全没有提及隐私权、数据保护等概念。[4] 就法律性质而言,美国的个人数据保护具

---

[1] Orla Lynskey, *The Foundations of EU Data Protection Law*, Oxford University Press, 2015, p. 241.
[2] 丁晓东:《什么是数据权利?——从欧洲〈一般数据保护条例〉看数据隐私的保护》,载《华东政法大学学报》2018 年第 4 期,第 39—53 页。
[3] 余圣琪:《数据权利保护的模式与机制研究》,华东政法大学博士毕业论文 2021 年,第 59—60 页。
[4] Gregory Voss and Kimberly Houser, "Personal Data and the GDPR: Providing a Competitive Advantage for US Companies," 56 *American Business Law Journal* 287, 287–344 (2019).

有市场调节法的特征,更多出于实用主义的考虑,整体上信任市场在个人数据保护中的作用。而且美国不认为个人数据处理本身就存在侵害个人人格尊严的风险。[1] 有研究者指出,关于数据监管主要存在两种法律理念。第一种是强调保护数据主体的数据权利,有限制地使用数据;第二种是鼓励数据资源的挖掘、提升数据使用效率。欧盟的法律理念是前者,而美国的法律理念则属于后者。[2]

欧盟在隐私和数据保护立法中具备的法律理念如何促成了偶合模式的实现?美国加州伯克利大学法学院教授保罗·施瓦茨(Paul Schwartz)指出,各国隐私和数据保护的法律理念本身就处于"观念市场"(marketplace of ideas)的竞争之中。[3] 在他看来,欧盟法律极其重视数据保护的理念存在"纯粹的吸引力"(sheer appeal),最终让欧盟在全球规则竞争中取得胜利。为了佐证他的观点,教授结合自己从上世纪90年代到近年来对美国隐私和数据保护法的追踪研究,指出美国在这一领域的立法变迁就体现了其不断被欧盟法律理念征服的过程。[4]

在全球范围内,欧盟确实早早占据了隐私和数据立法的理念高地。在信息爆炸、万物互联和人际互通的数字经济时代,世界各国及其民众必然会越来越重视隐私和数据保护,这是时代发展的必然趋势,也是权利觉醒背景下的客观规律。数字时代的财产权与人格要素会密切交融,个人隐私和数据直接进入财富创造过程,数据权利的地

---

[1] 丁晓东:《〈个人信息保护法〉的比较法重思:中国道路与解释原理》,载《华东政法大学学报》2022年第2期,第73—86页。

[2] 孔庆江、于华溢:《数据立法域外适用现象及中国因应策略》,载《法学杂志》2020年第8期,第76—88页。

[3] Paul Schwartz, "Global Data Privacy: The EU Way," 94 *New York University Law Review* 771, 813 (2019).

[4] Ibid., pp. 813-817.

位自然日趋提升。[1] 与此同时,在互联网和大数据时代,"数字人权"的概念已然兴起,有潜力成为"第四代人权"。这一观念不但受到权利意识较强的美欧国家的民众欢迎,也十分契合中国等发展中国家的人权观。个人信息或数据被保护的诉求相应提升到了宪法基本权利的高度。[2] 正是在上述背景下,中国《个人信息保护法》在借鉴和参考欧盟立法的基础上出台,并在一定程度上比欧盟的规则更完善、更严格。[3] 既然欧盟的法律理念是大势所趋,符合世界民众的价值追求,而且欧盟又围绕这套法律理念提出了一套完整的法律方案;那么欧盟法律自然能够获得跨国公司和各个国家的青睐,自愿成为其实施者、宣扬者,让欧盟法律在"激励相容"的机制下实现广泛而长期的域外实效。这背后有实用主义的考量,也即适用欧盟法律可以获得当下和长远的经济利益(包括赢得市场份额和用户忠诚度、提升企业内部的数据管理效率等);也有理想主义的追求,也即践行和借鉴欧盟法律符合当下数字时代的价值诉求。

(五)监管能力强

监管能力是指高效、科学地制定和实施监管规则的能力,这是上述四项欧盟法律特征之所以存在并且能够发挥实效的底层支持,可谓是偶合模式得以实现的源动力。欧盟在隐私和数据保护领域的监管能力非常强,主要体现在立法、司法和执法三个方面。欧盟的监管能力必须透过其复杂精巧的机构设置和互动安排加以考察。[4]

---

[1] 王利明:《迈进数字时代的民法》,载《比较法研究》2022年第4期,第17—32页。
[2] 丁晓东:《论"数字人权"的新型权利特征》,载《法律科学(西北政法大学学报)》2022年第6期,第1—15页。
[3] 王利明、丁晓东:《论〈个人信息保护法〉的亮点、特色与适用》,载《法学家》2021年第6期,第1—16页。
[4] Paul Schwartz, "Global Data Privacy: The EU Way," 94 *New York University Law Review* 771, 808 (2019).

其一,从立法上看,欧盟的立法部门除了机构健全、人员专业,因而有丰富的立法资源和经验之外[1],还具有一种"分散型权力"(dispersal of power)的架构。在这种安排下,欧盟的基本权利可以在立法过程中被反复、充分、全面地考虑。因为即便某些机构在某些环节忽视了特定的权利保护,其他机构在另一些环节也能予以指出和弥补。[2] 正是因为有这样的组织安排,不同的机构可以多方位地从世界各地汲取隐私和数据保护的新做法和新思路。比如,GDPR 在立法的过程中就借鉴了源自加拿大的"隐私保护设计"制度和源自美国的未成年人数据保护规则等。[3]

其二,从司法上看,GDPR 颁布后,数据和隐私权相关的争议由原来主要通过欧盟各成员国国内法院以及欧洲人权法院管辖,转变为交由欧盟设立的欧洲法院管辖。欧洲法院直接隶属于欧盟,是一个更侧重经济社会一体化的组织。因此,由其统管隐私和数据保护争议能够更好地从欧盟的立法目的出发,权衡利益、保护权益。[4] 近年来,欧洲法院已经出色地完成了谷歌西班牙案[5]、Schrems 案[6]等一系列案件的审理,它们对于澄清欧盟数据保护规则的内涵和外延有重要贡献。

其三,从执法上看,欧盟各成员国本就有各自的数据保护监管机构,而 GDPR 进一步优化了欧盟的执法体系。相较于《95 指令》规定

---

[1] Anu Bradford, *The Brussels Effect: How the European Union Rules the World*, Oxford University Press, 2020, pp. 30-32.

[2] Mark Dawson, *The Governance of EU Fundamental Rights*, Cambridge University Press, 2017, p. 141.

[3] Paul Schwartz, "Global Data Privacy: The EU Way," 94 *New York University Law Review* 771, 809 (2019).

[4] 刘泽刚:《欧盟个人数据保护的"后隐私权"变革》,载《华东政法大学学报》2018 年第 4 期,第 54—64 页。

[5] Google Spain v. AEPD and Mario Costeja González (C-131/12), 2014.

[6] Schrems v. Data Protection Commissioner (C-362/14), 2015; Data Protection Commissioner v. Facebook Ireland Limited and Maximillian Schrems (C-311/18), 2020.

的监管体系,GDPR在监管机构、监管模式和监管方式等方面都有重大进步。首先,欧盟层面新设的欧盟数据保护委员会取代了《95指令》项下的第29条工作组(WP29)。欧盟数据保护委员会由欧盟各成员国的数据保护监管机构负责人和欧盟数据保护专员共同组成,负责欧盟层面有关个人隐私和数据保护相关意见和指南的发布与交流,以确保GDPR在欧盟境内的统一适用。其次,与欧盟数据保护委员会相对应,GDPR赋予欧盟各成员国以调查权和矫正权。具体包括发出违规警告、开展审查、期限纠正、命令删除数据、暂停向第三国传输数据、罚款等监管权力。值得指出的是,与传统的执行实施机制不同,GDPR重视监管机构间的合作与一致性机制。因而,可以通过相互帮助、联合行动、一站式咨询服务等机制工具,以及内部市场信息系统等信息技术手段保障GDPR在更广范围内取得效果。欧盟数据保护委员会对GDPR执行和实施的2023年回顾[1],以及各国的执法情况统计[2]都能体现欧盟在数据监管领域的执法能力。

(六)小结

国家域外适用其国内法的决心并不一定能如愿实现,法律的域外实效也不一定会产生。而在偶合模式下,无论是跨国公司还是主权国家,都自愿与欧盟的监管规则绑定,身体力行地促成欧盟法律走向全球,成功发挥域外实效。上述公司或国家之所以愿意这样做,背后既有实用主义的考虑——遵循并推广欧盟法律对它们而言具有短期的经济利益;也有理想主义的追求——借鉴和宣扬欧盟法律对它们来说属于长期的价值实现。欧盟法律之所以会引发上述效应,归根结底还是自身素质过硬——这是由其立法时间早、法律内容严、立法技术精、

---

[1] European Data Protection Board, *Safeguarding Individuals' Digital Rights (EDPB Annual Report 2023)*, 2023, pp. 30-56.

[2] "GDPR Enforcement Tracker," *CMS*, last visited 2024/8/31.

法律理念优、监管能力强等诸多内在特质共同决定的。

值得说明的是,谈及欧盟法律的全球影响,学者们通常会将欧盟的"市场力量"放在非常重要的位置。比如,美国哈佛大学法学院的杰克·戈德史密斯教授和美国哥伦比亚大学法学院的吴铭修教授共同指出,欧盟之所以在互联网领域成为了全球规则的引领者,关键是欧盟的市场规模和欧盟对于本国国民隐私权益的高度关注。[1] 美国哥伦比亚大学法学院的阿努·布拉德福德教授进一步提出,基于市场规模形成的市场权力是欧盟得以依托单边机制实现全球监管的首要原因。[2] 在本书看来,欧盟的市场规模在依托偶合模式生成法律域外实效的过程中确实起到了一定的作用。一方面,市场规模让欧盟法律更容易引起跨国公司及主权国家的注意,这是前述主体日后进一步践行和传播欧盟法律的前提。另一方面,市场规模不仅构成跨国公司当下利益的来源(即赢得客户青睐、抢占市场份额),甚至也关系到主权国家的现实利益(即实现与欧盟的数据跨境流动),增大了这些主体与欧盟达成激励相容安排的概率。换句话说,市场规模可以加速偶合模式的实现。

然而,市场规模对于偶合模式的实现而言并非不可或缺。这是因为市场在偶合模式形成过程中所起到的"引起关注"和"提供利益"等功能都可以为其他机制替代。一方面,在全球化和信息化的今天,某种具有吸引力的法律制度引起别国关注并非难事;另一方面,某种法律制度能够提供的利益除了市场规模加持下短期的金钱利益之外,还有长期的金钱利益和非金钱利益(如价值追求的实现)。试想以下情形,一种因符合时代发展规律而为人认可的监管理念和法律框架并非

---

[1] Jack Goldsmith and Tim Wu, *Who Controls the Internet? Illusions of a Borderless World*, Oxford University Press, 2006, pp. 154-158.

[2] Anu Bradford, *The Brussels Effect: How the European Union Rules the World*, Oxford University Press, 2020, pp. 25-66.

产生于一个市场大国,而是科技公司跨国经营覆盖的市场较小的岛国;甚至并非来自国家,而是来自国际组织的监管倡议。只要这些规则深入人心,代表了未来全球监管的趋势,那么,这套制度规则也会引起跨国公司的合规管理改革和各个国家的立法变迁。此时,基于经济利益的现实主义考量和基于价值取向的理想主义追求共同产生作用,推动了优质法律的传播和实施,而这些都与市场规模无关。从这个角度看,法律实力终究是达成偶合模式下法律域外实效的核心,市场规模即便扮演了一定的角色,也并非不可或缺。事实上,在目前解释欧盟数据监管规则得以全球化的诸多学说中,诸如规范性力量理论[1]、社会资本理论[2]等都弱化了市场的作用。然而,正如这一领域的学者所指出的那样,没有任何一个学说具有无懈可击的解释力。[3] 这么看,本书的观点和论证也只是尝试解释欧盟数据法律全球化现象的一次努力。

二、行业实力:弱(不必要)

在欧盟 GDPR 依托偶合模式产生域外实效的过程中,欧盟数字经济领域相关的行业实力没有起到任何作用。换句话说,特定法律领域内偶合模式的达成与这一法律领域所对应的行业实力基本无关,而仅仅与一国的法律实力高度关联。

对于本章所探讨的隐私和数据保护法领域,其对应的行业从广义上说可以涵盖数字经济相关的所有产业。然而,欧盟在这些领域的实力较为孱弱。从数字经济的规模来看,2024 年 1 月,中国信息通信研

---

[1] Ian Manners, "Normative Power in Europe: A Contradiction in Terms?," 40 *Journal of Common Market Studies* 235, 235-258 (2002).
[2] 冯玉军、卫洪光:《GDPR 的"布鲁塞尔效应"理论及批判——对立法域外影响力的分析》,载《烟台大学学报(哲学社会科学版)》2023 年第 6 期,第 24—34 页。
[3] 金晶:《欧盟的规则,全球的标准?——数据跨境流动监管的"逐顶竞争"》,载《中外法学》2023 年第 1 期,第 55—61 页。

究院发布的《全球数字经济白皮书》显示[1]:2022年,美国数字经济规模蝉联世界第一,达到17.2万亿美元;中国位居世界第二,规模为7.5万亿美元;而欧盟国家则落在后面,只有德国的规模达到了万亿级别(2.9万亿美元)。可见,欧盟在数字经济领域的规模实力与美国及中国存在较大差距。

从数字经济的不同产业来看,麦肯锡全球研究院发布的报告显示[2]:欧洲在以互联网和软件为中心的第一波技术浪潮中没有跟上美国的步伐,这意味着欧洲在跨行业的横向技术方面处于弱势地位。从未来全球经济所依赖的十种横向技术和产业来看,欧洲仅在两类技术和产业(材料和清洁能源)的创新和产品上勉强处于领先地位。而在其他重要产业,欧洲与美国和中国的差距十分悬殊。比如,在量子计算方面,前十大科技公司中有50%在美国,40%在中国,而在欧盟则完全没有。又比如,在5G行业,中国获得了近60%的外部资金,美国占27%,欧洲仅占11%。还比如,在人工智能领域,美国于2015到2020年获得了40%的外部资金,亚洲(包括中国)占32%,而欧洲仅占12%。

从数字经济领域的企业实力来看,截至2024年8月末,全球排名前20的互联网和科技企业中,美国拥有14家(包括苹果、英伟达、微软、谷歌、亚马逊、脸书、博通、特斯拉、甲骨文、网飞、Salesforce、AMD、奥多比、思科等),中国拥有3家(台积电、腾讯和阿里巴巴,分别排名第7、第10和第20位),而欧洲仅有两家(荷兰光刻机企业ASML和德国软件公司SAP,排名分别为第13位和第15位)。[3]

---

[1] 中国信息通信研究院:《全球数字经济白皮书(2023年)》,2024年1月,第18页。

[2] "Securing Europe's Competitiveness: Addressing Its Technology Gap," *McKinsey Global Institute*, September 22, 2022, last visited 2024/8/31.

[3] "Largest Tech Companies by Market Cap," *Global Ranking*, last visited 2024/8/31.

通过上文的典型实例以及偶合模式实现的内在机制可知,欧盟数据监管法律产生域外实效的驱动力是其强悍的法律实力,行业实力无关紧要。由于法律实力的存在,欧盟法律得以凭借其他国家的跨国公司甚至其他主权国家的自发行为,最终促成规则的全球扩散和现实影响。

第四节 影 响

一、对国家自身的影响

正如本章第一节回顾历史时所阐释的那样,欧盟通过偶合模式实现隐私和数据保护立法的域外实效主要是为了追求欧盟作为一个整体的内部利益。随着数据监管规则在偶合模式下产生域外影响,欧盟境内公民得以拥有最丰富的数据权益,而且这些权益可以在全球范围内得到最高标准的保护和落实。不仅如此,欧盟的数字经济产业也可以因为欧盟建立的数据监管规则而获得庇荫。这是因为 GDPR 的域外实效不但削弱了其他国家互联网和科技公司的事实垄断地位,还可以直接为欧洲企业打造一个有利于其发展的制度环境,甚至它们因为尽早进行合规管理还可以获得一定的竞争优势。从这个角度看,依托偶合模式生成法律域外实效对国家自身而言有非常积极的影响。

而且,由于偶合模式得以实现的要义是强悍的法律实力,国家在积极通过这种模式追求法律域外实效的过程中,必须不断优化自身的监管和治理能力。具体包括在新兴领域敏锐地感知监管需求,及早介入立法;在制定规则时不断打磨,力争制定理念先进、内容全面、标准严格和技术精良的优质规则;在规则实施时,持续增进本国的监管能力,进而保证规则的实际落实。由此可见,践行偶合模式的过程也是一个敦促甚至倒逼国家全面提升法律实力和治理能力的过程,这对于国家而言有非常正面的影响。

二、对国际关系的影响

依托偶合模式促成监管规则的域外实效主要依靠主体之间的激励相容。因此,在法律适用的场景下,跨国公司自愿在世界范围内实施欧盟法律,跨国公司的母国对这种情况无从干涉。[1] 而在法律移植的场景下,各个国家主动参考和借鉴欧盟法律,实质上是将欧盟作为榜样或范本。总之,欧盟与其他国家之间的关系较为融洽,至少不会出现威慑模式下抗拒或敌对的关系出现。因此从理论上看,偶合模式对国际关系的影响偏积极。

然而,现实中我们也会看到一些对于欧盟通过偶合模式域外实施域内规则的负面评价甚至谴责,包括指责欧盟的行为本质上是"监管保护主义"(regulatory protectionism)或"监管帝国主义"(regulatory imperialism)等。不难发现,这些谴责主要来自美国。[2] 如上文所述,在数字经济领域,美国互联网和科技公司处于领先地位。欧盟对这些公司的合规监管被认为是出于打击报复,引起了一些来自美国的负面舆论。而且,欧盟的规则溢出疆域并在美国领土内产生实际效果的现象,也让美国监管者认为自己的主权受到侵蚀,于是加剧了对欧盟的不满。[3]

美国的上述评价或指责可能有失公允且缺乏事实依据。比如,暂且不论欧盟适用 GDPR 时对所有跨国公司一视同仁(而没有单独针对特定国家的公司),单从结果看,实证研究发现欧盟 GDPR 产生域

---

[1] Anu Bradford, *The Brussels Effect: How the European Union Rules the World*, Oxford University Press, 2020, p. 257.

[2] Mark Scott, "E.U. Rules Look to Unify Digital Market, but U.S. Sees Protectionism," *The New York Times*, September 13, 2016, last visited 2024/8/31.

[3] Anu Bradford, *The Brussels Effect: How the European Union Rules the World*, Oxford University Press, 2020, p. 250.

外实效后,获益最大的其实是诸如谷歌等美国大公司。[1] 正如美国驻欧盟大使安东尼·加德纳(Anthony Gardner)所言,在与欧盟监管有关的争议中,利益天平的两端通常都是美国公司。因此,很难论断美国的利益究竟在哪一方,也很难有前后一致的态度。[2] 最后,从历史经验来看,当美国政府发现欧盟规则对本国造成影响时即便出言谴责、制造负面舆论,然而在实际行动上美国也很少采取制裁等强硬方式来改变欧盟的规则,而是更倾向于促成相互妥协的友好关系。[3] 这也是偶合模式下国际关系总体缓和平稳的体现之一。

三、对国际社会的影响

通过偶合模式追求法律的域外实效客观上是将一国的优秀法律制度作为国际公共产品加以提供[4],最终可以提高国际社会福利、促进全球共同发展。如上文所述,欧盟的隐私和数据保护法被认为是"全球黄金标准",它有着更好的监管理念、监管框架和规则内容。对于国际社会中的其他国家而言,很可能因为欧盟规则在偶合模式下促成的法律域外实效而享受到若干福利。一方面,由于欧盟法在其他国家产生了实际效果,科技和互联网领域的跨国公司提高了全球的隐私和数据保护标准。欧盟以一己之力提高了这些公司在全球的合规水平,意味着国际社会中的其他国家及其民众"搭了便车"。另一方面,随着各国逐渐意识到隐私和数据保护的重要性,它们也开始制定自己的国内法。此时,法律移植场景下的偶合模式也可以让其他国家享受到制度变迁的"后发优势"。

---

[1] Christian Peukert, et al., "Regulatory Spillovers and Data Governance: Evidence from the GDPR," 41 *Marketing Science* 746, 746-768 (2022).

[2] Anu Bradford, *The Brussels Effect: How the European Union Rules the World*, Oxford University Press, 2020, p. 258.

[3] Ibid., pp. 259-262.

[4] 王镭:《全球发展倡议:促进共同发展的国际公共产品》,载《社会科学文摘》2022年第9期,第8—10页。

当然，偶合模式下欧盟规则的域外实效也可能引发一些负面影响，主要体现在三个方面。其一，一些研究指出，更高的保护水平也意味着更高的合规成本，这些公司的成本最终会转嫁到消费者或用户身上，于是各国民众不得不支付更高的价款。[1] 不同国家的法律理念不同，其消费者也可能有不同的偏好，确实存在愿意牺牲隐私和数据权益而换取更便宜商品和服务的情况。对这些国家的民众而言，欧盟数据监管规则的域外实效所引起的权益保护水平与商品服务价格的同步攀升并不是最理想的结果。其二，更高的合规成本也会挤占公司有限的资源，可能不利于其创新（因为资源被配置到了合规管理而非技术研发）。[2] 其三，国内外学者也指出，欧盟的隐私和数据保护立法不一定尽善尽美，法律在域外生效的影响因此不一定是积极的。比如，宽泛的合法性基础和对数据主体过多的保护可能不利于个人数据的流通。[3] 又比如，GDPR 赋予数据主体的广泛权利既不现实，也会给数据主体造成不合理的期待等。[4]

总　结

以欧盟数据监管领域的代表性立法 GDPR 为例，依托偶合模式生成法律域外实效的做法有诸多特征，可从"外在表现"和"内在条

---

[1] Larry Downes, "GDPR and the End of the Internet's Grand Bargain," *Harvard Business Review*, April 2018, last visited 2024/8/31.

[2] Nicholas Martin, Christian Matt, Crispin Niebel, and Knut Blind, "How Data Protection Regulation Affects Startup Innovation," 21 *Information Systems Frontiers* 1307, 1307–1324 (2019)；金晶：《欧盟的规则，全球的标准？——数据跨境流动监管的"逐顶竞争"》，载《中外法学》2023 年第 1 期，第 55—61 页。

[3] 高富平：《GDPR 的制度缺陷及其对我国〈个人信息保护法〉实施的警示》，载《法治研究》2022 年第 3 期，第 17—30 页。

[4] Oskar Gstrein and Andrej Zwitter, "Extraterritorial Application of the GDPR: Promoting European Values or Power?," 10 *Internet Policy Review* 1, 3 (2021).

件"两个方面进行阐述。

在外在表现方面,偶合模式体现了法律输出方和法律输入方之间激励相容的融洽状态。这种状态在最典型的情况下,表现为两者"漠视—漠视"的心理互动。在隐私与数据保护领域,对于与欧盟数据主体无关的数据权利保护,欧盟对于作为数据控制和处理者的公司是否在域外实施欧盟规则持漠视态度(不施加强制);而当上述公司主动践行欧盟法律时,其母国也持漠视态度(不加以阻止)。这就是"狭义偶合模式"在法律适用场景下的体现。

在法律移植的场景下,"狭义偶合模式"意味着法律输入方单方面被动允许欧盟法律在本国领土内生效(不加以阻止),而欧盟对此可能完全不知情(不施加强制),因此也处于漠视状态。相应地,上述心理状态所对应的行为互动就表现为"无为—无为"。最终,上述互动的最终结果就是作为法律输出方的欧盟通过单边方式,将自己的国内法律单向地输出到法律输入方域内。如果用博弈论的形式表现上述互动,则如表 4.2 所示,均衡结果在(3,3)实现,即(不强制,不阻止)。

表 4.2　欧盟数据监管域外实效的博弈互动(狭义偶合)

		乙国	
		阻止	不阻止/漠视
甲国	强制	-2, -2	-1, 2
	不强制/漠视	2, -1	3, 3

根据上文的论述,偶合模式在法律适用和法律移植两个场景下都存在"广义"的版本。如果说狭义版本完全体现了偶合模式的特征,也即"漠视—漠视"和"无为—无为"的主体互动,那么广义版本就一定程度上放松了对上述具体互动形态的要求。具体来说,在"广义偶合模式"下,欧盟作为法律输出方积极追求法律的域外实效,而其他国家作为法律输入方同样积极追求欧盟法律在本国域内生效。因

此,两者之间的心理和行为互动分为呈现为"追求—追求"与"要求—配合"。此时,欧盟与其他国家之间依旧是激励相容的状态。换句话说,法律域外实效的实现过程仍然和谐友好、关系融洽,主体之间不存在强制或阻止的激烈对抗,因此也属于"利益相合"的情形。

表 4.3 欧盟数据监管域外实效的博弈互动(广义偶合)

甲国		乙国	
		阻止	配合/追求
甲国	强制	-2, -2	-1, 2
	要求/追求	2, -1	3, 3

在内在条件方面,支撑欧盟在数据监管领域产生法律域外实效的是其强大的法律实力(见图4.2)。具体表现为五大特征:立法时间早、法律内容严、立法技术精、法律理念优和监管能力强。法律规则因其实力而促成域外实效的原理在于,遵循或追随规则有利于市场主体在现实主义下的利益实现,同时也有助于主权国家在理想主义下的价值追求。与之相对,欧盟在数字经济领域的行业实力对于欧盟法律在域外的实际效果并无贡献。

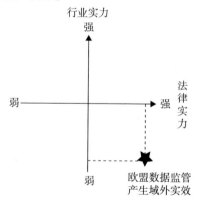

图 4.2 欧盟数据监管域外实效的内在条件

值得一提的是,依托偶合模式实现法律域外实效的做法并不仅仅存在于欧盟的数据监管领域。其实,欧盟在市场竞争与反垄断法、消费者权益保护法、化工产品和食品安全法,以及环境法等领域都存在依托偶合模式促成法律域外实效的现象,只是表现形态可能没有数据监管领域如此丰富和典型。

第五章

合作模式：以美欧场外衍生品监管为例

引　言

域内经济监管规则依托合作模式产生域外实效，意味着国家之间通过双边合意的方式达成这样一种共识：我方的域内规则在你方域内有效，你方的域内规则也在我方域内有效。在合作模式下，主体双方存在"追求—追求"的主观态度，呈现"互谅—互让"的客观互动。从均衡结果来看，经济监管的域外实效通过双边机制，以双向度（双方既是法律输出方，也是法律输入方）的形式促成。

本章以美国与欧盟场外衍生品监管规则的域外实效作为合作模式的典型案例，具体有两个原因：第一，可行性。衍生品交易天然涉及大量跨境元素，以合作模式产生法律域外实效的实践较多。美欧之间的合作相对透明，可以获取的资料更加丰富。第二，时效性。我国新出台的《期货和衍生品法》开始追求法律的域外实效，也配备了跨境监管合作相关的制度安排，本章的研究可以为本领域的中国法产生域外实效提供及时的参考。

从历史角度看，美欧衍生品监管规则均经历了从"单边立法"到"替代合规"再到"双边域外实施"的转变。最初，美欧各自通过单边立法避免跨境衍生品交易的负外部性传导至域内。后来，为了避免重复监管，美欧逐步完善了替代合规制度，最终以合作模式促成了衍生品监管规则的域外实效。总的来看，美欧之间的衍生品监管规则具备域外实效后,既可以维护双方的内部利益,也可以促进全球金融治理。

从实证角度看,美欧通过双边磋商,成功在衍生品监管的集中清算、标准化合约入场交易、场外交易保证金要求等若干方面达成了双向的替代合规。也即美欧以合作的方式认可了对方的特定规则与己方的规则等效,从而允许对方的法律在己方域内进行域外实施并产生域外实效。以此为范式,美国和欧盟也分别同其他国家陆续开展类似的双边合作。

从条件方面看,美欧场外衍生品监管产生域外实效的核心是双方的三方面"共识":其一,都希望制定域内规则监管衍生品交易;其二,都追求域内监管规则的域外实效;其三,都想要避免重复监管带来的成本。上述共识促使美欧在合作模式下互谅互让,实现了衍生品监管的域外实效。在这个过程中,双方的法律和行业实力对于监管规则域外实效的生成没有决定性贡献。

从影响方面看,通过合作模式域外实施衍生品监管规则卓有成效,不但使得一国的监管范围扩展至域外,从而避免了负外部性蔓延至域内,也对国际关系产生了较为正面的影响。合作模式的推广也有助于全球衍生品监管制度的建立和优化。

第一节 沿 革

2008年金融危机以来,美国和欧盟持续推动着全球金融衍生品监管。[1] 这一领域的监管沿革也是美欧通过合作模式推动衍生品监管域外适用并最终产生域外实效的历史,大致可以分为三个阶段。

第一个阶段以美国和欧盟对衍生品监管开展单边立法为标志。美国在2010年颁布了《多德—弗兰克法案》,欧盟在2012年颁布了《欧洲

---

[1] Julia Iodice, "The US Approach to Swaps Regulation: Striking a Balance between Domestic and Foreign Interests," 4st. *John's Journal of International and Comparative Law* 37, 40-42 (2013).

市场基础设施监管条例》(European Market Infrastructure Regulation,以下简称为"EMIR")。上述立法不仅包含金融衍生品交易的监管规则,也包含法律域外适用条款。在第二个阶段,美欧逐步确立和完善衍生品监管的"替代合规"(substituted compliance)制度,为双向的监管规则域外适用打下基础。到了第三个阶段,美欧通过互谅互让的双边机制,达成了监管的可比性决定(comparability determination)或等效性决定(equivalence decision),从而以合作方式促成了场外衍生品监管的域外实效。

在上述若干阶段中,美欧双方针对衍生品监管域外适用的立法基本处于同步推进状态。在法律域外适用的单边立法阶段,双方的整体利益考量在于吸取2008年金融危机的教训、防范跨境衍生交易负外部性向域内传导;在替代合规以及后续合作模式的确立与落实(即促成监管规则的域外实效)阶段,双方的整体利益考量在于避免监管重复与监管冲突。综合来看,在追求衍生品监管域外实效的过程中,美欧都在实现内部利益的同时降低了全球金融风险,维护了外部利益。

一、萌芽:2010年

(一)美国和欧盟对衍生品监管进行单边立法

美国2010年7月21日生效的《多德—弗兰克法案》拉开了全球关于金融衍生品交易的立法序幕,其第七章主要针对衍生品交易作出了两方面规定:(1)就监管权限划分而言,美国CFTC负责监管互换交易,美国SEC负责监管以证券为基础的互换交易(security-based swaps,以下简称为"SBS");(2)就监管内容而言[1],主要关于金融

---

[1] Dodd-Frank Wall Street Reform and Consumer Protection Act §§ 723, 729, 766; Jonathan Lindenfeld, "The CFTC's Substituted Compliance Approach: An Attempt to Bring About Global Harmony and Stability in the Derivatives Market," 14 *Journal of International Business & Law* 125, 130 (2015).

衍生品交易"入交易所""入清算机构(及押保证金)"和"入交易信息数据库"等,旨在提升衍生品交易的透明度并降低其风险。

值得注意的是,《多德—弗兰克法案》规定了具有一定模糊性的法律域外适用条款。仅从表述来看,并不能明确有关监管机构可能会采取何种方式对法案内容进行域外适用。具体而言,针对 CFTC 监管范围内的法律域外适用,《多德—弗兰克法案》第 722(d)条修订了《商品交易法》第 2(i)条并规定:除非美国域外发生的互换交易活动(1)与美国商业活动有直接、重要联系,或对其有直接、重要影响;(2)违反 CFTC 可能制定或颁布的防止规避该法案的规定或者适当的规则或章程;否则,监管规则不应适用于美国域外的互换交易活动。[1] 针对 SEC 监管范围内的法律域外适用,《多德—弗兰克法案》第 772(b)条修订了《证券交易法》第 36 条并规定,只有在域外行为存在法律规避的情况下,才能域外适用 SBS 有关的监管规则。[2]

欧盟于 2012 年 7 月 4 日颁布的 EMIR 同样对衍生品交易"入清算机构(及押保证金)"和"入交易信息数据库"等方面作出了规定;也同样赋予衍生品交易监管规则以域外适用的空间。具体来说,如果非欧盟实体作为一方或双方的衍生交易合约(1)对欧盟境内发生直接、实质性和可预见的影响;或(2)被认为有意规避了欧盟的衍生品交易监管要求,则欧盟 EMIR 应域外适用。[3] 可以发现,欧盟 EMIR 的域外适用规则与《多德—弗兰克法案》第七章的域外适用规则具有高度相似性。[4]

---

[1] Dodd-Frank Wall Street Reform and Consumer Protection Act § 722 (d).
[2] Dodd-Frank Wall Street Reform and Consumer Protection Act § 722 (b).
[3] European Market Infrastructure Regulation, Art. 4(1)(a)(v), Art. 11(12).
[4] John Coffee, "Extraterritorial Financial Regulation: Why E. T. Can't Come Home," 99 *Cornell Law Review* 1259, 1263 (2014).

（二）美欧立法的历史背景和动因

比较美国《多德—弗兰克法案》第七章和欧盟 EMIR 可知，美欧衍生品监管的域外适用制度与衍生品监管规则同步诞生，且两者的立法高度相似。其实，全球场外衍生品的监管历史并不长，2008 年金融危机后各国监管机构才逐渐认识到监管的必要性，这源于 2008 年美国国际集团（American International Group，以下简称为"AIG"）的破产危机，以及 2009 年二十国集团匹兹堡峰会对金融衍生品交易监管达成的共识。

AIG 的破产危机始于其英国子公司 AIG Financial Products（以下简称为"AIGFP"）经营的信用违约互换（credit default swap，以下简称为"CDS"）业务。CDS 属于金融衍生品交易的一种，它由两个主要概念构成，即"信用违约"与"互换"。"信用违约"就是无法履行到期偿付义务，"互换"就是在某个时点实现风险的对调。具体来说，针对一笔存在履约风险的贷款，买入方向卖出方购买信用违约保护并为这项保护支付一笔费用；如果该笔贷款到期无法清偿，卖出方就应向买入方支付无法偿付的贷款金额。换言之，在 CDS 业务中，信用违约的风险以保护费用为对价被转移给了信用保护的卖出方。[1]

AIGFP 在 2008 年之前就卖出了大量信用违约保护，而保护标的多为以美国房贷作为基础资产的抵押贷款债券。[2] 在经济形势向好的时候，AIGFP 因此赚取了大笔保护费用。[3] 然而，2007 年美国次贷危机爆发后，这些抵押贷款债券纷纷违约，导致 AIGFP 背负了巨

---

[1] 唐应茂：《国际金融法：跨境融资和法律规制》，北京大学出版社 2020 年第二版，第 42—44 页。从某种意义上说，CDS 类似于保险业务。但是相较于传统的保险合同，CDS 并不要求买入方具有"保险利益"。也即在上例中，并不要求买入方是贷款债权人。也因此 CDS 逐步变为对某个公司、某类债券下注的工具，进而隐含了更高的金融风险。

[2] William Sjostrom, "The AIG Bailout," 66 *Washington and Lee Law Review* 943, 959 (2009).

[3] Gretchen Morgenson, "Behind Biggest Insurer's Crisis, Blind Eye to a Web of Risk," *The New York Times*, September 27, 2008, last visited 2024/8/31.

额应偿债务。于是,其母公司 AIG 也被 CDS 买方要求追加担保品以保证 CDS 交易的履约。[1] 2008 年 9 月 16 日,美国联邦储备委员会宣布对无力追加担保品却"大而不能倒"的 AIG 进行救助;这场危机最终以美国纳税人被迫承担了约 1825 亿美元的救助义务告终。[2] AIG 破产危机不仅暴露出跨境衍生品交易的巨大风险及其传导性,同时也意味着全球对于衍生品交易的监管失败。危机爆发前,在 1999 年《美国金融服务现代化法案》提倡的"放松管制"与"功能监管"的背景下,兼具保险、证券、银行、远期合同特征的 CDS 并不明确属于任何美国金融监管机构的监管范围[3];欧洲的监管部门也未对 AIGFP 的 CDS 业务进行监管。[4]

为了亡羊补牢,金融危机后的二十国集团会议聚焦于建立全球衍生品市场的监管框架。[5] 2009 年 9 月的匹兹堡峰会明确了场外衍生品交易的监管框架,包括:(1)所有标准化的场外衍生品合约都应当通过交易所交易;(2)标准化合约至迟在 2012 年年底之前实现通过中央对手方进行集中清算,非集中清算的合约必须适用更高的资本充足率要求以控制风险;(3)场外衍生品合约应当向交易数据存储机构报告。[6] 上述监管框架可以简单概括为:"入交易所""入清算机构(及押保证金)"和"入数据库"。在上述背景下,出于对 AIG 危机

---

[1] William Sjostrom, "The AIG Bailout," 66 *Washington and Lee Law Review* 943, 960 (2009).

[2] Ibid., p. 975.

[3] Charles Whitehead, "Reframing Financial Regulation," 90 *Boston University Review* 1, 35-36 (2010).

[4] Gary Gensler, "Remarks before Ontario Securities Commission (OSC), OSC Dialogue 2012 in Toronto, Canada," *Commodity Futures Trading Commission*, October 30, 2012, last visited 2024/8/31.

[5] "Global Plan for Recovery and Reform (G20 Summits: London Summit)," *G20 Research Group*, April 2, 2009, last visited 2024/8/31.

[6] "G20 Leaders Statement: The Pittsburgh Summit (G20 Summits: Pittsburgh Summit)," *G20 Research Group*, September 24-25, 2009, last visited 2024/8/31.

重演的恐惧,以及对二十国集团监管倡议的认可,美国与欧盟先后完成了《多德—弗兰克法案》第七章以及 EMIR 的立法,并且建立起了内容相似的衍生品交易监管框架。AIG 危机尤其暴露出衍生品交易风险传导的跨境属性,而且衍生品交易市场本身就以跨境为特征。[1] 因此,为了避免跨境衍生品交易的风险从不受监管的域外传导至域内,美欧不约而同在立法中加入域外适用条款。

二、发展:2012 年

(一)欧盟 EMIR 中的"替代合规"制度

虽然欧盟 EMIR 规定了域外适用条款,但 EMIR 第 13 条"防止监管重复与冲突机制"针对第 4 条、第 9 条、第 10 条和第 11 条等 EMIR 项下具有域外效力的条款作出了如下规定[2]:为防止互换交易市场参与者面临监管重复与监管冲突的困境,欧盟委员会可以宣布第三国的监管规则与 EMIR 等效。宣布等效后,即便上述主体与交易处于 EMIR 的监管范畴内,只需符合经欧盟委员会等效认可的第三国监管规则,便可视为在 EMIR 项下合规。换句话说,EMIR 在法律层面确立了衍生品监管规则域外适用的替代合规制度——这是全球范围内的创举。此外,在欧盟后续发布的针对特定问题的监管技术标准中(如 2016 年 10 月 4 日就未清算交易的保证金问题起草完成的第 2016/2251 号授权条例[3]),也进一步明确了替代合规对于特定事项的适用范畴。

---

[1] See e.g., "The European Commission and the CFTC Reach a Common Path Forward on Derivatives," *the U.S. Commodity Futures Trading Commission*, July 11, 2013, last visited 2024/8/31.

[2] EMIR, Art. 13.

[3] Supplementing Regulation (EU) No 648/2012 of the European Parliament and of the Council (Commission Delegated Regulation (EU) 2016/2251).

在替代合规制度下,欧盟在继续推动自身衍生品监管规则的域内适用和域外适用的同时,实际上也允许了经等效认可的第三国衍生品监管规则在欧盟域内进行域外适用、产生域外实效,具体来说[1]:

假设 A 国的甲银行在欧盟设立分支机构 X(由于不具备独立法人资格,不被视为欧盟实体,而是 A 国实体),B 国的乙银行在欧盟设立分支机构 Y。A 国的衍生品监管规则经欧盟等效认可,而 B 国的衍生品监管规则未经欧盟等效认可。现在,X 与 Y 开展了一笔衍生品交易。欧盟 EMIR 第 4 条第 1(a)款第 v 项规定:如果衍生品交易发生在两个第三国实体之间,且上述实体若为欧盟实体中应承担 EMIR 项下清算义务的主体,且该等实体间的衍生品交易合约在欧盟境内具有直接、实质性和可预见的影响,则有关实体应履行 EMIR 项下的中央对手方集中清算义务(也即"入清算机构")。

假设上述分支机构 X(A 国实体)与 Y(B 国实体)均属 EMIR 第 4 条第 1(a)款第 v 项下的"若为欧盟实体则属于应承担 EMIR 项下清算义务的主体",且该等衍生交易"在欧盟境内具有直接、实质性和可预见的影响",则该等交易应属 EMIR 的管辖范围,需要履行中央对手方集中清算义务,属于典型的 EMIR 的"域内适用"。假设交易发生在 A 国的甲银行与 B 国的乙银行间,且甲银行(A 国实体)与乙银行(B 国实体)均属 EMIR 第 4 条第 1(a)款第 v 项下的"若为欧盟实体则属于应承担 EMIR 项下清算义务的主体",且该等衍生品交易"在欧盟境内具有直接、实质性和可预见的影响",则该等交易应属 EMIR 的适用范围,需要履行中央对手方集中清算义务,这种情形属于 EMIR 的"域外适用"。

然而,在 EMIR 的替代合规制度下,当欧盟委员会依据第 13 条

---

[1] 本案例改编自"The Extraterritorial Effect of the EU Regulation of OTC Derivatives," *Mayer Brown*, June 2014, last visited 2024/8/31.

"防止监管重复与冲突机制"宣布 A 国法的相关内容与 EMIR 第 4 条("入清算机构")等效,则分支机构 X 与 Y 之间本应适用欧盟 EMIR 的交易,就可以适用 A 国法的有关规定,这将被视为在 EMIR 项下完成了合规义务。这便是替代合规制度的含义。此时,如图 5.1 所示,A 国法可在欧盟进行域外适用并产生实效。

图 5.1　替代合规制度下外国法在欧盟产生域外实效

(二)美国《多德—弗兰克法案》中的"替代合规"制度

1. 美国 CFTC 的替代合规制度

2010 年《多德—弗兰克法案》第七章授权 CFTC 就互换交易发布监管细则,其第 752(a)条规定 CFTC 出于保护公共利益以及交易主体的必要和适当目的,应与外国监管机构进行协商。2012 年 6 月 29 日,CFTC 针对经《多德—弗兰克法案》修订后的《商品交易法》第 2(i)条规定的域外适用范围以及其他跨境监管事宜发布了拟议指引(以下简称为"《2012 年 CFTC 跨境监管拟议指引》")。对于集中清算、保证金、交易信息汇报等风险缓解要求,CFTC 拟采用替代合规制度,该制度的整体内涵与欧盟 EMIR 类似。[1] 替代合规制度下的第

---

[1] "CFTC Guidance on Extraterritoriality," *Sullivan & Cromwell LLP*, July 12, 2012, last visited 2024/8/31.

三国法律可比性决定将基于整个国家的监管制度进行审查分析后作出。[1]

此后,《2012 年 CFTC 跨境监管拟议指引》历经了多次变化。2013 年 7 月 12 日,CFTC 发布了正式版跨境监管指引《2013 年 CFTC 跨境监管指引》。2016 年 10 月 11 日,CFTC 发布了跨境监管的拟议规则。2019 年 12 月 18 日又对该拟议规则进行了更新,最终于 2020 年 7 月 23 日确立了《2020 年 CFTC 跨境监管规则》——以替代《2013 年 CFTC 跨境监管指引》。[2] 不过,这并不影响先前 CFTC 已就特定领域颁布的互换交易跨境监管的单行最终规则,比如 2016 年 5 月 24 日 CFTC 就未集中清算衍生交易的保证金要求颁布的《2016 年 CFTC 保证金最终跨境监管规则》。[3]

根据《2020 年 CFTC 跨境监管规则》,CFTC 的监管要求包括三类:A 类旨在确保互换交易实体建立全面、稳健的内部控制系统;B 类旨在缓解风险并确保互换交易实体具备良好的交易记录、践行商业惯例;C 类旨在要求互换交易商在与对手交易中的行为满足一定的商业行为标准。上述规则允许非美国交易实体以及美国交易实体的外国分支机构通过替代合规制度,借助可比性决定来满足《商品交易法》项下的合规义务。值得强调的是,上述可比性决定基于"整体"和"监管效果",并不要求外国的监管规则与《商品交易法》完全一致。[4]

---

[1] "Joint Press Statement of Leaders on Operating Principles and Areas of Exploration in the Regulation of the Cross-Border OTC Derivatives Market," *the U.S. Commodity Futures Trading Commission*, December 4, 2012, last visited 2024/8/31.

[2] "CFTC Cross-Border Swaps Rule," *Sullivan & Cromwell LLP*, December 22, 2020, last visited 2024/8/31.

[3] "Cross-Border Margin Requirements for Uncleared Swaps," *Sullivan & Cromwell LLP*, June 3, 2016, last visited 2024/8/31.

[4] "Review of CFTC Final Rule Covering Cross-Border Swaps Registration Thresholds, ANE Transactions, and Substituted Compliance," *Sullivan & Cromwell LLP*, December 22, 2020, last visited 2024/8/31.

虽然《2020年CFTC跨境监管规则》对替代合规的具体认定与欧盟E-MIR有所不同，但依然可以实现"位于美国境内的交易主体"适用经CFTC可比性认定的"外国法"以达到在美国监管规则下合规的目的。从效果上看，就是允许经美国CFTC可比性认定的外国法在美国域内进行域外适用、发挥域外实效。举一例说明：

假设C国的丙银行是在美国CFTC注册的互换交易商或主要互换参与者，其在美国境内设立了分支机构Z[1]，并由Z开展互换交易活动。另外，D国境内有一家丁银行。需要说明的是，C国的监管规则已被CFTC认定为与美国监管规则可比，而D国的监管规则未经可比性认定。现在，分支机构Z与丁银行拟开展一项跨境互换交易，这项交易属于CFTC的监管范畴，需要满足《2020年CFTC跨境监管规则》创设的B类风险缓解规则。然而，根据替代合规制度，在美国境内的分支机构Z完全可以选择适用C国法以满足CFTC的监管要求[2]，也即如图5.2所示，通过替代合规，C国法实现了在美国域内的适用，产生了域外实效。

---

[1] 根据美国CFTC的监管规则17 CFR § 23.23(a)(23)，该领域内不具备独立法人人格的美国分支机构不被认定为"美国人"。中国资料可参见郭华春：《美国金融法规域外管辖：法理、制度与实践》，北京大学出版社2021年版，第234页。

[2] 相关规则见17 CFR § 23.23 - Cross-border application. (f) Substituted Compliance. (3) A non-U.S. swap entity may satisfy any applicable group B requirement for any swap booked in a U.S. branch with a foreign counterparty that is neither a foreign branch nor a person whose performance under the swap is subject to a guarantee by a U.S. person by complying with the applicable standards of a foreign jurisdiction to the extent permitted by, and subject to any conditions specified in, a comparability determination issued by the Commission under paragraph (g) of this section. 需要注意的是，由于对foreign counterparty的定义排除了US Branch((5) Foreign counterparty means: (i) A non-U.S. person, except with respect to a swap booked in a U.S. branch of that non-U.S. person; or (ii) A foreign branch where it enters into a swap in a manner that satisfies the definition of a swap conducted through a foreign branch.)，所以本例与欧盟的例子在构造上稍有不同，但实现的效果是外国法在美国实施和生效。

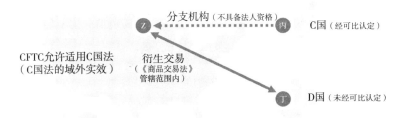

图 5.2 替代合规制度下外国法在美国产生域外实效

2. 美国 SEC 的替代合规制度

2010 年《多德—弗兰克法案》第七章授权美国 SEC 就 SBS 交易继续发布监管细则,其第 752(a)条规定 SEC 出于保护公共利益以及交易主体的必要和适当目的,应与外国监管机构进行协商。2013 年 5 月 1 日,SEC 针对经《多德—弗兰克法案》修订后的《证券交易法》第 36 条规定的域外适用范围及其他跨境监管事宜发布了拟议规则与指引(以下简称为"《2013 年 SEC 跨境监管拟议规则与指引》")。与 CFTC 的规定整体类似,上述拟议规则与指引对主体、交易、汇报、清算以及交易执行等方面的要求,均允许交易主体适用经 SEC"替代合规决定"认可的外国法,以满足《证券交易法》等的合规要求。[1]

2014 年 6 月 25 日,SEC 基于《2013 年 SEC 跨境监管拟议规则与指引》颁布了《2014 年 SEC 跨境监管规则》[2];2015 年又颁布了针对 SBS 交易活动的进一步拟议规则,2016 年 2 月 10 日正式颁布了这一规则。[3] 2019 年 12 月 18 日,SEC 也通过针对 SBS 跨境监管的

---

[1] "SEC Releases Proposed Rules and Guidance on Cross-Border Security-Based Swaps," *Sullivan & Cromwell LLP*, June 7, 2013, last visited 2024/8/31.

[2] "SEC Adopts Initial Final Rules on Cross-Border Security-Based Swap Activities," *Sullivan & Cromwell LLP*, July 22, 2014, last visited 2024/8/31.

[3] "SEC Issues Final Rules on Cross-Border Security-Based Swap Activity in the United States," *Sullivan & Cromwell LLP*, February 17, 2016, last visited 2024/8/31.

一揽子修订规则,进一步完善了 SBS 跨境监管的框架。这些规则都采用了类似的替代合规制度。目前,有关 SBS 跨境监管的替代合规主要按照《证券交易法》中的规则 3a71-6 开展。[1]

三、实现:2016 年至 2024 年

在美欧逐渐于规则层面确立和完善替代合规制度的基础上,自 2013 年 7 月起,双方就跨境互换交易监管的等效性/可比性认定,展开了一系列双边协商,旨在将二十国峰会确立的衍生品监管共识逐步以"合作"的方式落实。[2] 就具体的合作成果而言,2016 年 3 月,美国 CFTC 与欧盟委员会就中央对手方清算达成替代合规项下的互认合作;2017 年 10 月,美国 CFTC 与欧盟委员会就保证金规则达成替代合规项下的互认合作;2017 年 12 月,美国 CFTC 与欧盟委员会就交易平台达成替代合规项下的互认合作[3];2024 年 6 月,美国 CFTC 与欧盟委员会就资本和财务信息报告制度达成替代合规项下的互认合作。[4] 由上文案例可知,这一系列"互认"也就意味着美欧之间双向法律域外实效的生成。

美欧依托合作模式促使域内监管规则产生域外实效的动机体现于美国 CFTC 与欧盟委员会 2013 年的联合声明之中。[5] 首先,是为

---

[1] "Exchange Act Substituted Compliance Applications for Security-Based Swap Markets," *the U.S. Securities and Exchange Commission*, October 18, 2021, last visited 2024/8/31.

[2] "The European Commission and the CFTC Reach a Common Path Forward on Derivatives," *the U.S. Commodity Futures Trading Commission*, July 11, 2013, last visited 2024/8/31.

[3] 上述三次合作及相应官方文件详见本章的"实证"部分("典型实例")。

[4] "CFTC Approves Final Capital Comparability Determinations for Certain Non-U.S. Nonbank Swap Dealers," *the U.S. Commodity Futures Trading Commission*, June 25, 2024, last visited 2024/8/31.

[5] "Cross-Border Regulation of Swaps/Derivatives Discussions between the Commodity Futures Trading Commission and the European Union-A Path Forward," *the U.S. Commodity Futures Trading Commission*, July 11, 2013, last visited 2024/8/31.

了避免不必要的监管冲突。由于金融衍生品市场高度国际化,在欧盟与美国都制定了类似但却并不完全相同的规则时,衍生品交易参与者很可能会被要求同时适用欧盟与美国的规则,这会带来法律冲突、不一致以及监管的不确定性,徒增交易成本。其次,是基于对监管共识的相互尊重。联合声明指出,在欧盟与美国的衍生品监管在重要领域旗鼓相当时,彼此的监管机构有必要相互尊重。

第二节 实 证

一、机制解析

(一)典型实例

美国 CFTC 与欧盟委员会以合作促成衍生品监管的域外实效

2013 年,美国 CFTC 与欧盟委员会发布联合声明,旨在通过合作实现场外衍生品的跨境监管。[1] 目前,双方已在这个领域达成了数轮重要合作[2],实现的效果是:依托双边安排,彼此场外衍生品监管的重要规则可以切实在对方域内产生实效。值得说明的是,虽然《多德—弗兰克法案》授权 CFTC 与 SEC 分别对一般互换交易以及 SBS 进行监管,但就交易体量而言,CFTC 的监管范畴占据了互换交易总量的约 95%。[3] 因而,实证部分的典型实例将聚焦美国 CFTC 与欧盟之间达成的双边合作,并重点关注它们之间的前三轮合作。

---

[1] "The European Commission and the CFTC Reach a Common Path Forward on Derivatives," *the U.S. Commodity Futures Trading Commission*, July 11, 2013, last visited 2024/8/31.

[2] 本部分将详述最初三轮合作的经过,并以此为例展现依托合作模式促成监管规则域外实效的特点。

[3] Alexandra Alper and Sarah Lynch, "Regulators Spare All but Biggest Swap Dealers," *Reuters*, April 18, 2012, last visited 2024/8/31.

1. 合作内容概览:以克服对手方履约风险为中心

前三轮重要合作的主题分别是:其一,中央对手方集中清算制度的互认;其二,未清算交易保证金规则的互认;其三,交易平台的互认。前述主题也是 2009 年二十国集团在匹兹堡峰会就衍生品监管达成的主要共识,其直接来源即 AIG 破产危机以及后续的全球金融危机所暴露的"对手方履约风险"。[1]

第一,中央对手方集中清算制度的重要性。

金融衍生品交易的法律本质是一种"当前订约、未来履行"的合同。[2] 由于衍生品交易多为零和博弈,因此交易双方面临了较大的对手方风险:当交易一方预见到未来的履约会带来亏损时[3],就会有强烈的"跑路"动机;又或者像 AIG 一样,虽然不跑路,但由于巨大的风险敞口,无法确保衍生品合同的完全履行。为了解决上述对手方履约风险,二十国集团在匹兹堡峰会达成了共识:在衍生品交易领域推广中央对手方清算制度,要求标准化的衍生品合约"入清算机构"。

所谓"中央对手方清算制度",是指由中央对手方介入合约双方之间,承担对双方的履约义务。也即无论合约双方是否能够到期履约,中央对手方均应向合约双方正常履约。[4] 举例来说,如果有中央对手方介入了 AIGFP 与其他银行的 CDS 交易,哪怕 AIGFP 无法到期

---

[1] 如前文所述,AIG 破产危机的直接原因是,AIG 作为 AIGFP 的母公司被 AIGFP 的交易对手要求"就 AIGFP 在 CDS 项下的履约能力追加担保品",而 AIG 发现自己完全无法覆盖 CDS 业务带来的巨大风险敞口。

[2] 刘燕、楼建波:《金融衍生交易的法律解释——以合同为中心》,载《法学研究》2012 年第 1 期,第 58 页;Procter & Gamble Co. v. Bankers Trust Co., 925 F. Supp. 1270, 1275 (S.D. Ohio 1996).

[3] 由于衍生品合约多基于存在公开市场报价的基础资产,因此合约双方能很快明晰未来履行究竟是盈是亏。

[4] 李新、周琳杰:《中央对手方机制防范系统性金融风险研究》,载《财贸经济》2011 年第 10 期,第 63 页。

履约,中央对手方也会偿付其他银行在CDS项下的应受偿金额。不难发现,在中央对手方清算制度下,对手方的履约风险转变为了中央对手方的履约风险。为此,中央对手方会要求参与清算方缴纳保证金,从而避免对手方的履约风险转化为中央对手方的清算风险,进而避免中央对手方无法履约的危机。

第二,未清算交易保证金规则的重要性。

由于场外衍生品市场存在大量定制的、一对一的、独一无二的非标准化合约,而且合约内容往往是衍生品交易基于自身的交易需求、根据国际掉期与衍生品工具协会(International Swaps and Derivatives Association,以下简称为"ISDA")的主协议模板修改而成[1];因此,要求这些个性化合约全都进入中央对手方机制进行集中清算存在困难。于是,匹兹堡峰会也要求非标准化合约应该提高保证金与资本要求[2],进而降低在中央对手方缺位的情况下较高的对手方履约风险。可见,要求标准化合约通过中央对手方集中清算,和要求非标准化合约提高保证金与资本金水平,是匹兹堡峰会为降低衍生品交易对手方履约风险达成的"一体两面"的共识。

第三,交易平台(交易所)的重要性。

此外,导致AIG破产危机的衍生品交易大多是在"场外"交易的。所谓"场外",也就是交易所之外。需要注意的是,交易所(exchange)与清算所(clearinghouse)是两个概念,交易所往往与对应的清算机构相连接,使得在交易所交易的合约都能获得中央对手方清算的服务,而清算所本身的功能(即通过中央对手方机制降低对手

---

[1] 由于衍生品交易起源于英美,英美衍生交易者往往适用ISDA协议作为模板。当然,并非所有的衍生品交易合约都会以ISDA协议为模板。比如,我国银行间的衍生品交易多以中国银行间市场交易商协会制定的《中国银行间市场金融衍生产品交易主协议》(也即NAFMII主协议)为模板。

[2] "G20 Leaders Statement: The Pittsburgh Summit (G20 Summits: Pittsburgh Summit)," *G20 Research Group*, September 24–25, 2009, last visited 2024/8/31.

履约风险)也可独立于交易所而存在。[1] 交易所的主要功能是通过"标准化"提高流动性,提升交易价格的透明度。具体来说,交易所通过给定交易合约类型(而不允许参与方自行修改)的方式促使衍生合约"标准化",为这些标准化合约的参与者提供更好的交易对手匹配功能,也促使交易价格透明化、公开化。[2]

2. 第一轮合作:中央对手方集中清算制度的互认

2016年2月10日,时任欧盟金融稳定、金融服务和资本市场联盟专员乔纳森·希尔(Jonathan Hill)与时任CFTC主席蒂莫西·马萨(Timothy Massad)就美欧双方针对互换交易监管的中央对手方清算制度发表联合声明,双方就对方的中央对手方达成替代合规项下的互认[3]:

欧盟委员会将作出等效性决定,认可美国的中央对手方只要满足了CFTC监管规则项下的要求即视为"已在EMIR项下合规";CFTC也将作出可比性决定,认可欧盟的中央对手方只要满足了EMIR项下的要求即视为"已在CFTC监管规则项下合规"。这一双边合意实现的效果是:在欧盟境内,美国的中央对手方可以通过在CFTC监管规则项下合规的方式,为欧盟的互换交易参与者提供中央对手方清算服务——这就相当于在欧盟域内实施美国规则;反之亦然。由此可见,通过替代合规的双边合作,美欧双方在中央对手方清算制度上实现了"在对方域内适用己方规则,在己方域内适用对方规则"的安排,使得双方的域内监管规则都产生了域外实效。

联合声明发表后,欧盟委员会于2016年3月15日颁布了第

---

[1] René M. Stulz, "Credit Default Swaps and the Credit Crisis," 24 *Journal of Economic Perspectives* 73, 85 (2010).

[2] Ibid, p. 88.

[3] "The United States Commodity Futures Trading Commission and the European Commission: Common Approach for Transatlantic CCPs," *the U. S. Commodity Futures Trading Commission*, February 10, 2016, last visited 2024/8/31.

2016/377号实施决定[1],也即欧盟委员会就CFTC对美国中央对手方的监管作出了等效性决定。在这份决定中,欧盟具体阐述了上述等效性决定作出的过程。

具体来说,根据EMIR第25条第6款[2],认可美国中央对手方适用CFTC监管规则为欧盟境内提供中央对手方清算服务,需要满足三个要求:(a)美国CFTC对于中央对手方的监管规则与EMIR等效;(b)美国中央对手方受到美国CFTC的有效监管与执法行动;(c)美国CFTC监管规则也规定了认可外国中央对手方为美国境内提供中央对手方清算服务的框架(也即美国遵循双边互惠原则)。

针对第一个要求,欧盟委员会指出,美国CFTC项下对于中央对手方的监管规则主要是《商品交易法》项下针对"衍生品清算组织"(Derivative Clearing Organization,以下简称为"DCO")的规则,该规则涵盖治理要求、业务区隔要求、流动性风险监管、抵押品要求等,虽然并不完全与EMIR第四章规定的内容一致,但能够保证实质上类似的监管结果。针对第二个要求,欧盟委员会指出,CFTC能够通过风险监测机制对DCO实现持续性监控。针对第三个要求,欧盟委员会指出,CFTC规定了替代合规制度并可以作出可比性决定。据此,三个要求全部满足,欧盟作出了等效性决定。

美国CFTC也于2016年3月16日作出了可比性决定[3],认可了欧盟对于中央对手方的监管规则(包括EMIR与中央对手方监管技术标准,也即RTS-CCP)与CFTC对于DCO的监管规则等效可比。

---

[1] Commission Implementing Decision (EU) 2016/377.
[2] EMIR, Art. 25.
[3] "Comparability Determination for the European Union: Dually Registered Derivatives Clearing Organizations and Central Counterparties," *Federal Register* 81 (55), 2016; "CFTC Approves Substituted Compliance Framework in Follow-up to the Recent Equivalence Agreement between the US and the EU," *The U.S. Commodity Futures Trading Commission*, March 16, 2016, last visited 2024/8/31.

不过,在可比性决定作出的具体方法上,CFTC 尚未确立"基于整体、基于监管效果"的原则,因此其逐一比较了在中央对手方监管问题上美欧的监管条文(见表5.1)。

表5.1 美国 CFTC 就中央对手方风险控制监管要求进行的规则比较[1]

具体内容	CFTC 监管规则	欧盟监管规则
一般性规定/归档要求	条例 39.13(a)-(b)	RTS-CCP 第 4 条
首席风险官员	条例 39.13(c)	RTS-CCP 第 3(3),4(6)条
潜在违约损失敞口限制	条例 39.13(f)	EMIR 第 48(2)条
保证金模型/参数	条例 39.13(g)(1)	EMIR 第 41(2),49(1)条
保证金风险因素	条例 39.13(g)(2)(i)	RTS-CCP 第 24(2)(b)条
最低置信要求	条例 39.13(g)(2)(iii)	RTS-CCP 第 24(1)条
回顾期	条例 39.13(g)(2)(iv)	RTS-CCP 第 25 条
定期独立验证	条例 39.13(g)(3)	RTS-CCP 第 47,59(1)条
投资组合保证金	条例 39.13(g)(4)	RTS-CCP 第 27,59(9)条
保证金回溯检验	条例 39.13(g)(7)	RTS-CCP 第 49,60(2)条
初始保证金抵押品每日估值	条例 39.13(g)(11)	RTS-CCP 第 40(2)条
垫头	条例 39.13(g)(12)	EMIR 第 46(1)条;RTS-CCP 第 41(2),59(10)条
初始保证金充足率每日确定	条例 39.13(g)(6)	EMIR 第 49(1)条

3. 第二轮合作:未清算交易保证金规则的互认

在美欧 2013 年发布的联合声明中,未清算交易保证金规则的互认是一项重点内容。为此,2017 年 10 月 13 日欧盟委员会颁布第 2017/

---

[1] Id. 此外,美国 CFTC 还就财务性资源、结算程序、违约规则等方面的监管规则作了比对。

1857号实施决定[1],美国CFTC也于当日同步发文[2],双方自此就对方有关未清算互换交易的保证金规则作出了双边的替代合规决定。

值得指出的是,欧盟2012年7月4日就设立了保证金相关的监管框架。然而,2013年9月1日,欧盟委员会收到了欧洲市场监管局关于开展美国法下互换交易保证金制度等效性认可的反馈建议。其指出,由于当时欧盟尚未确立针对未集中清算互换交易的保证金细则,因而难以开展相关的等效性认可。自CFTC于2016年接连发布《2016年CFTC保证金最终监管规则》和《2016年CFTC保证金最终跨境监管规则》,且欧盟自身也发布了相关监管技术标准后[3],方才具备了等效性决定的比较对象。

回到双方2017年发布的决定,欧盟委员会在第2017/1857号实施决定中指出,EMIR第11条对未经中央对手方集中清算的互换交易设立了要求交易双方提交保证金等用以缓解交易风险的监管框架,也确立了替代合规制度。随后,欧盟委员会将CFTC监管规则与EMIR中要求押保证金的风险敞口阈值进行对比;对适用保证金要求的衍生品种类规定进行对比;对追加保证金的要求进行对比;还对保证金的计算模型进行对比,最终得出了美国CFTC保证金监管规则适用替代合规的结论。[4]

美国CFTC在当日发布的可比性决定中指出,2016年5月31日颁布的《2016年CFTC保证金最终跨境监管规则》确立了外国法对于未集中清算互换交易的保证金规则是否符合替代合规的认定框架。

---

[1] Commission Implementing Decision (EU) 2017/1857.
[2] "CFTC Comparability Determination on EU Margin Requirements and a Common Approach on Trading Venues," *the U.S. Commodity Futures Trading Commission*, October 13, 2017, last visited 2024/8/31.
[3] Commission Delegated Regulation (EU) 2016/2251.
[4] Commission Implementing Decision (EU) 2017/1857.

2016年11月22日,欧盟委员会便向CFTC递交了有关申请。基于《2016年CFTC保证金最终跨境监管规则》确立的"基于结果"的可比性认定规则(也即不要求外国的保证金监管规则与CFTC严格一致),CFTC将EMIR及其保证金监管技术标准与CFTC的监管规则进行对比,认可其在监管目标与范围、初始保证金与追加保证金的计算及其风险控制、保证金模型的审核过程与标准、保证金的交易规模阈值、合格担保品要求、保证金托管隔离与再抵押、记录与执法等14个方面与CFTC规则可比,且欧盟具备相应执法能力。[1] 因此,CFTC认为欧盟保证金监管规则适用替代合规。

综上,基于2017年10月13日美欧双方同时做出的决定,就未清算互换交易的保证金规则而言,欧盟认可CFTC的监管规则与欧盟规则等效,CFTC认可欧盟的监管规则与CFTC规则可比,从而实现了双边的替代合规。从最终效果来看,欧盟的互换交易保证金监管规则可以在美国域内实施并产生实效;美国CFTC的互换交易保证金监管规则可以在欧盟域内实施并产生实效。

4. 第三轮合作:交易平台的互认

在2017年10月13日美欧双方通过双边方式实现未清算互换交易保证金规则替代合规的同时,时任欧盟委员会副主席瓦尔季斯·东布罗夫斯基斯(Valdis Dombrovskis)与时任美国CFTC主席克里斯托弗·詹卡罗(Christopher Giancarlo)就双方衍生品交易平台(derivatives trading venues)的互认发表联合声明。[2]

在联合声明达成之前,就CFTC的监管规则而言,在经《多德—弗

---

[1] "Comparability Determination for the European Union: Margin Requirements for Uncleared Swaps for Swap Dealers and Major Swap Participants," *Federal Register*, 82(200), 2017, last visited 2024/8/31.

[2] "The United States Commodity Futures Trading Commission and the European Commission: A Common Approach on Certain Derivatives Trading Venues," *the U.S. Commodity Futures Trading Commission*, December 5, 2017, last visited 2024/8/31.

兰克法案》修订后的《商品交易法》下,标准化的互换合约应在经CFTC注册的互换执行设施(swap execution facility,以下简称为"SEF")或指定合约市场(designated contract market,以下简称为"DCM")进行交易;就欧盟的监管规则而言,修订了EMIR部分内容的《金融工具市场条例》(Markets in Financial Instruments Regulation,以下简称为"MiFIR")规定,达到清算交易体量阈值的衍生交易均需在经注册的多边交易设施(multilateral trading facility,以下简称为"MTF")或有组织的交易设施(organised trading facility,以下简称为"OTF")进行交易。概言之,如果没有衍生品交易平台的互认合作,若美国的SEF或DCM想成为欧盟互换交易的交易平台,必须再在欧盟MiFIR项下注册;同理,若欧盟的MTF或OTF想成为美国互换交易的交易平台,必须再经美国CFTC的注册。而联合声明旨在通过替代合规的双边合作与互认消除这种双重注册要求,让双方的域内规则在域外也产生实际效果(见图5.3)。

图5.3 美欧间交易平台监管规则在替代合规下的域外实效

联合声明颁布后不久,2017年12月5日,欧盟委员会颁布第2017/2238号实施决定。[1] 根据MiFIR第28(4)条,欧盟委员会认可美国的SEF与DCM对于成员的准入标准是公正、透明的,能够满足交易平台治理、利益冲突政策、风险管理、防止内幕交易与市场操纵等

---

[1] Commission Implementing Decision (EU) 2017/2238.

方面的要求;且美国 CFTC 对于 SEF 与 DCM 具备持续监督与执法的能力,能够落实监管规则。因此,欧盟委员会认定美国 CFTC 的监管规则与欧盟等效,美国 SEF 与 DCM 在满足美国 CFTC 监管要求的情况下,不必再在欧盟 MiFIR 项下注册即可在欧盟域内为欧盟市场提供互换交易平台服务。

2017 年 12 月 8 日,美国 CFTC 也基于《商品交易法》第 5h(g)条项下的可比性要求发布了豁免指令。[1] 豁免指令指出,欧盟的 MiFIR 等监管规则对于欧盟的 MTF 与 OTF 的监管与《商品交易法》等美国 CFTC 监管规则具有全面的可比性,而且欧盟金融稳定、金融服务和资本市场联盟作为监管机构也具有适当的执法能力。因此,美国 CFTC 认定欧盟监管规则与美国 CFTC 规则可比,欧盟的 MTF 与 OTF 在满足欧盟监管要求的情况下,不必再在美国 CFTC 注册即可在美国域内为美国市场提供互换交易平台服务。

(二)案例分析

上述典型实例展示了美国和欧盟通过双边合作的方式在衍生品交易的若干重要监管领域,使得各自的域内监管规则在对方域内产生实际效果的过程。具体来说,美国和欧盟同时作为法律输出方和法律输入方,被域外适用的法律同时包括美国的监管规则和欧盟的监管规则。经济监管域外实效的形成过程由"合作"贯穿始终,体现在美欧的主观态度和客观行动两个方面。

在主观态度上,合作模式下的双方都积极追求监管规则在域外产生实效这一结果。这从美国 CFTC 与欧盟在各轮合作开展之前的总体性联合声明中就可以看出。比如,2013 年 7 月 11 日,欧盟委员会与美国 CFTC 就衍生品监管发布联合声明时,明确双方的密切协调与合

---

[1] "Order of Exemption," the U.S. Commodity Futures Trading Commission, December 8, 2017, last visited 2024/8/31.

作是为了确保落实二十国集团在匹兹堡峰会就场外衍生品监管达成的共识,并且双方都希望"尽快讨论合作的细节,继续不断推进合作"。[1] 又比如,就双方于2016年达成的第一次主要监管合作,也即中央对手方集中清算制度的双边替代合规,时任欧盟金融稳定、金融服务和资本市场联盟专员乔纳森·希尔特别强调,这是双方经过三年多的磋商得到的来之不易的成果;联合声明也强调双方会"继续密切合作"来确保双边互认的落实。[2]

在客观行动上,合作模式下双方的互动过程可以概括为"互谅—互让"。这种彼此之间的体谅集中表现在:即便通过等效性决定/可比性认定的域外规则与本国规则尚存差异,但是没有任何一方想要强行弥合这种差异、确保对方的规则与己方一模一样。而是在保证能够达到预期监管效果的情况下,尊重这种差异,以一种互相体谅和谦让的友好互动落实替代合规,保证合作模式下的法律域外实效。比如,2013年7月11日,欧盟委员会与美国CFTC就衍生品监管发布的联合声明表示,虽然双方法律并不完全一致,但当各自的监管规则与执法制度具有合理性时,双方监管机构应当相互尊重。[3] 双方于2016年达成的中央对手方清算互认的联合声明也指出,虽然"某些规则欧盟更加严格,某些规则美国CFTC更加严格",但这都不影响国际合作的达成。[4] 在美国

---

[1] "The European Commission and the CFTC Reach a Common Path Forward on Derivatives," *the U.S. Commodity Futures Trading Commission*, July 11, 2013, last visited 2024/8/31.

[2] "The United States Commodity Futures Trading Commission and the European Commission: Common Approach for Transatlantic CCPs," *the U.S. Commodity Futures Trading Commission*, February 10, 2016, pp. 2-4, last visited 2024/8/31.

[3] "The European Commission and the CFTC Reach a Common Path Forward on Derivatives," *the U.S. Commodity Futures Trading Commission*, July 11, 2013, last visited 2024/8/31.

[4] "The United States Commodity Futures Trading Commission and the European Commission: Common Approach for Transatlantic CCPs," *the U.S. Commodity Futures Trading Commission*, February 10, 2016, p. 5. last visited 2024/8/31.

CFTC 于 2017 年作出欧盟针对未清算衍生交易的保证金规则的替代合规决定时,CFTC 特别指出,欧盟与美国的最终规则存在一定差异,但从整体看,欧盟的保证金规则也能降低对手方履约风险,从而降低系统性风险。[1]

另外,上述典型实例也清晰地体现了合作模式是通过双边机制实现的。在中央对手方清算制度、未清算衍生交易保证金要求以及交易平台监管等场外衍生品监管的重要方面,美欧都是通过"联合声明"的形式先达成合意,再几乎于同一时刻共同发布最终的等效性决定或可比性决定。最终,成功实现了双向法律域外适用的结果,也即"我方的监管规则在你方域内有效,你方的监管规则也在我方域内有效"。比如,上图5.3展示了双方就互换交易平台事项达成双边替代合规后,在欧盟域内市场提供平台服务的互换交易平台可以适用美国法满足合规要求,在美国域内市场提供平台服务的互换交易平台可以适用欧盟法满足合规要求。

二、实践概览

在跨境金融衍生品监管领域,不仅欧盟与美国之间达成了合作,欧盟与美国还分别与其他国家通过合作模式就双方的法律域外实效进行了安排。下面举例说明。

就欧盟而言,2019 年 2 月 20 日,时任欧盟金融稳定、金融服务和资本市场联盟副主席瓦尔季斯·东布罗夫斯基斯与时任新加坡金融管理局主席尚达曼(Tharman Shanmugaratnam)也针对衍生交易平台的替代合规双边互认发表了联合声明,已在新加坡获准注册的交易所(approved exchange,以下简称为"AE")或经认可的市场运营者

---

[1] "Comparability Determination for the European Union: Margin Requirements for Uncleared Swaps for Swap Dealers and Major Swap Participants," *Federal Register*, 82(200), 2017, p. 48413, last visited 2024/8/31.

(recognised market operator,以下简称为"RMO")不用再在欧盟 MiFIR 项下注册即可为欧盟市场提供衍生交易平台服务;欧盟 MTF 与 OTF 也不用再在《新加坡证券与期货法》项下注册为新加坡 AE 或 RMO 就可以为新加坡市场提供衍生交易平台服务。[1] 相关等效性决定于 2019 年 4 月 1 日发布。[2]

就美国而言,除了美国 CFTC 与欧盟之间就跨境互换交易的监管开展了双边替代合规合作之外,美国 SEC 也与多个国家就跨境 SBS 交易的监管开展了广泛的双边替代合规合作。比如,2021 年 7 月 23 日,美国 SEC 与法国金融监管局及法国审慎监督管理局就双边的替代合规合作达成了谅解备忘录[3];2021 年 12 月 18 日,美国 SEC 与德国金融监管局就双边的替代合规合作达成了谅解备忘录[4];2021 年 10 月 21 日,美国 SEC 与西班牙证券市场委员会及西班牙央行就双边的替代合规合作达成了谅解备忘录[5];2021 年 10 月 8 日,美国 SEC 与瑞士金融市场监督管理局就双边的替代合规合作达成了谅解备忘录[6];2021 年 7 月 30 日,美国 SEC 与英国金融行为监管局及英格兰银行也就双边的替代合规合作达成了谅解备忘录等。[7]

---

[1] "Joint Media Release between MAS and European Commission," *Monetary Authority of Singapore*, February 2019, last visited 2024/8/31.

[2] "European Commission and Monetary Authority of Singapore: Concurrent Adoption of Equivalence Decision for Certain Derivatives Trading Venues in the EU and Singapore," *Monetary Authority of Singapore*, April 2019, last visited 2024/8/31.

[3] "Memorandum of Understanding," *the U.S. Securities and Exchange Commission*, July 23, 2021, last visited 2024/8/31.

[4] "Memorandum of Understanding," *the U.S. Securities and Exchange Commission*, December 18, 2021, last visited 2024/8/31.

[5] "Memorandum of Understanding," *the U.S. Securities and Exchange Commission*, October 21, 2021, last visited 2024/8/31.

[6] "Memorandum of Understanding," *the U.S. Securities and Exchange Commission*, October 8, 2021, last visited 2024/8/31.

[7] "Memorandum of Understanding," *the U.S. Securities and Exchange Commission*, July 30, 2021, last visited 2024/8/31.

正如时任美国 CFTC 专员罗斯汀·贝纳姆（Rostin Behnam）在 2017 年所言，"替代合规是迈向全球化跨境金融监管协调的重要一步，通过与国际同行的合作，方能确保全球衍生品交易市场的安全、透明与非碎片化。"[1] 从上述实践看，在衍生品交易跨境监管领域，各国间确实越来越多地采用替代合规这种合作模式，以促成域内监管规则的域外实效。

第三节 条 件

"合作"的基本含义就是双方为达到共同目的而彼此配合的一种联合行动。相应地，通过合作模式实现经济监管域外实效的关键在于，互为法律输出方与法律输入方的双方出于某种"共识"，进而"你配合我"（允许我方的监管规则在你方域内生效）、"我配合你"（允许你方的监管规则在我方域内生效），最终实现双向的法律域外实效。

从最终实现的"双向的法律域外实效"这一结果看，这种"共识"至少包含以下三个层次。第一，双方在域内监管问题上具有共识。如果没有这层共识，双方在监管目标和内容上南辕北辙，那么将不具备以"互谅—互让"开展域外适用的规则相似性基础。第二，双方在法律域外实效问题上具有共识。如果没有这层共识，要么双方都只想让自己的法律仅在域内发生效力，要么一方想要域外适用、另一方不想，也就不可能以"追求—追求"的主观态度推进法律的域外实效。第三，双方在合作监管问题上具有共识。即便双方具有相似规则、都想要促成规则的域外实效，如果不具备"合作"的共识，那结果就是一边"关起大门"不愿意对方的法律在自己域内有效，一边"重拳出

---

[1] "CFTC Comparability Determination on EU Margin Requirements and a Common Approach on Trading Venues," *the U.S. Commodity Futures Trading Commission*, October 13, 2017, last visited 2024/8/31.

击"力求自己的法律在对方域内生效,最终也无法实现双边合作。

总之,通过合作模式实现法律域外实效的关键条件可以概括为"共识"二字。具体包括开展域内监管的共识、追求法律域外实效的共识以及合作监管的共识。具体到法律层面,就如欧盟"等效性决定"与美国"可比性决定"的名称所体现的,这些"共识"表现为规则上的"等效"与"可比"。换句话说,合作模式能否实现,与法律实力强大与否、行业实力强大与否没有关系,只与双方的"共识"强弱有关。

一、法律实力:弱(不必要)

合作模式的关键在于"共识",在法律层面表现为"等效"与"可比",这是合作模式实现的必要条件。法律的"等效"与"可比"与传统意义上某个国家法律实力的强弱(如威慑模式中美国立法、司法和执法的水平等)是两个概念。"合作"模式对于特定国家单方面的法律实力强弱没有要求,只对两个国家法律实力的相似性或匹配度有要求。从理论上说,法律实力强的两方可以达成合作模式,法律实力弱的两方也可以达成合作模式。甚至,在跨境债券发行的会计审计等领域,很难有法律实力所谓的"强""弱"之分,但确实能作出"等效"与否的判断。因此,也能以合作模式促成域内法律的域外实效。[1]

在美欧衍生品监管法域外实效的合作模式中,充分体现了这种法

---

[1] 跨境债券发行的会计审计监管合作也很好地展现了三层"共识":(1)就域内监管的共识而言,合作两国都有适用于自己域内的会计准则与审计监管规则;(2)就追求监管规则域外实效的共识而言,由于国际金融活动的密切往来,合作两国都希望为自己国家的企业谋福利,令其能在他国域内适用本国的会计准则与审计监管规则,从而降低"走出去"的成本;(3)就合作监管的共识而言,合作两国愿意"互谅互让",既然对方认可了我方制度的域外实效,我方也认可对方的制度在我方域内有效。对于跨境债券发行的会计审计监管合作的详细介绍,参见唐应茂:《债市开放:寻找熊猫债规制的中国模式》,法律出版社2019年版,第94—100页。

律监管规则上的"共识"。本部分将详细分析美国 CFTC 与欧盟委员会就"未清算互换交易的保证金监管"议题,以合作模式实现法律域外效果所体现的三层"共识",以充分展现"共识"对于合作模式实现的决定性作用。本部分也将一并概述美国 CFTC 与欧盟委员会在"中央对手方集中清算制度"以及"互换交易平台互认"等问题上的三层"共识",作为上述核心条件的检验。

(一)进行域内监管的共识

1. "未集中清算互换交易保证金"的域内监管共识

在 2009 年 9 月的匹兹堡峰会上[1],二十国集团对于未集中清算的衍生品交易提出了更高的保证金要求,希望避免 AIG 危机中对手方履约的巨大风险。不过,匹兹堡峰会仅为中央对手方清算制度的达成设立了时点(2012 年底)[2],并未对未集中清算的衍生品交易保证金监管的达成设立明确时点。直到 2011 年 11 月 4 日,二十国集团戛纳峰会明确呼吁 BCBS 以及国际证监会组织(International Organization of Securities Commissions,以下简称为"IOSCO")与其他有关组织一起,在 2012 年 6 月前商定非集中清算场外衍生品保证金的咨询标准。[3]

应二十国集团的呼吁,2011 年 10 月,BCBS、IOSCO、支付结算体系委员会以及全球金融系统委员会组成"保证金要求工作组",经反复咨询商讨后,于 2013 年 9 月发布了针对未集中清算场外衍生品保证金的最终报告(以下简称为"BCBS-IOSCO 框架"),并于 2015 年 3

---

[1] "G20 Leaders Statement: The Pittsburgh Summit (G20 Summits: Pittsburgh Summit)," *G20 Research Group*, September 24-25, 2009, last visited 2024/8/31.

[2] 由于衍生品交易的复杂性,各国的立法与监管并没有能够实现这一目标。

[3] "Cannes Summit Final Declaration-Building Our Common Future: Renewed Collective Action for the Benefit of All," *G20 Research Group*, November 4, 2011, last visited 2024/8/31.

月18日完成修订。[1] 该报告对保证金规则适用的产品、具体范围、初始及追加保证金的最低基线金额和计算方法、适格担保品、已缴纳初始保证金的处理、关联方交易、国内制度对跨境交易的适用、分阶段实施计划等八个方面都提出了建议,以期凝聚各国的监管共识。BCBS-IOSCO框架确立后,美欧相继确立了本国的保证金规则。

美国方面,在《多德—弗兰克法案》第731条和764条项下,未集中清算衍生品交易的保证金监管权限划分较为复杂。[2] 简言之,如果互换交易商、主要互换参与者、SBS交易商、主要SBS参与者是银行、银行控股公司等属于审慎监管机构监管范围内的主体,则其保证金要求由审慎监管机构与SEC以及CFTC协商制定。在审慎监管机构的监管范畴之外,如果是SBS交易商、主要SBS参与者等从事SBS交易的主体,其保证金要求由SEC制定;如果是对于互换交易商或主要互换参与者等主体,其保证金要求由CFTC制定。美国CFTC确定的保证金最终规则于2016年1月6日发布,也即《2016年CFTC保证金最终监管规则》[3],其后于2020年4月9日完成了修订。[4] 这一规则的适用对象便是前述不在审慎监管机构监管范畴内的互换交易商和主要互换参与者(也即该规则所称的"被涵盖的互换实体",

---

[1] "Report of the Basel Committee on Banking Supervision and the Board of IOSCO," *International Organization of Securities Commissions*, March 18, 2015, last visited 2024/8/31.

[2] "Cross-Border Margin Requirements for Uncleared Swaps," *Sullivan & Cromwell LLP*, June 3, 2016, last visited 2024/8/31.

[3] The U.S. Commodity Futures Trading Commission, "Margin Requirements for Uncleared Swaps for Swap Dealers and Major Swap Participants," *Federal Register*, 81(3), 2016, last visited 2024/8/31.

[4] The U.S. Commodity Futures Trading Commission, "Margin Requirements for Uncleared Swaps for Swap Dealers and Major Swap Participants," *Federal Register*, 85(69), 2020, last visited 2024/8/31.

covered swap entities,以下简称为"CSE")。具体规则内容大体上与前述 BCBS-IOSCO 框架的原则建议相符。

欧盟方面,早在 2012 年 7 月 4 日,EMIR 第 11 条第 14 和 15 款便授权欧洲市场监管局就保证金要求起草监管技术标准,而直到 2016 年 10 月 4 日,该标准(也即第 2016/2251 号授权条例)方才起草完成,其也大量参考了前述 BCBS-IOSCO 框架确立的原则。[1]

自此,美国 CFTC 与欧盟各自有关"未集中清算互换交易的保证金规则"均得以明确,而且它们的规则都参考和反映了 BCBS-IOSCO 框架,也即美欧在互换交易的域内监管标准方面,具有了"共识性"。

正如欧盟委员会于 2017 年 10 月 13 日发布的旨在对美国 CFTC 保证金制度作出"等效性决定"的文件(第 2017/1857 号实施决定)所指出的[2],即便欧盟 EMIR 早在 2012 年 7 月 4 日就确立了保证金等风险缓解措施的大体框架及其对应的替代合规制度,但直到双方于 2016 年明晰最终的保证金监管细则之前,都无法开展等效性认可。可见,特定领域域内监管的规则共识,也即相应规则的确定及其具备的"等效性"或"可比性",是以合作模式推进法律域外实效的前提。否则,即便双方愿意合作,也将面临"巧妇难为无米之炊"的困境。

2."中央对手方清算制度"和"交易平台制度"的域内监管共识

在中央对手方清算制度、交易平台制度的域内监管问题上,美国 CFTC 与欧盟委员会也具备与"未集中清算互换交易保证金的域内监管"类似的共识。比如,2013 年 7 月 11 日,美国 CFTC 与欧盟委员会发布的联合声明中就强调,二十国集团匹兹堡峰会确立了"集中清理标准化场外衍生品,并在适当的情况下要求在透明和多边的交易平台进行交易"的共识,且美国与欧盟都将落实这一共识

---

[1] Commission Delegated Regulation (EU) 2016/2251.
[2] Commission Implementing Decision (EU) 2017/1857.

视为共同的目标。[1]

就具体制度而言,针对中央对手方清算制度,正如欧盟委员会与美国 CFTC 于 2016 年 3 月 15 日在各自的等效性和可比性认定中所示,欧盟 EMIR 第 5 条与美国《商品交易法》第 5b(b)(2)条及美国 CFTC 监管条例 39 都对中央对手方的风险控制、保证金要求、违约监管等进行了充分规定。也即双方具备了中央对手方清算制度的域内监管"共识"。针对互换交易平台制度,如欧盟委员会与美国 CFTC 于 2017 年 12 月在各自的等效性和可比性认定中所示,欧盟 MiFIR 第 28 条第 4 款等欧盟监管规则与美国《商品交易法》第 5、5e 和 5h 条等都对交易平台的监管进行了充分规定。也即双方具备了互换交易平台制度的域内监管"共识"。

(二)追求域外实效的共识

1. "未集中清算互换交易保证金"相关规则

就美国而言,《多德—弗兰克法案》第 722(d)条规定,若美国域外发生的互换交易活动:(1)与美国商业活动有直接、重要联系,或对其有直接、重要影响;(2)违反 CFTC 可能制定或颁布的防止规避该法案任何规定或者适当的规则或规章,则 CFTC 应进行监管。就域外适用与否的具体判断而言,美国 CFTC 在 2016 年 5 月 24 日颁布了相应的最终跨境监管规则,也即《2016 年 CFTC 保证金最终跨境监管规则》。该规则从监管对象的范围入手,明确了保证金规则的域外适用范围。整体而言,保证金规则的域外适用涵盖的主体范围包括:由美国公司担保履约的非美国 CSE,以及以美国 CSE 或者由美国公司担保履约

---

[1] "The European Commission and the CFTC Reach a Common Path Forward on Derivatives," *the U.S. Commodity Futures Trading Commission*, July 11, 2013, last visited 2024/8/31.

的非美国 CSE 作为交易对手方的主体。[1]

就欧盟而言,其保证金等风险缓解框架性规定的域外适用范围早已为 EMIR 第 11 条第 12 款所确立。也即前文所述,如果"非欧盟实体"作为一方或双方的衍生交易合约:(1)对欧盟境内发生直接、实质性和可预见的影响;或(2)被认为有意规避了欧盟的衍生交易监管要求,则 EMIR 的相关规则应域外适用。就"直接、实质性和可预见的影响"的具体标准而言,EMIR 明确包括以下情形:(1)两个第三国实体通过在欧盟设立的分支机构进行交易;或者(2)至少有一个第三国实体在交易项下的履约受到欧盟金融对手方的大额担保。[2]

可见,美国 CFTC 与欧盟在保证金规则应域外适用、相关域内规则应具备域外实效方面也具有"共识"。就其原因而言,在 2015 年 3 月 18 日更新的 BCBS-IOSCO 框架文件中已经指出,"未集中清算的场外衍生交易市场,是一个全球性的市场"。[3] 正如 AIG 危机所示,一家由本国机构担保履约的海外子公司从事的衍生品交易可能导致本国机构被要求追加担保品。换句话说,衍生品交易的风险很容易从域外传导至域内,从而促使各国追求其域内监管规则的域外实效。也正是因为这种追求法律域外实效的"共识",才使得合作模式成为可能。

2. "中央对手方清算制度"和"交易平台制度"相关规则

类似地,就中央对手方清算制度、互换交易平台制度的域外适用规则而言,欧盟 EMIR 以及美国《多德—弗兰克法案》都确立了"直接、实质性和可预见的影响"或"有直接、重要联系/影响"的域外适用标准,以及反规避的域外适用标准。简言之,双方对于风险跨境传导

---

〔1〕 17 CFR § 23.160(b).

〔2〕 EMIR, Art. 4(1)(a)(iv).

〔3〕 "Margin Requirements for Non-centrally Cleared Derivatives," *Bank of International Settlements*, March 2015, p. 23, last visited 2024/8/31.

性极强的衍生品交易的核心监管规则,具有促成其域外实效的"共识"。

(三)开展合作监管的共识

1."未集中清算互换交易保证金"的合作监管共识

合作监管层面的共识,意味着双方都希望通过双边合作来实现监管。这层共识又可以分为两部分:第一是双方都留有合作监管的制度空间,也即在各方既有的法律制度中,存在开展合作的制度可能性;第二是双方都愿意将合作监管付诸行动。如果双方仅停留在构想层面,也不会产生合作结果。而以上两者在"未集中清算互换交易保证金"的合作监管领域,都有充分体现。

第一,双方都为合作留出制度空间。美国 CFTC 与欧盟就"未集中清算互换交易保证金"开展合作监管留出的制度空间,就是双方监管规则中替代合规的安排。也即如果域外的监管规则经我方认定为"等效"或"可比",那么就可以允许我方域内的相关主体适用该域外规则来满足我方域内法律规定的合规义务。只有双方的制度中有了替代合规的安排,才有了双方法律在对方域内产生实际效果的制度基础,否则即便具有合作的意图也缺乏开展合作的制度空间。

美国 CFTC 有关"未集中清算互换交易保证金"的替代合规制度规定在《2016 年 CFTC 保证金最终跨境监管规则》中,其底层逻辑并不复杂:如果最终的交易风险不会传导到美国域内,那便可适用替代合规;否则,对于有风险传导可能性的主体必须适用美国的监管规则。这一制度为后续域外规则在美国域内生效提供了制度空间。举一例说明[1]:

---

[1] 本案例改编自"Cross-Border Margin Requirements for Uncleared Swaps," *Sullivan & Cromwell LLP*, June 3, 2016, p. 4, last visited 2024/8/31.

假设在欧盟境内有庚公司与辛公司,两者分别在美国境内设立了分支机构 E 与分支机构 F,由于分支机构不具有法人人格,不独立承担责任,因此其不属于美国实体,而会被认定为欧盟实体(即欧盟实体的美国分支)。现在分支机构 E 与 F 之间进行了某笔非经中央对手方集中清算的互换交易,且该笔交易项下 E 与 F 的履约均未被美国主体担保,则该等交易虽然发生在美国域内,属于美国 CFTC 的管辖范围,但是基于《2016 年 CFTC 保证金最终跨境监管规则》中的替代合规制度,该笔交易得以适用经 CFTC 可比性认可的欧盟监管规则进行合规。也即,两个位于美国域内的主体之间的互换交易,适用了欧盟的保证金规则,欧盟法得以在美国域内有效实施(见图 5.4)。

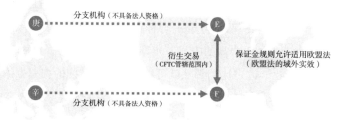

图 5.4　美国域内欧盟保证金规则的域外实效

与美国情况类似,欧盟 EMIR 也为保证金要求确立了替代合规的框架。在其第 13 条"防止监管重复与冲突机制"中,针对第 11 条提出的具有域外效力的保证金等风险缓解措施规定,欧盟也允许经等效性认可的外国法在欧盟管辖范围之内产生域外实效。举一例说明[1]:

与上一例相似,但本例的庚公司与辛公司分别设立在美国境内,而两者分别在欧盟境内设立了分支机构 E 与分支机构 F。现在分

---

[1] 本案例改编自"The Extraterritorial Effect of the EU Regulation of OTC Derivatives," *Mayer Brown*, June 2014, last visited 2024/8/31.

支机构 E 与 F 之间进行了某笔非经中央对手方集中清算的互换交易,则该等交易虽然属于欧盟 EMIR 及相应监管技术标准的管辖范围,但欧盟 EMIR 的替代合规制度允许该笔交易适用经欧盟等效性认可的美国 CFTC 监管规则进行合规。也即两个位于欧盟域内的主体之间的互换交易适用了美国 CFTC 的保证金规则,美国法得以在欧盟域内有效实施(见图 5.5)。

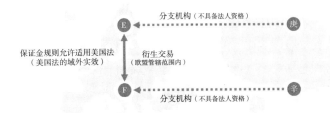

图 5.5 欧盟域内美国保证金规则的域外实效

第二,双方都愿意为合作付诸具体行动。除了替代合规制度为双向法律域外实效提供了合作监管的制度空间外,双方也充分利用这一制度推动合作进程。这种合作的具体行动集中表现为美国 CFTC 就保证金监管于 2017 年 2 月 1 日发布的"无异议函"(no-action letter)[1]以及 2017 年 4 月 18 日针对无异议函作出的延期决定。[2]

美国 CFTC 发布无异议函是为了表明:在 CFTC 作出针对欧盟保证金监管制度的最终"可比性决定"之前,暂时不对属于美国 CFTC 监管范围内但目前仍适用欧盟规则的主体采取执法行动,从而给这些

---

[1] "Time Limited No-Action Position for Swap Dealers Complying with European Union Uncleared Swap Margin Requirements," *the U.S. Commodity Futures Trading Commission*, February 1, 2017, last visited 2024/8/31.

[2] "Extension of Time Limited No-Action Position for Swap Dealers Complying with European Union Uncleared Swap Margin Requirements," *the U.S. Commodity Futures Trading Commission*, April 18, 2017, last visited 2024/8/31.

主体一颗"定心丸"。以图 5.5 所示案例为例,在美国《2016 年 CFTC 保证金最终跨境监管规则》生效之后,到美国 CFTC 作出针对欧盟保证金规则的可比性认定之前的这段时间内,分支机构 E 与 F 之间的交易应该适用美国《2016 年 CFTC 保证金最终跨境监管规则》。如果它们适用的是欧盟 EMIR 及其监管技术标准,理应被 CFTC 认定为违规。但是,有了无异议函,相当于取得了暂时的"合规豁免"。

美国 CFTC 发布无异议函的原因在于欧盟委员会的"积极合作行动",以及双方在域内监管及域外适用层面具有"共识"。具体来说,美国 CFTC 在无异议函中指出,在 2016 年 11 月,也即欧盟保证金监管技术标准起草完毕后,欧盟委员会便依照美国《2016 年 CFTC 保证金最终跨境监管规则》规定的程序向美国 CFTC 申请了可比性认定。[1] 另外,之所以美国 CFTC 愿意在最终可比性认定作出前颁布无异议函,是因为其初步认为双方的监管标准能够实现类似目的。换句话说,域内监管及域外适用层面的"共识"是促使 CFTC 颁布无异议函的重要因素。[2]

此外,美国 CFTC 还清晰地意识到,虽然是欧盟委员会向美国 CFTC 提出的可比性认定申请,但实质上,这种合作的必要性及其带来的避免重复监管的结果都是"双向"的。双方在合作监管的必要性层面,能够达成"共识"。因此 CFTC 强调,其特地赶在欧盟保证金监管技术标准中的首次合规要求于 2017 年 2 月 4 日生效前(也即有关主体面临双重监管的困境前)发布这道无异议函。此外,当无异议函即将于 2017 年 5 月 8 日到期前,美国 CFTC 又提早于 2017 年 4 月 18 日对无异议函进行了延期,从而为双方就保证金监管规则的可比性、

---

[1] "Time Limited No-Action Position for Swap Dealers Complying with European Union Uncleared Swap Margin Requirements," *the U.S. Commodity Futures Trading Commission*, February 1, 2017, last visited 2024/8/31.

[2] Ibid., p. 3, footnote 9.

等效性认定留下充足的时间。不难发现,在欧盟委员会开展积极的合作行动的同时,美国 CFTC 也有充足的合作诚意。

正是基于层层递进的三方面"共识",最终在无异议函于 2017 年 11 月 7 日到期前,美国 CFTC 于 2017 年 10 月 13 日发布可比性认可决定[1],欧盟委员会也于当日同步发布第 2017/1857 号实施决定,也即等效性认可决定。[2] 双方正式就对方有关未清算衍生交易的保证金规则作出了双边的替代合规认定。自此,合作模式下美欧就"未集中清算互换交易的保证金规则"产生了双向的法律域外实效,如图 5.4 与图 5.5 案例所示的情形得以落地。

2. "中央对手方清算制度"和"交易平台制度"的合作监管共识

就中央对手方清算制度的合作监管共识而言,在 2016 年 2 月 10 日时任欧盟金融稳定、金融服务和资本市场联盟专员乔纳森·希尔与时任美国 CFTC 主席蒂莫西·马萨就双方中央对手方清算制度发表的联合声明中[3],希尔强调,合作联合声明的达成是三年以来不懈努力的结果;马萨强调,这种合作的方式得以调和双方市场的监管制度,从而令整体的互换交易市场更加坚韧。

就互换交易平台的合作监管共识而言,在 2017 年 10 月时任欧盟委员会副主席瓦尔季斯·东布罗夫斯基斯与时任美国 CFTC 主席克里斯托弗·詹卡罗就双方衍生品交易平台的互认发表的联合声明中[4],詹卡

---

[1] The U.S. Commodity Futures Trading Commission, "Comparability Determination for the European Union: Margin Requirements for Uncleared Swaps for Swap Dealers and Major Swap Participants," *Federal Register*, 82(200), 2017, last visited 2024/8/31.

[2] Commission Implementing Decision (EU) 2017/1857.

[3] "The United States Commodity Futures Trading Commission and the European Commission: Common Approach for Transatlantic CCPs," *the U. S. Commodity Futures Trading Commission*, February 10, 2016, last visited 2024/8/31.

[4] "The United States Commodity Futures Trading Commission and the European Commission: A Common Approach on Certain Derivatives Trading Venues," *the U.S. Commodity Futures Trading Commission*, December 5, 2017, last visited 2024/8/31.

罗指出:双方今日携手共进是为了避免因为冲突、重复跨境监管而导致的"互换市场碎片化、低效率与高成本",而解决这些问题都需要依靠"持续不断的国际礼让与合作"。可见,美国 CFTC 与欧盟委员会都意识到,"合作"方能解决互换交易监管规则域外适用导致的冲突或重复监管问题。

二、行业实力:弱(不必要)

合作模式下的法律域外实效是双向的法律输出与输入,其核心在于三个层次的"共识"。合作模式的达成不但与法律实力的强弱无关,也与行业实力的强弱无关。就行业实力的强弱而言,美国是衍生品交易市场的绝对强者,在全球最大的五家衍生品交易商中,有四家总部都在美国[1],即便是欧盟也完全无法与美国的衍生交易体量相比。但这并不影响美国与欧盟这对行业实力一强一弱的主体之间达成合作模式。同理,如前所述,欧盟与新加坡等国之间也就跨境衍生品监管的特定领域形成了合作模式下双向的法律域外实效。可见,行业实力都不强的两国之间也能达成合作模式。总之,合作模式的达成与行业实力的强弱无关。

学界有观点认为,美国衍生品监管法之所以产生了域外实效,是因为其金融业在全球占据主导地位,外国的机构如果不接受美国法的管辖,就无法与美国机构进行交易,而这可能意味着它在全球都很难找到合适的交易对手。[2] 也即,在这些研究者看来,美国是在用强大的行业实力迫使他国接受衍生品交易监管规则在域外生效(颇有威

---

〔1〕 这五家交易商为:JPMorgan Chase & Co、Bank of America、Citigroup、HSBC 和 Goldman Sachs,它们共同占有的市场份额为 96%,转引自 Julia Iodice, "The US Approach to Swaps Regulation: Striking a Balance between Domestic and Foreign Interests," 4 *Journal of International and Comparative Law* 37, 58 (2013).

〔2〕 金融监管域外管辖权课题组:《欧美金融监管域外管辖权扩张影响几何?》,载《金融市场研究》2013 年第 1 期,第 126 页。

慑模式的意味)。

然而,这一领域法律产生域外实效的事实可能并非如此。在美国 CFTC 于 2017 年 10 月颁布的对欧盟保证金规则作出的可比性决定中,其特别强调:如果其他法域已经对保证金规则作出规定,而美国又强硬推行另一套标准,反倒可能令从事跨境交易的美国主体因被施加双重合规要求而丧失市场竞争力。同时,这些额外的合规义务也会降低其他国家交易主体与美国主体进行跨境交易的意愿。[1] 也即,美国即便有这个行业实力,其也并不愿意强硬推动本国规则的域外实效,否则最终受损的可能是美国的衍生品交易市场及其参与者。上述观点也有其他印证。比如 2018 年 10 月 1 日,时任美国 CFTC 主席克里斯托弗·詹卡罗在《跨境互换监管白皮书 2.0》中特别强调:美国 CFTC 不应该强硬地推动其监管规则的域外实效,这只会带来不必要的交易成本与市场碎片化,而应该与外国监管者达成替代合规,通过"礼让"而不是与外国监管者起冲突的方式来降低全球衍生品交易市场的系统性风险。[2]

第四节 影 响

一、对国家自身的影响

依托合作模式实现经济监管的域外实效会涉及"对称"的两方主体,它们同时扮演着法律输出方与法律输入方的角色。正如本章第一节回顾历史时所阐述的那样,通过合作模式实现各自衍生品监管规

---

[1] The U.S. Commodity Futures Trading Commission, "Comparability Determination for the European Union: Margin Requirements for Uncleared Swaps for Swap Dealers and Major Swap Participants," *Federal Register*, 82(200), 2017, p. 48395, last visited 2024/8/31.

[2] "CFTC Chairman Releases White Paper on 'Cross-Border Swaps Regulation Version 2.0'," *Sullivan & Cromwell LLP*, October 5, 2018, p. 2, last visited 2024/8/31.

则的域外实效(也即成为法律输出方),主要是为了保护自身的内部利益,也即防范域外的风险通过衍生品交易的担保等机制传导至域内,避免AIG破产危机重现。

此外,通过合作模式允许域外的衍生品监管规则在域内生效(即本国成为法律输入方),其实在某种程度上还可以维护本国公司以及金融市场的竞争力,避免本国公司与市场受到不必要的双重监管、冲突监管而徒增交易成本,最终不当影响其在全球衍生品领域的地位。[1] 总的来看,通过合作模式产生法律域外实效对国家自身有积极影响。

不过,也有观点认为替代合规可能不利于保护本国的利益。比如,美国哥伦比亚大学法学院教授约翰·考菲就认为,替代合规下的两种制度不可能是完全等同的,规则差异的存在就为监管套利提供了空间。[2] 简单来说,假设美国的监管制度更加严格,美国公司就会流向替代合规下监管较为宽松的欧盟,通过设立子公司等方式适用欧盟法进行跨境衍生交易,而这些交易的风险和后续的潜在亏损终究要由美国公司承担。而且,交易主体的迁出还导致了就业资源的流出,以替代合规实现合作模式下的法律域外实效,最终会损害美国利益。当然,考菲教授担忧的情况是否会发生,仍有待实证检验。

二、对国际关系的影响

依托合作模式促成监管规则的域外实效,主体双方的主观心理是"追求—追求";客观互动是"互谅—互让";法律域外实效的形成

---

[1] The U.S. Commodity Futures Trading Commission, "Comparability Determination for the European Union: Margin Requirements for Uncleared Swaps for Swap Dealers and Major Swap Participants," *Federal Register*, 82(200), 2017, p. 48395, last visited 2024/8/31.

[2] John Coffee, "John Coffee on Regulatory Arbitrage and Substituted Compliance," *CORP. CRIME REP.*, September 17, 2013, last visited 2024/8/31.

方式是双边的,结果是双向的。因此,这是十分和谐友好的局面,不会对国际关系造成负面影响,这是合作模式相对于单边推进法律域外实效而言的明显优势。从合作模式本身的制度策略看,在衍生品监管领域先有了域外适用条款,再以替代合规为双方对等的域外适用留下空间。替代合规是一国输出其监管规则的过渡策略,缓解了单边主义措施的严苛性[1],以避免冲突的方式顺利实现了域内规则的域外实效。[2]

在衍生品跨境监管问题上,正如 2018 年 10 月 1 日时任美国 CFTC 主席克里斯托弗·詹卡罗在《跨境互换监管白皮书 2.0》中所言,美国 CFTC 并非没有走过弯路,其早期意欲单方面扩张域外效力的做法效果并不好,而具有"合作"色彩的替代合规制度才是其能够顺利推广域外实效的关键。具体而言,美国 CFTC 于 2012 年 6 月 29 日发布的《2012 年 CFTC 跨境监管拟议指引》因为对于"美国人"采用了过于宽泛的解释标准,导致其监管规则的域外效力范围大幅扩张。此举遭到了包括澳大利亚证券投资委员会、我国香港金融管理局、新加坡金融管理局、法国经济和财政部在内的各国家或地区的监管机构的广泛批评[3],直指美国扩张的域外适用范围会导致对他国管辖权的过分侵蚀。不过,《2012 年 CFTC 跨境监管拟议指引》中提出的替代合规制度受到了外国监管机构的肯定,并希望美国继续扩展替代合规的适用范围。[4] 上述对比充分体现了:不同于单边措施,具有双边

---

[1] 彭岳:《场外衍生品金融监管国际方案的国内实施与监管僵化》,载《上海财经大学学报》2016 年第 5 期,第 109 页。

[2] 郭华春:《美国金融法规域外管辖:法理、制度与实践》,北京大学出版社 2021 年版,第 242—243 页。

[3] Julia Iodice, "The US Approach to Swaps Regulation: Striking a Balance between Domestic and Foreign Interests," 4st. *John's Journal of International and Comparative Law* 37, 42 (2013).

[4] Steven Maijoor, "Comment for Proposed Rule 77 Fed. Reg. 41213," *the U.S. Commodity Futures Trading Commission*, August 27, 2012, last visited 2024/8/31.

色彩的合作模式受到各国家或地区的欢迎。

在《2013年CFTC跨境监管指引》中,美国CFTC部分吸取了批评意见,也纳入了与欧盟2013年达成的联合声明中的共识成果,该正式指引的国际接受度就有了明显提升。美国金融业监管局官员朱莉娅·约迪斯(Julia Iodice)也指出,替代合规作为符合国际礼让原则的制度,有利于美国CFTC开展美国法的域外实施[1];也有实务人士指出,替代合规制度令美国CFTC动用更少的资源、以更高效的方式促成了法律在域外的实施。[2]

由此可见,采用合作模式时,由于最终的结果是双向的、互惠的,因此双方的关系是较为融洽的。即便遇到了可能的冲突迹象,也可以采用"无异议函"等方式及时表明合作诚意,不会出现威慑模式下的抗拒或敌对关系。因此,从整体上看,合作模式对国际关系的影响是积极的。

三、对国际社会的影响

正如美国CFTC与欧盟委员会的联合声明所指出的,实施双边的替代合规互认、达成合作模式下的双向法律域外实效,是国际监管机构之间"用以确保全球市场安全、透明、非碎片化的重要一步"。[3]衍生品交易是一个紧密联系的全球性市场。正如AIG危机所揭示的,一旦某国域内发生履约危机,很可能最终影响到全球市场。因

---

[1] Julia Iodice, "The US Approach to Swaps Regulation: Striking a Balance between Domestic and Foreign Interests," *4st. John's Journal of International and Comparative Law* 37, 69–70 (2013).

[2] Jonathan Lindenfeld, "The CFTC's Substituted Compliance Approach: An Attempt to Bring About Global Harmony and Stability in the Derivatives Market," 14 *Journal of International Business & Law* 125, 125 (2015).

[3] "CFTC Comparability Determination on EU Margin Requirements and a Common Approach on Trading Venues," *the U.S. Commodity Futures Trading Commission*, October 13, 2017, last visited 2024/8/31.

此,合作模式实际上在维护域内利益免受域外风险侵扰的同时,也产生了全球范围内的正外部性。

而且,通过温和的替代合规制度实现的监管规则的域外实效,还可以促使域外监管机构加快自身立法或接受域外规则的域内实施以防范其域内可能遭受的风险。也即,合作模式能逐渐推动全球范围内监管制度的建立和优化。这是它对国际社会的另一个贡献。

对此,时任欧盟金融稳定、金融服务和资本市场联盟专员乔纳森·希尔指出,美欧之间的合作将促进全球监管的趋同。[1] 这很容易理解,因为在替代合规下,法律输出方给了对方两个选择:要么建立与法律输出方类似的监管框架,彼此互认、相互促成监管规则的域外实效;要么就接受法律输出方的单向度的规则域外适用。也就是说,一旦合作模式达成,便意味着合作双方的监管框架是等效和可比的,也意味着全球的监管趋同被推进了一步。

那么,监管规则的全球趋同是否是一件好事?这是一个长久以来争议的话题。耶鲁大学法学院教授罗伯特·若玛诺对全球金融监管趋同表示担忧:规则的全球趋同意味着风险防范措施的全球趋同,如果统一的规则不是应对问题的完美方案,其缺陷也会因为全球的风险防范措施趋同而无从弥补。也即某国的金融监管的制度缺陷将演变为全球金融监管的制度缺陷,而这将带来难以防范的系统性风险。[2] 其实,实务界对于二十国集团达成的衍生品监管共识也存在质疑,尤其是对于"中央对手方集中清算制度"的合理性。批评意见

---

[1] "The United States Commodity Futures Trading Commission and the European Commission: Common Approach for Transatlantic CCPs," *the U. S. Commodity Futures Trading Commission*, February 10, 2016, last visited 2024/8/31.

[2] Roberta Romano, "Against Financial Regulation Harmonization: A Comment," 414 *Yale Law & Economics Research Paper* 1, 17 (2010).

指出,中央对手方清算制度其实并未降低对手方履约风险,而只是将风险从交易双方转移至中央对手方。[1] 美联储原主席本·伯南克指出,中央对手方清算制度实施后便是"把鸡蛋放在了一个篮子里",需要格外关注中央对手方所承受的风险。[2] 按照罗伯特·若玛诺教授的观点,如果制度本身并不完美,再以合作模式不断强化法律的域外实效,确实可能埋下全球金融系统性风险的隐患,这值得各国金融监管部门以及相关国际组织提高警惕。

总　结

以美国和欧盟之间的场外衍生品监管为例,依托合作模式生成法律域外实效的做法有诸多特征,可以从"外在表现"和"内在条件"两个方面进行阐述。

在外在表现方面,合作模式体现了互为法律输出方和法律输入方的两国共同"追求"经济监管域外实效的主观心理互动。由于衍生品交易市场的全球性,对手方履约风险极易通过担保等安排跨境传导。因此,美欧都希望在监管域内对象的同时将规则有效适用于域外,从而避免域外发生的履约风险向域内传导;与此同时,双方也都希望域内衍生品市场参与主体和衍生品交易市场不要受到双重监管、监管冲突的影响而丧失全球竞争力。因此,美欧双方可以基于这些"共识",共同实现合作模式。

为了促成合作模式下的法律域外实效,对于具体监管规则的些许差异,双方采用了"基于整体、基于监管效果"的审查方式进行替代合

---

[1] Mark Calabria, "Did Deregulation Cause the Financial Crisis," *Cato Institute*, July 2009, last visited 2024/8/31.

[2] Ben Bernanke, "Remarks at the 2011 Financial Markets Conference," B*oard of Governors of the Federal Reserve System*, April 4, 2011, last visited 2024/8/31.

规认定;对于因规则生效时间而导致的潜在合规风险,双方也采用了无异议函等方式予以避免。这些互动都体现了主体之间的"互谅—互让"。法律域外实效最终在和谐融洽的氛围中以双边方式达成双向的安排。如果用博弈论的形式表现上述互动,则如表 5.2 所示,均衡结果为(5,5),也即(合作,合作)。

表 5.2　美欧场外衍生品监管域外实效的博弈互动

		乙国	
		不合作	合作
甲国	不合作	2, 2	5, 1.5 (NA)
	合作	1.5, 5 (NA)	5, 5

在内在条件方面,支撑美欧在衍生品监管领域实现法律域外实效的是其多重共识:包括进行域内监管的共识、追求域外实效的共识以及合作监管的共识。这些共识在法律层面表现为监管规则的"等效"与"可比"。与之相对,合作双方的法律实力强弱、行业实力强弱对于合作模式下双向法律域外实效的生成并无实质影响(见图 5.6)。

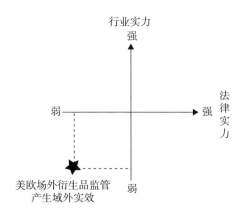

图 5.6　美欧场外衍生品监管域外实效的内在条件

值得注意的是,依托合作模式促成法律域外实效的做法不仅存在于美欧之间,也不仅限于衍生品领域。比如,美国与欧盟也分别与许多其他国家和地区达成了合作模式下衍生品监管的双向域外实效。此外,在跨境债券发行和跨境股票发行的会计审计领域,以及在金融监管之外的数据保护、行业标准等领域也都有基于合作模式产生的法律域外实效,只是表现形态可能不如美欧衍生品监管领域如此典型。

第六章

协调模式：以中国通信技术监管为例

引 言

　　域内经济监管规则依托协调模式产生域外实效，意味着法律输出方和法律输入方都积极追求特定的法律规则被统一地域外实施并产生效果，且都希望在第三方协调下、经过议事和决策程序后，本国的规则能够脱颖而出，在全球各地发挥实际效果。在协调模式下，主体双方存在"追求—追求"的主观态度，呈现"竞争—接受"的客观互动。从均衡结果来看，经济监管的域外实效通过多边机制，以单向度的形式促成。

　　本章以中国通信技术监管规则（主要是 4G 技术标准）这一软法规范的域外实效作为协调模式的典型案例。原因有二：第一，研究开展的可行性。考虑到资料的丰富性和可及性，选取本案例将生动而完整地展现协调模式的实现过程和内在条件。第二，案例选取的全面性。本书的前三个案例都以发达国家为主，涉及金融、数字经济等领域的硬法规则。而本章的案例既来自发展中国家，又关涉实体经济产业，而且属于软法规范，有助于扩大全书案例的覆盖面。

　　从历史角度看，中国从上世纪 90 年代开始追求本国通信领域技术标准的域外实效，已经经历了三个主要阶段。2001 年，中国 3G 技术标准初登国际舞台，打破了美欧在移动通信技术标准上的垄断。2010 年，中国 4G 技术标准成为这一领域的全球标准之一，真正实现了世界范围内的实施和生效。2020年后,我国引领了全球5G技术标准的制定,目前正在研制6G技术标准。移动通信领域技术标准的域外实效不仅事关我国的产业发展和国家安全等内部利益,也与全球互联互通的外部利益联系紧密。

从实证角度看,中国移动通信领域4G技术标准的域外实效是借助多边机制实现的,由电信领域的国际标准化组织(比如国际电信联盟等)全程协调,有既定的议事和决策流程。中国4G技术标准升级为国际标准经历了技术需求分析、技术可行性分析和技术标准制定三个主要步骤。经国际标准化组织官方宣布后,中国4G技术标准作为软法规范在全世界范围内被广泛实施,产生实际效果。

从条件方面看,支撑中国移动通信领域4G技术标准产生域外实效的是我国强大的行业实力,这是协调模式的必要条件。行业实力包括多个维度、多种因素。比如,宏观的行业洞察和微观的技术优势;还比如,追赶周期理论中的"核心组织";再比如,技术创新系统中的"行动者""协作网"和"制度因素"等。此外,法律实力的强弱与协调模式的达成没有关联。

从影响方面看,协调模式有效地促成了域内经济监管软法的域外实效。这种模式可以推进国家自身的现代化和产业化、提升行业实力等。同时,协调模式也可以让国家之间形成良性竞争关系,这类规则在域外产生实效的结果总体上也会大幅增进全球福利。

第一节 沿 革

通信是人与人之间的相互沟通,是人类社会的基本需求。通信技术的进步就是人类不断突破时空障碍、不断丰富沟通的形式和内容、不断加强相互之间联系的过程。从无线电报到固定电话再到移动通信,信息沟通前所未有地便捷畅通。移动通信是一个高度技术化、标准化和国际化的产业,先进技术的研发及其在全球范围内的标准制定是移动通信发展过程中不可或缺的关键环节。[1] 这背后的逻辑不难理解,试想两个实体进行通信,其接口(实体之间的连接点)只有符合一定的规范才可以互联互通;而移动通信技术标准就包括一系列"通信协议",即接口之间交换信息需要遵守的规则。它们构成了本章重点探讨的经济监管软法规范。

目前,世界移动通信正朝着第六代技术(6G)挺进。[2] 从功能特征上看,第一代移动通信技术(1G)只能提供模拟话音业务;第二代移动通信技术(2G)可以提供数字语音和低速数据业务;第三代移动通信技术(3G)可以提供语音、数据、视频移动和多媒体业务;而第四代移动通信技术(4G)具备大带宽、低时延和低成本的特点,可以满足用户对于高数据传输速率下多媒体业务的需求,更可以实现全球漫游。第五代移动通信技术(5G)相较于4G而言具有超高速率、超低时延、超大连接等技术特点,可以满足未来万物互联的应用需求。[3] 而第六代移动通信技术(6G)将要实现的若干愿景包括智慧通信、深度认知、全息体验、泛在连接等。[4] 在移动通信的逐代发展中,中国自主研发的技术标准在3G时代初登国际舞台;在4G时代成为了全球适用的技术标准,产生了广泛的域外实效;在5G时代进一步稳固了我国相关技术标准的域外实效。

---

[1] James Stewart, et al., "From 3G to 4G: Standards and the Development of Mobile Broadband in China," 23 *Technology Analysis & Strategic Management* 773, 773-788 (2011).

[2] 瞿羽扬等:《基于技术标准生命周期的移动通信产业演化路径》,载《情报杂志》2021年第5期,第84—91页。

[3] [瑞]埃里克·达尔曼等:《5G NR标准:下一代无线通信技术》,朱怀松、王剑、刘阳译,机械工业出版社2019年版,第1—2页。

[4] 张小飞、徐大专:《6G移动通信系统:需求、挑战和关键技术》,载《新疆师范大学学报(哲学社会科学版)》2020年第2期,第122—133页。

一、肇始:2001 年

中国在 1G 和 2G 时代落后于世界。20 世纪 90 年代初,随着 3G 理论研究、技术开发和规范制定的逐步推进,中国通信人意识到,如果没有自主的通信技术和标准,就永远无法掌握发展的主动权,就不可能在全球通信产业领域取得与国际主流企业博弈和竞争的话语权。更有甚者,如果移动通信的核心技术不为我国掌握,还可能影响中国的国家安全,妨碍我国争夺科技、经济、军事主导权和制高点的战略性部署。[1] 于是,在我国政府的扶持下,通信领域相继启动了一系列重大技术和产业化项目,形成了芯片、终端、网络设备、生产及研发测试仪器仪表、商用组网方案及测试、多厂商供货环境等产业链方面的突破性进展。[2] 十年间,我国终于凭借非对称频谱的移动通信技术,参与了国际技术标准的竞争。

1998 年 6 月,当时的信息产业部电信科学技术研究院(大唐电信科技产业集团)在原国家邮电部的领导和支持下,代表我国向国际电信联盟(International Telecommunication Union,以下简称为"ITU")提出了第三代移动通信"时分同步码分多址系统"(time division-synchronous code division multiple access,以下简称为"TD-SCDMA")标准建议。1999 年 11 月在芬兰赫尔辛基举行的国际电信联盟大会上,TD-SCDMA 标准提案被写入第三代移动通信无线接口技术规范的建议中。2000 年 5 月,世界无线电行政大会正式批准接纳我国拥有自主知识产权的 TD-SCDMA 标准为第三代移动通信国际技术标准之一。这是我国第一次在国际上完整地提出自己的电信技术标准

---

[1] 李世鹤:《TD-SCDMA——访大唐移动通信设备有限公司高级技术顾问李世鹤》,载《电信技术》2006 年第 2 期,第 11—13 页。

[2] 王映民等编著:《TD-LTE 移动宽带系统》,人民邮电出版社 2013 年版,第 3 页。

建议。随后,经过大量的技术融合和具体规范的制定工作。2001 年 3 月,TD-SCDMA 标准完整定稿并发布,成为国际电信联盟定义的第三代无线通信的全球标准 IMT-2000(International Mobile Telecommunication 2000)的三大主流技术和标准之一。[1]

3G 时代共包含三种主流技术及其标准。除了中国的 TD-SCDMA 标准外,另外两个是来自欧洲的 WCDMA 标准和来自美国的 CDMA 2000 标准。[2] 这意味着中国打破了欧美在移动通信国际标准领域的垄断,形成了欧洲、北美和中国标准差异化竞争的新格局。值得指出的是,由于 TD-SCDMA 标准起步晚,产业化和演进进程滞后,在国际上的影响力远远不如美欧标准,在域外的实际效果也非常有限。而且,为了促进通信产业的包容性发展,在借鉴西方技术的前提下创新,实现国际和民族工业的优势互补,中国工信部只向中国移动公司颁发了 TD-SCDMA 制式标准的 3G 牌照;而中国电信和中国联通分别获得了美国的 CDMA 2000 标准牌照和欧洲的 WCDMA 标准牌照。[3] 这为后续中国在 4G 国际技术标准的竞争中大放异彩埋下了伏笔。

二、扩张:2010 年

由于 3G 标准存在技术局限,无法满足用户对于更高带宽、更高

---

[1] 中兴通讯学院编著:《对话第三代移动通信》,人民邮电出版社 2010 年版,第 32 页。

[2] 中国 TD-SCDMA 技术标准的关键技术包括:时分双工、智能天线、联合监测、上行同步、动态信道分配和接力切换等。相比于美欧国家的技术标准,我国的标准突破性地使用时分双工技术,具有最高的频谱利用率,能够高效支持非对称移动数据业务。此外,我国技术标准所对应的设备成本低(比美欧标准所需设备低 20%~50%),系统性能也更稳定。当然,TD-SCDMA 技术标准也有一定的劣势,主要体现为对定时系统的精准性要求更高、覆盖半径小、用户高速移动时信号灵敏度较差等。参见中兴通讯学院编著:《对话第三代移动通信》,人民邮电出版社 2010 年版,第 35—36 页、第 92—111 页。

[3] 中兴通讯学院编著:《对话第三代移动通信》,人民邮电出版社 2010 年版,第 42 页。

速率数据传输的通信服务需求,移动通信技术的国际标准化组织之一"第三代移动通信伙伴计划"(The Third Generation Partnership Project,以下简称为"3GPP")于2005年3月正式启动了"长期演进"(long term evolution,以下简称为"LTE")项目。最初,项目以此命名是为了表示相关技术和标准在相当长的时间内能够起到3G技术演进的作用。后来,"LTE"也成为第四代移动通信技术及其国际标准的正式名称。[1]

从4G技术标准的内容来看,相较于3G支持一种特殊的非对称频谱的无线接入技术标准TD-SCDMA,4G支持在一个通用无线接入技术中实现对称和非对称两种频谱工作模式和相应的两种技术标准。[2] 其中,"对称频谱"的技术标准就是"频分双工的长期演进"(long term evolution-frequency division duplexing,以下简称为"LTE-FDD")标准;而"非对称频谱"的技术标准就是"时分双工的长期演进"(long term evolution-time division duplexing,以下简称为"LTE-TDD")[3]标准。前者是由3G时代的WCDMA和CDMA 2000两种标准演进而来,由美欧主导制定;而后者是由3G时代的TD-SCDMA技术标准演进而来,由中国自主进行技术创新并主导制定。

从4G技术标准制定的时间线上看,在2004年4G技术标准化工作刚开始时,我国就积极参与研讨。在随后4年的时间内,中国密切参与了4G标准的可行性研究和规范制定阶段,尤其是中国移动为首的企业主导了LTE-TDD一系列特有技术的标准化工作。2008年底,3GPP发布了LTE第一个可商用版本的标准化工作成果,其中包

---

〔1〕 李正茂、王晓云编:《TD-LTE技术与标准》,人民邮电出版社2013年版,第2页。

〔2〕 [瑞]埃里克·达尔曼等:《5G NR标准:下一代无线通信技术》,朱怀松等译,机械工业出版社2019年版,第2页。

〔3〕 LTE-TDD在中国国内又被称为TD-LTE。本章将视情况交替使用这两种表述。

含LTE-TDD与LTE-FDD两种技术制式标准。此举使得LTE-TDD成为由中国主导,同时又被国外广泛接受和适用的国际技术标准。在LTE版本后续升级的过程中,LTE-TDD和LTE-FDD均保持同步演进。2010年10月,在中国重庆召开的国际电信联盟大会(ITU-R WP5D的第九次会议)上,中国在LTE-TDD标准的基础上升级而成的TD-LTE-Advanced技术标准经过全面评估后,与LTE-FDD标准一同被正式接纳为IMT-Advanced(International Mobile Telecommunication-Advanced)国际标准(也即国际电信联盟定义的4G标准)。

三、稳固:2024年

每一代通信技术标准并非孤立的技术跃迁,而是大量技术演进升级的集合体。因此,每一个新阶段既是上一代技术的完善升级,也是下一代技术的前置探索。经历了"1G空白、2G跟随、3G突破、4G同步"的发展历程,中国在5G技术标准的制定过程中实现了乘胜追击,进一步稳固了通信技术软法规范的域外实效。

国家知识产权局知识产权发展研究中心发布的报告显示,当前全球声明的5G标准必要专利共21万余件,涉及4.7万项专利族,其中中国声明1.8万项专利族,占比接近40%,排名世界第一。中国移动通信企业(如中国移动、中国电信、中国联通、华为、中兴、大唐、OPPO、vivo等)在各个专业领域都提交了非常多的宝贵提案,为中国技术标准的全球化夯实了基础。以5G R17标准周期为例,我国企业提交的技术提案总数达到全球的60%,牵头的项目数超过50%,成为3GPP标准化工作中一支不可或缺的中坚力量。[1] 2024年6月18日,3GPP在上海举行的TSG第104次全会上正式宣布5G R18国际

---

[1] 程琳琳:《十年突破 中国5G标准之路》,载《通信世界》2022年第16期,第13—14页。

标准冻结。R18作为5G-Advanced第一个版本,承载着全球移动通信产业"挖掘新价值,探索新领域,衔接下一代"的期望。在这一全球技术标准的制定中,单单是中国移动一家公司就担任了3GPP RAN工作组副主席、3GPP RAN1工作组副主席、3GPP CT4工作组主席等领导职位,主导提交技术提案3000余篇,位列全球运营商第一;它还作为30余项标准项目的第一报告人,主导立项数目列全球各公司首位[1],为5G-Advanced技术标准制定和实施打上了深深的中国烙印。

可以发现,中国移动通信的发展历史是一个不断追求将国内技术标准升级成为国际技术标准,并在全世界产生广泛域外实效的过程。在4G时代,LTE-TDD标准是中国向世界提出的、具有自主知识产权的第四代移动通信技术标准,也是我国技术标准作为软法规范实现经济监管域外实效的典范。此举不仅促进了我国相关产业的发展,为后续的国际竞争奠定了有利基础;而且也通过输出标准的方式为全世界提供了中国出品的国际公共产品。可见,技术标准域外实效的产生兼及国家的内部利益和外部利益。

第二节 实 证

一、机制解析

(一)典型实例

中国LTE-TDD技术标准成为全球4G标准

2010年10月,国际电信联盟在一系列提案和评估程序后,正式

---

[1] 中国移动:《5G-Advanced R18标准冻结,中国移动主导多项关键技术》,载通信世界网2024年6月24日,访问日期:2024年8月31日。

将中国提交的候选方案 TD-LTE-Advanced 技术标准接纳为 4G 国际通信标准(IMT-Advanced)之一。[1] 从理论上说,国际电信联盟下属无线电通信部门(ITU Radiocommunication Sector)的 5D 工作组负责维护国际移动通信标准。然而,上述工作组并不负责撰写技术规范或标准的具体内容。[2] 从技术标准化的进程和中国向国际电信联盟的提案说明可知,TD-LTE-Advanced 技术标准的实质内容是在 2008 年年底于标准化组织 3GPP 内部研发和制定完成的。[3] 因此,本书将重点关注 2004 年至 2008 年间,中国移动为代表的国内企业如何将我国国内的 LTE-TDD 技术标准升级成为全球 4G 标准。

2004 年下半年,随着移动互联网的前景逐渐明朗和移动通信技术自身持续发展的需要,移动通信运营商和设备商开始就 3G 之后的全新技术演进展开讨论。为此,移动通信领域的标准化组织 3GPP 于 2004 年 11 月在加拿大举办研讨会。当时,中国(如中国移动)、美国(如 AT&T 和 T-Mobile)、英国(如沃达丰)、法国(如 France Télécom)、日本(如 NTT DoCoMo)和韩国(如 KT)等世界主要国家的运营商和设备商在内的参会各方畅所欲言、各抒己见,提出了对下一代移动通信系统的看法和建议。各方达成了一个共识:3GPP 需要马上开始下一代演进技术的研究与标准化,以保证未来竞争力。上述"下一代演进技术"被称为"长期演进",也就是后来 4G 发展的主导技术"LTE"。

---

[1] "IMT-Advanced Submission and Evaluation Process," *International Telecommunication Union*, last visited 2024/8/31.

[2] "Welcome to ITU-R," *International Telecommunication Union*, last visited 2024/8/31.

[3] "Acknowledgement of Candidate Submission from China (People's Republic of) under Step 3 of the IMT-Advanced process (3GPP Technology)," *International Telecommunication Union*, October 23, 2009, last visited 2024/8/31.

LTE技术标准的形成和撰写过程,遵循3GPP"三阶段工作流程"(3-stage methodology),即技术需求分析、技术可行性分析和技术规范制定三个阶段(这是根据国际电信联盟的要求设计的)。[1]

首先,在技术需求分析阶段,标准化组织将确定当下制定的标准要满足什么技术需求,这个阶段通常比较短。其次,在技术可行性分析阶段,标准化组织协调各方提案、磋商并决定各项有待满足的技术需求的实现方式和基本原则。也即确定技术架构,包括技术标准包含的主要功能模块和接口等。这个阶段通常比较长。最后,在技术规范制定阶段,对于技术架构中的每项技术内容及细节,都要形成详细的规范文本。这个阶段通常伴随着规范文本的测试和验证,也即通过各国供应商和不同厂商间的互操作测试检验已经撰写完成的规范内容是否能顺利运行。这个阶段可能会发现标准文本的错漏。当标准文本通过测试,技术标准才算制定完成。下面具体介绍上述三个阶段在4G标准制定过程中的体现。

1. 技术需求分析阶段

作为设计下一代移动通信技术的第一个步骤,2005年3月到6月,3GPP开始集中讨论LTE的技术需求。在这一过程中,各方都清楚地意识到LTE技术必须顺应移动通信的发展趋势,满足用户对移动互联网服务的需求并做出相应创新。2005年6月,3GPP结合国际电信联盟的需求清单形成了一份技术报告,系统地描述了LTE技术需要满足的各种条件和指标需求。包括带宽、峰值速率、频谱利用效

---

[1] The Third Generation Partnership Project, *Technical Specification Group Services and System Aspects, Technical Specification Group Working Methods (Release 18)*, 3GPP TR 21.900 V18.0.1, 2022, p. 13;[瑞]埃里克·达尔曼等:《4G移动通信技术权威指南(第2版)》,朱敏等译,人民邮电出版社2015年版,第8页。

率、双工方式、部署场景、相互操作支持和网络时延等八个方面。[1]

2. 技术可行性分析阶段

在3GPP形成并公布技术需求之后,各国代表就围绕着这些技术需求提出不同的整体方案和关键技术点方案。而可行性研究的目的就是确认各方提出的技术是否满足上述需求,最终在众多候选技术中选出最可行的整体方案和关键技术点方案。在国际技术标准的制定过程中,这是一个抢占"技术制高点"的阶段,各参与方需要拿出自己的优势技术参与评估。最后,以客观数据量化呈现的仿真评估结果将成为优胜劣汰的主要筛选手段。

在LTE标准的竞争中,"多址方式的选择"和"系统物理帧结构的确定"就是需要确定的整体方案和关键技术点。"多址方式"在移动技术中至关重要。想象一个许多用户同时通话的场景,以不同的移动信道分隔,防止相互干扰的技术方式就是"多址方式"。这种技术可以让众多用户共同使用公共通信线路而互不干扰。而通信系统的"物理帧结构",即物理层基本传输单位的时域和频域构成。系统广

---

[1] 具体的条件和需求包括:(1)大幅提高带宽和峰值速率(最高支持20MHz带宽,上行峰值速率达到50Mbit/s,下行峰值速率达到100Mbit/s)。(2)有效提高频谱的利用效率(单位带宽吞吐量达到3GPP Rel-6版本HSPA的2~4倍,同时保证小区边缘数据速率,降低每比特数据的成本,改善用户实际体验)。(3)支持"频分双工"和"时分双工"两种双工方式(并尽可能保持这两种双工方式的技术一致性,避免市场分化)。(4)支持运营商的各种频谱部署场景(支持从1.4MHz到20MHz的系统带宽,包括对GSM/CDMA等窄带系统占用频谱的再利用)。(5)支持从静止到高速移动的全部陆地应用场景(终端移动速度在0~15 km/h时,系统的性能保持最优;当高速移动15~120km/h时,系统性能不能有明显下降;以350km/h速度移动时,连接不能中断)。(6)取消电路交换业务,对分组交换业务提供端到端保障。(7)支持与其他系统进行相互操作(确保以LTE为核心技术的4G能够与2G和3G系统交互,从而当4G没有实现完全覆盖时,仍然能够保障用户的业务连续性)。(8)使用扁平化的网络架构以大幅降低无线接入网络的时延(无线网空载时的单向传输IP空包所需时间不超过5毫秒。这相对于3G的百毫秒级别的时延,是一个巨大的改进,有利于提高交互式在线游戏、高清视频会议等众多实时业务的服务质量)。See The Third Generation Partnership Project, *Technical Specification Group Radio Access Network; Requirements for Evolved UTRA (E-UTRA) and Evolved UTRAN (E-UTRAN) (Release 7)*, 3GPP TR 25.913 V7.0.0, 2005.

播、随机接入、控制和数据信道的设计等都要在帧结构确定之后才能决定。多址方式和帧结构看起来似乎是相互独立的两个问题，实际上有着千丝万缕的联系。一个完善而均衡的系统设计必须统筹考虑这两种基础技术，以免出现相互限制。

从各方的利益博弈态势来看，主要存在两派势力。欧洲、北美和日本的主要运营商以及传统设备商组成的阵营支持"上行使用SC-FDMA标准，下行使用OFDMA标准"的方案（方案一）；而韩国的设备商则支持"上下行都使用OFDMA标准"的方案（方案二）。此外，这一阵营还要求把"时分双工"（TDD）和"频分双工"（FDD）两种技术分开标准化，并由其主导前者的标准制定。

在这个关键阶段，中国通信业界认识到，TDD是中国自3G时代TD-SCDMA标准开始就拥有的优势技术，必须在4G时代延续下去。其实，不管是以上哪种方案，都有TDD的发展空间，就看支持哪一方对中国发展自主标准的优势更大。答案明显是方案一。

一方面，以中国移动为代表的中国企业一直追求FDD和TDD两种技术制式的融合，分开标准化会引起产业分化，对于TDD标准的推广也有限制；另一方面，在这一阶段，中国计划在TDD的可行性报告中写入另一种由TD-SCDMA技术发展而来、包含三个特殊时隙的"Type 2帧结构"（与现有的"Type 1帧结构"相对）。这是为了在将来把与之相关的小区搜索、随机接入等一系列技术标准写入国际标准。如果由韩国主导TDD的标准制定，必然对我国的计划不利。

经过上述考虑，中国通过与支持"方案一"的各国代表就多址方式和帧结构选择达成相互支持，论证了"Type 2帧结构"在技术延续上的必要性，通过了标准化组织的仿真技术评估，成功地将TDD的"Type 2帧结构"写入LTE技术可行性研究报告，为未来中国TDD技术标准获得主流地位打下了基础。自此，技术可行性分析阶段告一段落。2007年6月,3GPP在"多址方式"上确定了方案——"上行使用SC-FDMA标准,下行使用OFDMA标准";并选定了两种TDD的"帧结构",其中"Type 2帧结构"为中国的贡献。[1] 随后,LTE标准化进入各分技术研究和规范撰写阶段。

3. 技术规范制定阶段

规范制定阶段,3GPP进一步确认和完善了研究阶段形成的LTE整体系统框架和关键技术,进而开始定义具体的各层各接口信令、参数和协议流程等规范内容。虽然整体框架和技术已经确定,但是具体的细节仍然会有很多方案出现,尤其是这个阶段将形成最终可以商用的标准版本,因此工作非常复杂、详细,各方协调过程中的磋商和争论也十分激烈。

如上文所述,当时的TDD技术标准同时存在"Type 1"和"Type 2"两种。2007年下半年,随着标准化和产业化工作的进展,中国通信业界再次意识到,两种帧结构共存的局面,无论对于技术标准的推进还是未来产业的发展都不利,会分散产业资源和力量,不利于形成规模效应。对于TDD技术标准的全球推广,最好能有一个统一的帧结构。与此同时,在技术方面,中国提出的"Type 2"方案虽然能与我国主导的3G标准完美兼容,但系统设计的资源利用效率有待提升、与FDD帧结构的差异较大、不利于未来实现TDD和FDD的系统和终端融合。如果按照既定方向演进,我国的技术及标准的道路可能越走越窄。基于上述考虑,中国移动为代表的企业提出了一个大胆的设想:能否以我国提出的TDD"Type 2帧结构"为基础,将两种TDD帧结构融合,形成统一的LTE-TDD标准。

---

[1] The Third Generation Partnership Project, *Technical Specification Group Radio Access Network; Feasibility Study for Evolved Universal Terrestrial Radio Access (UTRA) and Universal Terrestrial Radio Access Network (UTRAN) (Release 7)*, 3GPP TR 25.912 V7.2.0, 2007.

上述合二为一的想法提出时,3GPP 的技术规范制定已经进入了后半程,留给中国的时间并不多;而且,当时 TDD 的两种帧结构已经写入标准文本,这就意味着中国必须拿出性能更优、可行性更高的技术方案,才能够说服各方调整现有的技术标准。即便面对这些困难,中国通信业界经过权衡后依旧决定放手一搏。这是因为如果由中国完成统一 TDD 帧结构的工作,就意味着能够主导 4G 国际标准的"半壁江山"(另外"半壁江山"是 FDD),这对于中国引领 LTE-TDD 全球产业化的发展有实质作用。

在有计划、有步骤的紧张研发下,中国终于在 2007 年成功融合了两种技术标准。具体来说,中国在这版技术中,使用了与 FDD 相同的 10ms 无线帧和 1ms 的子帧结构,同时保留了原来 TDD"Type 2 帧结构"的三个特殊时隙,并将其总长度改为 1ms,称为特殊子帧。上述特殊子帧能够实现与 TD-SCDMA 等既有 TDD 系统的邻频共存。就这样,技术上的难关得到攻克。

与此同时,在 3GPP 标准化组织内部,各国代表也认为,统一的 TDD 帧结构有利于提高 LTE 技术标准的竞争力,对于未来 LTE 的产业化发展有巨大优势(如规模优势和产业链优势等)。尤其是未来中国移动通信产业的市场前景很好,得到中国产业支持的 LTE-TDD 可以更好地与其他标准化组织提出的 TDD 标准开展竞争。总之,中国提出的融合方案对于整个 3GPP 阵营有利。于是,在中国通信产业界的努力和全球各方代表的支持下,3GPP 在 2007 年 11 月通过了 TDD 帧结构融合方案。至此,融合后的帧结构称为"LTE Type 2",专用于 TDD;而 FDD 的帧结构被称为"LTE Type 1"。

中国主导了 LTE-TDD 技术标准的帧结构融合后,这项技术的标准化进展迅速。其间,中国凭借先前取得的优势地位,继续主导了智能天线和其他 TDD 特有技术的标准化,以及后续技术标准增强版本中的众多研究和标准化项目。经过4年的高强度工作,3GPP终于在2008年年底完成了LTE第一个商用版本的标准化工作。2009年10月,中国向国际电信联盟提交了3GPP LTE-Advanced技术标准中的TDD部分,即TD-LTE-Advanced技术标准。在后续一年的时间内,国际电信联盟召集了全球14个外部评估小组对上述标准进行评估。结果显示,中国提交的TD-LTE-Advanced技术标准符合并超过国际电信联盟要求的业务能力需求,获得了各国专家的一致认可。[1] 2010年10月,国际电信联盟正式批准并宣布中国主导的TD-LTE-Advanced技术标准成为4G国际移动通信标准,各国开始将其投入大规模商用,使得这一软法规范在全球产生了实际效果。2012年1月,国际电信联盟编制完成4G国际标准建议书并在日内瓦发布。

(二)案例分析

上述典型实例展现了我国移动通信领域的一项软法规范成功产生域外实效的全过程。简单来说,这是一个由中国研发标准,通过国际组织的多边协调,在达到技术条件后被确定为国际标准,而后扩散到世界各地并得到实施的过程(见图6.1)。其中,我国自主研发的4G技术标准作为一项国内经济监管的软法规范,是本书所探讨"经济监管域外实效"中的"经济监管(规则)";而中国本土4G技术标准被接纳为国际标准并得到全球推广,在各国投入使用并发挥效果,是"经济监管域外实效"中的"域外实效"。

上述技术标准生成域外实效的全过程都嵌入在国际标准制定和发布的多边机制之中,贯穿着国家之间的利益协调;而最终的协调结果又有足够的"国别属性"(技术的研发、规范的撰写、向国际电信联

---

[1] 王映民等编著:《TD-LTE移动宽带系统》,人民邮电出版社2013年版,第32—38页。

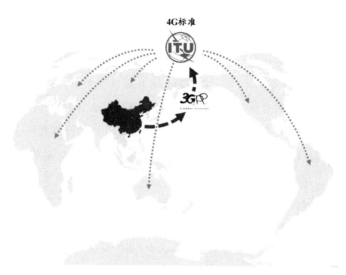

图 6.1　中国移动通信 4G 标准产生域外实效

盟提案的主体都是中国),以至于上述技术标准被公认为是来自中国的标准,而非各国共同合作产出的结果(这区别于其他领域的国际公约谈判和制定)。正是上述特征,决定了上述实例是依托协调模式实现的经济监管域外实效。

值得特别说明的是,本章协调模式的得名来源于我国著名法学家罗豪才对于软法特征的总结。在他看来,相比于传统"硬法"间接的民主协商机制,软法的制定具有更高程度的开放协商性特点。[1] 首先,制定与实施的主体多样,尤其是特定利益群体代表的非政府性公共组织所占比例高。其次,制定与实施的过程透明开放,向利益群体及其诉求,以及各种信息、智识、意见与建议开放。最后,更重"商谈—论证"与"合意性"。软法的制定、解释、适用主要是一个强调双

---

[1]　罗豪才、宋功德:《认真对待软法——公域软法的一般理论及其中国实践》,载《中国法学》2006 年第 2 期,第 7 页。

赢的博弈过程,注重对话与沟通,强调共识与认同,能够最大限度地基于合意作出公共决策。

根据上述典型实例可知,移动通信标准的制定过程就是这样一个民主协商的过程。其一,从主体上看,参与标准制定的 3GPP 成员非常多元,具体包括三类:组织伙伴(即各国的标准化组织,如中国通信标准化协会等)、市场代表伙伴(即各类行业协会和论坛,如中国电信技术发展产业联盟等)和独立会员(即各类希望参与标准制定工作的实体,包括电信设备商和运营商,如中国移动公司等)。[1] 其二,从通信标准的制定过程来看,各个阶段都是公开透明、开放包容的,重视各种意见和技术方案。尤其是,采用何种技术方案、路线和标准,都是经过各方代表商谈、论证后合意决定的,形成的是最有利于各方利益、产业发展,遵循技术发展规律的技术标准。正是基于上述特征,通过这种方式形成经济监管软法规范而后广泛域外适用并产生规则实效的机制被称为协调模式。

在多边协调机制下,国际通信标准的制定主要包括三个步骤:技术需求分析、技术可行性分析和技术规范制定。第一个阶段由标准化组织制定目标和提出要求。第二个阶段由各方协调整体技术路线和关键技术要点——这是"兵家必争之地",因为它关系到技术标准的大方向。第三个阶段要捋清技术细节,撰写规范文本。这个阶段承接上一个阶段,但各国仍有创新的可能和空间。在 4G 标准的制定过程中,中国在第二个阶段成功加入了自主研发的"TDD Type 2 帧结构";在第三个阶段又成功基于"TDD Type 2 帧结构"吞并了"TDD Type 1 结构"。由此,整体主导了 TDD 技术标准的帧结构。这两步技术革新顺应了移动通信技术和产业发展的趋势,契合 3GPP 和国际电信联盟

---

[1] "Introducing 3GPP," *the Third Generation Partnership Project*, last visited 2024/8/31.

提出的标准制定需求,也最大化了中国在3G时代就积累下的TDD技术优势——在3G时代三项国际标准中,唯独中国研发的TD-SCDMA采用了TDD双工方式。

总体来看,技术标准属于经济监管领域的软法规范,其域外实效的产生是形式和内容两方面因素共同作用的结果。在形式方面,移动通信领域的国际标准化组织,也即国际电信联盟和3GPP全程作为平台供各国代表研讨方案、协调统一、达成合意,在流程上辅助软法规范的提议、起草、定稿和发布。在内容方面,各国代表用最先进的技术创新成果开展竞争,以优胜劣汰作为核心规则,角逐出最优质、最符合产业发展规律的技术写入标准,成为国际通行的软法规范。可见,协调模式下经济监管域外实效的产生依靠多边机制实现,需要强大的行业实力予以支撑,两者缺一不可。

二、实践概览

自中国自主研发制定的LTE-TDD技术标准成为国际标准后,便在世界范围内得到广泛适用,发挥着实际效果。根据"TD-LTE全球发展倡议"组织(Global TD-LTE Initiative)2019年发布的白皮书记载,位于沙特阿拉伯的Mobily公司在2011年组建了全球首个以LTE-TDD作为技术标准的大规模商用移动通信网络。[1] 截至2023年第一季度,全球有86个国家已经推出总计184个LTE-TDD商用网络(见图6.2)。此外,另有87个国家的194个LTE-TDD商用网络正在制造或计划投入使用。[2]

---

[1] Global TD-LTE Initiative, *TDD Spectrum White Paper*, June 2019, pp. 20-21.
[2] "TD-LTE Global Market as of Q1 2023," *Global TD-LTE Initiative*, last visited 2024/8/31.

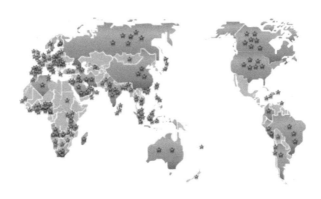

图 6.2 中国 LTE-TDD 技术标准的域外实效情况
（截至 2023 年第一季度）

值得指出的是,未来 LTE-TDD 技术标准将越来越普及,这是由 LTE-TDD 技术标准频谱利用率高和全球频谱资源的稀缺性共同决定的。简单来说,LTE-TDD 技术不需要成对匹配的频谱即可工作,频谱利用率高。而 LTE-FDD 技术要求的成对频谱资源越来越稀缺,尤其是大带宽频谱更难获得。因此,国际电信联盟为 LTE-TDD 技术标准分配了更多的非对称频谱。这就使得 LTE-TDD 技术标准在未来将得到更广泛的应用。[1]

上述分析得到了全球通信设备商协会（Global Mobile Suppliers Association,以下简称为"GSA"）的最新数据支持。[2] GSA 在 2022 年 1 月发布的统计报告显示,目前大多数 5G 大规模商用移动通信网络都采用了 LTE-TDD 技术标准。截至报告发布之日,全球有 600 多个运营商已经获得了许可,允许它们组建和运营以 LTE-TDD 作为技

---

[1] 胡国华:《移动通信技术原理与实践》,华中科技大学出版社 2019 年版,第 153 页。

[2] Global Mobile Suppliers Association, *Evolution from LTE to 5G*, January 2022.

术标准的 5G 大规模商用移动通信网络。其中,仅在 3300MHz 到 3800MHz 频段(主要来自 LTE-TDD 技术标准对应的全球第 42 号和第 43 号频段[1])就有数十个国家获得了相关证书(见图 6.3)。

图 6.3　中国 LTE-TDD 技术标准的域外实效前景
(截至 2022 年 1 月)

第三节　条　件

中国在移动通信领域的 4G 标准作为经济监管软法规范在全球范围内产生了实质影响,发挥着实际效果,而且呈现不断扩张的趋势。这是依托协调模式生成经济监管域外实效的体现。那么,支撑协调模式的内在条件是什么? 换句话说,在什么情况下,一个国家可以凭借协调模式促成本国经济监管规则的域外实效? 本部分将论证:对于协调模式的促成而言,法律实力并不重要,而行业实力非常关键。

一、法律实力:弱(不必要)

对于协调模式下法律域外实效的生成而言,传统意义上的法律实

---

〔1〕 eXtended Global Platform,《全球 TDD 频段》,载 XGP 论坛官网,访问日期:2024 年 8 月 31 日。

力(即立法、司法、执法的水平以及相互之间的配合等)并不重要。这是由"技术标准"这一软法规范的性质决定的。

作为专业标准的一类,技术标准是典型的软法规范,是法律的一种基本表现形式,具备法律的公共性、规范性和普适性特征。[1] 从定义上看,技术标准是经标准化组织批准、非强制执行、可重复使用的通用技术方案规则和指南,其实质内容是对技术设立必须符合要求的标准,以及能达到此标准的技术实施规范。[2] 从功能上看,技术标准使不同生产者的产品能可靠地、以不可见的方式交互兼容,各种技术设施通过技术标准实现移动连接,形成了物质世界的网络效应,使得与互联网并行的物联网得以建立。[3] 由此可见,技术标准对于经济和产业的发展至关重要。移动通信领域的技术标准符合上述定义。值得指出的是,与其他领域不同,移动通信领域的技术标准具有事实上的强制性。一般的产业标准主要用于提升生产效率、生产规模、降低产品成本、简化产品设计难度、提升产品质量等,但对于通信而言,技术标准是互联互通的基本要求——如果没有标准,就完全无法通信。当然,这种基础性和强制性并不改变其作为软法的本质。

技术标准的软法性质决定了它很难用传统意义上的"法律实力"来进行衡量,技术标准的形成也不需要用"法律实力"来支撑。有学者敏锐地指出,技术标准(软法)和传统意义上的法律(硬法)都是规范系统,两者都是"合理化社会"的结果,都用"理性"建构或重构对象。"硬法"合理定型的对象是"人的行为",而作为技术标准的软法合理定型的对象是"生产过程和产品质量"等。其实,任何"合理化过

---

[1] 罗豪才、宋功德:《认真对待软法——公域软法的一般理论及其中国实践》,载《中国法学》2006年第2期,第4—8页。

[2] 马一德:《技术标准之许可定价规则的"非国家化"——以可比许可法为中心》,载《法学研究》2022年第3期,第103—124页。

[3] 马一德:《多边贸易、市场规则与技术标准定价》,载《中国社会科学》2019年第6期,第106—123页。

程"都共享两种合理性基础:"价值理性"(社会理性)和"工具理性"(科学理性)。只不过,在不同的"合理化过程"中,处于主导地位的理性基础不同。"硬法"主要是基于"价值理性"对社会关系进行承认或完善;而软法主要是基于"工具理性"对生产事实进行定型或评价。[1]

所谓"工具理性"就是科学理性,其内在机制是科学。科学研究共同体为现代社会的技术标准提供了合理定型的理论支撑。他们通过研究人与自然的关系,在经验的基础上形成科学理论,之后再用科学理论重构经验,形成指导实践的技术规范。科技含量越高的领域、科学发展越先进的时代,科学上的不确定事实越少,于是需要价值理性补足或社会价值判断的空间就越少。[2] 相应地,作为技术标准的软法离传统"硬法"的距离也就越远,技术标准的形成对于法律实力的依赖也就越少。在上述视角下,本书中的"法律实力"与"价值理性"息息相关,而与"工具理性"(科学理论)基本无关。比如,威慑模式中阐述的一国国内立法、司法和执法的水平及其默契配合程度等都与价值理性有关;又比如,偶合模式中阐述的法律本身的理念是否优秀、内容是否严格(合规要求和保护水平是否足够高)、立法设计是否精巧等也属于价值理性而非工具理性的范畴。

为了进一步论证国际技术标准的形成及其后续的域外实效与"工具理性"紧密相关,而与"价值理性"基本无关(因而对法律实力几乎没有要求),下文将对比移动通信领域的国际技术标准(软法)和民商事领域的国际公约(硬法)的制定特点。虽然两者都是通过多边机制协调并产生特定领域的国际规范,但其制定主体、制定过程和制定结果不尽相同,深刻体现了"工具理性"和"价值理性"两种不同的规

---

[1] 陈伟:《作为规范的技术标准及其与法律的关系》,载《法学研究》2022年第5期,第90页。
[2] 同上刊,第86页。

则主导方式。

第一,从制定主体来看,不管是国际技术标准的制定还是国际公约的制定,都需要本领域的专家参与。只不过,前者是技术专家,更多提供科技支撑;而后者是法律专家,更多提供价值判断。移动通信领域国际技术标准的谈判通常由本领域掌握科学专业技术的个人、企业和行业协会参与,有浓厚的科技底色。以中国为例,3G技术标准的制定主要由大唐移动通信设备有限公司主导,其高级技术顾问李世鹤更被誉为"TD-SCDMA之父",是中国3G技术标准制定和产品研发的领导者。4G标准的制定主要由中国移动主导,而5G技术标准则由华为牵头。[1] 与之相对,民商事领域国际公约的谈判主要由相关领域的实务专家、学者和政府官员组成,都是法律专业人士。以2019年《承认与执行外国民商事判决公约》(以下简称为"《海牙判决公约》")为例,参与公约谈判的中国代表团成员包括中央政府、香港特区和澳门特区的代表。中央政府代表团代表们主要来自外交部、最高人民法院、国家知识产权总局、国家市场监督管理总局、国家版权局,也包括一些杰出学者与律师。[2]

第二,从制定过程来看,不管是国际技术标准的制定还是国际公约的制定,都是各方利益博弈的过程。然而,前者主要是"技术博弈",后者主要是"价值博弈"。这种区别体现在两个方面:博弈过程是否有客观标准、博弈结果是否有明确共识。

移动通信领域国际技术标准的制定是一个各方用可以量化的科技实力参与竞争的过程。如上文的典型实例所示,在标准制定的第

---

[1] 高旭东等:《从"追赶周期"的视角理解我国电信设备产业的追赶与超越》,载《创新科技》2020年第8期,第15—28页。
[2] 何其生:《〈海牙判决公约〉的谈判与启示》(北大"法学阶梯"高阶讲座系列之三十八),载"北京大学法学院招生教学信息平台"微信公众号,2021年1月11日,访问日期:2024年8月31日。

一个阶段,标准化组织就形成了一系列客观可量化的技术指标。比如,4G技术标准的峰值速率要达到多少(在上下行各20MHz带宽的条件下,下行峰值速率100Mbit/s,上行峰值速率50Mbit/s)、延迟要控制在什么水平(空闲状态到激活状态的转换时间小于100ms)和容量要达到多少(在5MHz带宽下,每小区至少支持200个激活用户)等。在标准制定的后续阶段,不管是决定某种技术标准是否能进入候选名单,还是评估候选技术标准能否成为正式标准,都取决于仿真测试和评估的数据结果。中国的4G技术标准提案之所以有资格入围候选直至脱颖而出,主要是因为在客观性能指标方面表现优秀。正是因为有明确而客观的标准,各方博弈肯定会产生结果,而且是在相对短的时间内。

与之相对,民商事领域国际公约的谈判就是一个各方用相对主观的价值判断进行说理的过程。举例而言,在《海牙判决公约》的知识产权问题上,欧盟、美国和中国分别提出了"支持""不支持"和"有限支持"知识产权判决的承认与执行三种方案。欧盟的理由是基于其历史传统和现有制度安排提出的;美国的理由包括:知识产权的地域性、各国国内实体和程序规则都缺少实质性和谐、各国保护标准不同因而可能导致挑选法院现象、美国法院在历史上很少承认外国知识产权判断、美国电影和广播等行业提出反对意见等;而中国的立场比较纠结,国内国际私法学者与知识产权学者的立场争议、对于现实利益和长远利益的争议都导致我国的居中立场。可见,各国的法律制度、文化传统、行业发展水平的差异共同导致了截然不同的提案,而且这些提案不存在评判优劣的客观标准,而是"公说公有理,婆说婆有理"。在这样的情形下,公约谈判即便旷日持久(《海牙判决公约》的谈判和制定历经27年),也很难形成一个明确的共识。在《海牙判决公约》的知识产权问题上,各国最终也没有形成共识,公约只能将所有知识产权问题(除合同事项)排除在外。[1]

第三,从制定结果来看,不管是国际技术标准的制定还是国际公约的制定,都会形成一个文本。两者的差别在于:前者规定的都是领域内的知识性指标,包括很多技术术语、数字、图表,而且还会比较完整地交代技术标准的创制背景等,就好像一份产品说明书。而后者规定的主要是权利、义务和责任,违反后的法律后果,一般不包含知识性内容。而且,后者主要是以文字的形式出现,相对简明。制定结果的这些差异都可以追溯到上文所述的制定主体和制定过程,集中体现了"科学"和"价值"两种智慧结晶的对比。

以4G国际技术标准的文本为例,2012年国际电信联盟发布的正式中文版名为《先进国际移动通信(IMT-Advanced)地面无线电接口的详细规范》,它是一份共有100多页的建议书。这份规范以图文并茂的形式规定了4G国际技术标准的核心技术内容、特征和具体参数,还有各类技术规范的制定背景配套资料等。相比之下,《海牙判决公约》的文本就只有十几页纸,包含了4章共计32个条文,全部以文字形式呈现。具体来说,第一章是范围和定义(3条);第二章是承认与执行(12条),即最核心的条款;第三章是一般条款(8条);第四章是最后条款(9条)。

二、行业实力:强(必要)

协调模式对行业实力的要求很高。可以说,行业实力的强弱程度几乎决定了协调模式能否达成。如上文所述,国际技术标准的竞争由于是"工具理性"或"科学理性"主导,本质上是各国在本领域科技水平的较量,而科技水平又是行业实力的集中体现。下文将从中国4G

---

[1] 何其生:《〈海牙判决公约〉谈判与知识产权的国际司法合作》,载《法学研究》2021年第1期,第141—146页。

技术标准这一典型实例入手,借助现有经济学、管理学和政治学的实证和理论研究,论证行业实力对于国际技术标准竞争成败(也即最终能否依托协调模式实现规则的域外实效)的决定性影响。

(一)个案观察

在本章阐述的典型实例中,中国之所以可以抓住机会实现本土标准的国际化,主要有两个关键节点。第一,在技术可行性研究阶段,写入了"LTE-TDD Type 2 帧结构";第二,在技术标准的撰写过程中,用自主研发的"LTE-TDD Type 2"吸收了"LTE-TDD Type 1",统一了"LTE-TDD"的标准制式。为什么上述提案可以在标准化组织内被广泛接纳?主要有宏观和微观两方面原因,分别对应行业洞察和技术优势。

第一,在宏观的行业洞察方面,中国选择将TDD作为战略主攻方向专注投入,这极富前瞻性。在FDD和TDD两大技术中,美欧主导的FDD长期处于主流地位,而TDD处于补充地位。这一点在3G时代就有体现。欧洲等移动通信强国认为TDD技术难度大,难以成为移动通信主流。即便如此,中国依旧敏锐地察觉到:TDD制式技术标准相对于FDD而言,存在无可比拟的优势,而且这种优势会随着通信产业的发展日渐凸显。于是,中国在3G时代就迎难而上,聚焦研发TDD技术。简单来说,TDD的工作原理是"时分多址",只需要非对称的一条频谱即可完成信号传输。也即仅占用一个频段、充分利用这一频段内不同的时间间隙来完成上行和下行的工作任务。通过灵活使用频谱,可以大量节省频段资源、提高频率利用效率。这对于移动通信运营商而言,可以显著降低成本。与之相对,FDD的上、下行分别采用两个不同的频段,需要成对频段资源才能完成工作。随着移动通信产业的发展,有限的频谱资源愈发珍贵,TDD技术将是未来的发展方向。

与此同时,中国结合对移动通信产业未来发展趋势的把握和自身的战略优势,精准地具象化了 3GPP 提出的 4G 性能指标需求。具体来说,"LTE-TDD Type 2 帧结构"的写入契合 3GPP 提出的通信技术"系统共存"和"互联互通"要求。也即 3GPP 希望 4G 技术标准可以兼容历史版本的接入技术,而"LTE-TDD Type 2"就是致力于与 3GPP 组织内研发的 TD-SCDMA 邻频共存。而用"LTE-TDD Type 2"吸收"LTE-TDD Type 1"则符合 3GPP 提出的技术标准"系统复杂度要求"。简单来说,3GPP 希望 4G 标准在技术实现上可以最小化可选项,不存在冗余的必选项。在具备发展潜力的技术上富有前瞻性地早早布局和积累的能力,以及有的放矢地将抽象指标和发展方向具体化的能力,都体现了中国在移动通信领域敏锐而深刻的行业洞察力。

第二,微观的技术优势是硬指标。如上文所述,在标准化组织内部,技术提案都需要进行测试和评估以形成客观可量化的数据结果。只有数据达标才有成为候选技术的可能,只有数据优秀才能提高最后被采纳为最终技术标准的概率。那么,微观层面的技术优势来自哪里?虽然我国在 3G 时代就开始投入 TDD 的研发,尤其是在 TD-SCDMA 上有近十年的积累,然而要满足 4G 时代的技术标准,还有很大差距,如何保持和提升技术优势是一个难题。对此,作为"第四代移动通信系统(LTE-TDD)关键技术与应用"的项目第一完成人,原中国信息通信研究院院长曹淑敏在接受采访时表示:实现 LTE-TDD 的技术突破,需要攻克一系列困难:如何在应对百兆高速率、十倍高容量挑战的同时解决 TDD 干扰严重、大覆盖、高移动性等既有难题;如何攻克多模多频、新工艺、低功耗、高集成度等新挑战;如何解决 TDD 大规模同频组网、场景复杂等难题;如何应对新技术测试难度大、系统测试极其复杂的挑战,等等。

在她看来,在国际开放竞争环境下进行系统性创新,阶段多、环节多、单位多,如此复杂的系统工程,没有明确的总体战略、系统布局、技术决策、产业协同、国际推广等机制,难以成功。中国之所以可以成功,最重要的保障来自机制上的创新。在国家重大专项支持下,我国移动通信产业设立了标准化推进平台、产业协作平台、国际化推广平台,以此充分发挥高校、科研院所和企业的各自优势,形成合力。最终,LTE-TDD的研发先后有百余家单位参与。得益于大兵团作战的新型创新体系,以及全过程、全环节顶层设计、系统布局、协同推进,相关创新成果不断涌现。[1]

综上所述,不管是宏观的行业洞察,还是微观的技术优势,都体现了我国在移动通信领域的行业实力,这是中国可以将国内移动通信标准升级为国际标准的关键原因。上述结论是对本章典型实例观察总结后的成果。其实,对于我国通信领域国际标准竞争的影响因素,法学之外的其他社会科学都有研究。下文将展示具有代表性的实证和理论研究成果。这些研究得出的结论都指向了行业实力的绝对重要性。

(二)系统研究

针对我国移动通信领域的国际标准竞争,国内不少研究团队做了扎实的定性研究,揭示了我国在这一领域从边缘到主流、从低端到高端、从跟随到领先,最终实现中国技术标准全球化的内在原因。

比如,清华大学经济管理学院的高旭东教授团队借助案例研究中的"扎根理论"方法发现:中国移动通信国际标准的竞争局势与中国移动通信产业的追赶和超越同步。背后最重要的因素是"核心组织"在战略意图的引导下,创造了三方面的机会:"追赶周期"理论下的技术(如重大的技术创新、颠覆性的技术路线等)、市场(如用户需求的

---

[1] 中华人民共和国科技部:《TD-LTE跻身4G主流国际标准 我国移动通信迎历史性转折》,载新华网,2017年1月9日,访问日期:2024年8月31日。

变化等)和制度(如政府在特定产业的扶持政策等),而且有效地协调了同非核心组织的竞争与合作关系。具体来说,"核心组织"在不同时代有所变化,但都是国内电信企业。在 3G 时代主要是大唐电信(其战略意图是另辟蹊径地通过建立国际技术标准来提升自身的竞争优势和行业地位);在 4G 时代主要是中国移动(其战略意图是通过技术创新和管理创新成长为世界一流企业);而 5G 时代主要是华为(其战略意图是占领全球 5G 产业高地)。"非核心组织"是指国内市场上的其他企业、上下游产业链和研究机构等。竞争的条件是实力,合作的条件是机会。整个过程都离不开政府部门对移动通信产业的扶持。[1]

再比如,首都经贸大学管理工程学院的刘冠宇老师团队通过 3G、4G 和 5G 三个时代我国技术标准的国际化历程的案例研究(包括文献研究和半结构化访谈),指出了"技术创新系统"(technological innovation system)在这个过程中的巨大作用。背后的机制是上述系统同时推动了技术创新和社会系统的变迁,最终提升了移动通信产业的可持续发展性。具体来说,"技术创新系统"在 4G 国际技术标准的开发中,主要包括三大"系统构成":行动者、协作网和制度因素。其中,"行动者"包括研发机构、设备商、运营商、高校和产业联盟;"协作网"包括政府和研究机构的关系、研究机构和高校的关系、高校和设备商及运营商之间的关系等;"制度因素"包括提升国家安全的愿望、对于 TDD 技术的信心和期待等。上述三大系统构成实现的"系统功能"包括:知识生产和传播、研究方向的确定、创新性实验、资源流动和整合等。[2]

---

[1] 高旭东等:《从"追赶周期"的视角理解我国电信设备产业的追赶与超越》,载《创新科技》2020 年第 8 期,第 15—28 页。
[2] Guanyu Liu, et al., "Technological Innovation Systems and IT Industry Sustainability in China: A Case Study of Mobile System Innovation," 35 *Telematics and Informatics* 1144, 1144−1165 (2018).

综合来看,不管是"追赶周期理论"还是"技术创新系统",都强调我国移动通信行业内不同主体的互动,只不过前者强调"核心组织",而后者强调各类主体组成的"系统"及其"功能"。两者的落脚点都是行业实力。

最后,在更广阔的理论视野下,国内外社会科学领域的学者对国际技术标准竞争中特定国家之所以能够取胜的原因进行了深入研究,归纳了若干重要影响因素。

从政治学的研究来看,国际技术标准竞争是国家之间竞争的缩影,主要有社会制度主义和现实主义两个理论流派。前者认为,个人行为和认知共同体的技术优势可以超越国家间的竞争[1],国际技术标准的制定主要考虑科学和技术本身的逻辑,而与国家之间的权力分配关联甚少。[2] 各国对达成统一而先进的标准有压倒一切的偏好(而无所谓是谁提出的标准)。后者则认为,国家(尤其是大国)是国际政治中的主要行为主体,国际技术标准的制定本质上是利益和权力的博弈。[3] 国家之间对达成共同解决方案的确存在偏好,但对于选择哪种方案的意见往往不统一。此时,各国陷入"性别博弈",先行动者可以采取战略措施让对手妥协、接受其方案。[4] 换言之,拥有技术优势的国家率先提出国际技术标准后,其他国家因为技术落后和成本等原因,只好被动跟随和接受既有标准。而这又让先行动者巩固了自身优势。最终实现"赢者通吃"。

---

[1] Paul DiMaggio and Walter Powell, "The Iron Cage Revisited: Institutional Isomorphism and Collective Rationality in Organizational Fields," 48 *American Sociological Review* 147, 147–160 (1983).

[2] Walter Mattli and Tim Büthe, "Setting International Standards: Technological Rationality or Primacy of Power?," 56 *World Politics* 1, 1–42 (2003).

[3] Daniel Drezner, *All Politics Is Global: Explaining International Regulatory Regimes*, Princeton University Press, 2008, pp. 3–31.

[4] Walter Mattli and Tim Büthe, "Setting International Standards: Technological Rationality or Primacy of Power?," 56 *World Politics* 1, 1–42 (2003).

可以发现,无论是社会制度主义还是现实主义都无法完满地解释现实世界的所有国际标准竞争,真实情况更可能是两种理论的混合体。然而,这两种主义有一个共同点,那就是都强调行业实力对于国际标准竞争的绝对重要性。在社会制度主义的话语下,科技水平是纯粹的主宰力量,这是行业实力的体现;在现实主义的话语下,科技发展的先后是主要的影响因素,而先行者之所以可以成为先行者,也是因为行业实力使其率先崛起。

从经济学的研究来看,以发达国家为核心的传统研究指出,特定行业内产品的安装基础[1]、网络效应[2]、进入市场的时间[3]等都是标准竞争取胜的关键因素。行业内的科技实力和生产水平通过影响供求关系,而对国际标准竞争的胜负有至关重要的影响。[4] 此外,国家规模(以 GDP、人口、消费支出和进出口贸易额等衡量)也与标准竞争成功有显著正相关性。背后的机制在于,人口规模和消费实力有助于标准竞争者获得启动正反馈的用户规模,经济实力和对外贸易则会影响国家对特定产业国内发展和海外技术扩散的资源投入。[5] 可见,上述影响因素无一例外都落脚到行业实力之中。

近年来,以发展中国家(或后发国家)为侧重的研究逐渐起步,这些研究认为:市场规模、企业的技术能力、产业链的厚度、政府对行业

---

[1] Joseph Farrell and Garth Saloner, "Standardization, Compatibility, and Innovation," 16 *The RAND Journal of Economics* 70, 70–83 (1985).

[2] Jefrey Funk, "Competition Between Regional Standards and the Success and Failure of Firms in the World-wide Mobile Communication Markct," 22 *Telecommunications Policy* 419, 419–441 (1998).

[3] Paul David and Shane Greenstein, "The Economics of Compatibility Standards: An Introduction to Recent Research," 1 *Economics of Innovation and New Technology* 3, 3–41 (1990).

[4] Cristiano Antonelli, "Localized Technological Change and the Evolution of Standards As Economic Institutions," 6 *Information Economics and Policy* 195, 195–216 (1994).

[5] 陶爱萍等:《国家规模对国际标准竞争的影响研究——基于跨国面板数据的实证检验》,载《世界经济研究》2014 年第 7 期,第 10—15 页。

的支持力度是影响技术标准胜出的重要因素。[1] 发展中国家在特定行业内的技术吸收和模仿的能力也会显著影响其国际标准角逐中的竞争力。[2] 还有研究发现,对于后发国家的技术标准而言,质量优势能够弥补用户安装基础的劣势,技术开放及其兼容性的提高,可以进一步增加技术标准竞争的胜率。[3] 此外,有学者指出,国际标准竞争的赶超是技术性能效应和网络效应共同驱动的结果,参与标准演进的企业越多,后发标准实现赶超的几率越大。[4] 这些研究结论也都无一例外地从不同的维度证明了行业实力的重要性。

第四节 影 响

一、对国家自身的影响

依托协调模式促成经济监管软法规范的域外实效的过程本质上是一个首先提升相关领域行业实力,而后积极参与国际技术竞争并取得胜利的过程。法律域外实效的产生以行业的国际领先为条件,而追求法律域外实效的过程亦是增强本国行业实力的过程。从这个角度看,国家在协调模式下追求经济监管规则的域外实效可以提升本国产业的全球竞争力,对国家自身有非常积极的影响。

---

[1] 毛丰付:《中国产业标准崛起机制与途径研究——以 WAPI 为例》,载《经济管理》2010 年第 5 期,第 30—36 页。

[2] 欧阳峣等:《技术差距、资源分配与后发大国经济增长方式转换》,载《中国工业经济》2012 年第 6 期,第 18—30 页。

[3] 周勤等:《怎样实现后发国家在技术标准上超越?——以 WAPI 与 Wi-Fi 之争为例》,载《产业经济研究》2013 年第 1 期,第 1-11 页; Jae-Yong Choung, Illyong Ji, and Tahir Hameed, "International Standardization Strategies of Latecomers: The Cases of Korean Tpeg, T-Dmb, and Binary CDMA," 39 *World Development* 824, 824-838 (2011).

[4] 李伟:《代际演进背景下后发标准赶超机制研究——对 4G 标准竞争的解释》,载《经济管理》2022 年第 5 期,第 24—40 页。

尤其是在贸易全球化的过程中,国际技术标准正在成为产业竞争的制高点,是创新成果产业化的关键环节,也是高新技术尤其是信息技术发展的前导规制。国际技术标准因此关系到对未来产品、市场和国家经济利益的竞争。[1] 当下,"全球产业布局在不断调整,新的产业链、价值链、供应链日益形成,而贸易和投资规则还未能跟上新形势,机制封闭化、规则碎片化十分突出。"[2] 在这种情况下,一国可以凭借国际技术标准,打造新的全球研发和生产网络,整合全球创新资源,推进创新研发,利用知识产权占据全球生产价值链上游的高附加值环节,从根本上摆脱对国外技术和产品的路径依赖。

二、对国际关系的影响

依托协调模式追求经济监管域外实效的结果与各个国家的未来产业格局和利益分配息息相关,因此必然会引起国家之间的政治和经济博弈。然而,协调模式全程都依靠国际多边机制协调实现,而且各个主要环节的决策很大程度上取决于技术实力和客观指标。因此,从理论上说,国家之间并无直接冲突,关系相对比较缓和。各国更多是将这些张力转化为升级技术的动力,形成良性竞争的局面。

诚然,以中国为代表的后发国家在国际技术标准竞争中的崛起,必然会引起西方国家尤其是美国的关注甚至打压。然而,正如本研究在偶合模式中论述的那样:美国作为霸权国,对于其他国家在重要领域获得主导权总是心存忌惮,并会做出应激反应。因此,美国的表现或者说美国对待其他竞争对手国的态度,无法很好地反映协调模式下法律的域外实效对国际关系的客观影响。我国学者已经指出,中

---

[1] 马一德:《多边贸易、市场规则与技术标准定价》,载《中国社会科学》2019年第6期,第107页。
[2] 习近平:《共担时代责任,共促全球发展》,载《习近平谈治国理政》(第2卷),外文出版社2017年版,第479页。

美的通信技术标准之争不过是两国主导的国际规则之争的缩影。技术优势比意识形态对大国战略竞争的胜负影响更大,应该将更多资源投入到科技创新之中。[1] 还有学者研究了技术标准竞争与大国竞争的关系后指出,在国际技术标准的竞争中,本就存在若干标准的共存或不同国家标准的周期性更迭。因此,美国等国家散布的"中国威胁论"并无根据。[2] 换句话说,基于协调模式追求法律域外实效所引起的所谓国家间的紧张关系并无依据。

三、对国际社会的影响

协调模式下产生的法律域外实效是经过国际标准化组织官方认可的、以技术标准形态存在的国际公共产品。如上文所述,技术标准有"合理定型"的功能,是贸易全球化、产业全球化的重要工具。现代工业生产是一个全球分工的体系,作为生产结果的商品也在全球范围内流通。因此,不同国家和地区需要统一的技术标准,国际标准化组织及相应技术标准的产生满足了国际社会的上述需求。尤其是对于通信标准这样基础性的标准,其研发和颁布对全球福利的增进不言而喻。

然而,我们也应当注意到,作为协调模式的产物,国际技术标准的专利化已经成为常态,最终成为标准必要专利。在这种情况下,制定国际技术标准并且成为标准必要专利权人的主体可能会以许可费为手段,进行"专利劫持"。又由于"公平、合理和非歧视性"原则的模糊性,不少发达国家在用协调模式实现本国标准的域外实效后,通过标

---

[1] 阎学通:《美国遏制华为反映的国际竞争趋势》,载《国际政治科学》2019年第2期,第3—6页。
[2] 刘晓龙、李彬:《国际技术标准与大国竞争——以信息和通信技术为例》,载《当代亚太》2022年第1期,第40—58页。

准必要专利许可费的单边司法定价[1],阻碍了国际社会不同发展程度的国家共享技术发展成果。对此,我国学者已经提出了最小化法官自由裁量权、最大化市场主导定价的方案。[2] 这是中国在依靠协调模式生成经济监管的域外实效后,进一步推动全球均衡、包容、普惠发展,构建人类命运共同体的积极作为。

总 结

以中国移动通信领域的 4G 国际技术标准为例,依托协调模式生成经济监管域外实效的做法有诸多特征,可以从"外在表现"和"内在条件"两个方面进行阐述。

在外在表现方面,协调模式体现了法律输出方和法律输入方在心理层面"追求—追求"的状态。在移动通信领域,为了实现高效便捷的互联互通,各个国家都希望有一套统一的技术标准。因此,不管是法律输出方还是法律输入方都追求特定的软法规范可以被域外实施、产生实效。换句话说,法律具备域外实效符合双方共同的利益。

此时,如果双方对具有共同利益的不同结果没有偏好差异,则无论采用谁的技术标准,对双方的福利都没有影响。在这种情况下,"追求—追求"的心理状态会带来"接受—接受"的行为互动。换句话说,无论哪一国成为法律输出方或输入方,在彼此看来都没有差别。在这种情形下,协调模式的博弈结果将如表 6.1 所示,均衡状态为(3,3),即选项一或选项二都有可能被采用,而且对两个国家而言没有区别。

---

[1] 李剑:《标准必要专利许可费确认与事后之明偏见——反思华为诉 IDC 案》,载《中外法学》2017 年第 1 期,第 230—249 页。

[2] 马一德:《多边贸易、市场规则与技术标准定价》,载《中国社会科学》2019 年第 6 期,第 106—123 页。

表 6.1 中国通信技术标准域外实效的博弈互动（理想情形）

		乙国	
		选项 1	选项 2
甲国	选项 1	3, 3	0, 0
	选项 2	0, 0	3, 3

然而，上述情形在技术标准域外实效的生成过程中并不会出现。如上文所述，采用哪一国的技术标准都会决定各国日后的产业利益分配甚至全球的供应链格局。因此，每一个国家都希望成为技术标准的输出方。换句话说，"性别博弈"才是真实世界中的情形——双方对具有共同利益的不同结果有着相对冲突的偏好。这种偏好体现在行为互动上就是"竞争—接受"。也就是说，每个国家都会通过多边机制，争取让自己的技术标准作为软法规范产生单向度的域外实效。一旦一个或少数国家争取成功，其他国家就自动成为法律输入方，接受他国技术标准在本国的效果。此时，协调模式的博弈结果如下表6.2 所示，均衡状态为 (3,2) 或 (2,3)，即虽然选项一或选项二都有可能被采用，但对两个国家而言存在利益差异。

表 6.2 中国通信技术标准域外实效的博弈互动（现实情形）

		乙国	
		选项 1	选项 2
甲国	选项 1	3, 2	0, 0
	选项 2	0, 0	2, 3

在内在条件方面，支撑中国移动通信领域 4G 技术标准成功产生域外实效的是中国移动通信产业的强大行业实力。上述行业实力包括宏观的行业洞察和微观的技术优势。根据大量社会科学的研究，一国的企业、研究机构和政府对行业的支持，都对行业实力的提升和

最终国际技术标准的竞争结果有影响。与之相对,传统的法律实力对于本领域规则域外实效的形成而言没有贡献(见图6.4)。

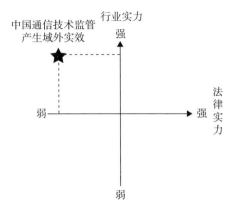

图 6.4　中国通信技术标准域外实效的内在条件

显然,依托协调模式促成经济监管域外实效的案例可以在大量产业中被找到,而且相关的软法规范除了本案例讨论的技术标准,还有各类产业标准。相应地,起到多边协调作用的国际标准化组织也较为多元,其中较为著名的包括ISO和国际电工委员会(International Electrotechnical Commission,以下简称为"IEC")等。依托协调模式追求经济监管规则的域外实效,在很长一段时间内似乎都是发达国家的特权。如今,以中国为代表的发展中国家也将更多借助这种模式促成本国规则在域外产生实际效果。

第七章

理论：经济监管域外实效论的内涵阐释

引　言

之前四章的案例研究是提炼"经济监管域外实效论"的素材。在美国反洗钱监管、欧盟数据监管、美欧场外衍生品监管，以及中国通信技术监管等领域中，法律域外实效的产生与扩张分别依托威慑模式、偶合模式、合作模式和协调模式四种博弈模式。案例分析中关键的事实要素包括：经济监管规则的输出方（即监管者）和输入方（即被监管者）、经济监管所属的具体行业、经济监管规则的主要内容及其性质、经济监管形成域外实效的经过、国家追求经济监管域外实效的动机（或利益考量）、体现经济监管产生域外实效的典型实例、支撑经济监管产生域外实效的关键条件，以及经济监管产生域外实效后带来的若干影响。

基于上述事实要素，可以抽象出四种博弈模式的三方面静态特征。其一，与经济监管域外实效产生"过程"有关的特征，包括实现方式和主体互动（心理、行为）。其二，与经济监管域外实效引起的"结果"有关的特征，包括均衡结果、实效范围和后续影响（对于国家自身、国际关系和国际社会）。其三，与经济监管域外实效生成的"本质"有关的特征，包括内在条件（法律实力、行业实力）和固有局限（正当性、闭塞性、狭小性和干扰性）。上述四种模式可以依据经济监管域外实效形成的"过程"要素相互区分。在辨析特定经济监管领域形成域外实效的依托模式时,应综合考察"实现方式"(单边、双边或多边)与"主体互动"(心理、行为),避免被表象迷惑。值得注意的是,本书呈现的四个案例都具有典型性,要素特征鲜明、模式易于识别。然而,实践中各国在不同领域促成经济监管域外实效所依托的模式可能需要仔细辨析。

此外,经济监管产生域外实效所依托的四种博弈模式并非只有孤立的静态关系,而是存在内部互动的动态规律。具体可以归结为三种特性:交融性、流动性和共存性。交融性意味着模式与模式之间并非泾渭分明,而是存在重叠交叉的中间地带;流动性意味着只要支撑模式成立的条件发生变化,不同的模式之间可以变动流转;共存性意味着模式之间并非相互排斥关系,即便是同一国家在同一时期和同一领域,也可以同时使用多种模式的组合以最大化经济监管规则的域外实效。上述博弈模式的静态特征和动态规律丰富了经济监管域外实效论的内容,有助于将来更好地服务于我国追求经济监管规则在域外产生影响、发挥作用的目标。

第一节 经济监管域外实效模式的静态特征

本书在对经济监管域外实效相关的概念和文献进行梳理后,用四章篇幅完成了四个典型案例的研究,归纳了各自的模式、条件和影响等内容。虽然这些案例涉及的年代、国家、领域、监管规则等都不相同,本书在对它们进行展示时采用了基本一致的行文结构。这是为本章对它们进行复盘、对比,以及开展理论构建工作做准备。下面将以汇总表格辅以文字说明的形式,对博弈模式进行两个层次的总体复盘。首先,从事实层面回顾和总结这些案例研究的核心内容;而后,从理论层面抽象出案例研究体现的不同模式的本质特征。在此基础上,结合不同模式的机制和特点,对它们进行整体评估,尤其是反思每种模式的局限性。澄清单个模式的特性是辨析不同模式并探讨它们之间关系的前提。

一、事实特征

本书聚焦经济监管领域。所谓"经济监管域外实效"是指一国的经济监管法律(包括"硬法"和"软法")在本国的领土疆域之外切实地产生了实际影响、调整着社会关系,强调一种客观结果。而且,本书重点关注那些常态化的、具有稳定性的,因而较为普遍和成功的"经济监管域外实效"现象;而没有关注那些零星的、偶尔的,因而难以归纳模式和提炼规律的现象。带着上述研究范围和筛选标准,本书观察了世界各国追求经济监管域外实效的实践及其效果,并选择了下述案例进行细致研究:

第一,美国反洗钱监管领域的法律域外实效。这是威慑模式的代表。美国反洗钱法的性质特殊,它处于金融监管、经济制裁和刑事司法的交界处,同时承载着捍卫美国银行声誉、维护美国和全球金融市场秩序、打击跨国犯罪和恐怖主义等使命。在四个案例研究中,美国追求反洗钱监管规则域外实效的历史最悠久,从上世纪 80 年代至今,共经历了四个阶段。通过提炼和剖析直接机制、间接机制、次生机制及其对应的实例可知,美国在金融和银行业强大的法律实力和行业实力对这一领域监管规则域外实效的产生有巨大的作用。从效果来看,美国反洗钱规则在全球范围内都得到了适用,发挥了实际效果。然而,美国也为之付出了国家自身、国际关系层面的代价,更对整个国际社会的福祉产生了负面影响。

第二,欧盟数据监管领域的法律域外实效。这是偶合模式的代表。当代国家对于数据的保护已经不单纯是为了捍卫民众的基本权利(如个人信息权、隐私权等),也与数字经济以及相关产业的发展紧密相关。欧盟追求其数据监管规则的域外实效经历了三个阶段,从上世纪90年代的《95指令》作为起点,到2018年的GDPR,再到2024年的《数据法案》等。欧盟雄厚的法律实力甚至是法律魅力,不仅促使美国苹果公司等科技巨头在全球范围内统一实施欧盟的数据监管规则,也吸引了不同国家纷纷移植欧盟数据立法,它们共同帮助欧盟数据监管在世界各地产生实际影响。从效果上看,欧盟数据监管规则已经让全球数字经济行业和各国的数据及网络立法嵌入了"欧盟元素"。至此,欧盟不仅实现了最初的立法目标,还为国际社会带来了一定的正外部性。

第三,美欧场外衍生品监管领域的法律域外实效。这是合作模式的代表。美国和欧盟等发达经济体有相对活跃的金融衍生品交易,对于金融市场的动荡和风险也更为敏感。为了防止跨境风险传导,避免全球金融危机的覆辙,美国和欧盟以"替代合规"为桥梁,通过友好合作的方式,促成了场外衍生品监管领域的双向法律域外实效。这一结果的实现以2008年全球金融危机为缘起,前后经历了三个阶段。美欧监管部门基于进行域内监管、追求域外实效以及开展合作监管这三方面的共识,以一种紧密配合的方式完成了中央对手方集中清算制度、未清算交易保证金规则、交易平台监管等方面的规则互认。最终,美国的监管规则能够在欧盟域内生效,欧盟的监管规则能够在美国域内生效。美欧的监管合作不但最小化了彼此的金融风险,也为全球衍生品跨境监管合作提供了范本。

第四,中国通信技术监管领域的法律域外实效。这是协调模式的代表。在四个案例中,这是唯一一个关于经济监管"软法"规范(即中国的4G技术标准)产生域外实效的案例。中国积极追求国内软法的域外实效有双重动机:就内部利益而言,通过规则竞争发展本国移动通信产业,维护国家安全——通信技术关系到国家的科技、军事和经济安全;就外部利益而言,希望对全球互联互通贡献中国智慧。中国技术监管标准产生域外实效共经历了三个历史阶段。从本世纪初的3G时代到2010年之后的4G时代,再到如今向5G甚至6G迈进,我国移动通信领域的行业实力(包括宏观的行业洞察和微观的技术优势等)飞速提升。中国在与其他国家的技术竞争中,凭借长期深耕的TDD技术一举将国内4G标准升级成为全球标准,得到国际电信联盟的认证。最终,世界各国都实施着我国的软法监管规则,大幅增进了全球福利。

对于上述四个案例研究,我们需要重点关注的事实要素包括:经济监管规则的输出方(即监管者)和输入方(即被监管者)、经济监管所属的具体行业、经济监管规则的主要内容及其性质、经济监管形成域外实效的经过、国家追求经济监管域外实效的动机、体现经济监管产生域外实效的典型实例、支撑经济监管产生域外实效的关键条件,以及经济监管产生域外实效后带来的若干影响。表7.1提炼并汇总了这些重要信息。

表7.1 案例研究的事实要素汇总

	第三章 威慑模式	第四章 偶合模式	第五章 合作模式	第六章 协调模式
输出方	美国	欧盟	美欧	中国
输入方	全球	全球	美欧	全球
行业领域	金融	数字经济	金融	移动通信
主要法律	反洗钱监管规则	数据监管规则	场外衍生品监管规则	移动通信技术标准
法律性质	硬法	硬法	硬法	软法
发展历程	1986;2001;2008;2020 (四阶段)	1995;2018;2024 (三阶段)	2010;2012;2016—2024 (三阶段)	2001;2010;2024 (三阶段)

(续表)

	第三章 威慑模式	第四章 偶合模式	第五章 合作模式	第六章 协调模式
利益考量	(1)捍卫美国银行的国际声誉;(2)打击毒品等跨国犯罪;(3)维护美国和全球金融稳定;(4)维护美国国家安全;(5)打击全球恐怖主义	(1)保护欧盟公民的数据权利;(2)发展欧盟数字经济产业	(1)保护美欧金融市场稳定;(2)防范全球金融危机	(1)促进中国移动通信产业发展;(2)维护中国的国家安全;(3)为全球通信产业贡献中国智慧
典型实例	(1)几内亚矿产与地质部部长洗钱案(直接机制);(2)伊拉克胡达银行洗钱案、英国汇丰银行洗钱案(间接机制);(3)英国巴克莱银行主动进行美国反洗钱合规(次生机制)	(1)美国苹果公司在全球范围内统一实施欧盟监管规则(法律适用维度,包括狭义和广义两类机制);(2)世界各国在立法过程中参考、模仿或移植欧盟监管规则(法律移植维度,包括狭义和广义两类机制)	美国商品交易委员会与欧盟委员会就衍生品达成的监管合作,包括:(1)中央对手方集中清算制度的互认(第一轮);(2)未清算交易保证金规则的互认(第二轮);(3)交易平台的互认(第三轮)等	中国通过国际标准化组织将移动通信领域的LTE-TDD技术标准升级为全球4G标准(经历技术需求分析、技术可行性分析和技术规范制定三个阶段)
关键条件	美国在金融领域强大的法律实力(表现为立法、司法、执法及其紧密配合)和行业实力(表现为金融基础设施的完备和国际金融地位的显赫)	欧盟在数据保护领域强大的法律实力(表现为立法时间早、法律内容严、立法技术精、法律理念优、监管能力强等)	美欧在场外衍生品监管领域凝聚的共识(包括进行域内监管、追求域外实效和开展合作监管等三方面具体共识)	中国在移动通信领域强大的行业实力(表现为宏观的行业洞察、微观的技术优势等)

(续表)

	第三章 威慑模式	第四章 偶合模式	第五章 合作模式	第六章 协调模式
三类影响	(1)有损美元信用和美国的金融地位;(2)造成各国法律和政治摩擦;(3)造成"金融遗弃"现象、引致系统性金融风险	(1)维护欧盟公民的数据权利、促进数字经济产业发展;(2)促进各国规则交流和完善;(3)提升全球数据治理水平	(1)维护美欧自身衍生品交易秩序、减少金融市场风险;(2)促进各国金融跨境监管合作;(3)防范全球金融危机,提供合作范本	(1)提升中国移动通信产业的国际竞争力;(2)促进各国的技术良性竞争;(3)为国际互联互通提供公共产品

二、理论特征

(一)要素析出

在详尽梳理案例事实的基础上,本书进一步剥离了四个案例研究中的事实细节,从中抽象出四种博弈模式在理论层面的特征。与此同时,本部分还进一步评估了各个模式在理论上的局限性。上述理论意义上的特征汇总于表7.2,它们是模式归纳和条件提炼的基础,也是后续给出政策建议的依据。

表7.2 案例研究的理论要素汇总

		第三章 威慑模式	第四章 偶合模式[1]	第五章 合作模式	第六章 协调模式
过程	实现方式	单边	单边	双边	多边
	主体互动 心理互动	追求—排斥	漠视—漠视	追求—追求	追求—追求
	行为互动	威逼—屈从	无为—无为	互谅—互让	竞争—接受

---

[1] 限于表格空间,只呈现了狭义情形下偶合模式的主体互动。在广义情形下,主体之间的互动为"追求—追求"与"要求—配合"。

(续表)

			第三章 威慑模式	第四章 偶合模式	第五章 合作模式	第六章 协调模式
结果	均衡结果		单向	单向	双向	单向
	实效范围		全球	全球	两国	全球
	后续影响	国家自身	消极	积极	积极	积极
		国际关系	消极	中性	积极	中性
		国际社会	消极	积极	中性	积极
本质	内在条件	法律实力	强	强	弱	弱
		行业实力	强	弱	弱	强
	固有局限		正当性	闭塞性	狭小性	干扰性

第一，在威慑模式下，一国可以通过单边方式使其经济监管规则在全球范围内产生单向的域外实效。在这个过程中，法律输出方和法律输入方呈现"追求—排斥"的心理互动和"威逼—屈从"的行为互动。这种模式的达成需要强大的法律实力和强大的行业实力作为支撑。威慑模式对国家自身的影响较为消极（国家虽然实现了域外监管的目的，但也付出了相对沉重的代价），对国际关系和国际社会的影响也偏消极。

威慑模式可能存在"正当性"方面的局限。毕竟一国依托其国家实力将本国意志强硬地施加于他国，且要求后者遵循其国内监管规则的做法并无国际法上的依据。[1] 尤其是当法律输出方具有自利性和侵略性极强的政治目的（如为了打压科技领域的竞争对手方而追求经济制裁类监管规则的域外实效），或法律输出方毫无根据地调动

---

[1] 即便是在"政治正确"的反洗钱领域，美国1986年《洗钱控制法》首次纳入域外适用条款时，也引起了巨大的合法性争议。See Federick Knecht, "Extraterritorial Jurisdiction and the Federal Money Laundering Offense," 22 *Stanford Journal of International Law* 389, 389-420 (1986).

其经济、科技甚至军事实力对外施加威慑时，正当性危机更为严重。

第二，在偶合模式下，一国可以通过单边方式使其监管规则在全球范围内实现单向的域外实效。在狭义情况下，法律输出方和法律输入方呈现"漠视—漠视"的心理互动和"无为—无为"的行为互动（在广义情形下，双方的心理互动为"追求—追求"，行为互动为"要求—配合"）。这种模式的达成需要强大的法律实力作为支撑。综合来看，偶合模式对国家自身和国际社会的影响都比较积极，而对国际关系的影响偏中性。狭义的偶合模式甚至不会引起国家之间的互动。

偶合模式可能存在"闭塞性"方面的局限。这种模式下法律因其自身的优势和吸引力得以广泛适用、产生实效，其前提是上述法律实力能够被发现和传播。在欧盟数据监管规则产生域外实效的案例中，欧盟法"搭载"着跨国公司和其他主权国家才得以扩散。由于偶合模式没有行业实力作为支撑，缺乏本国产业和公司作为法律扩散的媒介，需要另寻私人主体（如跨国公司）或公共主体（如主权国家、国际组织等）等为其发声宣传，否则监管规则很难走出其诞生的疆域而最终陷入闭塞。

第三，在合作模式下，两国可以通过双边方式使其监管规则在彼此的领土范围内实现双向的域外实效。在这个过程中，法律输出方和法律输入方呈现"追求—追求"的心理互动和"互谅—互让"的行为互动。这种模式的达成需要双方的强大共识作为支撑。综合来看，合作模式对国家自身和国际关系的影响都较为积极，对国际社会的影响偏中性。因为合作模式的影响可能仅限于两国之间。

合作模式可能存在"狭小性"方面的局限。与其他模式最终有潜力实现全球性的法律域外实效相比，合作模式是双方依托双边方式实现的双向的法律域外实效。这就意味着，这种模式下监管规则产生效果的范围通常只限于对方的领土疆域之内，具有空间或地理上的狭小性。如果双方意欲扩张其本国监管规则在域外的实际影响力,需要通过分别与不同的国家开展双边合作等方式。

第四,在协调模式下,一国可以通过多边方式使其监管规则在全球范围内实现单向的域外实效。在这个过程中,法律输出方和法律输入方呈现"追求—追求"的心理互动和"竞争—接受"的行为互动。这种模式的达成需要强大的行业实力作为支撑。综合来看,协调模式对国家自身和国际社会的影响都是积极的,对国际关系的影响偏中性,这是因为在国际组织的协调下,各国通常会以友好方式开展科技竞争。

协调模式可能存在"干扰性"方面的局限。在四种博弈模式中,这是唯一必须借助监管者和被监管者以外的第三方主体参与才能达成的模式。上述第三方主体即作为协调者的国际多边机制(如国际标准化组织)。在法律域外实效生成的过程中,多涉及一方主体就可能多一重不确定性。由于国际技术标准的竞争结果对各国利益的影响甚巨,不乏出现个别国家为了捍卫自身在全球产业链上的优势地位,不惜动用政治手段干扰国际组织内部既定议事流程和竞争秩序的情形,最终将影响技术竞争的结果,也即扭曲了某一监管规则是否会产生域外实效的结局。

(二)模式归纳

基于上述理论要素,借助法律经济分析的研究方法和博弈论的分析工具,经济监管域外实效的四类实践可以抽象为四种模式(见图7.1):威慑模式、偶合模式、合作模式和协调模式。[1] 每一种博弈模式都体现了一种法律输出方和法律输入方在理性选择下的博弈过程和均衡结果。这些理论模型及其组合可以囊括经济监管规则得以产生域外实效的现实情形,也可以解释为什么某些国家在某个领域可以促成经济监管域外实效。

---

[1] 限于图片空间,只呈现了狭义情形下偶合模式的主体博弈情况。

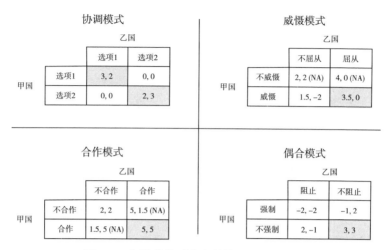

图7.1 经济监管域外实效的四种博弈模式

为了便于理解上述模式,假设存在甲、乙两国,各自的经济监管规则默认只在本国疆域内(以领土边界清晰划分)生效。下面四种模式解释了:为什么两国会打破初始的法律安排(即属地主义的法律秩序),使得一国的经济监管规则在另一国内产生效果。这些博弈模式的共有特征是国内规则最终在域外产生了实际效果,它们的不同之处在于两国在形成均衡结果的过程中呈现出迥异的心理和行为互动。下面具体阐释四种模式最典型的形态。

1. 威慑模式

在特定领域,甲国和乙国存在一强一弱的实力差距。甲国作为强国,想要积极地域外适用其国内经济监管规则。于是,便利用自身的优势地位威逼乙国屈从,致使其接受在本国疆域内实施甲国规则。最终,甲、乙两国的均衡状态是(威逼,屈从),甲国的经济监管规则成功地在乙国域内产生实效。威慑模式的典型案例是美国凭借自身在反洗钱领域的制度霸权,以及在国际货币体系和全球金融市场中的绝对强势地位,用切断美元结算服务等制裁手段威逼其他国家接受其国内反洗钱监管规则的域外实效。

从博弈分析的角度看(见图7.1右上角),甲、乙两国最初的状态是(2,2)。对于占据强势地位的甲国而言,其威慑并惩罚乙国的成本很小(-0.5),而收益很大(2);对处于弱势地位的乙国来说,其屈从甲国虽然有一定的成本(-2),但这一成本比起不屈从甲国而遭受惩罚的代价小得多(-4)。于是,经过成本收益的理性考量,甲国选择威逼,乙国选择屈从,两国最终形成均衡状态(3.5,0)。

2. 偶合模式(以狭义情形为例)

在特定领域,甲国无意于追求本国经济监管规则在乙国域内生效;而当甲国的国内规则因为某种原因在乙国领土内产生效果时,乙国也不会加以阻止,而是采取放任或漠视态度。两个国家各自从事某种自利行为并各自获利,不在乎对方的行为。最终,甲、乙两国的均衡状态是(不强制,不阻止),甲国的国内规则顺利在乙国境内产生效果。偶合模式的典型案例是欧盟制定了优质的数据监管规则以保护其域内公民的基本权利,跨国企业为了创造竞争优势主动在全球各地实施上述规则,而跨国企业的母国并不加以阻止。最终,欧盟数据领域的监管规则产生了域外实效。

从博弈分析的角度看(见图7.1右下角),甲、乙两国最初的状态是(2,2)。如果甲国强制乙国适用其国内规则,不管乙国是否阻止,甲国都会付出成本(-2或-1)。如果乙国阻止甲国域外适用其国内规则,不管甲国是否强制,乙国都会付出成本(-2或-1)。于是,经过成本收益的理性考量,甲国选择不强制,乙国选择不阻止,两国最终形成均衡状态(3,3)。

3. 合作模式

在特定领域,甲、乙两国都积极追求本国经济监管规则在对方域内产生效果,因为它们都会因为法律的域外实效而获益。于是,两国就采取合作的方式(具体形式多样,比如签订条约),允许彼此的国内规则在对方的疆域内得以适用、发挥影响。最终,甲、乙两国的均衡状态是(合作,合作)。合作模式的典型案例是美国和欧盟为了以最小成本维护各自场外衍生品市场的稳定并防范全球性的金融危机,达成共识、展开合作,允许对方的监管规则在己方领土内产生效果。值得注意,合作模式是均衡结果上唯一可以实现双向法律域外实效的模式。

从博弈分析的角度看(见图 7.1 左下角),甲、乙两国最初的状态是(2,2)。虽然合作也有一定的成本(-0.5),但进行合作的收益(3.5)远远大于成本。尤其是在重复博弈的场景下,双方都更加关注长期利益。因此,经过成本收益的理性考量,甲国和乙国都会选择合作,两国最终形成均衡状态(5,5)。

4. 协调模式

在特定领域,甲国和乙国都希望明确一个各方统一实施的经济监管规则,进而可以避免冲突、获得效率。然而,具体采用哪一国的国内规则作为统一的监管规则予以实施会影响到双方的利益。为此,两国需要通过竞争的方式确定谁的监管规则最终可以在其他国家实施,进而产生域外实效。根据竞争结果的不同,甲、乙两国的均衡状态可能是(甲国法,甲国法)或(乙国法,乙国法)。协调模式的典型案例是在全球化背景下,一国的国内工业技术监管标准在域外产生实效。比如,各国都想确定一个统一的移动通信技术准则,并且都争相希望自己的国内规则可以成为产生域外实效的国际规则。最终,经过国际组织多边协调下的技术竞争,中国的 4G 标准产生了域外实效。

从博弈分析的角度看(见图 7.1 左上角),甲乙两国最初的状态是(2,2)。一旦两国决定往来,其最佳行为模式取决于对方的行为,只有当对方和自己保持一致(而无论一致的选项是哪一个)才有收益,否则收益都会是(0,0)。然而,由于均衡状态下必然会有一方的收益高于另一方,此时会进入"性别博弈"。最终,经过成本收益的理性考量和特定的竞争机制,两国最终形成的均衡状态可能有两种,即(3,2)或(2,3)。

(三)条件提炼

经济监管域外实效的产生方式被类型化为四种博弈模式后,值得进一步思考:何种条件支撑着每种模式?在案例分析和模式归纳阶段,事实要素和理论要素中都包含法律实力和行业实力两项。前者是指一国的立法、司法和执法水平及其相互配合的能力。后者是指一国在特定领域内拥有的生产要素和资源的多寡、企业竞争力的强弱、行业经验的丰富程度,以及由此构成的产业链的完整度和成熟度,最终可以体现为一国产业在全球价值链中的地位。各典型案例在法律实力和行业实力的特征排列上存在规律,体现了特定博弈模式与两种条件的关联性(见表7.3)。

表7.3 经济监管域外实效典型案例中的博弈模式及其内在条件

博弈模式	典型案例	法律实力	行业实力
威慑模式	美国反洗钱监管领域	强	强
偶合模式	欧盟数据监管领域	强	弱
合作模式	美欧场外衍生品监管领域	弱	弱
协调模式	中国通信技术监管领域	弱	强

为了更好呈现这种内在关联,下面将法律实力作为横轴、行业实力作为纵轴绘制四象限图(见图7.2)。其中,"强"和"弱"意味着从理论上看,特定博弈模式的成立对于法律实力或行业实力两者的依赖程度或必要性程度。举例而言,四象限图中"行业实力—强"意味着:特定模式的成立必须具备很强的行业实力,或者说,特定模式的成立对

于行业实力的依赖性很强。同理,"法律实力—弱"意味着:特定模式的成立不必须有很强的法律实力,或者说,特定模式的成立对于法律实力的依赖性很弱。值得注意的是,对于某种"法律实力—弱"(或"行业实力—弱")即可成立的博弈模式,即便现实中特定国家在特定领域也具备很强的法律实力(或行业实力),这对于该种博弈模式的成立而言并不必要,因此上述现实情况并不构成对"博弈模式—内在条件"理论关联性的冲击。

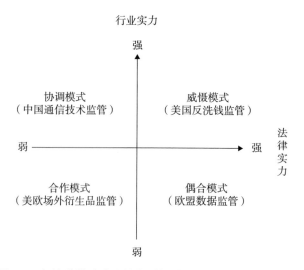

图7.2 经济监管域外实效的"博弈模式—内在条件"关联性

在上述设定下,四种博弈模式都可以分别放入四个象限之中,而且各占一个象限。具体来说,威慑模式的达成对行业实力和法律实力的依赖性都很强(第一象限);协调模式的成立必须有很强的行业实力,但对法律实力的依赖性较弱(第二象限);合作模式的成立对法律实力和行业实力的依赖性都很弱(第三象限);偶合模式的成立必须具备很强的法律实力,而对行业实力的依赖性较弱(第四象限)。至此,案例、模式、条件形成完整闭环,博弈模式的静态特征也愈发清晰。

最后有必要再次澄清或强调的是:法律实力、行业实力及其组合为何可以促成特定模式下的法律域外实效?它们在特定模式形成过程中分别起到了什么样的作用?在本书的理论建构中,法律实力意味着一国的立法、司法、执法水平,以及它们相互配合的能力(如分工合理性、配合默契度等)。偶合模式和威慑模式的达成都需要法律实力,然而法律实力在其中扮演的角色并不一样。在偶合模式下,法律实力更多体现为法律规则的吸引力、竞争力和助推力,进而使得跨国公司和主权国家不仅有激励自愿在域外遵守这些规则,还让这个过程相对易于进行,这也是偶合模式不需要行业实力支撑的原因。而在威慑模式下,法律实力的功能主要在于创设预期产生域外实效的具有攻击性和完备性的规则内容(即立法),它们构成法律输出方实施监管的依据,也构成法律输入方遵循监管(即合规)的内容。在此基础上,法律实力可以进一步实现对既有规则的扩张性和创造性解释(即司法)以及对法律规则的积极援引和频繁适用(即执法),进而为更大范围、更高程度的域外实效夯实制度基础。由于威慑模式下的法律实力本身并不具有吸引力,它们仅仅是一枚枚坚实强悍的弹药,还需要火力十足的枪炮将其发射才能产生实际效果,而后者就是威慑模式下不可或缺的行业实力。

根据本书的界定,行业实力可以用一个国家在特定领域内拥有的资源(比如市场、原材料、优势企业、科技创新能力、全球产业链地位等)和经验多寡来衡量。一国行业实力的强弱决定了它在这个领域内国际发言权的多寡,其"发言"的内容之一就是该领域内的相关制度应该如何安排、相关规则应该如何制定,这一点在协调模式中体现得最为明显。与此同时,一国拥有行业实力也意味着它可以控制全球范围内该行业的资源与夺。在威慑模式下,这是一国对其他国家威慑力的来源。凭借这种威慑力,拥有行业优势的国家就可以在该领域

"发言"并推行自己构建的话语,其中包括决定制度安排和规则制定。可以发现,同样是以行业实力为必要条件,行业实力在协调模式和威慑模式中的作用也不相同。对于前者,行业实力主要用于提供经验以及监管规则构建的底层逻辑;对于后者,行业实力主要用于形成威慑。这也进一步解释了为什么威慑模式的达成还需要一国具备法律实力,而协调模式的达成则不再需要法律实力。简单来说,在协调模式下,由于"工具理性"占优,制度规则的具体内容表现为技术监管标准。它们脱胎于行业实力,无需另外构建,而且主要由国际标准化组织负责将其制度化。而在威慑模式下,国家在行业实力强大后还需要有能力构造和提供制度规则的具体内容,这样法律域外实效才有载体,威慑力也才有切实的用武之地。

三、案例的"典型性"声明

本书选为研究对象的四个案例,分别是经济监管域外实效所依托的四种博弈模式中最典型的现实案例——它们能够最显著、最生动、最彻底地体现四种模式的外在表现(即经济监管域外实效生成的过程和引起的结果等)和内在本质(即经济监管域外实效成立的内在条件等)。具体来说:

第一,经济监管域外实效生成过程的典型性。从理论意义上看,表7.2中各个模式的"实现方式"和"主体互动"两项刻画了经济监管域外实效产生的过程。其中,"主体互动"最能体现案例选择的典型性。在本书选取的案例中,作为法律输出方和法律输入方的两方主体都以一种极致和激烈的方式展现了特定模式下的心理和行为互动。比如,在威慑模式下,美国追求其反洗钱监管规则在域外产生实效的攻势之猛、其他国家抵制其规则域外效果的声势之汹,充分体现了"追求—排斥"和"威逼—屈从"的主体互动。又比如,在合作模式下,美国和欧盟之间精诚合作,从 2013 年发布场外衍生品跨境监管合作的联合声明开始,在随后几年中接连不断地以各种方式表达合作的共识和彼此的诚意,而且也不断取得进展,这充分体现了"追求—追求"和"互谅—互让"的主体互动。

第二,经济监管域外实效引致结果的典型性。从理论意义上看,表 7.2 中各个模式的"均衡结果""实效范围"和"后续影响"三项刻画了经济监管域外实效带来的结果。其中,后两者能很好地体现案例选择的典型性。具体来说,对于"实效范围",本书选取的案例中经济监管域外实效的影响范围无一例外都实现了特定模式所能达到的最大范围。比如,威慑模式、偶合模式、协调模式的经济监管域外实效都扩展到了全球范围;而合作模式下监管规则的域外实效也达到了合作双方领土疆域以内的所有范围。在"后续影响"上,本书选取的案例都在国家自身、国际关系和国际社会三个方面有显著且持久的影响。比如,威慑模式下,美国借助美元霸权和金融市场主导地位单边推行本国反洗钱监管规则的域外实效所产生的负面影响极其深刻。又比如,偶合模式下,欧盟被誉为"全球黄金标准"的数据保护立法在域外生效后,对各国数据监管立法以及全球数据治理水平产生的积极影响十分深远。

第三,经济监管域外实效成立条件的典型性。从理论意义上看,表 7.2 中各个模式的"内在条件"揭示了支撑经济监管域外实效的各个博弈模式得以成立的必要条件。不管是法律实力还是行业实力,本书选取的案例都极具典型性。一方面,各个案例中相关主体必须依托的实力都达到了世界范围内最强,甚至是"史上最强"。比如,偶合模式下的欧盟个人数据保护立法在当时就是"全球最强"的立法,而且也是"史上最强"的立法。再比如,协调模式下中国的 4G 技术标准(LTE-TDD 部分)也是当时"全球最强"加"史上最强"的技术标准。另一方面,案例中的"经济监管法律"与"行业"有极强的对应关系。具体来说,"法律—行业"的对应关系在威慑模式中是"反洗钱监管规则—银行(金融)业";在偶合模式中是"数据监管规则—数字经济产业";在合作模式中是"衍生品监管规则—衍生品(金融)业";在协调模式中是"通信技术监管标准—移动通信行业"。

综上所述,为了构建"经济监管域外实效论"并进行充分论证,本书选取的案例在各个维度上都具有典型性。案例选取的典型性意味着,现实世界中各国在不同模式下追求经济监管域外实效的实践可能以一种相对含蓄的方式体现着各个模式的特征——我们不能期待实践中所有的过程互动都如此激烈、所有的结果影响都如此极端、所有的条件及其对应关系都如此清晰。当然,各个博弈模式理论上的局限性也不会如此严重。这也意味着我们可能无法一目了然地看到各种鲜明且显著、完全契合各博弈模式特征的国家实践,而是需要稍加辨析才能识别和洞察特定现象的本质,这也是下文"模式辨析"部分将要回应的问题。

如果用一个四象限图来描述案例选取的典型性,本书研究的四个案例正好处于象限图的四个顶点位置。它们的连线共同围起经济监管域外实效相关实践及其对应博弈模式的最外沿;而那些不那么典型的实践样态则被框定在由上述四个点构成的区域以内,需要根据法律实力和行业实力的实际"配比"确定具体位置(见图7.3)。换句话说,(法律实力,行业实力)可以构成一个坐标点,决定现实世界中各个"经济监管域外实效"相关实践在象限图上的位置。此外,图7.3也用五角星中的"空白圆心"表现了四种博弈模式在理论上的局限性。

最后,需要特别关注威慑模式下"法律—行业"对应关系在理论和现实中可能存在的差异。从理论上看,"法律—行业"应该是互相对应

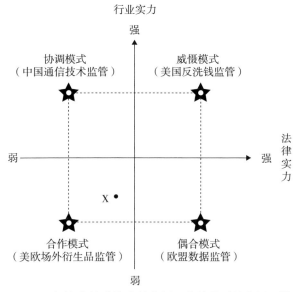

图 7.3　经济监管域外实效案例研究的典型性和局限性

的。两者在威慑模式下的应然关系是:一个国家在特定领域的行业实力强,它就有了在这一领域构建话语权的威慑力;而后,当这个国家在该领域也拥有法律实力时,它就具备了追求其具体监管规则在域外产生实际效果的全部条件。然而,现实中个别霸权国家的出现及其近年来的激进举措打破了上述"法律—行业"的对应关系。比如,美国的金融行业实力强,它不仅依托这种行业实力在域外推行与金融有关的监管规则(比如反洗钱法、银行法、证券法等),还倾向于滥用这种金融实力(化为经济制裁工具)追求其他领域美国规则的域外实效(比如出口管制法甚至人权法等)。此类行径纯属是"险恶用心"下的"倒行逆施"[1],是"歇斯底里"

---

[1]　澎湃新闻:《美方再以新疆人权状况为由制裁中方人员和实体 外交部回应》,载观察者网,2021 年 12 月 13 日,访问日期:2024 年 8 月 31 日。

的"强盗逻辑"。〔1〕美国政府对上述滥用行业实力的行为也不加遮掩。2022年3月美国拜登政府提出了"一体化威慑"的国防战略,致力于推动军事行动与政治、外交、金融和信息舆论等领域协同配合,在一体化联动中强化战略威慑能力。通过多领域同时威慑确保美国的国家安全,应对战略竞争对手的多域威胁,在大国竞争中抢占先机。〔2〕这就意味着,除了金融行业实力之外,美国未来将更广泛地动用其在军事、网络、科技等不同行业的实力输出本国的法律、打压竞争对手,而且这些行业实力还有进一步混和及联合运用的趋势。〔3〕

上述事实表明,实践中如若一国在特定领域的行业实力强,它可能倾向于滥用这种行业实力作为威慑力的来源,广泛地在其他领域塑造并推行自己的话语,追求本国各类监管规则的域外实效。个别西方国家的上述行径和战略趋势对本书理论框架的影响在于:在威慑模式下,一方面,"法律—行业"的严格对应关系可能需要适时放松;另一方面,"行业实力"的内涵在特定语境下可能也要进一步扩张解释为包含广泛的"国家实力"(含一国军事、科技、经济等综合国力)。

第二节 经济监管域外实效模式的动态规律

一、模式辨析

经济监管域外实效模式的静态特征主要从特定模式切入,观察单个模式对应的博弈互动、内在条件、典型案例,本质上是将四种模式孤

---

〔1〕 新华社:《中华人民共和国外交部声明》,载中华人民共和国中央人民政府官网,2022年8月2日,访问日期:2024年8月31日。
〔2〕 凌云志:《美提出"一体化威慑"新战略,谋求大国竞争新优势》,载澎湃新闻网,2021年7月24日,访问日期:2024年8月31日。
〔3〕 赵懿黑:《美国跨域威慑战略动态及其对大国间战略稳定性的影响》,载《复旦学报(社会科学版)》2024年第4期,第159—169页。

立开来分别考察。与之不同,本节所关注的模式动态规律则强调从四种模式的整体着眼,研究其内在关联和交流互动。在正式提炼动态规律之前,有必要先交代实践中不同模式的辨析方法,这有助于对各种模式的特点保持敏感,进而有效捕捉模式的潜在变化。

经济监管域外实效所依托的四个博弈模式都有各自的特征,理论上不易混淆。然而,现实中可能存在上文所说的无法一眼识别各个模式之间差异的情形。对此,一个简便区分四种模式的方法是关注经济监管域外实效形成的"过程":首先,判断"实现方式",如果属于双边或多边形式,自然就对应合作模式或协调模式。如果是单边形式,就有两种可能(即偶合模式或威慑模式)。而后,继续判断经济监管域外实效形成过程中的"主体互动"情况。如果法律输出方和法律输入方之间激励相容,在心理和行为上并无对抗,则属于偶合模式,否则就是威慑模式。

值得思考的是:在经济监管域外实效生成的过程中,是否存在"形式"与"实质"不一致的情况?也即"实现方式"与"主体互动"之间是否可能存在矛盾?比如,在特定的情形下,经济监管域外实效的产生依托的貌似是双边机制,客观上存在一份合作协议;然而究其本质,主体之间并无"追求—追求"和"互谅—互让"的互动过程。这种情况真实存在。

2013年5月,中国财政部、证监会与美国公众公司会计监督委员会(Public Company Accounting Oversight Board,以下简称为"PCAOB")签署了一份双边执法备忘录,旨在开展会计审计跨境执法合作。[1] 其主要内容是允许美方的审计检查员到中国域内"观察"(监督)我国监管机构的检查与评估活动,并允许美国PCAOB从中

---

[1] 《中国证监会:中美会计审计监管跨境执法合作正式开展》,载中华人民共和国中央人民政府官网,2013年5月24日,访问日期:2024年8月31日。

国国内获取相关的审计工作底稿。上述备忘录签订的背景是"中概股"危机(即中国赴美上市公司因信息披露问题遭到大量诉讼)爆发后,美国要求在中国域内适用《萨班斯—奥克斯利法案》并最终以这份双边执法备忘录的签署作结。[1]

从表面上看,此处美国证券监管域外实效的"实现方式"是以双边形式;然而细究其实质,主体之间几乎不存在"互谅—互让"的互动,反而有"威逼—屈从"的意味。一方面,从中美 2012 年签订试行协议开始,只有美国单方面到中国域内执法,而没有出现中国到美国执法的情况,双方并不对等;另一方面,此事的起因是中概股危机,如若中国不及时"合作",中概股有大规模退市的风险。而且,美国 PCAOB 和 SEC 也不断向中国财政部施压。[2] 在上述情形下,该案例中美经济监管域外实效所依托的博弈模式本质上是披着合作模式外衣的威慑模式。

由此可见,判断模式类型确实只需要用到上表 7.2 中的"实现方式"和"主体互动"两项理论要素;然而不能只凭"实现方式"的外观就轻易作出最终判断,还必须同时考察主体之间的心理和行为互动,才能确定经济监管域外实效的产生所依托的博弈模式。

二、模式互动

经济监管域外实效所依托的四种博弈模式除了有各自的静态特征外,不同的博弈模式之间还可能产生互动,且具有一定的规律。下面将阐释各个博弈模式之间的交融性、流动性和共存性(见图7.4)。

---

[1] 唐应茂:《熊猫债、单边模式与国际法的终结》,载《北大法律评论》2018 年第 2 辑(总第 19 卷),第 53—54 页;唐应茂:《债市开放:寻找熊猫债规制的中国模式》,法律出版社 2019 年版,第 109 页。

[2] 周龙、陆伟:《中美跨境审计监管:波折之路与政策建议》,载《财会月刊》2016 年第 33 期,第 114—117 页。

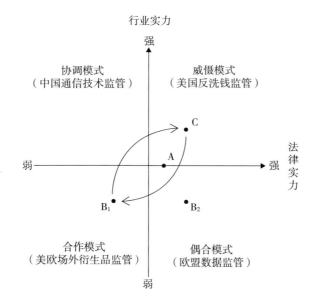

图 7.4 经济监管域外实效模式的动态规律

(一)交融性

所谓经济监管域外实效各博弈模式之间的"交融性",是指四种模式之间可能存在"中间地带",而非泾渭分明。就好像太阳光经过三棱镜折射后会形成红、橙、黄、绿、青、靛、紫顺次连续分布的彩色光带,一种颜色和相邻颜色之间都有重叠和过渡的部分。在本书的语境下,上文构建的有外延的象限图内的四个象限并非切割整齐的工整方块,而是存在边缘地带的重叠和融合。比如,图 7.4 中的 A 点处于威慑模式与偶合模式的中间。当某种经济监管域外实效的现象可以用 A 点表示时,意味着其所依托的博弈模式难以清晰划归为威慑模式或偶合模式,而是可能同时存在两种模式的部分特征。下面举例说明。

其一,威慑模式与偶合模式的交融。欧盟在反垄断领域的监管规则有很强的域外实效,这是哥伦比亚大学教授阿努·布兰福德用来论证"欧洲并未衰弱,依旧在塑造全球监管规则"的首要例证。根据她提出的"布鲁塞尔效应"理论,各国公司之所以愿意在欧盟域外遵守和执行欧盟的监管规则,是由于欧盟拥有巨大的消费市场、法律规则严格、执法部门精干等原因。[1] 她特别指出,这个过程中不存在欧盟对各国公司的威慑或胁迫。[2] 然而,在本书提出的理论框架下,欧盟反垄断法的域外实效案例实则位于威慑模式和偶合模式的交融处。一方面,欧盟的市场规模及其消费能力对想要进入欧盟市场的公司来说就是威慑力的来源——如果不遵守欧盟法律,这些公司大概率会丧失欧盟市场。因此,其中有威慑模式的影子。另一方面,无可否认欧盟的反垄断规则确实也有一定的优越性和吸引力,如在理念上符合提升消费者福利的价值观,也指引着世界各国反垄断监管发展的方向。因此,其中也有偶合模式的意味。可以发现,在这个案例中,支撑欧盟反垄断监管产生域外实效的模式很难说是威慑模式还是偶合模式,更公允的说法是两者兼而有之,彰显了博弈模式之间的"交融性"。

其二,合作模式与威慑模式的交融。中国和美国在 2022 年 8 月签署了一份中美审计监管合作协议。这份协议为中美双方依法对共同监管范围内的会计师事务所开展日常检查和执法合作作出了具体安排,从外观上看属于以合作模式实现的经济监管域外实效案例。与上文提到的 2013 年双方签署的备忘录相比,这份协议的差别在于:确立了对等原则(中美双方均可依据法定职责,对另一方辖区内相关事务所开展检查和调查等);明确了合作范围(包括协助对方开展对相关事务所的检查和调查等);明确了协作方式(双方将提前就检查和调查活动计划进行沟通协调等)。中国方面还特别强调,中国监管机

---

[1] Anu Bradford, "The Brussels Effect," 107 *Northwestern University Law Review* 1, 1-67 (2012).

[2] Anu Bradford, *The Brussels Effect: How the European Union Rules the World*, Oxford University Press, 2020, p. 9.

构有需要对自身监管范围内的美国会计师事务所实施审计监管的,也要通过监管合作机制进行。[1]

如果说2013年的双边执法备忘录是合作模式外衣下的威慑模式,2022年的协议勉强称得上是双方"互谅—互让"的"合作"。然而,即便如此,依旧无法忽视这份协议签订的背景仍是中概股面临从美国退市的巨大危机。[2] 国外分析师也认为上述协议是中国为符合美国《外国公司问责法案》、缓解中概股危机而作出的主动让步。[3] 因此,公允地,上述证券监管领域双向域外实效的形成同时有合作模式和威慑模式的色彩,体现了经济监管域外实效所依托的各个博弈模式之间的"交融性"。

(二)流动性

经济监管域外实效所依托的博弈模式之间具有流动性,总体上有两种"流向"(如图7.4中的两根箭头所示)。从原理上看,法律实力和行业实力是支撑不同博弈模式成立和发挥作用的内在条件。如果一国在特定领域同时拥有强大的法律实力和行业实力,理论上说它有条件选择所有的经济监管域外实效模式。具体来说,它自然可以通过威慑模式追求其监管规则的域外实效;然而,经过利弊权衡后(比如考虑到威慑模式的负面影响和正当性危机),它也可能向下流动到其他模式。这是第一种流动方向,即"自上而下"(如图7.4所示的从C到B1)。与此同时,如果一个国家在特定领域不具备法律实力或行业实力的任何一项条件,为了实现经济监管的域外实效,它可以先依靠

---

[1] 中国证券监督管理委员会:《中国证监会有关负责人就签署中美审计监管合作协议答记者问》,载中国证券监督管理委员会官网,2022年8月26日,访问日期:2024年8月31日。

[2] 廖凡:《中概股跨境监管博弈:评析与思考》,载《上海对外经贸大学学报》2023年第1期,第57—67页。

[3] "Sec Finalizes Rules That May Delist China-based Companies," *Davis Polk*, December 8, 2021, last visited 2024/8/31.

合作模式。等到相关的条件成熟了,再从合作模式逐步向上流动到其他模式。这是第二种流动方向,即"自下而上"(如图7.4所示的从B1到C)。下面分别举例说明。

其一,自上而下流动:从威慑模式到合作模式。本书第五章详细剖析了美国和欧盟在场外衍生品监管领域达成的合作模式。在历史沿革的部分,本书指出,2008年全球金融危机因美国的金融衍生品交易而起。2010年7月,美国也是全球第一个对场外衍生品交易进行立法并追求相应监管规则域外实效的国家。当时,美国希望采用威慑模式实现本国经济监管规则的域外实效,背后的支撑条件就是其金融衍生品领域的行业实力和法律实力。然而,第五章的"影响"部分指出,美国单方面推行其衍生品监管规则域外实效的做法引起了其他国家和地区的强烈不满。同时,美国监管者也意识到通过威慑模式强硬地推行美国法在域外的效果也会对本国衍生品交易市场及其市场主体造成负面影响。在利弊权衡后,以《2012年CFTC跨境监管拟议指引》为标志,美国开始主动从威慑模式转向合作模式。2013年7月,美国CFTC就与欧盟委员会就美欧之间的场外衍生品交易监管达成合作监管计划,并陆续于2016年至2024年借助替代合规制度实现了多个维度的规则互认合作。威慑模式最终向下流向了合作模式。

从经济监管域外实效的成效和缺陷来看,威慑模式因其目标明确、手段粗暴而大概率有效,但它也不一定总能产生理想的效果。尤其是被威慑对象也有需要维护的特殊利益和基本底线,"屈从"并不一定总是发生。同时,这种模式也存在比较严重的正当性危机,国家需要承受的代价比较大。在上述考量下,当其他国家恰好也有合作的愿望时,美国监管者主动寻求转变,从威慑模式转向合作模式也就不难理解了。

其二,自下而上流动:从合作模式到偶合模式。本书第四章研究了欧盟数据监管领域的偶合模式。该章的历史沿革部分指出,2016年欧盟GDPR的立法标志着偶合模式的形成。该章的后续内容进一步分析了为什么欧盟从GDPR开始才拥有了通过偶合模式促成监管规则域外实效的条件,答案在于其强悍的法律实力。其实,在偶合模式的条件成熟之前,欧盟也曾尝试依靠合作模式追求数据监管规则的域外实效。

本世纪初,个人数据的流通和交换成为美国和欧盟在商业和法律层面建立联系的基石。为此,双方在2000年12月签订了美欧《安全港协议》,美国公司可以自愿选择加入协议。根据这份协议的内容,美国公司在符合美国的合规要求时就可以被视作自动符合了欧盟的监管规则。于是,该公司在美国境内也可以获取来自欧盟的数据。这可以被视为粗糙版的替代合规。2015年,因一起诉讼,欧盟法院认为欧盟委员会在签订《安全港协议》时没有认真履行"美国是否为个人数据提供了充分保护"的调查职责,因此上述协议无效。2016年,美欧又签订了更为严格的《隐私盾协议》,新增了美欧之间的年度联合审查等机制。2020年7月,这份协议也被欧盟法院认定为无效。美欧之间的"合作模式"彻底寿终正寝。在这个过程中,正如本书第四章所述,欧盟的偶合模式正在逐步形成。美国以苹果公司为代表的互联网和科技公司在GDPR生效后掀起了一股在全球范围内遵循欧盟数据监管规则的浪潮。偶合模式取代合作模式已然是大势所趋。随着欧盟在数据监管领域的法律条件日益成熟,两国之间的合作模式成为历史,取而代之的是欧盟转向偶合模式以促成其数据监管规则的域外实效。

(三)共存性

所谓"共存性",即支撑经济监管域外实效的不同博弈模式可能在同一时期、同一领域同时存在。换句话说,不同的模式之间并不是互相排斥的关系,而是可能通过紧密合作的方式强化一国监管规则的域外效果。也就是说,特定国家可以充分利用不同的模式组合,最大化本国监管规则在域外的实际影响(如图7.4中的B1和B2两点同时存在所示)。下面举两例说明。

其一,偶合模式与合作模式共存。本书第四章详细阐述了欧盟数据监管领域的偶合模式。其实,这个领域同期同时存在合作模式,具体发生于欧盟和日本之间。2018年7月,欧盟和日本在东京签署了《经济伙伴关系协定》。同时,双方宣布将通过双边合作的方式,互相将对方的数据保护系统视为"同等有效",继而允许欧盟和日本之间自由地传输数据,共同建立一个"数据安全流通区"。[1] 2019年1月,作为《经济伙伴关系协定》的补充,欧盟和日本之间的双边数据共享协议正式生效。[2] 这也是欧盟在数据保护领域首次与第三国在"相互承认已达到充分保护标准"的基础上缔结的双边合作协议。这份协议近期正在启动后续谈判。[3] 值得注意的是,偶合模式属于单边机制,欧盟基于GDPR第45条可以单边审核第三国的数据保护情况并作出充分性认定。上述认定仅服务于欧盟数据向第三国跨境流动。而上述欧盟和日本之间的双边安排属于合作模式,有"互谅—互让"的过程,最终的结果也是欧盟和日本彼此承认对方法律在本国域内的实际效果,因而允许数据在两个经济体之间双向流动。由此可见,在欧盟数据监管领域同时存在偶合模式和合作模式。

其二,协调模式与合作模式共存。本书第六章详细阐述了中国通信技术监管领域的协调模式,这是本书中唯一一个涉及经济监管"软

---

[1] "EU and Japan Sign Economic Partnership Agreement," *European Commission*, July 17, 2018, last visited 2024/8/31.

[2] 中国驻德国经商处:《欧盟日本数据共享协议生效》,载中华人民共和国商务部官网,2019年2月9日,访问日期:2024年8月31日。

[3] "EU and Japan Sign Economic Partnership Agreement," *European Commission*, July 17, 2018, last visited 2024/8/31.

法"规范的域外实效案例。其实,在软法的域外实效方面,除了协调模式,也同时存在合作模式。比如说,食品安全领域是典型的软法治理领域,国际标准化组织制定了大量标准,都是协调模式的产物。2017年,国际标准化组织制定了《食品原料被视为"天然食品"的定义和技术标准》。[1] 然而,这份国际技术标准暂时不包含基因工程和有机农产品的认定标准,世界范围内也尚无通用的有机食品认证标准。在这种情况下,为了便利和规范有机食品的国际贸易,美国作为生产和消费有机食品的行业强国,开始广泛地与其他国家进行有机农产品国内标准的双边互认。相关的条款包含于美国与其他国家签署的有机产品进出口协议中。比如,2014年6月,美国与韩国的《有机产品等同协议》就互认了一系列有机加工食品的国内标准,包括有机调味料、谷物、奶制品等。[2] 经过上述互认程序,意味着美国和韩国承认彼此的软法在本国域内的实际效力。由此可见,协调模式与合作模式也可在同一时期的同一领域内共存。

总　结

根据本书的总体组织架构,本章的功能是完成从事实到理论的升华,诠释"经济监管域外实效论"的主要内容。前文第三至六章借助个案研究分别阐释了国家实现经济监管域外实效所依托的四种博弈模式。本章一方面将前四章的关键事实加以提炼和汇总;另一方面,从相关事实中抽象出理论构造所需要的元素。在此基础上,本章归纳了各个博弈模式的静态特征(比如经济监管域外实效形成过程

---

[1] "Definitions and Technical Criteria for Food Ingredients to Be Considered As Natural (ISO/TS 19657)," *International Organization for Standardization*, last visited 2024/8/31.
[2] 李小红等:《美国有机农业标准国际互认现状及启示》,载《中国标准化》2017年第3期,第116—119页。

中的主体互动方式等),也剖析了各个博弈模式的动态规律(比如模式与模式之间的流动性等)。此外,本章还强调了所选取案例的典型性,以及每种博弈模式内在的局限性等。

最后值得说明的是,法律和社会科学领域的研究成果和理论贡献都是可证伪的,其解释力也必定是有边界的。对此,本书也试图加以反思和澄清。比如,在四种博弈模式的内在条件方面,部分国家的所作所为可能破坏"法律—行业"的清晰对应关系。也即上述国家滥用特定领域的行业实力以强硬推行其他领域监管规则在域外的实际效果。遇到这种特殊情况时,经济监管域外实效论的前提假设可能需要适当放松,理论框架的解释力也需要辩证看待。

第八章

启示：经济监管域外实效论的中国应用

引　言

　　法学是一门应用学科，理论构建的最终目标是服务于实践。本章将在推进涉外法治建设的背景下，集中探讨经济监管域外实效论对于中国经济领域的涉外法律规则生成域外实效的启示。主要包括两方面。其一，经济监管域外实效的形成需要依托合适的方式。基于本书理论设计的"经济监管域外实效模式的决策流程"可以帮助我国政策制定者在特定的领域和时期，选择最适合的博弈模式来促成国内经济监管规则的域外实效，并根据特定模式的理论特征做好相应的准备工作。决策流程具体包括四个环节：启动决策用于判断利益，决定国家是否真的有必要在特定的领域追求本国监管规则的域外实效；初选决策用于判断条件，决定国家客观上可供选择的经济监管域外实效模式有哪些；优选决策用于判断损益，从国家客观可选的博弈模式出发，结合主观意愿精细比较每种潜在可选模式的优劣；最终决策用于权衡特性，选定在特定领域促成经济监管域外实效所要依托的模式。

　　其二，经济监管域外实效所依托的四个博弈模式对中国都有现实意义，也都可以为中国所用，关键是寻找适合的应用场景。经济监管域外实效论可以辅助我国在客观国情的基础上，在不同的现实场景下，充分利用博弈模式及其组合最大化中国经济监管规则的域外实效。具体来说，威慑模式可以用于抵御侵犯（如反制别国的经济制裁），也可以用于正当执法（如发挥反垄断法的域外实效）。偶合模式可以针对特定的对象（如"一带一路"沿线国家），在特定的领域内（如人工智能、电子商务、第三方支付等）发挥作用。合作模式和协调模式都有硬法和软法两个维度的用武之地。对于前者，要重点利用好传统硬法中的跨境合作条款；对于后者，要特别关注我国具有比较优势的行业（如新能源、特高压等），在上述领域推广技术监管规则等软法规范在域外的实际效果。

最后，经济监管域外实效所依托的四种模式深刻反映了国家之间的合作与竞争关系，其底层逻辑是由法律实力和行业实力集合而成的"国家实力"在发生作用。对于中国而言，通过不同博弈模式促成本国监管规则在域外产生实际效果的过程，实则是不断增强法律软实力和行业硬实力的过程，也是建设涉外法治、贡献全球治理的过程，最终可以回应"和平与发展"这一时代主题，彰显中国作为负责任大国的风范与智慧。

第一节　中国经济监管域外实效模式的决策流程

当一国想要追求某一领域经济监管规则的域外实效时，应该采用何种博弈模式来实现这个目的？本部分将给出"经济监管域外实效模式的决策流程图"。这份流程图可以用来辅助国家决定通过何种具体的模式来促成经济监管规则的域外实效。决策流程包括四个步骤：启动决策、初选决策、优选决策和最终决策（见图8.1）。下面具体阐述。

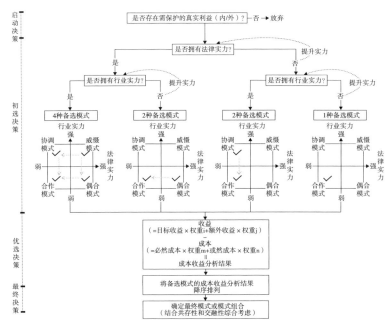

图 8.1 中国经济监管域外实效模式的决策流程

一、启动决策

启动决策的目的是:决定国家是否真的有必要在特定的经济领域追求监管规则的域外实效。决策的方法是:判断是否确实存在国家需要保护的利益。如果存在,则进入下一步;如果不存在,就放弃对于监管规则域外实效的追求。

本书的"概念"章节已经指出,国家促使本国规则产生域外实效的根本原因是为了保护"内部利益"或"外部利益"。正如之前各章的案例研究所展示的,国家意欲保护的利益可能与本国民众的福祉、产业的发展、市场的稳定有关,也即"内部利益"(或"国家利益");也可能与全世界的和平(如打击恐怖主义)与发展(如提升互联互通能力)有关,也即"外部利益"(或"全球福利")。考虑到经济监管域外实效的产生需要国家为之付出不小的成本,因此追求经济监管域外实效需要有一个启动的理由,那就是确实存在国家需要保护的利益(而不单纯因为其他国家已经在特定领域推动其监管规则的域外实效而盲目跟风)。

值得提醒的是,决策者在这一步必须具体罗列国家需要保护的利益清单(请具体参考表7.1中"利益考量"的部分,不能含糊其词)。在此基础上,进一步将利益区分为内部利益和外部利益。与此同时,尝试清晰界定每一种利益的内涵和规模大小,为后续优选决策中的成本收益分析做好准备。

二、初选决策

初选决策的目的是:考察国家客观上可供选择的经济监管域外实效模式有哪些。决策的方法是:判断国家在目标经济领域是否拥有支撑特定博弈模式成立的法律实力和行业实力。如果同时拥有法律实力和行业实力,则四种模式均可成为备选项;如果只拥有法律实力或行业实力,则只有两种模式可成为备选项;如果法律实力和行业实力都没有,则只有一种模式可选,那就是合作模式。当存在多种备选项时,进入下一步;当仅存在一种可能选项时,决策流程结束,国家应该通过合作模式实现目标领域经济监管的域外实效。

法律实力和行业实力是四种博弈模式的内在条件,也是国家进行模式决策的客观条件。威慑模式的要求最高,必须同时具备法律实力和行业实力;合作模式的要求最低,并不必须具备法律实力或行业实力中的任何一个(而是需要国家间的"共识");偶合模式必须具备法律实力,不必须具备行业实力;协调模式必须具备行业实力,不必须具备法律实力。基于模式之间的流动性,经过条件比对后,可能会出现如下结果:当一个国家同时拥有法律实力和行业实力,它就有全部四个可选的经济监管域外实效的实现模式;当一个国家不拥有法律实力或行业实力中的任何一个,它就只有一个可选的模式,那就是合作模式;当一个国家只拥有法律实力,它有两个可选模式:偶合模式和合作模式;当一个国家只拥有行业实力,它也有两个可选模式:协调模式和合作模式。在不具备法律实力或行业实力时,国家可以选择暂时搁置对于经济监管域外实效的追求,先行提升法律实力或行业实力,待补强短板后再启动决策。当然,国家也可以继续在现有的客观实力下完成决策流程。

问题的关键是,如何具体判断国家在特定经济领域的法律实力和行业实力?所谓法律实力,是指一国的立法、司法和执法水平及其相互配合的能力。所谓行业实力,是指一国在特定领域内拥有的生产要素和资源(如劳动力、土地、资金、信息、技术和管理经验等)的多寡、企业竞争力的强弱,以及由此构成的产业链的完整度和成熟度,最终体现为一国产业在全球价值链中的地位。如之前所述,本书研究的四个案例都极具典型性,因此无论是法律实力还是行业实力,案例中的国家在世界范围内都达到了非常高的水平。其实,实践中国家为了促成经济监管域外实效而需要具备的法律实力和行业实力无需达到如此高的标准。对于法律实力而言,只要在特定经济领域拥有体系完备的立法,并配备有相应的司法和执法能力,就可以认为拥有一定的法律实力。法律实力的最低要求是存在一套法律域外适用的机制,并拥有具备域外效力且在应然层面能够在域外适用的监管规则。对于行业实力而言,一国的产业在全球价值链中处于上游位置,或者拥有全球竞争力靠前的公司、具有稀缺性和不可替代性的生产要素、领先的科技创新能力和经验,都可以认为拥有一定的行业实力。行业实力的最低要求是具备一定的行业先进经验和一定程度上控制行业内资源的能力。

基于"法律—行业"在典型情况下的对应性,将两者进行关联的方法是根据有待促成域外实效的监管规则所属的领域来确定其所对应的行业。具体来说,可以通过一部法律的立法目的(一般是法律的第一条)来寻找其所对应的行业。比如,我国《证券法》对应的行业就是"证券发行和交易行为"所在的行业;又比如,我国《档案法》对应的行业就是"档案管理"和"档案信息化建设"所在的行业;还比如,我国《反垄断法》对应的行业就是"市场竞争""经济运行"和"社会主义市场经济"所在的行业。可以发现,该法所对应的行业是整个市场经济,相应的行业实力可以理解为市场规模和经济实力。

三、优选决策

优选决策的目的是:从国家客观可选的博弈模式中,结合主观意愿精细比较每个潜在备选模式的优劣。决策的方法是:衡量每种模式下国家的成本和收益并计算两者之差,得出净收益后进行从大到小的排序。然后进入下一步。

在特定的领域或场景下,无论哪种经济监管域外实效模式都有自身的利弊。而且,不同的利弊对于个体国家而言很可能有不同的权重。从这个角度看,优选决策是国家在客观可选模式之上,结合自己的主观愿望进行的优化选择。这个过程必须细致罗列运用特定模式追求经济监管域外实效的收益和成本,并且进行量化估值,这是后续作差比较的基础。可见,优选决策的核心是成本收益分析。

成本收益分析的方法来自经济学,它能够全面关照国家层面决策者在特定领域推动监管规则域外实效时应该考虑的各种成本和收益,是理性思维下的政策决策方法。发达国家在进行政策决断时都被要求采用这种方法。[1] 其核心思路是:运用统一的尺度,权衡待审查

---

[1] U.S. Environmental Protection Agency, National Center for Environmental Economics, *Guidelines for Preparing Economic Analyses*, December 17, 2010 (Updated May 2014), Appendix 3 Benefit-Cost Analysis, p. A-6.

政策举措可能导致的各类有利和不利后果(即收益和成本)。在此基础上,比较待审查举措与其他可能的替代性举措,判断何者更有助于促成福利最大化。[1]

在上述过程中,得出收益和成本不仅有客观层面的考察,也即在给定的信息约束下,识别特定举措产生的收益和成本的种类及其大小;也有主观层面的考量,也即对前述损益判断作出符合偏好的加权调整。另外,后续在诸多可替代举措中进行对比的目的是考虑特定举措的机会成本,目标是对各种可能举措的"净收益"进行高低排序,为后续决策做准备。

回到决策特定领域经济监管域外实效模式的流程上,值得思考的是:依靠不同博弈模式促进经济监管域外实效的收益和成本具体有哪些?这是客观层面的考察。根据前文的案例研究,本书认为:特定模式下促成经济监管域外实效的"收益"主要包括两类:(1)目标收益:在本领域追求监管域外实效所希望保护的真实利益(也即第一步启动决策中的内部利益或外部利益)。(2)额外收益:运用特定模式促成经济监管域外实效后可以得到的附带正面影响(也即表7.2中"后续影响"一栏)。举例来说,欧盟通过偶合模式生成其数据监管规则的域外实效,"目标收益"是保护欧盟公民的数据权益、提升欧盟企业在数字经济中的竞争力等"内部利益";而"额外收益"是增进了全球的数据治理水平等"外部利益"。

特定模式下追求经济监管域外实效的"成本"也主要包括两类:(1)必然成本:选择特定经济监管域外实效模式必然要承担的成本。包括"过程成本"(与表7.2中的"过程"栏目对应。比如,合作模式中与双边磋商谈判有关的成本;协调模式中与加入国际组织并熟悉其内

---

[1] 戴昕、张永健:《比例原则还是成本收益分析——法学方法的批判性重构》,载《中外法学》2018年第6期,第1525页。

部流程有关的成本等)和"结果成本"(选择特定模式需要承受的负面影响,与表 7.2 中的"后续影响"一栏对应。比如,威慑模式可能带来的紧张的国际关系等)。(2)或然成本:选择特定经济监管域外实效模式可能要承担的成本。包括克服特定模式"固有局限"需要花费的成本。比如,在合作模式下扩大监管域外实效范围的成本、在威慑模式下克服正当性危机所需要的成本。之所以称其为或然成本,是因为这种成本不一定存在,因为国家可能没有克服这些博弈模式特有缺陷的主观意愿。

不同模式下生成经济监管域外实效相关的收益和成本都需要进行"加权计算"。这是主观层面的考量,取决于国家的偏好,因时因地因人而异。比如,在"目标收益"的计算中,国家将需要保护的利益(比如,本国公民的数据权利)看得有多重要;又比如,在"或然成本"的计算中,国家将维护与其他国家的关系看得有多重要。经过加权计算后,便可以用收益减去成本,得到特定模式下追求经济监管域外实效的净收益。以此类推,对所有上一步留下的备选模式都进行这样的计算,最终每一个备选模式都会对应一个净收益值(可能小于零)。对其进行降序排列后,进入下一个决策环节。

四、最终决策

最终决策的目的是:最后确定国内经济监管域外实效的生成所要依托的博弈模式。决策的方法是:综合考虑各个模式之间的共存性和交融性,结合实际情况得出促成经济监管域外实效的最终方案并结束决策流程。

在典型的成本收益分析中,在上一步如果净收益值小于零,应当直接排除。而此处考虑到各个模式之间存在理论上的共存性和交融性,我们仅在上一步计算了每种模式的净收益并对其进行由大到小的排序,而没有任何排除或淘汰特定模式的操作。共存性意味着,国家可以在同一时期、同一领域采用多种模式促成经济监管的域外实效。于是,只要若干种模式的净收益之和大于零即可(即便不是每一种模式的计算结果都大于零)。交融性意味着,国家可以折衷地采用特定的模式(比如,同时发挥合作模式和威慑模式的特质来支撑某个领域的经济监管域外实效)。于是,对相应的成本和收益可能作出微调。基于上述策略,国家可以最终决定采用何种模式(及其组合)生成本国经济监管规则在域外的实际效果。

第二节 经济监管域外实效模式在中国的应用场景

上文给出了国家应采用何种博弈模式推进经济监管域外实效的决策流程;本部分将结合中国的实际情况,探讨我国应该如何充分利用上述四种博弈模式以最大化经济监管规则在域外的实际效果。

一、威慑模式

威慑模式旨在通过法律实力和行业实力实现国内监管规则的域外实效。根据上文的理论分析,这种模式对于国家的法律实力与行业实力都有要求,而且可能存在正当性危机。其实,中国在不少领域拥有实施"威慑"的实力;同时,威慑模式在特定场景下的合法性和合理性相对较高。经过综合分析,威慑模式可以在防御和进攻两类场景中为中国所用。

第一,通过威慑模式消极防御,即用于反制外界对我国合法权益的侵犯。作为"合法的自力救济",这在国际法上具有正当性和合理性。对于日趋复杂的国际形势和西方国家对中国主权、安全和经济利益的严重损害,中国正在积极通过法治手段开展国际斗争。代表性的法治举措包括《不可靠实体清单规定》《阻断外国法律与措施不当域外适用办法》和《反外国制裁法》等的出台。上述规则都是中国法律域外适用体系中的重要组成部分[1]，前者主要起阻截的作用，后者则主要是为了反制、反击、反对外国对中国实施的单边制裁，维护我国的主权、安全、发展利益，保护我国公民、组织的合法权益。[2]

《反外国制裁法》规定的反制措施本质上与单边制裁措施相同。有学者指出，"反制裁"是对所遭受制裁的回应。因此，反制裁与制裁可以共用一个定义："蓄意的、由政府发起的、断绝或威胁断绝惯常贸易或金融关系的行为。"[3]由此可见，如果我国根据上述《反外国制裁法》对外国主体采取措施，也是在追求国内规则在域外的实际效果；如果采取措施后期待措施发生实效，就必须依赖威慑模式。具体的威慑力来源不仅包括传统层面外国与中国的贸易或金融关系，也包括我国在加密资产等新兴领域逐步形成的行业实力[4]，这与本书第三章介绍的美国将反洗钱法作为经济制裁手段的原理相同。

其实，在《反外国制裁法》颁布和实施之前，我国政府部门就有通过威慑模式反制外国市场主体侵犯中国领土主权完整性的案例。2018年4月，中国民用航空局致函44家外国航空公司，要求这些公司纠正其官网相关内容中违反中国法律、违背"一个中国政策"的错误

---

[1] 廖凡:《比较视角下的不可靠实体清单制度》，载《比较法研究》2021年第1期，第167—179页；廖诗评:《〈阻断外国法律与措施不当域外适用办法〉的属事适用范围》，载《国际法研究》2021年第2期，第44—62页。

[2] 《全国人大常委会法工委负责人就反外国制裁法答记者问》，载中华人民共和国中央人民政府官网，2021年6月11日，访问日期：2024年8月31日。

[3] 杜涛、周美华:《应对美国单边经济制裁的域外经验与中国方案——从〈阻断办法〉到〈反外国制裁法〉》，载《武大国际法评论》2021年第4期，第16页。

[4] 沈伟:《论金融制裁的非对称性和对称性——中美金融"脱钩"的法律冲突和特质》，载《上海对外经贸大学学报》2020年第5期，第35—51页；沈伟、苏可桢:《数字货币的制裁维度：非对称性金融反制裁的路径与因应》，载《世界社会科学》2024年第3期，第93—121页。

做法(具体表现为将我国台湾地区、西藏自治区等与中国大陆并列为"国家")。截至2018年7月25日,44家外国航空公司全部完成整改。[1] 在中国民用航空局发布的公告中,特别提到"中国民用航空局将密切关注上述航空公司的整改情况,并依法保障外国航空公司在华开展航空客货运输业务的权利"[2]。美国白宫指责中国此举是"奥威尔式的胡言乱语"。对此,我国外交部发言人耿爽表示:在华经营的外国企业必须尊重中国法律法规和中国的领土完整,尊重中国人民的感情。[3]

在上述案例中,侵犯我国合法权益的是外国航空公司,中国则以市场准入作为威慑来源进行反制,取得了很好的效果,成功促使相关市场主体在全球范围内调整其经营行为。根据威慑模式,此时中国的法律实力表现为《宪法》《反分裂国家法》和《国家安全法》(当时还没有出台《反外国制裁法》);行业实力则为中国的航空市场。可以发现,"法律—行业"在本案中并无关联,在形式上与上文美国经济制裁的行径相仿。于是,值得思考的是:威慑模式在上述案例(以及日后据此实施《反外国制裁法》)中的正当性如何?答案是具有正当性。

这是因为,虽然反制裁与制裁定义相同、手段相同,但性质迥异。反制裁法的法理基础来源于国际法上的"反报"(retorsion)或"报复"(reprisal)原则,属于合法的自力救济(self-help)行为。也即习惯国际法上的"反措施"(countermeasures)。除非国家采取了只能在"自卫"时使用的武力行为,否则,将此类非军事的经济制裁作为报复手段原

---

[1] 澎湃新闻:《美国航企"压哨"修改涉台标注 44家外航已全部整改》,载新浪网,2018年7月25日,访问日期:2024年8月31日。

[2] 《中国民用航空局通报相关外航网站涉港澳台信息整改情况》,载民航局官网,2018年5月25日,访问日期:2024年8月31日。

[3] Chris Buckley, "'Orwellian Nonsense'? China Says That's the Price of Doing Business," *The New York Times*, May 6, 2018, last visited 2024/8/31.

则上是合法的。[1] 同时,当我国对世贸组织成员进行反制裁时,也可以援引《1994年关税与贸易总协定》第21条关于"安全例外"的规定作为国际条约层面的违法性抗辩。[2] 由此观之,以防御侵犯为目的、通过威慑模式对外反制的行为,具有国际法上的正当性。至于威慑模式下"法律—行业"无法对应的问题,也可以类比世贸组织规则中"交叉报复"(即"跨协定、跨部门的报复")的法理基础进行正当化解释。[3] 简单来说,当与特定法律对应的行业不足以起到威慑作用时,可以用来自其他行业的威慑力来支撑威慑模式的实现。

第二,通过威慑模式积极进攻,即用于实施国际法允许的监管措施。根据本书的文献综述可知,国际法原则上并不禁止主权国家行使域外立法管辖权和域外司法管辖权。事实上,在某些领域世界各国普遍在经济监管法律中规定了域外管辖条款。比如,全球主要经济体的反垄断法不仅适用于一国域内产生的限制竞争行为,还适用于虽然发生在域外但对域内有不利影响的竞争限制行为。[4] 中国2007年8月通过的《反垄断法》第2条也是这么规定的。那么,此类规则如何在域外产生实效?如果能通过合作模式实现两国之间的跨境执法合作当然理想,但在缺乏双边或多边机制的情况下,威慑模式也是一种可行的策略。

举例而言,2014年6月,中国商务部在经营者集中反垄断申报程序中禁止马士基(丹麦)、地中海航运(瑞士)和达飞(法国)等三家国际海运集团在英格兰和威尔士设立网络中心(在法律性质上属于"有

---

[1] 杜涛、周美华:《应对美国单边经济制裁的域外经验与中国方案——从〈阻断办法〉到〈反外国制裁法〉》,载《武大国际法评论》2021年第4期,第17页。

[2] 霍政欣:《〈反外国制裁法〉的国际法意涵》,载《比较法研究》2021年第4期,第152页。

[3] 齐倩倩:《确定WTO贸易报复形式的法律标准和仲裁实践》,载《比较法研究》2013年第4期,第96—105页。

[4] 王晓晔、吴倩兰:《国际卡特尔与我国反垄断法的域外适用》,载《比较法研究》2017年第3期,第132—145页。

限责任合伙制组织")。我国商务部认为:上述网络中心的设立将使三家集团形成"紧密型联营",在亚洲—欧洲航线集装箱班轮运输服务市场产生排除、限制竞争的效果。[1] 彼时,即便美国和欧洲的市场竞争监管机构都允许该网络中心的设立,三家国际集团因为中国商务部的一纸禁令放弃了这个计划。[2] 本案中,涉案企业都注册于中国域外,拟设立的网络中心也在中国域外。因此,中国《反垄断法》对发生在域外的限制竞争行为产生了实效。

类似地,2014年8月,中国国家发展和改革委员会查证2000年1月至2010年2月,日立、电装、爱三、三菱电机、三叶、矢崎、古河、住友等八家日本汽车零部件生产企业为减少竞争,以最有利的价格得到汽车制造商的零部件订单,在日本频繁进行双边或多边会谈,互相协商价格,多次达成订单报价协议并予实施。国家发展和改革委员会认为上述行为违反了我国《反垄断法》的规定,排除、限制了市场竞争,不正当地影响了我国汽车零部件及整车价格,损害了下游制造商的合法权益和我国消费者利益。最终,国家发展和改革委员会对日本住友等八家零部件企业的价格垄断行为依法处罚8.3亿元,并要求涉案企业进行整改。[3] 本案中,多家日企在日本达成垄断协议,但对中国域内产生了不利影响,中国《反垄断法》产生了域外实效。

上述案例为什么属于依托威慑模式促成的经济监管域外实效? 在法律实力方面,彼时中国已经有成熟的反垄断立法且配备域外适用

---

[1] 中华人民共和国商务部:《商务部关于禁止马士基、地中海航运、达飞设立网络中心经营者集中反垄断审查决定的公告(商务部公告2014年第46号)》,载商务部官网,2014年6月17日,访问日期:2024年8月31日。

[2] Katrine Raun, "China Rejects P3 Alliance," *ShippingWatch*, June 17, 2014, last visited 2024/8/31.

[3] 中华人民共和国国家发展和改革委员会:《日本十二家企业实施汽车零部件和轴承价格垄断被国家发展改革委罚款12.35亿元》,载发改委官网,2014年8月20日,访问日期:2024年8月31日。

条款,也有实施上述法律的监管部门。在行业实力方面,与反垄断法对应的是一国的市场规模和实体经济,这对于希望在中国市场经营发展的各国企业而言具有足够的威慑力——如果不遵守中国的反垄断法,就可能失去广袤的中国市场。由此可见,与部分西方国家对中国的固有认知不同[1],我国在某些领域已经逐渐具备了法律实力和行业实力,有能力在威慑模式下促成经济监管规则的域外实效。值得注意的是,上述案例中体现的威慑模式有"不怒自威"的特点,既无需出动一国监管者进行跨境执法(因此不触及国际法上与域外执法管辖权有关的禁忌),也符合国际主流的法治理念和常规做法[2],而且具备"法律—行业"的关联性和对应性。这些特点能够将威慑模式下促成监管规则域外实效的正当性缺陷以及相关的负面影响降到最低,区别于美国惯常使用的威慑模式。

二、偶合模式

偶合模式可以凭借法律实力发挥经济监管规则在域外的效果。根据上文的理论分析,这种模式对国家特定经济领域的法律实力要求很高,而且需要一定的载体来克服法律自身无法传播扩散的闭塞性问题。从理论上看,对于特定的对象、在特定的领域,中国的经济监管规则已经具备应用偶合模式的条件和潜力。在下列两种场景下,偶合模式可以为中国所用。

第一,追求与特定对象的偶合。无论是法律体系还是立法技术,中国的法律实力相较于发达国家还存在一定的差距。然而,相对于大多数发展中国家而言,中国的法律制度则具有优势。尤其是作为

---

[1] Anu Bradford, *The Brussels Effect: How the European Union Rules the World*, Oxford University Press, 2020, pp. 266-270.
[2] 王晓晔、吴倩兰:《国际卡特尔与我国反垄断法的域外适用》,载《比较法研究》2017年第3期,第132—145页。

发展中国家的代表,我国的监管规则可能比起西方发达国家的规则而言,更适合广大第三世界国家和社会主义国家。[1] 如前文所言,欧盟数据监管规则的案例具有典型性,它在域外实效的范围上达到了"全球"级别。而中国通过偶合模式实现的经济监管域外实效不一定需要如此广泛。从这个角度看,我国具备与特定对象偶合、在特定范围偶合的巨大潜力,很可能依托偶合模式发挥中国经济监管规则的域外实效。

举例而言,在中国高铁、核电等基础设施项目和产品输出到发展中国家的过程中,也是促成中国知识产权法、投资法、金融法、争议解决法、技术标准等监管规则在域外产生实际效果的契机。我们既可以将相关的法律制度与建设工程一起推荐给发展中国家,供其自主参考、吸收和借鉴;也可以将具有中国特色的法律安排嵌入谈判流程、贷款条件、法律服务合同、标准手册之中。[2] 凭借中国法律相较于其他发展中国家的优越性和稳定性,偶合模式可以在各方激励相容的博弈状态下促成中国监管规则的域外实效。

值得注意的是,偶合模式在理论上有"闭塞性"的固有局限。然而,在与发展中国家进行偶合的过程中,旨在加强区域互联互通的"一带一路"机制恰好能克服这一问题。[3] 截至2023年8月,中国已经同152个国家和32个国际组织签署了总计200余份共建"一带一路"的文件,覆盖我国83%的建交国。[4] 通过这种广泛的宣传渠

---

[1] 杨宝荣:《中国经验为世界发展提供借鉴》,载瞭望中国网,2021年6月4日;许聘:《中国的宝贵经验为其他国家提供重要借鉴》,载中国日报中文网,2022年10月29日,访问日期:2024年8月31日。

[2] 鲁楠:《"一带一路"倡议中的法律移植——以美国两次"法律与发展运动"为镜鉴》,载《清华法学》2017年第1期,第35—36页。

[3] 廖凡:《国家主权、正当程序与多边主义——全球行政法视角下的"一带一路"合作机制构建》,载《经贸法律评论》2019年第6期,第25—36页。

[4] 新华社:《我国已与152个国家、32个国际组织签署共建"一带一路"合作文件》,载中华人民共和国中央人民政府官网,2023年8月24日,访问日期:2024年8月30日。

道,中国的法律规则可以得到传播,并在全球事务中发挥更大的作用。有学者敏锐地指出,"一带一路"是中国积极参与全球治理的重大举措,包含丰富的法律内容。无论是我国企业还是政府,都有动力在这个过程中推动中国法律在域外的实际影响。[1]

第二,追求在特定领域的偶合。各国的法律制度是一个"市场",充满竞争。[2] 诚然西方发达国家的法律制度在全球法律市场取得了先发优势,中国仍有机会抢占一席之地。一方面,偶合模式强调法律实力的强悍,探讨偶合模式可能发生的场域,就是要寻找中国在哪些领域可能产生具有吸引力的优质法律制度,而这必然与中国在某些领域独特而丰富的本土实践紧密联系。比如,我国依托电子商务、互联网金融、第三方支付、外汇管理等领域的本土实践而形成的相关监管规则就有促成偶合模式下经济监管域外实效的潜力。

另一方面,全球若干新兴领域的立法方兴未艾,中国有机会在规则角逐的过程中取得优势进而推广本国法的域外实效。比如,人工智能是目前国际技术竞争与规则竞争的关键领域,美国和欧盟基于不同的立法逻辑形成了各自的方案。[3] 美国强调市场主导与企业自我规制、欧盟立足风险并寻求统一化规制。对此,我国有学者倡导了一种区别于美欧的场景化监管方案,并形成了"一般原则—公法—私法"的三层次立法思路。[4] 按照上述发展趋势,我国不同于美欧的

---

[1] 鲁楠:《"一带一路"倡议中的法律移植——以美国两次"法律与发展运动"为镜鉴》,载《清华法学》2017年第1期,第31页。

[2] [美]安东尼·奥格斯:《经济学进路:法律体系间的竞争》,吴云译,载[英]埃辛·奥赫绪、[意]戴维·奈尔肯:《比较法新论》,马剑银等译,清华大学出版社2012年版,第177—190页。

[3] 张凌寒:《中国需要一部怎样的〈人工智能法〉?——中国人工智能立法的基本逻辑与制度架构》,载《法律科学(西北政法大学学报)》2024年第3期,第3—17页。

[4] 丁晓东:《全球比较下的我国人工智能立法》,载《比较法研究》2024年第4期,第51—66页。

监管方案完全有可能在规则竞争中脱颖而出。又比如,在我国"引进来"的过程中已经意识到要在特定领域率先推出国际领先的软法监管规则,而后再通过高水平对外开放传播到海外。上海自贸区的制度型开放方案中鼓励金融机构和支付服务提供者率先推出电子支付系统国际先进标准,率先实施高标准数字贸易规则,在数据安全管理、数字身份认证等方面形成符合个人信息保护要求的标准或最佳实践。[1] 上述在特定领域、特定范围内先行培育和发展的规则,很有可能在规则市场取得优势,进而形成法律实力并在域外产生实际影响。

三、合作模式

合作模式对法律实力和行业实力的要求都不高,只要求合作双方达成"共识"。从这个角度看,通过合作模式实现经济监管域外实效具有很强的可行性,尤其是当国家只试图在特定地理范围内追求规则的域外效果时。对于中国而言,不管是硬法还是软法,都可以依托合作模式产生经济监管规则的域外实效。

第一,硬法层面的合作。为了加快推进我国法域外适用的法律体系建设,我国近年来加大了涉外立法的力度。在这个过程中,学界和实务界已经关注到了传统硬法中决定法律地域适用范围的域外效力条款。[2] 然而,与上述立法趋势同时发生、却没有受到太多关注的是越来越多的国际(跨境)合作条款。以本书案例研究涉及的法律领域为例:其一,反洗钱法。2024年4月公布的《反洗钱法(修订草案)》第五章专门优化了反洗钱国际合作有关的规定(第43条至第47条)。

---

[1] 《国务院关于印发〈全面对接国际高标准经贸规则推进中国(上海)自由贸易试验区高水平制度型开放总体方案〉的通知》(国发〔2023〕23号),2023年12月7日。
[2] 廖诗评:《中国法中的域外效力条款及其完善:基本理念与思路》,载《中国法律评论》2022年第1期,第52—63页。

草案不仅修改了2006年《反洗钱法》原有的条文,还新增了两个跨境合作条款。其二,个人信息保护法。2021年8月,我国《个人信息保护法》正式出台。该法第一章总则部分的第12条专门规定了个人信息保护领域的国际合作,以及相关规则和标准的互认。其三,期货和衍生品法。2022年4月,我国《期货和衍生品法》正式公布,该法第十一章规定了"跨境交易与监管协作"。其中,第123条和第124条分别规定了我国期货监管机构与境外监管机构的"监督管理合作机制"和"监管合作安排"。将上述经济监管硬法中的"域外效力条款"与"国际(跨境)合作条款"联系起来看,不难发现通过合作模式推进中国经济监管法律的域外实效存在巨大的潜力。

经济监管域外实效有关的双边合作之所以能够开展和达成,核心在于国家之间的"共识"。举例来说,基于中俄两国及其元首的共识,2018年6月中国与俄罗斯在我国青岛发表了一份联合声明。其中与经济监管域外实效有关的合作事项包括"执法安全合作""知识产权保护和执法方面的合作"和"会计审计合作"(即"会计审计互认")。[1] 值得注意的是,在硬法域外实效的合作模式中,如果双方能直接达成双边跨境执法合作,承认对方在本国域内的执法管辖权固然理想;如若不能达到这种合作深度,根据前文关于美欧场外衍生品监管规则的案例研究可知,依托替代合规等制度安排作为桥梁也不失为有效率的安排。

第二,软法层面的合作。以技术监管准则(或行业标准)为代表的软法层面的国际互认和采信是合作模式发挥作用的重要舞台。此类合作的效果在于双方认可:特定产品一旦满足我国的技术监管标准,就等同于满足对方国家的标准。于是,我国的产品在进入对方市

---

[1] 新华社:《中华人民共和国和俄罗斯联邦关于发展新时代全面战略协作伙伴关系的联合声明》,载新华网,2019年6月6日,访问日期:2024年8月31日。

场时就能免于各种认证和检验。从定义上看,标准是经济贸易往来与产业合作的技术基础,中国通过合作模式追求本国标准的域外实效,不仅有助于我国产业加速"走出去",更有助于开展双边贸易,这对国家之间的互利合作、互联互通意义重大。尤其是在国际多边技术标准无法覆盖全部产业并且有一定滞后性的情况下,国家与国家之间的双边合作的价值更为凸显。

值得注意的是,由于国情、制度和文化的差异,中国与发达国家在技术监管标准方面的互通和兼容不易达成。[1] 因此,中国通过合作模式推动国内软法域外实效的重心应该放在"一带一路"沿线主要贸易伙伴国之上。中国在这方面已经有过成功的实践。比如,2015年6月中国国家质量监督检验检疫总局发布了一份公告,就我国产品出口苏丹市场应满足的相关标准,以及我国相关部门和苏丹产品进口准入管理部门的谈判结果作了详细说明。根据双方的共识,在国民经济所有行业和产品中,除直接适用国际标准的产品(124项)以及具有苏丹民族特色的产品(325项)外,其余产品苏方完全认可中国的标准。也即只要符合中国的监管标准,我国产品就能直接进入苏丹市场。[2] 这是我国标准首次与其他国家完全互认,具有里程碑意义。从既往的实践来看,标准互认包括需求获取、推进标准互认和签署互认协议三个步骤。其中,需求获取作为起点至关重要。通常来说,需求主要来自海外工程项目、海外标准化示范区和国外标准化机构。前两者是我国发展同"一带一路"国家标准互认的重要渠道。[3] 为此,应当面

---

[1] 刘淑春、林汉川:《我国制造业标准国际化战略对策》,载《宏观质量研究》2020年第6期,第84页。

[2] 中华人民共和国商务部:《质检总局关于出口苏丹工业产品适用标准有关事宜的公告(2015年第70号)》,载商务部官网,2015年9月25日,访问日期:2024年8月31日。

[3] 刘智洋等:《中国标准国外推广应用模式》,中国标准出版社2021年版,第103—106页。

向"走出去"的行业和企业进行标准互认相关概念和政策的宣讲,在促进轨道交通、新能源等领域优势产能"走出去"的过程中推动中国的技术监管标准也同步"走出去",在海外产生实际效果。

四、协调模式

协调模式主要依靠行业实力促成经济监管规则在域外的实际影响。根据本书第六章的分析,对于规范体系的形成,只要工具理性相较于价值理性而言发挥主导作用,协调模式就有适用的空间。从这个角度看,协调模式在理论上可以一体适用于中国参与多边硬法及软法的制定过程。

第一,硬法层面的协调。本书第六章对比了民商事领域国际公约的制定过程与 4G 技术标准的多边协调过程,结果发现:前者主要基于价值理性,各国之间的分歧难以弥合;而后者主要基于工具理性,各国的差异或分歧可以调和,且存在一个客观标准。其实,国际公约覆盖的领域和主题繁多,不乏工具理性主导的情形。因此,即便有待形成的国际立法具有国际法上的约束力,属于硬法范畴(典型的法律形式包括公约、条约、议定书等)[1],只要工具理性主导规则制定的过程,以行业实力支撑的协调模式就有被应用的可能性。也就是说,在这类国际规则的形成过程中,国家有机会将本国国内法"植入"或"上升"为国际法,进而得到全球范围内的实施。

举例而言,2017 年 8 月《关于汞的水俣公约》正式生效。这份环境和卫生领域的国际公约旨在保护人体健康和环境免受汞和汞化物人为排放或释放的危害。此公约一共有 35 条,包括五份附件,其中涉

---

[1] Michael Reisman, "The Supervisory Jurisdiction of the International Court of Justice: International Arbitration and International Adjudication," in *Collected Courses of the Hague Academy of International Law*, 1996, pp. 180—182;何志鹏:《逆全球化潮流与国际软法的趋势》,载《武汉大学学报(哲学社会科学版)》2017 年第 4 期,第 54—69 页。

及大量与环境科学和健康科学有关的技术性规定。比如,第5条以及附件B规定的"使用汞或汞化合物的生产工艺",基本属于技术性内容。[1] 中国是汞及汞化合物最大的生产国、使用国和排放国[2],中国代表团全程参与了公约的五次政府间谈判,积极主动地在重点议题上发表了意见。[3] 需要承认的是,不同于国际4G技术标准可以清晰辨别其"国籍",硬法的协调往往掩盖了特定条文的国别属性,也难以确认一个主导立法的国家或所谓的"牵头国家"。于是,即便相应的国内规定能够上升为国际条约的部分内容得到全球实施,把这种情况认定为某国法律的域外实效也有很大难度,或者说略显牵强。然而,从保护内部利益或外部利益的角度来看,追求经济监管域外实效的目的确实可以通过这种方式达成。

第二,软法层面的协调。以国际技术标准为代表的软法规范的制定是协调模式发挥作用的主要场域。标准的对外开放是我国高水平制度型对外开放的重要内容之一。随着我国标准化战略逐渐重视制度型开放,国内标准国际化的步伐正在加快。[4] 近年来,我国已在一些有比较优势的新兴领域成功牵头制定了国际标准,比如自动驾驶[5]、共享经济[6]、直播营销[7]等领域。即便如此,与我国在诸多重要领域(比如,高铁、光伏、特高压、电池等)国际领先的行业实力

---

[1] 《关于汞的水俣公约》,载联合国官网,访问日期:2024年8月31日。

[2] Chun Zhang, "Erasing the Legacy of the Minamata Mercury Poisonings," *China Dialogue*, February 7, 2013, last visited 2024/8/31.

[3] 《中国代表团出席〈关于汞的水俣公约〉外交全权代表大会并签署公约》,载中华人民共和国生态环境部官网,2013年10月,访问日期:2024年8月31日。

[4] 国家标准化管理委员会:《2024年全国标准化工作要点》,2024年2月。

[5] 中华人民共和国工业和信息化部:《我国牵头首个自动驾驶国际标准正式发布》,载央广网,2022年10月17日,访问日期:2024年8月31日。

[6] 《中国首个共享经济国际标准发布》,载中国国际贸易促进委员会官网,2022年10月27日,访问日期:2024年8月31日。

[7] 吴国鼎:《谁在掌握国际标准制定权?》,载《环球》2023年12月第25期,访问日期:2024年8月30日。

相对照,我国的标准国际化进程依旧滞后,尤其是与美国、德国、日本等国家相比。长期以来,中国一直是国际标准的输入国——对于国际标准,我国基本做到了"能采即采",国家标准中采用国际标准的数量超过万项。[1] 与之形成鲜明对比的是,我国参与和引领国际标准制定的进程相对滞后。在 ISO 和 IEC 制定的 3 万多个国际标准中,中国牵头的国际标准只有 1300 多项,与我国产业规模和地位不相匹配。

这背后的原因包括我国对国际标准的申请流程以及相关规程制度不熟悉,我国标准制定机制主要由行政(如政府、科研院所)而非市场(如企业、行业协会)主导,我国对 ISO 和 IEC 等重要标准化组织的介入不深(表现为中国公民任职人数少)等。[2] 未来中国应在更多领域凭借自身的技术、产业和市场优势,将具有中国底色的规则写入国际标准之中。中国除了要解决上述技术标准制定中的弱点之外,还应进一步优化标准制定的国际化战略。一方面,从标准起草阶段就具备国际视野,对标国际水准,以"将国内标准发展为国际标准"为目标制定各类国内标准;另一方面,在中国有比较优势的行业领域(如新能源)牵头建立国际标准化组织。以此从标准和组织两方面着手,实现技术标准的国际赶超,充分借助协调模式促成我国软法规范在域外的实际效果。

第三节　中国经济监管域外实效生成的底层逻辑

如本书开头所述,在经济全球化的时代,国内法律的实际效果早

---

[1] 《新中国成立 70 年来 我国标准化工作实现三个历史性转变》,载国务院新闻办公室官网,2019 年 9 月 11 日,访问日期:2024 年 8 月 31 日。
[2] 刘淑春、林汉川:《我国制造业标准国际化战略对策》,载《宏观质量研究》2020 年第 6 期,第 80—95 页。

已越出国界。支撑经济监管域外实效的四种博弈模式提炼自世界各国的实践,可以为中国所用,最终也应当服务于涉外法治和全球治理,实现世界的和平发展。这是因为这四种博弈模式刻画了当今国际社会中国家之间相处和互动的本质:合作与竞争。

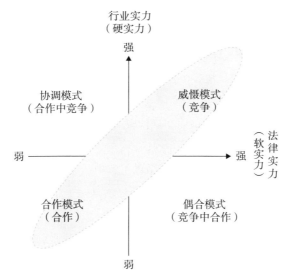

图 8.2　经济监管域外实效模式与国家间的竞争合作关系

为什么说经济监管规则产生域外实效所依托的博弈模式反映了"合作与竞争"的国际关系?由图 8.2 可见,左下角的合作模式是国家之间合作共赢的极致表现;右上角的威慑模式则是国家之间竞争冲突的极致表现。而协调模式和偶合模式都介于两者之间,体现了一种"在合作中竞争"和"在竞争中合作"状态。具体来说,协调模式基于多边机制,各国聚在一起商量统一的监管规则,这是合作;然而,用谁的规则及规则的内容都要靠技术竞赛决定,这是竞争。偶合模式基于单边机制,一个国家试图借助监管规则为本国公民争取更多的利益、为本国企业和产业创造更大的优势,这是竞争;然而,这个国家的行为可以产生激励相容的效果,让其他国家心向往之,在迎合前者监管要求的同时也实现了自身利益,这是合作。由此可见,支撑经济监管域外实效的四种模式深刻反映了国家之间的合作与竞争关系。

那么,国家和国家之间凭借什么合作与竞争呢?国家实力是国际社会中合作与竞争的底层逻辑。正如本书的理论框架所示,四种博弈模式的底层支持是国家的法律实力和行业实力。法律实力可以理解为国家的"软实力";行业实力可以理解为国家的"硬实力",两者可以统合为"国家实力"。从这个角度看,威慑模式体现了国家综合实力的竞争,既需要软实力,也需要硬实力;偶合模式主要以软实力见长;协调模式则是硬实力见长;而在合作模式中,国家收起锋芒,主要依靠彼此的共识和互信追求共赢。

中国在追求经济监管域外实效的过程中,与其他国家的合作与竞争如何促进全球治理与和平发展?全球治理是一个"安内"而后"攘外"的过程。[1] 通过促成本国经济监管规则的域外实效,国家保卫了内部的国家利益,而后去提升外部的全球福利。而全球治理是和平发展的法治保障。[2] 具体来说,在偶合模式下,软实力的竞争给世界带来更优质的监管规则,这是发展;在协调模式下,硬实力的竞争给世界带来更先进的技术,这也是发展;在合作模式下,各国之间的互谅互让、包容互鉴可以让全球共享良性竞争和共同发展的成果。那么,威慑模式呢?它是"以战止战"[3]反对霸权主义和强权政治的武器,也是维护公平合理国际经济政治秩序的工具,以此将国家实力的竞争向着和平的方向、发展的主题引导。

---

[1] 廖凡:《全球治理背景下人类命运共同体的阐释与构建》,载《中国法学》2018年第5期,第41—60页。

[2] 何志鹏:《涉外法治的世界和平维度》,载《武大国际法评论》2022年第4期,第45—60页。

[3] 郭雳:《新时代国际法律风险应对与全球治理推进》,载《中外法学》2021年第4期,第882页。

综上所述,在本书的理论框架下,中国追求经济监管域外实效的过程、所依托的模式,其底层逻辑都是不断强化自己的国家实力——包括法律层面的软实力和行业层面的硬实力,最终推动涉外法治和全球治理。这是中国的初心,也是不断强大的祖国对整个世界应有的贡献。[1]

---

[1] 苏力:《什么是你的贡献?》,载《南京大学法律评论》1997年第1期,第220—223页。

结　论

本书以法律经济学为视角,观察了全球范围内域内经济监管规则产生域外实效的大量现象;在梳理和剖析其中的典型案例之后,本书参考了国家之间围绕国际法进行互动的博弈关系,归纳出域内经济监管产生域外实效所依托的四种博弈模式。在此基础上,本书还借助"法律实力"和"行业实力"解释了上述博弈模式之所以能够成立的内在条件。至此,综合了利益、实力与博弈等关键元素的"经济监管域外实效论"跃然纸上。而后,本书将上述理论研究的成果转化为推动中国经济监管产生域外实效的政策建议。总的来看,本书得出的主要结论包括三点:

第一,从国家之间相互博弈的角度看,域内经济监管规则形成域外实效所依托的博弈模式主要有四种:威慑模式、偶合模式、合作模式和协调模式。它们分别对应的典型案例是:美国反洗钱监管、欧盟数据监管、美欧场外衍生品监管和中国通信技术监管等领域的法律域外实效。在不同的博弈模式下,国家主体之间呈现不同的心理与行为互动。威慑模式下是"追求—排斥"与"威逼—屈从";偶合模式在狭义情形下是"漠视—漠视"与"无为—无为",在广义情形下是"追求—追求"与"要求—配合";合作模式下是"追求—追求"与"互谅—互让";协调模式下是"追求—追求"与"竞争—接受"。从均衡结果来看,除了合作模式可以实现双向度的法律域外实效之外,其余三种模式都产生单向度的法律域外实效。从四种模式的局限性来看,它们依次有正当性、闭塞性、狭小性和干扰性方面的缺陷。

第二,四种博弈模式的顺利达成都与一国在特定领域的"法律实力"和"行业实力"密切相关。如果从各个博弈模式成立的"必要条件"的角度观察这两种国家实力,可以发现:通过威慑模式促成法律的域外实效同时要求很强的法律实力和行业实力;偶合模式要求很强的法律实力,但不需要行业实力;合作模式既不要求法律实力,也不要求行业实力,而是需要双方的"共识";协调模式需要很强的行业实力,但不需要法律实力。至此,如果将法律实力作为横轴,行业实力作为纵轴,可以形成一张四象限图。四种博弈模式恰好可以分别占据四分之一,而且它们的互动关系存在动态规律,可以概括为交融性、流动性和共存性。

第三,上述博弈模式及其理论特征可以为涉外法治建设中促成我国经济监管规则的域外实效提供两方面启示。一方面,选择适合的博弈模式。基于国家在特定领域具备的法律实力和行业实力,结合国家利益的成本收益分析,可以选出促成法律域外实效最合适的博弈模式。另一方面,挖掘每种模式的价值。四种博弈模式都可以为中国所用以促成经济监管的域外实效。威慑模式可以用于"防御型"和"进取型"两类场景。偶合模式可以针对特定的对象、在特定的领域发挥作用。合作模式和协调模式都可以同时用于推动中国硬法和软法的域外实效。最终,本书的研究成果将助力我国统筹推进国内法治和涉外法治,加快推进全球治理和人类命运共同体的构建。

正如导论在阐述本研究的理论基础时所说,理论的构建和创新需要在"简明性"和"解释力"之间求得平衡,本书的研究正是这样一次寻找平衡点的尝试。值得指出的是,科学理论都是可证伪的,尤其是社会科学的理论往往会被不断出现的新现象,以及偶尔出现的极端情形所挑战,甚至被推翻。但这也是理论推陈出新的契机,更是社会科学研究的妙趣。

就本书提出的"经济监管域外实效论"而言,至少在当下,它是非常积极的、充满正能量的。这是因为,对于特定国家来说,若想促成域内经济监管规则在域外的实际效果,那就必须在相应的领域尽快寻找比较优势,持续提升"法律实力"和"行业实力",或者进行"友好合作"。上述在国家实力的关键维度参与国际竞争与合作的过程,对于单个国家和整个国际社会而言都有正外部性——即便最后经济监管规则的域外实效没有如预期般实现,这个过程依旧充满意义。追求法律的域外实效,需要衡量利益,需要参与博弈,更需要在关键方面提升实力——这将是一个长期持续的过程。

参考文献

中文专著

[1] 郭华春:《美国金融法规域外管辖:法理、制度与实践》,北京大学出版社 2021 年版。

[2] 何为、罗勇:《你所不知的金融探头——全球金融机构与美国的金融制裁和反洗钱》,社会科学文献出版社 2019 年版。

[3] 胡国华:《移动通信技术原理与实践》,华中科技大学出版社 2019 年版。

[4] 贾兵兵:《国际公法:和平时期的解释与适用》,清华大学出版社 2015 年版。

[5] 雷磊:《法理学》,中国政法大学出版社 2019 年。

[6] 李明倩:《〈威斯特伐利亚和约〉与近代国际法》,商务印书馆 2018 年版。

[7] 李正茂、王晓云:《TD-LTE 技术与标准》,人民邮电出版社 2013 年版。

[8] 刘平:《立法原理、程序与技术》,上海人民出版社 2017 年版。

[9] 刘智洋等:《中国标准国外推广应用模式》,中国标准出版社 2021 年版。

[10] 唐应茂:《国际金融法:跨境融资和法律规制》(第二版),北京大学出版社 2020 年版。

[11]唐应茂:《债市开放:寻找熊猫债规制的中国模式》,法律出版社2019年版。

[12]王映民等编著:《TD-LTE移动宽带系统》,人民邮电出版社2013年版。

[13]习近平:《习近平谈治国理政(第2卷)》,外文出版社2017年版。

[14]熊秉元:《法理的基因》,东方出版社2021年版。

[15]张永健:《法经济分析:方法论20讲》,北京大学出版社2023年版。

[16]中兴通讯学院:《对话第三代移动通信》,人民邮电出版社2010年版。

中文译著

[1][德]卡尔·拉伦茨:《法学方法论》,黄家镇译,商务印书馆2020年版。

[2][法]孟德斯鸠:《论法的精神》,张雁深译,商务印书馆1961年版。

[3][法]托克维尔:《论美国的民主》,董果良译,商务印书馆2015年版。

[4][英]埃辛·奥赫绪、[意]戴维·奈尔肯:《比较法新论》,马剑银等译,清华大学出版社2012年版。

[5][美]E.博登海默:《法理学:法律哲学与法律方法》,邓正来译,中国政法大学出版社2017年版。

[6][美]加利·克莱德·霍夫鲍尔等:《反思经济制裁》,杜涛译,上海人民出版社2019年版。

[7][美]罗伯特·埃里克森:《无需法律的秩序:相邻者如何解

决纠纷?》,苏力译,中国政法大学出版社2016年版。

[8][美]罗伯特·考特、托马斯·尤伦:《法和经济学(第六版)》,史晋川等译,上海人民出版社2012年版。

[9][瑞]埃里克·达尔曼等:《4G移动通信技术权威指南(第2版)》,朱敏等译,人民邮电出版社2015年版。

[10][瑞]埃里克·达尔曼等:《5G NR标准:下一代无线通信技术》,朱怀松等译,机械工业出版社2019年版。

[11][英]阿诺德·汤因比:《历史研究》,刘北成、郭小凌译,上海世纪出版集团2005年版。

[12][英]戴维·赫尔德等:《全球大变革:全球化时代的政治经济与文化》,杨雪冬等译,社会科学文献出版社2001年版。

英文专著

[1] Alan Watson, *Legal Transplants: An Approach to Comparative Law*, University of Georgia Press, 1993.

[2] Allan Farnsworth, *An Introduction to the Legal System of the United States*, Oxford University Press, 2010.

[3] Andrew Guzman, *How International Law Works: A Rational Choice Theory*, Oxford University Press, 2008.

[4] Anu Bradford, *The Brussels Effect: How the European Union Rules the World*, Oxford University Press, 2020.

[5] Banks Miller and Brett Curry, *US Attorneys, Political Control, and Career Ambition*, Oxford University Press, 2019.

[6] Brandon Garrett, *Too Big to Jail: How Prosecutors Compromise with Corporations*, Harvard University Press, 2014.

[7] Branislav Hock, *Extraterritoriality and International Bribery: A*

Collective Action Perspective, Routledge, 2019.

[8] Carlo Focareli, *International Law*, Edward Elgar Publishing Limited, 2019.

[9] Cedric Ryngaert, *Jurisdiction in International Law*, Oxford University Press, 2015.

[10] Christine Janssens, *The Principle of Mutual Recognition in EU Law*, OUP Oxford, 2013.

[11] Curtis Bradley, *International Law in the U.S. Legal System (Second Edition)*, Oxford University Press, 2015.

[12] Daniel Drezner, *All Politics Is Global: Explaining International Regulatory Regimes*, Princeton University Press, 2008.

[13] Daniel Margolies et al. (eds.), *The Extraterritoriality of Law: History, Theory, Politics*, Routledge, 2019.

[14] David Friedman, *What Economics Has to Do with Law and Why It Matters*, Princeton University Press, 2000.

[15] Eric Posner and Alan Sykes, *Economic Foundations of International Law*, Harvard University Press, 2013.

[16] Guido Calabresi, *The Future of Law and Economics: Essays in Reform and Recollection*, Yale University Press, 2016.

[17] H. L. A. Hart, *The Concept of Law*, Oxford University Press, 1961.

[18] Jack Goldsmith and Eric Posner, *The Limits of International Law*, Oxford University Press, 2005.

[19] Jack Goldsmith and Tim Wu, *Who Controls the Internet? Illusions of a Borderless World*, Oxford University Press, 2006.

[20] Jonas Schürger, *Equivalence and Substituted Compliance in Fi-*

nancial Markets Law, Oxford University Press, 2023.

[21] Juan Zarate, *Treasury's War: The Unleashing of a New Era of Financial Warfare*, Hachette UK, 2013.

[22] Kal Raustiala, *Does the Constitution Follow the Flag?: The Evolution of Territoriality in American Law*, Oxford University Press, 2009.

[23] Kenneth Waltz, *Man, the State, and War: A Theoretical Analysis*, Columbia University Press, 2001.

[24] Malcolm De Evans, *International Law (Fourth Edition)*, Oxford University Press, 2014.

[25] Marise Cremona and Joanne Scott (eds.), *EU Law Beyond EU Borders: The Extraterritorial Reach of EU Law*, Oxford University Press, 2019.

[26] Marise Cremona and Joanne Scott (eds.), *EU Law Beyond EU Borders: The Extraterritorial Reach of EU Law*, Oxford University Press, 2019.

[27] Mark Dawson, *The Governance of EU Fundamental Rights*, Cambridge University Press, 2017.

[28] Nicholas Mulder, *The Economic Weapon: The Rise of Sanctions as a Tool of Modern War*, Yale University Press, 2022.

[29] Nuno Cunha Rodrigues, *Extraterritoriality of EU Economic Law: The Application of EU Economic Law Outside the Territory of the EU*, Springer, 2021.

[30] Paul Voigt and Axel Von Dem Bussche, *The EU General Data Protection Regulation (GDPR): A Practical Guide*, Springer International Publishing, 2017.

[31] Pierre-Hugues Verdier, *Global Banks on Trial: US Prosecutions*

and the Remaking of International Finance, Oxford University Press, 2020.

[32] Protiviti, *Unlock Your Guide to AML: U.S. Anti-Money Laundering Requirements (Seventh Edition)*, September 2017.

[33] Richard Posner, *Economic Analysis of Law (Ninth Edition)*, Wolters Kluwer Law & Business, 2014.

[34] Robert Cooter and Thomas Ulen, *Law and Economics (Sixth Edition)*, Berkeley Law Books, 2016.

[35] Ronald Dworkin, *Law's Empire*, Belknap Press, 1986.

[36] Stephen Allen, et al., (eds.), *The Oxford Handbook of Jurisdiction in International Law*, Oxford University Press, 2019.

[37] Steven Shavell, *Foundations of Economic Analysis of Law*, Harvard University Press, 2004.

[38] Susan Scott and Markos Zachariadis, *The Society for Worldwide Interbank Financial Telecommunication (SWIFT): Cooperative Governance for Network Innovation, Standards, and Community*, Taylor & Francis, 2014.

[39] The American Law Institute, *The Foreign Relations Law of the United States, Restatement of the Law Fourth*, 2018.

[40] Tonya Putnam, *Courts without Borders: Law, Politics, and US Extraterritoriality*, Cambridge University Press, 2016.

[41] Turan Kayaoğlu, *Legal Imperialism: Sovereignty and Extraterritoriality in Japan, The Ottoman Empire, And China*, Cambridge University Press, 2010.

[42] Yves Dezalay and Bryant Garth, *Dealing in Virtue: International Commercial Arbitration and the Construction of a Transnational Legal Order*, University of Chicago Press, 1996.

中文论文

[1] 包康赟:《〈新加坡调解公约〉的"后发优势"与中国立场》,载《武大国际法评论》2020年第6期。

[2] 包康赟:《反洗钱跨境监管的美国模式、反噬危机与中国方案》,载《金融监管研究》2023年第4期。

[3] 蔡宁伟:《美国反洗钱"长臂管辖"的渊源与演变》,载《金融监管研究》2019年第11期。

[4] 曾灿:《利用加密货币"逃避"经济制裁的国际规制——兼论其对中国的启示》,载《河南财经政法大学学报》2024年第2期。

[5] 陈靓:《法律域外适用制度:生成与实施逻辑》,载《中国法律评论》2024年第2期。

[6] 陈瑞华:《企业合规不起诉制度研究》,载《中国刑事法杂志》2021年第1期。

[7] 陈伟:《作为规范的技术标准及其与法律的关系》,载《法学研究》2022年第5期。

[8] 陈一峰:《国际法不禁止即为允许吗?——"荷花号"原则的当代国际法反思》,载《环球法律评论》2011年第3期。

[9] 陈一峰:《国际法的"不确定性"及其对国际法治的影响》,载《中外法学》2022年第4期。

[10] 陈咏梅、伍聪聪:《欧盟〈通用数据保护条例〉域外适用条件之解构》,载《德国研究》2022第2期。

[11] 戴昕、张永健:《比例原则还是成本收益分析——法学方法的批判性重构》,载《中外法学》2018年第6期。

[12] 丁晓东:《〈个人信息保护法〉的比较法重思:中国道路与解释原理》,载《华东政法大学学报》2022年第2期。

[13]丁晓东:《论"数字人权"的新型权利特征》,载《法律科学(西北政法大学学报)》2022年第6期。

[14]丁晓东:《全球比较下的我国人工智能立法》,载《比较法研究》2024年第4期。

[15]丁晓东:《什么是数据权利?——从欧洲〈一般数据保护条例〉看数据隐私的保护》,载《华东政法大学学报》2018年第4期。

[16]杜涛、周美华:《应对美国单边经济制裁的域外经验与中国方案——从〈阻断办法〉到〈反外国制裁法〉》,载《武大国际法评论》2021年第4期。

[17]杜志华、陆寰:《欧盟消费者保护的新工具——软法》,载《法学评论》2010年第4期。

[18]范小云、王伟:《美元霸权下的人民币国际化道路:债券市场渠道的分析》,载《国外社会科学》2022年第6期。

[19]方炯升:《何种经济反制措施更具效能?——以欧盟对美反制为案例的考察》,载《欧洲研究》2022年第4期。

[20]冯玉军、卫洪光:《GDPR的"布鲁塞尔效应"理论及批判——对立法域外影响力的分析》,载《烟台大学学报(哲学社会科学版)》2023年第6期。

[21]高富平:《GDPR的制度缺陷及其对我国〈个人信息保护法〉实施的警示》,载《法治研究》2022年第3期。

[22]高旭东等:《从"追赶周期"的视角理解我国电信设备产业的追赶与超越》,载《创新科技》2020年第8期。

[23]高源等:《金融制裁效力指数的构建和应用——以美国对俄罗斯金融制裁为例》,载《亚太经济》2023年第3期。

[24]龚宇:《国家域外管辖的法律逻辑评析——对"荷花号"案的再思考》,载《国际法学刊》2021年第3期。

[25]郭雳:《新时代国际法律风险应对与全球治理推进》,载《中外法学》2021年第4期。

[26]郭雳:《域外经济纠纷诉权的限缩趋向及其解释——以美国最高法院判例为中心》,载《中外法学》2014年第3期。

[27]韩永红:《美国法域外适用的司法实践及中国应对》,载《环球法律评论》2020年第4期。

[28]何其生、孙慧:《外国公法适用的冲突法路径》,载《武大国际法评论》2011年第1期。

[29]何其生:《〈海牙判决公约〉谈判与知识产权的国际司法合作》,载《法学研究》2021年第1期。

[30]何其生:《国际私法秩序与国际私法的基础性价值》,载《清华法学》2018年第1期。

[31]何志鹏:《涉外法治的世界和平维度》,载《武大国际法评论》2022年第4期。

[32]侯猛:《法律的经验研究范式:以规范研究为参照》,载《学术月刊》2021年第3期。

[33]黄进:《百年大变局下的国际法与国际法治》,载《交大法学》2023年第1期。

[34]黄进:《论统筹推进国内法治和涉外法治》,载《中国社会科学》2022年第12期。

[35]黄欣:《WTO、经济全球化、知识经济与我国反垄断立法关系研究》,载《政法论坛》2001年第5期。

[36]霍政欣:《〈反外国制裁法〉的国际法意涵》,载《比较法研究》2021年第4期。

[37]霍政欣:《我国法域外适用体系之构建——以统筹推进国内法治和涉外法治为视域》,载《中国法律评论》2022年第1期。

[38] 霍政欣：《域外管辖、"长臂管辖"与我国法域外适用：概念厘定与体系构建》，载《新疆师范大学学报（哲学社会科学版）》2023年第2期。

[39] 蒋小红：《欧盟法的域外适用：价值目标、生成路径和自我限制》，载《国际法研究》2022年第6期。

[40] 金晶：《欧盟的规则，全球的标准？——数据跨境流动监管的"逐顶竞争"》，载《中外法学》2023年第1期。

[41] 金融监管域外管辖权课题组：《欧美金融监管域外管辖权扩张影响几何？》，载《金融市场研究》2013年第1期。

[42] 孔庆江、于华溢：《数据立法域外适用现象及中国因应策略》，载《法学杂志》2020年第8期。

[43] 李剑：《标准必要专利许可费确认与事后之明偏见——反思华为诉IDC案》，载《中外法学》2017年第1期。

[44] 李庆明：《论美国域外管辖：概念、实践及中国因应》，载《国际法研究》2019年第3期。

[45] 李世鹤：《TD-SCDMA——访大唐移动通信设备有限公司高级技术顾问李世鹤》，载《电信技术》2006年第2期。

[46] 李伟：《代际演进背景下后发标准赶超机制研究——对4G标准竞争的解释》，载《经济管理》2022年第5期。

[47] 李小红等：《美国有机农业标准国际互认现状及启示》，载《中国标准化》2017年第5期。

[48] 李新、周琳杰：《中央对手方机制防范系统性金融风险研究》，载《财贸经济》2011年第10期。

[49] 廖凡：《比较视角下的不可靠实体清单制度》，载《比较法研究》2021年第1期。

[50] 廖凡：《从"繁荣"到规范：中国国际经济法学研究的反思与

展望》，载《政法论坛》2018 年第 5 期。

[51]廖凡:《国家主权、正当程序与多边主义——全球行政法视角下的"一带一路"合作机制构建》，载《经贸法律评论》2019 年第 6 期。

[52]廖凡:《全球金融治理的合法性困局及其应对》，载《法学研究》2020 年第 5 期。

[53]廖凡:《全球治理背景下人类命运共同体的阐释与构建》，载《中国法学》2018 年第 5 期。

[54]廖凡:《中概股跨境监管博弈:评析与思考》，载《上海对外经贸大学学报》2023 年第 1 期。

[55]廖凡:《中国式现代化的国际法意涵》，载《武大国际法评论》2023 年第 1 期。

[56]廖诗评:《〈阻断外国法律与措施不当域外适用办法〉的属事适用范围》，载《国际法研究》2021 年第 2 期。

[57]廖诗评:《中国法域外适用法律体系:现状、问题与完善》，载《中国法学》2019 年第 6 期。

[58]廖诗评:《中国法中的域外效力条款及其完善:基本理念与思路》，载《中国法律评论》2022 年第 1 期。

[59]廖诗评:《域外管辖论纲》，载《武大国际法评论》2024 年第 2 期。

[60]林毅夫:《后发优势与后发劣势——与杨小凯教授商榷》，载《经济学(季刊)》2003 年第 4 期。

[61]刘淑春、林汉川:《我国制造业标准国际化战略对策》，载《宏观质量研究》2020 年第 6 期。

[62]刘晓龙、李彬:《国际技术标准与大国竞争——以信息和通信技术为例》，载《当代亚太》2022 年第 1 期。

［63］刘燕、楼建波:《金融衍生交易的法律解释——以合同为中心》,载《法学研究》2012 年第 1 期。

［64］刘瑛、李琴:《〈出口管制法〉中的域外适用法律规则及其完善》,载《国际经济评论》2021 年第 4 期。

［65］刘永佶:《从货币本质论美元霸权》,载《当代经济研究》2022 年第 10 期。

［66］刘泽刚:《欧盟个人数据保护的"后隐私权"变革》,载《华东政法大学学报》2018 年第 4 期。

［67］鲁楠:《"一带一路"倡议中的法律移植——以美国两次"法律与发展运动"为镜鉴》,载《清华法学》2017 年第 1 期。

［68］罗豪才、宋功德:《认真对待软法——公域软法的一般理论及其中国实践》,载《中国法学》2006 年第 2 期。

［69］马一德:《多边贸易、市场规则与技术标准定价》,载《中国社会科学》2019 年第 6 期。

［70］马一德:《技术标准之许可定价规则的"非国家化"——以可比许可法为中心》,载《法学研究》2022 年第 3 期。

［71］毛丰付:《中国产业标准崛起机制与途径研究——以 WAPI 为例》,载《经济管理》2010 年第 5 期。

［72］欧阳峣等:《技术差距、资源分配与后发大国经济增长方式转换》,载《中国工业经济》2012 年第 6 期。

［73］彭錞:《再论行政应急性原则:内涵、证立与展开》,载《中国法学》2021 年第 6 期。

［74］彭岳:《场外衍生品金融监管国际方案的国内实施与监管僵化》,载《上海财经大学学报》2016 年第 5 期。

［75］彭岳:《数据隐私规制模式及其贸易法表达》,载《法商研究》2022 年第 5 期。

［76］齐倩倩：《确定 WTO 贸易报复形式的法律标准和仲裁实践》，载《比较法研究》2013 年第 4 期。

［77］强世功：《帝国的司法长臂——美国经济霸权的法律支撑》，载《文化纵横》2019 年第 4 期。

［78］屈文生：《从治外法权到域外规治——以管辖理论为视角》，载《中国社会科学》2021 年第 4 期。

［79］瞿羽扬等：《基于技术标准生命周期的移动通信产业演化路径》，载《情报杂志》2021 年第 5 期。

［80］上海市第一中级人民法院课题组：《我国法院参与中国法域外适用法律体系建设的路径与机制构建》，载《法律适用》2021 年第 1 期。

［81］沈岿：《论软法的有效性与说服力》，载《华东政法大学学报》2022 年第 4 期。

［82］沈伟、苏可桢：《数字货币的制裁维度：非对称性金融反制裁的路径与因应》，载《世界社会科学》2024 年第 3 期。

［83］沈伟：《金融制裁与反制裁中的国家能力建设》，载《财经法学》2024 年第 5 期。

［84］沈伟：《论金融制裁的非对称性和对称性——中美金融"脱钩"的法律冲突和特质》，载《上海对外经贸大学学报》2020 年第 5 期。

［85］宋晓：《属人法的主义之争与中国道路》，载《法学研究》2013 年第 3 期。

［86］宋晓：《域外管辖的体系构造：立法管辖与司法管辖之界分》，载《法学研究》2021 年第 3 期。

［87］苏可桢、沈伟：《欧盟人工智能治理方案会产生"布鲁塞尔效应"吗？——基于欧盟〈人工智能法〉的分析》，载《德国研究》2024 年第 2 期。

[88]苏力:《什么是你的贡献?》,载《南京大学法律评论》1997年第1期。

[89]孙南翔:《美国法律域外适用的历史源流与现代发展——兼论中国法域外适用法律体系建设》,载《比较法研究》2021年第3期。

[90]唐应茂、刘庄:《庭审直播是否影响公正审判?——基于西部某法院的实验研究》,载《清华法学》2021年第5期。

[91]唐应茂:《熊猫债、单边模式与国际法的终结》,载《北大法律评论》2018年第2辑(总第19卷)。

[92]陶爱萍等:《国家规模对国际标准竞争的影响研究——基于跨国面板数据的实证检验》,载《世界经济研究》2014年第7期。

[93]汪卫华:《拆解过程追踪》,载《国际政治科学》2022年第2期。

[94]王镭:《全球发展倡议:促进共同发展的国际公共产品》,载《社会科学文摘》2022年第9期。

[95]王利明、丁晓东:《论〈个人信息保护法〉的亮点、特色与适用》,载《法学家》2021年第6期。

[96]王利明:《迈进数字时代的民法》,载《比较法研究》2022年第4期。

[97]王晓晔、吴倩兰:《国际卡特尔与我国反垄断法的域外适用》,载《比较法研究》2017年第3期。

[98]吴培琦:《何为"域外管辖":溯源、正名与理论调适》,载《南大法学》2022年第1期。

[99]吴志攀:《立足本土 面向世界 联系实际 解决问题》,载《中国大学教学》2010年第11期。

[100]徐国栋:《万民法诸含义的展开——古典时期罗马帝国的现实与理想》,载《社会科学》2005年第9期。

[101]许可:《数字经济视野中的欧盟〈一般数据保护条例〉》,载《财经法学》2018年第6期。

[102]阎学通:《美国遏制华为反映的国际竞争趋势》,载《国际政治科学》2019年第2期。

[103]阎愚:《冲突法历史发展中的特殊主义与普遍主义》,载《政法论坛》2016年第6期。

[104]叶菁:《胡伯三原则、斯托雷三原则、戴西六原则之比较》,载《湖北经济学院学报(人文社会科学版)》2009年第3期。

[105]余劲松、石静遐:《涉外破产的若干法律问题》,载《中国社会科学》1996年第4期。

[106]俞可平:《全球治理引论》,载《马克思主义与现实》2002年第1期。

[107]张凌寒:《中国需要一部怎样的〈人工智能法〉?——中国人工智能立法的基本逻辑与制度架构》,载《法律科学(西北政法大学学报)》2024年第3期。

[108]张守文:《经济法体系问题的结构分析》,载《法学论坛》2005年第4期。

[109]张守文:《数字经济发展的经济法理论因应》,载《政法论坛》2023年第2期。

[110]张守文:《政府与市场关系的法律调整》,载《中国法学》2014年第5期。

[111]张泰苏:《自足的社科法学与不自足的教义学》,载《北大法律评论》2016年第2辑(总第17卷)。

[112]张新民、张稷锋:《网络法域外适用的法理阐释:概念、逻辑与原则》,载《太平洋学报》2022年第12期。

[113]赵骏:《国际法的守正与创新——以全球治理体系变革的

规范需求为视角》,载《中国社会科学》2021 年第 5 期。

[114]赵懿黑:《美国跨域威慑战略动态及其对大国间战略稳定性的影响》,载《复旦学报(社会科学版)》2024 年第 4 期。

[115]周江:《"法则区别说"学术史地位论略》,载《武大国际法评论》2012 年第 1 期。

[116]周龙、陆伟:《中美跨境审计监管:波折之路与政策建议》,载《财会月刊》2016 年第 33 期。

[117]周勤等:《怎样实现后发国家在技术标准上超越?——以 WAPI 与 Wi-Fi 之争为例》,载《产业经济研究》2013 年第 1 期。

[118]周仲飞:《全球金融法的诞生》,载《法学研究》2013 年第 5 期。

[119]朱苏力:《教义法学的不足与法学的经世致用性》,载《北大法律评论》2016 年第 2 辑(总第 17 卷)。

[120]左卫民:《概念的误区与辨正:从"刑事合规"到"刑事适法"》,载《环球法律评论》2024 年第 4 期。

英文论文

[1] Adam Thierer, *Soft Law in US ICT Sectors: Four Case Studies*, Jurimetrics, 61(1), 2021.

[2] Alasdair Young, *Political Transfer and " Trading Up"?, Transatlantic Trade in Genetically Modified Food and US Politics*, World Politics, 55(4), 2003.

[3] Alessandro Mantelero, *The Future of Data Protection: Gold Standard vs. Global Standard*, Computer Law & Security Review, 40, 2021.

[4] Alexander Thompson, *Applying Rational Choice Theory to Inter-*

national Law: The Promise and Pitfalls*, The Journal of Legal Studies, 31 (S1), 2002.

[5] Alina Veneziano, *A New Era in the Application of US Securities Law Abroad: Valuing the Presumption Against Extraterritoriality and Managing the Future with the Sustainable–Domestic–Integrity Standard*, Annual Survey of International & Comparative Law, 23(1), 2019.

[6] Alina Veneziano, *The Extraterritoriality of US Employment Laws: A Story of Illusory Borders and the Indeterminate Applications of US Employment Laws Abroad*, Berkeley Journal of Employment and Labor Law, 41(1), 2020.

[7] Alison Bachus, *From Drugs to Terrorism: The Focus Shifts in the International Fight Against Money Laundering After September 11, 2001*, Arizona Journal of International and Comparative Law, 21(3), 2004.

[8] Anthony Colangelo, *A Unified Approach to Extraterritoriality*, Virginia Law Review, 97(5), 2011.

[9] Anthony Colangelo, *Extraterritoriality and Conflict of Laws*, University of Pennsylvania Journal of International Law, 44(1), 2022.

[10] Anu Bradford, *The Brussels Effect*, Northwestern University Law Review, 107(1), 2012.

[11] Ariadna Ripoll and Alex MacKenzie, *Is the EP Still a Data Protection Champion? The Case of SWIFT*, Perspectives on European Politics and Society, 12(4), 2011.

[12] Arturo Carrillo and Matías Jackson, *Follow the Leader? Comparative Law Study of the EU's General Data Protection Regulation's Impact in Latin America*, ICL Journal, 16(2), 2022.

[13] Austen Parrish, *Reclaiming International Law from Extraterrito-

riality, Minnesota Law Review, 93, 2008.

[14] Benjamin Greenblum, *What Happens to a Prosecution Deferred- Judicial Oversight of Corporate Deferred Prosecution Agreements*, Columbia Law Review, 105(6), 2005.

[15] Brandon Garrett, *Structural Reform Prosecution*, Virginia Law Review, 93(4), 2007.

[16] Brian Tamanaha, *The Internal/External Distinction and the Notion of a Practice in Legal Theory and Sociolegal Studies*, Law & Society Review, 30(1), 1996.

[17] Bruce Zagaris, *The Merging of the Anti-money Laundering and Counter- terrorism Financial Enforcement Regimes after September 11, 2001*, Berkeley Journal of International Law, 22, 2004.

[18] Bryan Mulacahey, *A Lose- Lose Scenario When the Federal Government Starts a Theory with Too Big: How the DOJ's AML Enforcement Policy Forces Remittances Underground*, George Mason International Law Journal, 6(1), 2014.

[19] Byron Andronik, *An Inhumane Response the Humanitarian Consequences of Sanctions: A Case Study of Syria*, UCL Global Governance Institute Working Paper Series 1, 2018.

[20] Cedric Ryngaert and Mistale Taylor, *The GDPR As Global Data Protection Regulation?*, American Journal of International Law, 114, 2020.

[21] Center for Global Development Working Group, *Unintended Consequences of Anti - money Laundering Policies for Poor Countries*, 2015.

[22] Charles Whitehead, *Reframing Financial Regulation*, Boston University Review, 90(1), 2010.

[23] Christian Peukert, et al., *Regulatory Spillovers and Data Governance: Evidence from the GDPR*, Marketing Science, 41(4), 2022.

[24] Christine Jolls, Cass Sunstein, and Richard Thaler, *A Behavioral Approach to Law and Economics*, Stanford Law Review, 50(5), 1998.

[25] Christopher Kuner, *Extraterritoriality and Regulation of International Data Transfers in EU Data Protection Law*, International Data Privacy Law, 5(4), 2015.

[26] Colin Watterson, *More Flies with Honey: Encouraging Formal Channel Remittances to Combat Money Laundering*, Texas Law Review, 91(3), 2012.

[27] Cristiano Antonelli, *Localized Technological Change and the Evolution of Standards As Economic Institutions*, Information Economics and Policy, 6(3), 1994.

[28] Dan Jerker B. Svantesson, *A "Layered Approach" to the Extraterritoriality of Data Privacy Laws*, International Data Privacy Law, 3(4), 2013.

[29] Daniel Bethlehem, *The End of Geography: The Changing Nature of the International System and the Challenge to International Law*, European Journal of International Law, 25(1), 2014.

[30] Daniel Drezner, *Targeted Sanctions in a World of Global Finance*, International Interactions, 41(4), 2015.

[31] Daniel McDowell, *Financial Sanctions and Political Risk in the International Currency System*, Review of International Political Economy, 28(3), 2021.

[32] David Collier, *Understanding Process Tracing*, Political Science & Politics, 44(4), 2011.

[33] Ejan Mackaay, *History of Law and Economics*, in Baudewijn Bouckaert & Gerrit De Geest (eds.), Encyclopedia of Law and Economics, Edward Elgar, 2000.

[34] Elizabeth Gibbons and Richard Garfield, *The Impact of Economic Sanctions on Health and Human Rights in Haiti, 1991–1994*, American Journal of Public Health, 89(10), 1999.

[35] Ellen Podgor, *White-collar Crime and the Recession: Was the Chicken or Egg First*, The University of Chicago Legal Forum, 2010(8), 2010.

[36] Erin Coghlan, Lisa McCorkell, and Sara Hinkley, *What Really Caused the Great Recession?*, UC Berkeley Policy Briefs, 2018.

[37] Ernest Lorenzen, *Huber's de Conflictu Legum*, Illinois Law Review, 13, 1919.

[38] Ethan Preston, *The USA PATRIOT Act: New Adventures in American Extraterritoriality*, Journal of Financial Crime, 10(2), 2003.

[39] Fabian Teichmann, *Twelve Methods of Money Laundering*, Journal of Money Laundering Control, 20(2), 2017.

[40] Federick Knecht, *Extraterritorial Jurisdiction and the Federal Money Laundering Offense*, Stanford Journal of International Law, 22(2), 1986.

[41] Ferdi De Ville and Simon Gunst, *The Brussels Effect: How the GDPR Conquered Silicon Valley*, European Foreign Affairs Review, 26(3), 2021.

[42] Franz-Stefan Gady, *EU/US Approaches to Data Privacy and the Brussels Effect: A Comparative Analysis*, Georgetown Journal of International Affairs, 2014.

［43］Frederick Alexander Mann, *The Doctrine of Jurisdiction in International Law*, Collected Courses of the Hague Academy of International Law, 1964.

［44］Gary Becker and George Stigler, *Law Enforcement, Malfeasance, and Compensation of Enforcers*, The Journal of Legal Studies, 3(1), 1974.

［45］Gary Becker, *Crime and Punishment: An Economic Approach*, Journal of Political Economy, 76(2), 1968.

［46］Gary Becker, *Nobel Lecture: The Economic Way of Looking at Behaviour*, Journal of Political Economy, 101(3), 1993.

［47］Giovanni Buttarelli, *The EU GDPR As a Clarion Call for a New Global Digital Gold Standard*, International Data Privacy Law, 6(2), 2016.

［48］Graham Greenleaf, *The Influence of European Data Privacy Standards Outside Europe: Implications for Globalization of Convention 108*, International Data Privacy Law, 2(2), 2012.

［49］Grégoire Mallard and Sun Jin, *Viral Governance: How Unilateral US Sanctions Changed the Rules of Financial Capitalism*, American Journal of Sociology, 128(1), 2022.

［50］Gregory Voss and Kimberly Houser, *Personal Data and the GDPR: Providing a Competitive Advantage for US Companies*, American Business Law Journal 56(2), 2019.

［51］Grundman Rock, *The New Imperialism: The Extraterritorial Application of United States Law*, International Lawyer, 14(2), 1980.

［52］Guanyu Liu, et al., *Technological Innovation Systems and IT Industry Sustainability in China: A Case Study of Mobile System Innovation*, Telematics and Informatics, 35(5), 2018.

[53] Henry Farrell and Abraham Newman, *Weaponized Interdependence: How Global Economic Networks Shape State Coercion*, International Security, 44(1), 2019.

[54] Ian Manners, *Normative Power in Europe: A Contradiction in Terms?*, Journal of Common Market Studies, 40(2), 2002.

[55] Jackie Johnson, *11th September, 2001: Will It Make a Difference to the Global Anti-money Laundering Movement?*, Journal of Money Laundering Control, 6(1), 2003.

[56] Jae-Yong Choung, Illyong Ji, and Tahir Hameed, *International Standardization Strategies of Latecomers: The Cases of Korean Tpeg, T-Dmb, and Binary CDMA*, World Development, 39(5), 2011.

[57] James Stewart, et al., *From 3G to 4G: Standards and the Development of Mobile Broadband in China*, Technology Analysis & Strategic Management, 23(7), 2011.

[58] Jeffrey Meyer, *Dual Illegality and Geoambiguous Law: A New Rule for Extraterritorial Application of US Law*, Minnesota Law Review, 95, 2010.

[59] Jefrey Funk, *Competition Between Regional Standards and the Success and Failure of Firms in the World-wide Mobile Communication Market*, Telecommunications Policy, 22(3), 1998.

[60] Jennifer Arlen and Marcel Kahan, *Corporate Governance Regulation through Nonprosecution*, The University of Chicago Law Review, 84(1), 2017.

[61] Jens Frankenreiter, *Cost-Based California Effects*, Yale Journal on Regulation, 39(3), 2022.

[62] Joanne Scott, *Extraterritoriality and Territorial Extension in EU*

Law, The American Journal of Comparative Law, 62(1), 2014.

[63] Joanne Scott, *The New EU "Extraterritoriality,"* Common Market Law Review, 51(5), 2014.

[64] John Coffee, *Extraterritorial Financial Regulation: Why E.T. Can't Come Home*, Cornell Law Review, 99(6), 2014.

[65] John Crook, *EU Parliament Approves Revised United States-European Union SWIFT Agreement*, American Journal of International Law, 104(4), 2010.

[66] John Ruggie, *Territoriality and Beyond: Problematizing Modernity in International Relations*, International Organization, 47(1), 1993.

[67] Jonathan Lindenfeld, *The CFTC's Substituted Compliance Approach: An Attempt to Bring About Global Harmony and Stability in the Derivatives Market*, Journal of International Business & Law, 14(1), 2015.

[68] Jörg Monar, *The Rejection of the EU-US SWIFT Interim Agreement by the European Parliament: A Historic Vote and Its Implications*, European Foreign Affairs Review, 15(2), 2010.

[69] Joseph Farrell and Garth Saloner, *Standardization, Compatibility, and Innovation*, The RAND Journal of Economics, 16(1), 1985.

[70] Julia Iodice, *The US Approach to Swaps Regulation: Striking a Balance between Domestic and Foreign Interests*, Journal of International and Comparative Law, 4(1), 2013.

[71] Kal Raustiala, *Empire and Extraterritoriality in Twentieth Century America*, Southwestern Law Review, 40(4), 2011.

[72] Kenneth Abbott, *Modern International Relations Theory: A Prospectus for International Lawyers*, Yale Journal of International Law, 14(2), 1989.

[73] Kenneth Katzman, *Iran Sanctions, Congressional Research Service*, Congressional Research Service, No. RS20871, 2021.

[74] Kevin Davis and Florencia Marotta-Wurgler, *Contracting for Personal Data*, New York University Law School, 94(4), 2019.

[75] Kimberly Houser and Gregory Voss, *GDPR: The End of Google and Facebook or a New Paradigm in Data Privacy*, Richmond Journal of Law & Technology, 25(1), 2018.

[76] Larry Downes, *GDPR and the End of the Internet's Grand Bargain*, Harvard Business Review, April 2018.

[77] Lena Hornkohl, *The Extraterritorial Application of Statutes and Regulations in EU Law*, MPILux Research Paper, 2022.

[78] Liana Wong and Rebecca Nelson, *International Financial Messaging Systems*, Congressional Research Service, No. R46843, 2021.

[79] Luigi Guiso, *Trust and Risk Aversion in the Aftermath of the Great Recession*, European Business Organization Law Review, 13(2), 2012.

[80] Marco Almada and Anca Radu, *The Brussels Side-Effect: How the AI Act Can Reduce the Global Reach of EU Policy*, German Law Journal, First View, 2024.

[81] Marise Cremona, *Extending the Reach of EU Law: The EU as an International Legal Actor*, in Marise Cremona and Joanne Scott (eds.), EU Law Beyond EU Borders: The Extraterritorial Reach of EU Law, Oxford University Press, 2019.

[82] Martti Koskenniemi, *International Legislation Today: Limits and Possibilities*, Wisconsin International Law Journal, 23(1), 2005.

[83] Matthias Lehmann and Jonas Schurger, *Multilateralizing Defer-*

ence: A Proposal for Reforming Global Financial Law, International Lawyer, 56(2), 2023.

[84] Michal Czerniawski, *Do We Need the "Use of Equipment" as a Factor for the Territorial Applicability of the EU Data Protection Regime?*, in Dan Jerker Svantesson and Dariusz Kloza (eds.), Trans-Atlantic Data Privacy Relations as a Challenge for Democracy, Intersentia, 2017.

[85] Milind Tiwari, Adrian Gepp, and Kuldeep Kumar, *A Review of Money Laundering Literature: The State of Research in Key Areas*, Pacific Accounting Review, 32(2), 2020.

[86] Monica Hakimi, *Unfriendly Unilateralism*, Harvard International Law Journal, 55(1), 2014.

[87] Natascha Born, *The Presumption Against Extraterritoriality: Reconciling Canons of Statutory Interpretation with Textualism*, University of Pennsylvania Journal of International Law, 41(3), 2020.

[88] Nicholas Martin, Christian Matt, Crispin Niebel, and Knut Blind, *How Data Protection Regulation Affects Startup Innovation*, Information Systems Frontiers, 21(6), 2019.

[89] Oona Hathaway, *Path Dependence in the Law: The Course and Pattern of Legal Change in a Common Law System*, Iowa Law Review, 86, 2000.

[90] Oskar Gstrein and Andrej Zwitter, *Extraterritorial Application of the GDPR: Promoting European Values or Power?*, Internet Policy Review, 10(3), 2021.

[91] Pamella Seay, *Practicing Globally: Extraterritorial Implications of the USA PATRIOT Act's Money-laundering Provisions on the Ethical Requirements of Us Lawyers in An International Environment*, South

Carolina Journal of International Law and Business, 4(1), 2007.

[92] Paul David and Shane Greenstein, *The Economics of Compatibility Standards: An Introduction to Recent Research*, Economics of Innovation and New Technology, 1(1), 1990.

[93] Paul DiMaggio and Walter Powell, *The Iron Cage Revisited: Institutional Isomorphism and Collective Rationality in Organizational Fields*, American Sociological Review, 48(2), 1983.

[94] Paul Schwartz and Karl-Nikolaus Peifer, *Transatlantic Data Privacy Law*, The Georgetown Law Journal, 106(1), 2017.

[95] Paul Schwartz, *Global Data Privacy: The EU Way*, New York University Law Review, 94(4), 2019.

[96] Paul Stephan, *The Political Economy of Extraterritoriality*, Politics and Governance, 1(1), 2013.

[97] Peter Behrens, *The Extraterritorial Reach of EU Competition Law Revisited: The "Effects Doctrine" before the ECJ. No. 3/16*, Discussion Paper, No. 3/16, 2016.

[98] Philip Cerny, *Neoliberalism: Alive and Well?*, International Studies Review, 16(4), 2014.

[99] Philip Cerny, *Neoliberalism: Alive and Well?*, International Studies Review, 16(4), 2014.

[100] Pierre-Hugues Verdier, *The New Financial Extraterritoriality*, George Washington Law Review, 87(2), 2019.

[101] Rena Miller and Liana Rosen, *Anti-money Laundering: An Overview for Congress*, Congressional Research Service, No. R44776, 2017.

[102] René M. Stulz, *Credit Default Swaps and the Credit Crisis*, Journal of Economic Perspectives, 24(1), 2010.

[103] René Mahieu, et al., *Measuring the Brussels Effect through Access Requests: Has the European General Data Protection Regulation Influenced the Data Protection Rights of Canadian Citizens?*, Journal of Information Policy, 11(1), 2021.

[104] René Mahieu, et al., *Measuring the Brussels Effect through Access Requests: Has the European General Data Protection Regulation Influenced the Data Protection Rights of Canadian Citizens?*, Journal of Information Policy, 11(1), 2021.

[105] Richard Beckler and Matthew Kirtland, *Extraterritorial Application of US Antitrust Law: What Is a Direct, Substantial, and Reasonably Foreseeable Effect under the Foreign Trade Antitrust Improvements Act*, Texas International Law Journal, 38(1), 2003.

[106] Richard Posner, *Theories of Economic Regulation*, NBER Working Paper Series, 41, 1974.

[107] Rita Szudoczky, *The Sources of EU Law and Their Relationships*, IBFD Doctoral Series, 2014.

[108] Robert Keohane, *Rational Choice Theory and International Law: Insights and Limitations*, The Journal of Legal Studies, 31(S1), 2002.

[109] Robert Muse, *A Public International Law Critique of the Extraterritorial Jurisdiction of the Helms-Burton Act*, George Washington Journal of International Law and Economics, 30(1), 1996.

[110] Roberta Romano, *Against Financial Regulation Harmonization: A Comment*, Yale Law & Economics Research, Paper No. 414, November 20, 2010.

[111] Roberta Romano, *For Diversity in the International Regulation of Financial Institutions: Critiquing and Recalibrating the Basel Architec-*

ture, Yale Journal on Regulation, 31(1), 2014.

[112] Roberta Romano, *Pitfalls of Global Harmonization of Systemic Risk Regulation in a World of Financial Innovation*, in Douglas W. Arner, Emilios Avgouleas, Danny Busch and Steven L. Schwarcz, (eds.), Systemic Risk in the Financial Sector: Ten Years After the Great Crash, CIGI Press, 2019.

[113] Rogers Alunge, *The Effect of Africa's Adoption of the EU Notion of Personal Data: The Case of Examination Results*, in 2019 IST-Africa Week Conference (IST-Africa), 2019,

[114] Ronald Pol, *Anti-money Laundering Effectiveness: Assessing Outcomes or Ticking Boxes?*, Journal of Money Laundering Control, 21(2), 2018.

[115] Ronald Pol, *Anti-money Laundering: The World's Least Effective Policy Experiment? Together, We Can Fix It*, Policy Design and Practice, 3(1), 2020.

[116] Roscoe Pound, *Enforcement of Law*, Green Bag, 20(8), 1908.

[117] Shannon Togawa Mercer, *The Limitations of European Data Protection as a Model for Global Privacy Regulation*, American Journal of International Law, 114, 2020.

[118] Shitong Qiao, *Finance Without Law: The Case of China*, Harvard International Law Journal, forthcoming, 2023.

[119] Shitong Qiao, *Small Property, Big Market: A Focal Point Explanation*, The American Journal of Comparative Law, 63(1), 2015.

[120] Shitong Qiao, *The Authoritarian Commons: Divergent Paths of Neighborhood Democratization in Three Chinese Megacities*, American Journal of Comparative Law, forthcoming, 2023.

[121] Simon Gunst and Ferdi De Ville, *The Brussels Effect: How the GDPR Conquered Silicon Valley*, European Foreign Affairs Review, 26(3), 2021.

[122] Stéphane Beaulac, *The Lotus Case in Context: Sovereignty, Westphalia, Vattel, and Positivism*, in Stephen Allen, et al., (eds.), The Oxford Handbook of Jurisdiction in International Law, Oxford University Press, 2019.

[123] Thomas Ulen, *Rational Choice Theory in Law and Economics*, in Baudewijn Bouckaert and Gerrit De Geest (eds.), Encyclopedia of Law and Economics, Edward Elgar, 2000.

[124] Walter Mattli and Tim Büthe, *Setting International Standards: Technological Rationality or Primacy of Power?*, World Politics, 56(1), 2003.

[125] Walter Perkel, *Money Laundering and Terrorism: Informal Value Transfer Systems*, American Criminal Law Review, 41(1), 2014.

[126] William Dodge, *Presumptions Against Extraterritoriality in State Law*, UC Davis Law Review, 53(3), 2020.

[127] William Dodge, *The New Presumption Against Extraterritoriality*, Harvard Law Review, 133(5), 2019.

[128] William Landes and Richard Posner, *The Influence of Economics on Law: A Quantitative Study*, The Journal of Law and Economics, 36(1), 1993.

[129] William Magnuson, *Unilateral Corporate Regulation*, Chicago Journal of International Law, 17(2), 2016.

[130] William Robinson and Claes Fornell, *Sources of Market Pioneer Advantages in Consumer Goods Industries*, Journal of Marketing Re-

search, 22(3), 1985.

[131] William Sjostrom, *The AIG Bailout*, Washington and Lee Law Review, 66(3), 2009.

[132] Yair Listokin, *Law and Macroeconomics: The Law and Economics of Recessions*, Yale Journal on Regulation, 34(3), 2017.

[133] Zhengxin Huo and Yip Man, *Extraterritoriality of Chinese Law: Myths, Realities and the Future*, The Chinese Journal of Comparative Law, 9(3), 2022.

主要缩略语对照表

缩略语	英文全称	中文名称
3GPP	The Third Generation Partnership Project	第三代移动通信伙伴计划
AIG	American International Group	美国国际集团
BCBS	Basel Committee on Banking Supervision	巴塞尔银行监管委员会
CCPA	California Consumer Privacy Act	美国加利福尼亚州消费者隐私法案
CDS	Credit Default Swap	信用违约互换
CFTC	Commodities Futures Trading Commission	美国商品期货交易委员会
DPA	Deferred-prosecution Agreement	暂缓起诉协议
EMIR	European Market Infrastructure Regulation	欧洲市场基础设施监管条例
FinCEN	Department of the Treasury Financial Crimes Enforcement Network	美国财政部下属金融犯罪执法网络局
GDPR	General Data Protection Regulation	通用数据保护条例
IOSCO	International Organization of Securities Commissions	国际证监会组织
ISO	International Organization for Standardization	国际标准化组织
LTE-FDD	Long Term Evolution-Frequency Division Duplexing	频分双工的长期演进

(续表)

缩略语	英文全称	中文名称
LTE-TDD	Long Term Evolution-Time Division Duplexing	时分双工的长期演进
MiFIR	Markets in Financial Instruments Regulation	金融工具市场条例
NPA	Non-prosecution Agreement	不起诉协议
NYDFS	NewYork State Department of Financial Service	美国纽约州金融服务局
PCAOB	Public Company Accounting Oversight Board	美国公众公司会计监督委员会
PDA	Pretrial Diversion Agreements	审前转处协议
SBS	Security-Based Swaps	以证券为基础的互换交易
SEC	U.S. Securities and Exchange Commission	美国证券交易委员会
SWIFT	Society for Worldwide Interbank Financial Telecommunication	环球银行金融电信协会
WTO	World Trade Organization	世界贸易组织

后　记

读博士、做研究本就是一件十分奢侈的事。回顾我个人的求学经历,尤其如此。这些年,我像是在智识大海边捡拾贝壳的小孩,赤着脚、赶着浪,东瞧瞧、西望望,逐渐知道了自己喜欢什么、想找什么。有这样自由而悠长的求知路径,我感到幸运。而这缘于一路上得到的包容和指引,来自恩师、挚友和家人。

吴志攀老师是一位法学家、艺术家和教育家,因此老师对我的教导和启迪是深远的、多彩的,于我终身有益。在学术上,老师教会我"大胆假设,小心求证","思想自由,兼容并包";在生活上,老师提醒我"不要减肥,不要熬夜",因为"路还长着呢";面对未来,老师告诫我要"少一点,久一点,好一点"。吴老师的爱人杨老师同样无微不至地关心我的学习和生活,她的豁达和洒脱尤其令人钦佩,是我可贵的人生导师。老师的美谈数不尽,老师的桃李满天下。能够受教于吴门,是我毕生之幸。

唐应茂老师是我的学术启蒙人。他教我提问题、做调研、写文章。他为我打开了社科法学的大门,引导我去探索法学研究的各种可能性。唐老师品位高雅、睿智细腻,而我的天资并不高,这让我尤其感念他对我的耐心和呵护。刘庄老师同样助我开眼看世界,他会引导我去探索诸如"什么是好的研究"这类宏大的命题,也会仔细指导我选什么课、读什么文献、学什么技能,用切实的帮助抚平我的焦虑。

郭雳老师温润如玉,他勉励和启发我追求学术兴趣、发挥比较优势,而且总会适时为我提供研究机会并指点迷津。彭冰老师博学仁厚,他常常能举重若轻地帮我平整前路。沈朝晖老师提携后进,他无私地为我提供走得更高更远的阶梯。罗培新老师、刘燕老师、廖凡老师、刘子平老师、胡诗雪老师的鼓励和提点令我受益良多。这些好老师帮助我找到了自己的定位,让我发现了自己的热爱,变得自洽而坚定。

北大国际经济法专业的老师们看着我成长。何其生老师总是春风化雨,张智勇老师则刚柔并济,高薇老师风趣亲切,郭瑜老师常润物无声,赵宏老师诲人不倦……无论是好言相劝,抑或是苦药利病,他们用各自的方式关爱我、指点我,帮助我改掉了很多毛病,蜕变为更好的自己。

求学过程中,还有许多老师对我有知遇之恩,在关键节点为我拨云散雾。感谢国内的王锡锌老师、葛云松老师、许德峰老师、阎天老师、廖雪霞老师、张凌寒老师、赵精武老师、侯猛老师、朱慈蕴老师等;国外法学院的张泰苏老师、乔仕彤老师、本杰明·利布曼老师(Benjamin Liebman)、克里斯汀·乔尔斯老师(Christine Jolls)、亚伊尔·利斯托金老师(Yair Listokin)和罗伯特·若玛诺老师(Roberta Romano)等。

我要感谢我的学术挚友。金容颖悟绝人,总能解我燃眉之急,未名湖从不嫌我们多言,它不响。圣华才情超群,他的洞见照亮过纽黑文的雪夜,也在我伤春感时的傍晚笃定地告诉我:"在这青春校园,我们不会老。"人生得一知己,足以慰风尘。

当然,我还要感谢我的家人。江南小镇的廊桥下流水潺潺,无论晴雨风霜,我的父母至亲们都用自己的一言一行,教会了我为人处世的质朴而深刻的道理,让我能够温和而坚韧地走到今天,迈向未来。

最后,我还要感谢北京大学出版社的蒋浩老师和田鹤老师,没有他们的悉心指导和辛勤付出,也就不会有这本书的问世。田鹤老师不仅全程帮助我编校文字,还贡献了封面设计的巧思——不封闭的六边形意味着法律能够突破疆域,黑色棋子遥遥相望营造了博弈对峙的紧张氛围。棋子上的地球造型也契合本书的主题和关切。在本书出版过程中,我正在清华大学法学院从事博士后研究,清华师友对我的扶持与关爱同样弥足珍贵。

博士论文付梓,我的学术生涯方才开始。学海无涯,感谢你们给我扬帆远航的勇气!